LE MANUEL DU PASTEUR PENTECÔTISTE

UN GUIDE POUR LES PASTEURS AFRICAINS

Denzil R. Miller, rédacteur en chef
Jeffery Nelson, rédacteur en chef adjoint
Todd Churchill, rédacteur en chef adjoint

Originalement publié en anglais sous le titre *The Pentecostal Pastor's Manual : A Guide for African Pastors* par Africa's Hope, Springfield, Missouri, USA.
Copyright © 2022 par Africa's Hope. Tous droits réservés.
Copyright © 2023 de l'édition française par Africa's Hope, Springfield, MO, USA. Tous droits réservés.

Copyright © 2023 de l'édition française par Les éditions Ministère Multilingue International, Boucherville, (Québec), Canada. Tous droits réservés.

Aucune partie de cet ouvrage ne peut être reproduite, stockée dans un système de recherche ou transmise sous quelque forme ou par quelque moyen que ce soit (électronique, mécanique, photocopie, enregistrement ou autre) sans l'autorisation écrite préalable des détenteurs des droits à l'exception de brèves citations utilisées dans le cadre de critiques parues dans des magazines, des journaux, des revues, des journaux télévisés ou d'autres publications.

Toutes les citations bibliques, sauf indication contraire, sont tirées de LA SAINTE BIBLE, version Louis Segond 1910.

Traduction : Ministère Multilingue International, Patrick Berthalon

Comité de rédaction :
Denzil R. Miller, DMin, rédacteur en chef
Jeffery Nelson, PhD, rédacteur en chef adjoint
Todd Churchill, rédacteur en chef adjoint

Données de catalogage :
Miller, Denzil R., rédacteur en chef, 1946
Le Manuel du Pasteur Pentecôtiste : Un guide pour les pasteurs africains / Denzil R. Miller avec Jeffery Nelson et Todd Churchill

1. Théologie Pratique. 2. Théologie Pastorale. 3. Guides. 4. Manuels

KDP ISBN: 9798-3-2945-201-3

Imprimé aux États-Unis d'Amérique

Table des matières

Table des matières 3
Liste des contributeurs 7
Avant-propos par Randel Tarr 11
Avant-propos du Dr Barnabas Mtokambali 13
Introduction 15

PARTIE 1 : LES QUALIFICATIONS DU PASTEUR PENTECÔTISTE
Chapitre 1 : Une personne d'expérience 23
Chapitre 2 : Une personne de l'Esprit 33
Chapitre 3 : Une personne de bonne moralité 43
Chapitre 4 : Une personne qui est bien préparée 53

PARTIE 2 : LES PRIORITÉS DU PASTEUR PENTECÔTISTE
Chapitre 5 : Priorités ministérielles 65
Chapitre 6 : Priorités personnelles 75
Chapitre 7 : Priorités de la famille 85
Chapitre 8 : La priorité de la prière 95

PARTIE 3 : CE QUE CROIT LE PASTEUR PENTECÔTISTE
Chapitre 9 : Croire en la Bible 107
Chapitre 10 : Défendre la vérité pentecôtiste 117
Chapitre 11 : Promouvoir l'expérience et la pratique pentecôtistes . 127
Chapitre 12 : Apprécier l'héritage pentecôtiste 137

PARTIE 4 : LA VIE PERSONNELLE DU PASTEUR PENTECÔTISTE
Chapitre 13 : Une vie bien gérée 149
Chapitre 14 : Relations saines 159
Chapitre 15 : Une forte habitude de dévotion 169

Table des matières

PARTIE 5 : LE MINISTÈRE PUBLIC DU PASTEUR PENTECÔTISTE
Chapitre 16 : La prédication ointe de l'Esprit 181
Chapitre 17 : Enseignement efficace 191
Chapitre 18 : Diriger l'église dans l'adoration 201
Chapitre 19 : Diriger une église vers un réveil pentecôtiste 211
Chapitre 20 : Guider les croyants dans le baptême de l'Esprit 221
Chapitre 21 : Exercer le ministère dans la puissance de l'Esprit 231
Chapitre 22 : S'engager dans le combat spirituel 241

PARTIE 6 : LE PASTEUR PENTECÔTISTE COMME BERGER
Chapitre 23 : Comprendre le ministère pastoral 253
Chapitre 24 : Prendre soin des brebis 263
Chapitre 25 : Renforcer le corps 271
Chapitre 26 : Conseiller le peuple de Dieu 281
Chapitre 27 : Garder le troupeau 293

PARTIE 7 : LE PASTEUR PENTECÔTISTE COMME LEADER
Chapitre 28 : Leadership pentecôtiste 305
Chapitre 29 : Leadership serviteur 315
Chapitre 30 : Leadership visionnaire 325
Chapitre 31 : Leadership missionnaire 335

PARTIE 8 : LE PASTEUR PENTECÔTISTE EN TANT QU'ADMINISTRATEUR
Chapitre 32 : Gestion des dossiers, finances et propriétés 347
Chapitre 33 : Mobiliser les leaders laïcs 357
Chapitre 34 : Diriger les départements de l'église 367
Chapitre 35 : Veiller sur les membres de l'église 379

Table des matières

PARTIE 9 : LE PASTEUR PENTECÔTISTE EN MISSION
Chapitre 36 : Comprendre la stratégie du Nouveau Testament 391
Chapitre 37 : Évangéliser les perdus 401
Chapitre 38 : Servir la communauté 413
Chapitre 39 : Implanter de nouvelles églises 423
Chapitre 40 : Développer un programme missionnaire pour
l'église locale 433

PARTIE 10 : LE PASTEUR PENTECÔTISTE ET LES CÉRÉMONIES ET SACREMENTS
Chapitre 41 : Mariages et funérailles 445
Chapitre 42 : Conduite des sacrements, dédicaces et installations ... 455

ANNEXES
Annexe 1 : Déclaration de foi de la Fraternité mondiale des
Assemblées de Dieu 467
Annexe 2 : Les dons de manifestation de 1 Corinthiens 12.8-10 471
Annexe 3 : Abréviations des livres bibliques 473

Table des matières

Liste des contributeurs

Vous trouverez ci-dessous la liste des contributeurs à ce livre. Le(s) numéro(s) entre parenthèses à la fin de chaque référence indique le(s) chapitre(s) auquel(s) cette personne a contribué de façon majeure.

Adade, Ayi, PhD. Secrétaire général, Assemblées de Dieu du Togo (29)

Ama, UcheChukwu. Président adjoint, Commission de l'action missionnaire de l'Alliance des Assemblées de Dieu d'Afrique (40)

Banda, Lipenga. Surintendant général, Assemblées de Dieu en Zambie (33)

Bogere, Richard, PhD. Co-fondateur, Christ Chapel International, Kampala, Ouganda ; Membre du corps enseignant, Séminaire Théologique Panafricain (6)

Bomboko, Cécile, PhD. Représentante régionale de l'Afrique centrale, Association pour l'Éducation Théologique et Pentecôtiste en Afrique (APTEA) (14, 32)

Bomboko, Marcel, PhD. Président, Comité directeur, Faculté de Théologie des Assemblées de Dieu, Lomé, Togo (14, 32)

Chipao, Lawrence, PhD. Doyen de la faculté de théologie et de formation ministérielle, Université des Assemblées de Dieu du Malawi (34)

Churchill, Todd. Missionnaire de l'AGWM en RD Congo ; Africa's Hope (30)

Daplex Ouentchist, Honoré, PhD. Président, Église Évangélique des Assemblées de Dieu, Cotê d'Ivoire (10)

Djakouti, Mitré. Président, Assemblées de Dieu du Togo ; Ancien président, Alliance des Assemblées de Dieu d'Afrique (15)

Dube, Andrew, PhD. Président, Assemblées de Dieu, Malawi (11)

Flindja, Douti Lallebili, PhD. Doyen académique, Faculté de Théologie des Assemblées de Dieu, Lomé, Togo (27)

Frimpong-Manso, Paul, PhD. Surintendant général, Assemblées de Dieu, Ghana (37)

Liste des contributeurs

Gnanchou, Désiré Béchié, PhD. Ancien président, Assemblées Evangéliques de Dieu, Coté d'Ivoire ; Directeur, Institut Théologique et Pastoral de Katadji (23)

Kitoto, Dinah. Épouse de Philip Kitoto, Surintendant général, Assemblées de Dieu du Kenya (7)

Kitoto, Philip. Surintendant général, Assemblées de Dieu du Kenya ; Chancelier, KAG East University (7)

Kuoh, Jimmy, PhD. Surintendant général émérite, Assemblées de Dieu du Liberia ; Président, Collège Biblique des Assemblées de Dieu du Liberia (21, 41)

Lebelo, Gordon, PhD. Président général, International Assemblies of God, Afrique du Sud (26)

Lwesya, Enson, DMin. Vice-chancelier, Université des Assemblées de Dieu du Malawi (28)

Mba, Arthur, PhD. Premier vice-président, Assemblées de Dieu, Gabon (2, 18)

Mbiwan, Daniel. Surintendant général, Full Gospel Mission, Cameroun (25)

Miller, Denzil R., DMin. Missionnaire de l'AGWM ; Directeur, Initiative Actes en Afrique (1, 3, 8, 16, 20, 36)

N'sembe Loyela, Israël. Pasteur, Centre Évangélique l'Arche de l'Alliance, Kinshasa ; Ancien surintendant général, Assemblées de Dieu, RD Congo (22)

Ndayisaba, Jérôme. Président, Communauté des Assemblées de Dieu du Burundi (24)

Nelson, Jeffery, PhD. Missionnaire de l'AGWM ; Ancien vice-chancelier, KAG East University, Nairobi, Kenya (5, 12, 39)

Ngabonziza, Emmanuel. Vice-surintendant général, Assemblées Pentecôtistes de Dieu, Rwanda (38)

Niba, Felix, PhD. Directeur des missions etrangères, Full Gospel Mission, Cameroun (13)

Liste des contributeurs

Oganya, Ngozi Cecilia, PhD. Coordinatrice de l'éducation théologique par extension, Assemblies of God Divinity School, Umuahia, Nigeria (17)

Sawadogo, Jephté, DMin. Vice-président, Assemblées de Dieu du Burkina Faso ; Directeur, École Biblique de Koubri (4, 42)

Sebastião, Francisco. Président, Assemblée de Dieu Pentecôtiste, Angola (9)

Smith, Bernard, MA. Missionnaire de l'AGWM au Togo (15)

Swai, Ron. Trésorier général, Assemblées de Dieu, Tanzanie (35)

Turney, Mark, MA. Missionnaire de l'AGWM ; Président, Faculté de Théologie des Assemblées de Dieu, Lomé, Togo (19)

Watt, C. Peter, ThD. Président, Assemblées de Dieu, Afrique du Sud (31)

Liste des contributeurs

Avant-propos par Randel Tarr

Le Manuel du Pasteur Pentecôtiste promet d'être une ressource importante pour les pasteurs africains dans les années à venir. L'Église en Afrique ressent depuis longtemps le besoin d'une telle ressource, une ressource qui aborde les défis uniques auxquels sont confrontés les pasteurs pentecôtistes en Afrique.

Dans cet ouvrage, le Dr Denzil R. Miller et son équipe éditoriale, composée du Dr Jeffery Nelson et Todd Churchill, ont rassemblé une liste impressionnante de leaders africains pour traiter de nombreux problèmes auxquels sont confrontés les pasteurs pentecôtistes en Afrique aujourd'hui. Comme le révèle la « Liste des contributeurs » au début du livre, ces leaders incluent des responsables d'églises nationales, des pasteurs principaux, des administrateurs et des enseignants d'écoles bibliques et de séminaires, des responsables de missions, des fondateurs d'églises, des évangélistes, etc.

La richesse de l'expérience et des connaissances de ces leaders renforce la valeur de cet ouvrage. Ayant servi aux côtés de plusieurs de ces hommes et femmes, je peux personnellement attester de leur intégrité en tant que leaders, de leur passion pour le Christ et sa mission, et de leur désir de voir l'Église s'établir dans chaque recoin de l'Afrique. De plus, l'équipe éditoriale elle-même apporte une vaste connaissance de l'Afrique et de ses peuples à la rédaction de ce livre. Chacun d'entre eux a servi pendant de nombreuses années en tant que missionnaire en Afrique australe, orientale ou centrale.

Ce livre a pour ambition de renforcer les ministères de ceux qui dirigent déjà des églises locales à travers l'Afrique, ainsi que de ceux qui sont encore à l'école biblique et suivent des programmes de formation complémentaire pour préparer leur futur ministère. Il regorge d'outils pratiques qui aideront le pasteur pentecôtiste à réussir dans son ministère et à produire des fruits durables.

L'une des forces de ce livre réside dans l'appel fait au pasteur pentecôtiste africain pour qu'il soit une personne exemplaire. Un autre aspect important est l'insistance mise sur la nécessité pour le pasteur africain de

Avant-propos par Randel Tarr

rester rempli du Saint-Esprit et de se concentrer sur la mission divine de l'Église, qui vise à donner à chaque homme, femme et enfant d'Afrique la possibilité d'entendre la bonne nouvelle et de croire en Jésus-Christ. À une époque où le prétendu « évangile de la prospérité » a détourné de nombreuses églises africaines de la mission de Dieu pour les inciter à rechercher la bénédiction personnelle, il est réconfortant de voir que ce livre met l'accent sur la mission. Les contributeurs de ce livre sont de véritables praticiens de la Parole, des hommes et des femmes de Dieu qui s'efforcent de vivre l'objectif de la Grande Commission du Christ au quotidien.

Au cours des six dernières décennies, j'ai été lié à l'Église d'Afrique, d'abord en tant qu'enfant ayant grandi en Afrique, puis en tant que missionnaire en Afrique occidentale pendant plus de 35 ans. Il est incroyable de constater ce que Dieu a accompli à travers le travail de milliers d'hommes et de femmes africains qui ont consacré leur vie à sauver les perdus à tout prix. Je crois que ce livre contribuera à renforcer leur efficacité dans le ministère. Ma prière est que ce livre, une fois placé entre les mains de milliers de pasteurs et d'étudiants d'écoles bibliques à travers l'Afrique, permette au royaume de Dieu de s'étendre sur le continent de manière encore plus importante.

Des leaders remplis de l'Esprit et versés dans l'Écriture sont vraiment l'espoir de l'Afrique !

~ Révérend Randel Tarr
Directeur exécutif
Africa's Hope

Avant-propos du Dr Barnabas Mtokambali

La plupart des pasteurs pentecôtistes d'Afrique peuvent s'identifier à l'état d'esprit de Paul lorsqu'il écrit aux croyants de Corinthe :

« Fréquemment en voyage, j'ai été en péril...J'ai été dans le travail et dans la peine, exposé à de nombreuses veilles, à la faim et à la soif, à des jeûnes multipliés, au froid et à la nudité. Et, sans parler d'autres choses, je suis assiégé chaque jour par les soucis que me donnent toutes les Églises. » (2 Co 11.26-28)

Bien que leur situation individuelle puisse différer de celle de Paul, la plupart des pasteurs pentecôtistes d'Afrique peuvent s'identifier à son sentiment d'être « pressé de toutes parts » (4.8).

Peu de vocations sont plus stimulantes que celle de pasteur d'une église pentecôtiste en Afrique. Pensez aux nombreux domaines de la vie et du ministère dans lesquels le pasteur pentecôtiste doit faire preuve de compétence. Ils ou elles doivent être capable de prendre soin du troupeau de Dieu, tout en étant capable de gérer leurs propres affaires personnelles et familiales. Ils doivent être prédicateurs, enseignants, conseillers et administrateurs compétents, tout à la fois. Et tout au long de cette période, ils doivent être capables de diriger leurs églises en accomplissant le commandement de notre Seigneur de faire des disciples de toutes les nations. La liste pourrait continuer. C'est pourquoi l'émergence de ce manuel du pasteur pentecôtiste est si bienvenue.

Depuis longtemps, j'ai constaté la nécessité d'un guide complet pour les pasteurs, écrit d'un point de vue africain et pentecôtiste. Je suis donc profondément reconnaissant du travail accompli par Africa's Hope pour produire ce livre. Ce qui est particulièrement encourageant, c'est que ce manuel a été écrit par des pasteurs et des dirigeants pentecôtistes matures de tout le continent. Il est à la fois solide sur le plan théologique, axé sur la mission et utile sur le plan pratique. Ce manuel fournit aux pasteurs pentecôtistes de nombreuses informations inestimables sur la vie et le ministère pentecôtistes. Il contribuera à guider les pasteurs pentecôtistes de

Avant-propos du Dr Barnabas Mtokambali

tout le continent vers un ministère plus productif. Et en renforçant les mains de nos pasteurs, il renforcera finalement les églises qu'ils dirigent.

Je m'attends à ce que *Le Manuel du Pasteur Pentecôtiste* soit particulièrement utile pendant la « Décennie du réveil » de l'Alliance des Assemblées de Dieu d'Afrique (AADA), qui se déroulera de 2021 à 2030. Au cours de ces dix années, les églises des Assemblées de Dieu de toute l'Afrique se sont engagées à demander à Dieu un puissant déversement du Saint-Esprit sur l'Église, ce qui entraînera le plus grand réveil jamais vu en Afrique et donnera aux croyants les moyens d'apporter l'Évangile à chaque tribu, nation et peuple avant la venue prochaine du Christ.

Au cours de la Décennie du réveil, les églises des Assemblées de Dieu se concentreront sur la transmission du Saint-Esprit, la vie pieuse, la formation des disciples, l'évangélisation, l'implantation d'églises et les missions interculturelles parmi les peuples non atteints du continent, en particulier en Afrique du Nord et dans la Corne de l'Afrique. Je crois que *Le Manuel du Pasteur Pentecôtiste* sera un outil inestimable, qui aidera les pasteurs à diriger leurs églises pour accomplir cette grande mission. Ensuite, si le Seigneur Jésus retarde sa venue, ce livre continuera à servir l'Église pentecôtiste en Afrique pendant de nombreuses années.

Je recommande volontiers ce livre aux pasteurs et ministres pentecôtistes de toute l'Afrique.

~ Dr Barnabas Mtokambali
Président de l'Alliance des
Assemblées de Dieu d'Afrique

Introduction

Observant la croissance de l'Église en Afrique, un leader africain s'est écrié : « Dieu bénit l'Église africaine afin que celle-ci puisse bénir les nations ! » Nous, au sein de l'Initiative Actes 1.8 d'Africa's Hope, partageons pleinement ce sentiment. Nous sommes convaincus que Dieu a appelé l'Église africaine dans son Royaume pour un moment tel que celui-ci (voir Est 4.14). L'Église pentecôtiste en Afrique a une vocation missionnaire extraordinaire. En ces derniers jours du temps, le Seigneur de la moisson déverse son Esprit sur son peuple pour lui donner les moyens de participer pleinement à l'accomplissement de sa grande mission avant son retour du ciel (Mt 24.14 ; Ac 1.8-11).

Pour ce faire, l'Église africaine devra être forte. Et pour être forte, elle doit avoir un leadership fort. *Le Manuel du Pasteur Pentecôtiste* a été élaboré pour répondre à ce besoin. Il a été conçu pour équiper les pasteurs pentecôtistes en Afrique afin qu'ils puissent jouer leur rôle dans l'accomplissement du dessein de Dieu pour l'Église. Nous espérons sincèrement que ce livre deviendra un outil précieux dans les mains des pasteurs pentecôtistes du continent. Il a été élaboré en tenant compte de six principes directeurs :

1. Il s'inscrit dans une perspective biblique. Les auteurs et promoteurs de ce manuel croient que la Bible est la Parole révélée de Dieu à l'humanité. Elle est le guide tout à fait suffisant du chrétien pour sa vie et sa mission. C'est pourquoi les concepteurs de ce livre ont cherché à fonder chaque concept sur les Écritures.

2. L'accent est pentecôtiste. Ce livre a été écrit *par* des pasteurs pentecôtistes *pour* des pasteurs pentecôtistes. Il cherche sans réserve à répondre aux préoccupations uniques des pasteurs pentecôtistes d'un point de vue pentecôtiste. Chaque collaborateur de ce livre est un leader pentecôtiste mature dont le ministère a fait ses preuves. En raison de leur expérience de l'Esprit et de leur compréhension de l'Écriture, ces hommes

Introduction

et ces femmes adoptent une approche spécifiquement pentecôtiste de la vie et du ministère. Cette approche est reflétée tout au long de cet ouvrage.

3. Il est axé sur la mission. Les concepteurs de ce manuel croient que le Christ a chargé chaque pasteur et église pentecôtiste de participer pleinement à la mission de Dieu. La mission de Dieu est de racheter et d'appeler à lui un peuple de toute tribu, langue et nation sur la terre avant le retour de Jésus (Mt 24 :14 ; Ap 5.9). Le Christ a résumé la mission de Dieu dans sa Grande Commission (Mt 28.18-20 ; Mc 16.15-17 ; Lu 24.47-49 ; Jn 20.21-22 ; Ac 1.8). Cet accent missionnaire est mis en avant tout au long du livre.

4. Il a une orientation africaine. Le public cible du *Manuel du Pasteur Pentecôtiste* est le pasteur pentecôtiste en Afrique. Les auteurs comprennent que les pasteurs africains exercent leur ministère dans un contexte africain unique et qu'ils le font avec des défis et des préoccupations propres à l'Afrique. Chaque chapitre a été rédigé en tenant compte de ce contexte.

5. Il est complet dans sa portée. Ce livre a été conçu pour aborder un large éventail de questions auxquelles sont confrontés les pasteurs pentecôtistes en Afrique aujourd'hui. Ses concepteurs espèrent qu'il deviendra une ressource indispensable entre les mains des pasteurs du continent.

6. Il est pratique dans son application. Bien que ce manuel aborde nécessairement des questions de théologie et de théorie pastorales, les leçons qui y sont enseignées sont conçues pour être très pratiques. Elles traitent non seulement de *ce que* le pasteur pentecôtiste doit faire et *pourquoi* il doit le faire, mais aussi de la *manière dont* il peut exercer efficacement son ministère.

Processus d'écriture

Le Manuel du Pasteur Pentecôtiste a été imaginé par le Dr John Easter, alors directeur exécutif d'Africa's Hope. Il a chargé un comité de travail de produire ce manuel. Lorsque le Dr Easter a été remplacé par Randy Tarr, le nouveau directeur du ministère a adhéré sans réserve au projet.

La première tâche du comité a été de dresser une liste exhaustive des sujets que le livre devait aborder. Il s'agissait d'une entreprise de grande envergure, impliquant des recherches approfondies et de nombreuses heures de discussions franches. La liste des sujets a ensuite été examinée par des dirigeants et des éducateurs africains de premier plan de tout le continent.

Introduction

Finalement, les quarante-deux sujets qui sont devenus les chapitres de ce livre ont été sélectionnés. Une fois les sujets des chapitres déterminés, le comité les a regroupés en dix catégories, qui sont devenues les dix sections du livre.

Après avoir décidé des sujets à traiter et de l'endroit où ils apparaîtraient dans le livre, le comité a sélectionné des pasteurs, des éducateurs et des responsables d'église clés des Assemblées de Dieu de toute l'Afrique pour rédiger des chapitres individuels. Quelques missionnaires américains qui ont vécu et exercé leur ministère en Afrique ont également été invités à écrire. Les noms de ces auteurs, ainsi qu'une brève notice biographique sur chacun d'entre eux, figurent dans la « Liste des contributeurs », au début de l'ouvrage.

Une fois qu'un rédacteur avait terminé sa tâche, il soumettait son travail au comité pour évaluation et révision. Le comité a ensuite examiné le contenu de chaque chapitre et son lien avec les autres chapitres. Son objectif était de s'assurer que chaque chapitre contribuait à l'intention pentecôtiste et missionnaire du livre, et de veiller à ce que le style d'écriture reste cohérent tout au long de l'ouvrage. Une fois le processus éditorial terminé, le chapitre a été inclus dans le livre.

Utilisation des pronoms

Il convient de dire un mot sur l'utilisation de l'expression « il ou elle » dans ce livre lorsqu'il est question de pasteurs pentecôtistes en Afrique. Cette pratique a été suivie pour s'assurer que le nombre croissant de femmes pasteurs dans les églises pentecôtistes en Afrique savent que leurs ministères sont estimés et appréciés.

Dès sa création, le mouvement pentecôtiste a valorisé la place des femmes dans le ministère. Les Pentecôtistes croient que le même Esprit qui qualifie les hommes pour le ministère qualifie également les femmes. Ils fondent cette conviction sur la promesse de Jésus en Actes 1.8, où il promet le Saint-Esprit à tous les croyants, hommes et femmes. Toute personne qui reçoit l'Esprit, y compris les femmes, reçoit le pouvoir de témoigner pour le Christ. Ce témoignage inclut nécessairement la proclamation de l'Évangile.

Les Pentecôtistes citent également la promesse du prophète Joël citée par Pierre le jour de la Pentecôte : « Dans les derniers jours, dit Dieu, je répandrai mon Esprit sur *toute chair*. Vos fils *et vos filles* prophétiseront....

Introduction

Même sur mes serviteurs, hommes *et femmes,* je répandrai mon Esprit en ces jours-là, et ils prophétiseront » (Ac 2.17-18, c'est nous qui soulignons ; cf. Joë 2.28-29). Les Pentecôtistes considèrent cette déclaration comme un principe universel auquel il faut croire et sur lequel il faut agir pendant cet « âge de l'Esprit » où Dieu déverse gracieusement son Esprit sur tous les peuples.

Historiquement, les auteurs anglais ont utilisé les pronoms « il » ou « lui » de manière générique pour désigner les hommes et les femmes. Pour éviter toute confusion, les rédacteurs ont choisi d'utiliser les termes plus inclusifs « il or elle » et « lui or elle » pour désigner les pasteurs pentecôtistes. Pour des raisons de lisibilité, cela implique que le pronom pluriel « ils » soit parfois utilisé à la place du singulier « il » ou « elle ». Il s'agit d'une pratique largement acceptée parmi les auteurs anglais aujourd'hui.

Comment utiliser ce livre

Comme son nom l'indique, ce livre a été conçu comme un manuel, ou un guide, pour les pasteurs pentecôtistes d'Afrique. Vous pouvez utiliser ce livre de plusieurs façons utiles. Pour commencer, vous voudrez lire le livre du début à la fin. Cet exercice vous donnera un large aperçu des concepts abordés dans le livre. Il vous aidera également à mieux comprendre les multiples facettes du travail du pasteur pentecôtiste en Afrique.

Au fur et à mesure que vous parcourez le livre, vous devriez garder un stylo et un carnet à proximité afin de pouvoir noter les idées qui vous semblent particulièrement applicables à votre propre vie et à votre ministère. Vous voudrez également écrire vos pensées personnelles sur le sujet. Vous devriez noter certaines améliorations que vous devriez apporter à la manière dont vous exercez actuellement votre ministère. Enfin, et surtout, pendant que vous lisez, vous voudrez écouter la voix de l'Esprit, en notant ce qu'il vous dit. Vous voudrez ensuite utiliser votre carnet comme un guide de prière et comme une carte routière pour votre développement personnel et ministériel.

Vous pouvez également utiliser ce manuel comme un ouvrage de référence. Lorsqu'une occasion spéciale se présente, telle qu'un mariage, des funérailles, une séance de conseil, une réunion de direction ou tout autre événement, vous pouvez consulter le ou les chapitres pertinents pour obtenir de nouvelles perspectives et des directives utiles. Ou lorsque vous cherchez

Introduction

de l'aide pour résoudre un problème urgent ou aborder une nouvelle tâche ministérielle, vous pouvez rechercher dans la table des matières les chapitres traitant de cette question.

Enfin, ce livre peut être utilisé par les enseignants des instituts bibliques et des séminaires comme manuel ou comme lecteur supplémentaire pour une classe de ministères pastoraux. Le livre peut être particulièrement utile dans les écoles intensives de courte durée telles que les écoles d'extension ou d'implantation d'églises.

Nous, le comité de gestion du *Manuel du Pasteur Pentecôtiste*, recommandons donc cet ouvrage aux pasteurs pentecôtistes d'Afrique. Nous prions sincèrement que Dieu l'utilise pour bénir les pasteurs africains pour les décennies à venir, et que ce livre serve d'outil utile pour faire avancer le royaume de Dieu en Afrique, et à travers l'Église africaine, dans les nations.

Respectueusement,

~ Dr Denzil R. Miller, rédacteur en chef
~ Dr Jeffery Nelson, rédacteur en chef adjoint
~ Révérend Todd Churchill, rédacteur en chef adjoint

Introduction

~ Partie 1 ~

Les qualifications
du pasteur pentecôtiste

~ Chapitre 1 ~

Une personne d'expérience

Imaginez un homme qui a étudié la médecine dans une université prestigieuse. Il a assisté à des conférences sur la chirurgie et lu les meilleurs livres sur le sujet. Cependant, il n'a jamais réellement opéré quelqu'un. Voudriez-vous que cet homme vous opère ? Bien sûr que non. Si une personne aspire à devenir chirurgien, elle doit acquérir une expérience pratique en pratiquant de nombreuses opérations sous la supervision d'un chirurgien compétent.

De la même manière, avant d'entrer dans le ministère pastoral, il faut acquérir de l'expérience. Cette expérience doit être à la fois spirituelle et pratique. Dans ce chapitre, nous allons étudier l'expérience requise de toute personne qui veut devenir un pasteur pentecôtiste.

EXPÉRIENCE SPIRITUELLE

L'expérience de Dieu est le point de départ essentiel pour tout pasteur pentecôtiste. Par-dessus tout, il ou elle doit avoir une relation personnelle profonde avec le Christ. Lorsque Jésus a choisi les Douze, il l'a fait « pour être avec lui » (Mc 3.14). Il savait qu'en marchant et en parlant avec lui, ils lui ressembleraient davantage. Jésus a dit : « Tout disciple bien formé, sera semblable à son maître » (Lu 6.40). C'est la même chose pour nous aujourd'hui, lorsque nous passons du temps avec Christ dans sa Parole et dans la prière, nous devenons de plus en plus semblables à lui (2 Co 3.18). Avant de pouvoir exercer un ministère *pour* Lui, nous devons devenir

Partie 1 : Les qualifications du pasteur pentecôtiste

comme Lui, et pour devenir comme Lui, nous devons passer du temps *avec* Lui.

Le mouvement pentecôtiste est né de la conviction que les croyants d'aujourd'hui peuvent vivre, les mêmes expériences spirituelles qui changent la vie, que les apôtres et les autres disciples du Nouveau Testament. Les Pentecôtistes enseignent que, si une doctrine correcte est essentielle, elle ne suffit pas. Plus que toute autre chose, en tant que pasteur pentecôtiste, vous devez avoir une relation permanente avec Jésus-Christ. Sans une telle relation, vous êtes disqualifié pour le ministère. Cette relation se forme par l'expérience spirituelle.

Tout au long de la Bible, ceux qui ont exercé un ministère auprès des autres ont commencé leur parcours par une rencontre avec Dieu. Abraham a entendu la voix de Dieu (Ge 12.1-3). Moïse a rencontré Dieu dans le buisson ardent (Ex 3.1-4). Ésaïe a vu Dieu dans le temple, haut et élevé (Es 6.1-5). Les disciples ont marché avec Jésus (Mc 3.13-14). Et Paul a rencontré le Christ ressuscité sur le chemin de Damas (Ac 9.1-15).

De la même manière, toute personne qui veut être un pasteur pentecôtiste doit avoir quatre rencontres essentielles avec Dieu :

La nouvelle naissance

Nicodème était un chef religieux. C'était un pharisien dévoué et un membre du conseil de direction juif. Mais tout cela ne suffisait pas. Jésus a dit à Nicodème : « Il faut que tu naisses de nouveau » (Jn 3.7). Jésus lui a dit qu'il ne pouvait pas « entrer », ni même « voir » le royaume de Dieu s'il ne faisait pas l'expérience d'une renaissance spirituelle (v. 3-5).

Tout pasteur pentecôtiste doit être véritablement né de nouveau. Il ou elle doit pouvoir témoigner d'un moment de sa vie où il a rencontré Jésus, s'est repenti de ses péchés et l'a reçu comme son Seigneur et Sauveur. À ce moment-là, Jésus a pris sa place légitime sur le trône de leur vie, et ils ont été régénérés. Paul a écrit : « Si quelqu'un est en Christ, il est une nouvelle création. Ce qui est ancien est passé : il y a là du nouveau ! » (2 Co 5.17).

Êtes-vous né de nouveau ? Votre être a-t-il été transformé de l'intérieur ? Si ce n'est pas le cas, vous pouvez l'être dès maintenant. Détournez-vous de vos péchés et priez, en demandant à Dieu de vous pardonner. Mettez toute votre confiance en Christ seul pour votre salut, et invitez-le à prendre la place qui lui revient comme Seigneur de votre vie.

Chapitre 1 : Une personne d'expérience

Pour recevoir le Christ comme votre Sauveur, croyez de tout votre cœur, et priez sincèrement cette prière :

« Jésus, je crois vraiment que Tu es le Fils de Dieu, le Sauveur du monde. Je crois que Tu es mort pour mes péchés et que Tu es ressuscité. Je sais que je suis un pécheur et que, sans la foi en Toi, je suis perdu pour l'éternité. Pardonne-moi mes péchés et deviens mon Sauveur et Seigneur. J'abandonne maintenant tout pour te suivre. Je te servirai tous les jours de ma vie. Viens dans mon cœur et sois le Seigneur de ma vie. En ton nom, je te prie. Amen. »

Le baptême du Saint-Esprit

Juste avant de monter au ciel, Jésus a ordonné à ses disciples : « Restez dans la ville, jusqu'à ce que vous soyez revêtus de la puissance d'en haut » (Lu 24.49). Ils devaient attendre à Jérusalem jusqu'à ce qu'ils aient été baptisés du Saint-Esprit (Ac 1.4). Ces hommes étaient nés de nouveau. Ils avaient suivi l'enseignement de Jésus, et ils avaient été témoins de ses miracles. Il les avait chargés de prêcher l'Évangile dans le monde entier. Et pourtant, ils n'étaient toujours pas prêts.

La tâche que Jésus leur avait confiée était trop importante pour qu'ils puissent l'accomplir par leurs propres forces. Ils avaient besoin d'être remplis de la puissance de Dieu. Jésus leur a promis : « Vous recevrez une puissance, le Saint-Esprit venant sur vous ; et vous serez mes témoins à Jérusalem, dans toute la Judée, dans la Samarie, et jusqu'aux extrémités de la terre » (Ac 1.8).

L'Esprit est venu pour la première fois sur les disciples et les a remplis le jour de la Pentecôte. À ce moment-là, ils ont parlé en langues et ont reçu la puissance et l'audace dont ils avaient besoin pour proclamer efficacement le Christ, même face à une forte opposition. Toute personne qui désire suivre le Seigneur dans son ministère devrait être baptisée du Saint-Esprit.

Jésus nous a dit comment nous pouvons être baptisés dans le Saint-Esprit. Il a promis : « Le Père céleste [donnera] le Saint-Esprit à ceux qui le lui demandent ! » (Lu 11.13). Tout le monde peut recevoir la puissance de l'Esprit en le demandant simplement avec foi. Cette demande implique trois étapes simples de la foi :

1. Demandez avec foi. Commencez par demander l'Esprit à Dieu. En parlant du don de l'Esprit, Jésus a promis : « Demandez, et l'on vous donnera ; cherchez, et vous trouverez ; frappez, et l'on vous ouvrira » (Lu

Partie 1 : Les qualifications du pasteur pentecôtiste

11.9). En demandant, croyez que Dieu entend et répond à votre prière, et qu'il est, en ce moment même, en train de vous remplir de l'Esprit Saint. Ouvrez grand votre cœur à Dieu, et ressentez la venue de l'Esprit sur vous. Une fois que vous ressentez l'Esprit sur vous, vous êtes prêt à faire le deuxième pas de la foi.

2. Recevez par la foi. Jésus a encore promis : « Tous ceux qui demandent reçoivent » (Lu 11.10). En une autre occasion, il a enseigné : « C'est pourquoi je vous dis : Tout ce que vous demandez en priant, croyez que vous l'avez reçu, et cela vous sera accordé » (Mc 11.24). Croyez que Dieu répond à votre prière et vous remplit du Saint-Esprit. Ce faisant, ressentez la présence de l'Esprit au plus profond de vous, dans votre être le plus intime (Jn 7.38). Une fois que cela se produit, faites votre troisième pas de foi.

3. Parlez dans la foi. La Bible dit que le jour de la Pentecôte, « ils furent tous remplis du Saint-Esprit et *se mirent à parler* en d'autres langues, selon que l'Esprit leur donnait de s'exprimer » (Ac 2.4, c'est nous qui soulignons). Les mots que vous prononcerez ne seront pas les vôtres ; ils viendront de Dieu. Ils viendront du plus profond de votre être, de votre esprit (1 Co 14.2). Et ils seront dans une langue que vous ne comprenez pas. C'est le signe de Dieu pour vous, et pour l'église, qu'il vous a donné le pouvoir de parler en son nom. Louez soit le Seigneur ! Vous avez été baptisé du Saint-Esprit.

Un appel divin

Être un pasteur pentecôtiste est plus qu'un choix de carrière, c'est un appel de Dieu. Parlant de Jésus, Paul a écrit : « Et il a donné les uns comme apôtres, les autres comme prophètes, les autres comme évangélistes, les autres comme pasteurs et docteurs » (Ep 4.11). Avec les quatre autres rôles ministériels, les pasteurs sont un don donné par Christ à son Église. C'est le Seigneur lui-même qui choisit qui il va nommer comme pasteur. Il choisit, puis il appelle, puis il déploie. Jésus a dit à ses douze disciples : « Ce n'est pas vous qui m'avez choisi, mais c'est moi qui vous ai choisis et vous ai établis afin que vous alliez et portiez du fruit - du fruit qui demeure » (Jn 15.16).

Le Seigneur a ainsi révélé trois vérités importantes concernant l'appel de Dieu : premièrement, il a révélé que c'est Dieu seul qui fait le choix. Le pasteur pentecôtiste authentique ne se choisit pas lui-même. Il ou elle est choisi(e) par le Christ. Jésus a ensuite révélé que c'est Lui qui attribue les

Chapitre 1 : Une personne d'expérience

tâches ministérielles. Il poursuit : « Je vous ai choisis et je vous ai établis. » Non seulement le Christ choisit les personnes qui serviront, mais il rédige les descriptions de tâches et désigne les ouvriers pour remplir ces tâches. Enfin, ceux qu'il choisit et nomme, il les déploie. Jésus termine sa déclaration en disant : « [Je] vous ai établis pour que vous alliez et portiez du fruit. » Il est le Seigneur de la moisson, et c'est Lui qui nous commande : « Allez dans le monde entier et proclamez la bonne nouvelle à toute la création » (Mc 16.15). En d'autres termes, les vrais pasteurs pentecôtistes ne sont ni auto-choisis, ni auto-désignés, ni auto-envoyés. Au contraire, ils sont choisis par Dieu, nommés par Dieu et envoyés par Dieu. Notre rôle est d'entendre sa voix, de nous soumettre à son autorité et d'obéir à son appel.

L'appel de Dieu peut se manifester de différentes manières. Il peut venir de manière spectaculaire, comme dans le cas de Samuel qui a entendu Dieu appeler son nom de manière audible (1 S 3.1-11). Plus souvent, cependant, l'appel de Dieu se présente comme un doux coup de pouce dans notre être intérieur le plus profond. C'est l'expérience d'Élie. Le prophète n'a pas entendu la voix de Dieu dans le vent puissant, le tremblement de terre ou le feu. Il a plutôt entendu la voix de Dieu comme un « doux murmure » (1 R 19.12).

Cette douce incitation est souvent accompagnée d'un « sentiment intérieur » que Dieu parle. Avec le temps, elle s'intensifie et devient un sentiment d'urgence. L'enfant Jésus a dû ressentir cela lorsqu'il a dit à ses parents : « Il faut que je m'occupe des affaires de mon Père » (Lu 2.49). Paul a exprimé cette urgence intérieure aux Corinthiens. « Car la nécessité m'en est imposée, écrit-il, malheur à moi si je n'annonce pas l'Évangile ! » (1 Co 9.16). Le prophète Michée a décrit cette profonde conviction intérieure de Dieu : « Mais moi, je suis rempli de force, de l'esprit de l'Éternel, je suis rempli de justice et de vigueur, pour faire connaître à Jacob son crime, et à Israël son péché » (Mi 3.8).

Au fur et à mesure que nous répondons par la foi et l'obéissance à la voix de l'Esprit, la conviction grandit jusqu'à ce que nous sachions avec certitude que Dieu nous a appelés à consacrer notre vie à la proclamation de l'Évangile.

Partie 1 : Les qualifications du pasteur pentecôtiste

Une relation vivante

Enfin, le pasteur pentecôtiste doit avoir une relation vivante et continue avec Dieu. L'expérience de Dieu ne doit pas être considérée comme un événement ponctuel. Une seule expérience, aussi spectaculaire soit-elle, ne peut soutenir la vie chrétienne. Même les premiers disciples, qui ont connu l'Esprit le jour de la Pentecôte, ont eu besoin d'être remplis de l'Esprit à plusieurs reprises (Ac 4.8, 31 ; 5.8).

En tant que pasteur pentecôtiste, vous devez apprendre à cultiver une marche personnelle et continue avec Dieu. Paul a écrit aux nouveaux chrétiens de Galatie : « Puisque nous vivons par l'Esprit, marchons aussi par l'Esprit » (Ga 5.25). Dans la même lettre, il les réprimande : « Etes-vous donc stupides à ce point ? Après avoir commencé par l'Esprit, allez-vous maintenant achever par la chair » (Ga 3.2). Il ne suffit pas d'avoir été une fois rempli de l'Esprit, il faut rester « rempli de l'Esprit » (Lu 4.1 ; Ac 6.3 ; 7.55 ; 11.24).

Jésus a décrit cette relation comme le fait de rester, ou de demeurer, en Lui (Jn 15.4). Demeurer en Christ implique de vivre dans sa Parole et dans son amour (v. 7, 9). Cela implique également de garder ses commandements (v. 10) et de vivre dans l'Esprit (1 Jn 2.27 ; 4.13).

EXPÉRIENCE PRATIQUE

Certaines compétences ne peuvent être acquises dans les livres. Un homme peut lire un article de magazine sur la façon de nager ; cependant, il serait stupide de plonger dans les profondeurs avant d'avoir d'abord pratiqué ses compétences dans les bas-fonds. Il en va de même pour le ministère pentecôtiste. En soi, aucune étude académique ne peut vous préparer adéquatement au ministère pastoral. Avant d'entrer dans le ministère, vous devez acquérir une expérience pratique. Vous ne pouvez acquérir une telle expérience qu'en participant à un ministère réel et concret.

Dans une école biblique d'Afrique du Sud, les futurs étudiants doivent soumettre une « demande d'admission ». L'administration utilise les connaissances acquises grâce à ce formulaire pour aider à déterminer l'aptitude du candidat à être admis dans l'école. Outre les questions personnelles et académiques habituelles, il est demandé au candidat de rédiger de sa propre main son témoignage personnel. Dans ce témoignage, il est demandé au candidat d'aborder quatre points : (1) raconter comment

Chapitre 1 : Une personne d'expérience

vous avez appris à connaître le Christ comme votre Sauveur ; (2) raconter votre baptême du Saint-Esprit et comment cette expérience a affecté votre vie ; (3) décrire votre appel au ministère ; et (4) décrire comment vous avez été actif dans le ministère de votre église locale.

L'administrateur de l'école a expliqué : « Nous posons la dernière question parce que nous croyons que l'expérience pratique est une composante essentielle d'une formation ministérielle efficace. Ici, dans notre école, nous ne formons pas *pour* le ministère, nous formons *au* ministère. » Si la formation formelle est importante, elle ne pourra jamais, à elle seule, vous préparer au ministère pastoral. Vous devez acquérir une expérience pratique en vous impliquant activement dans le ministère.

Il serait très imprudent d'essayer de diriger une assemblée en tant que pasteur avant d'avoir acquis une expérience pratique. La meilleure façon d'acquérir une telle expérience est de le faire dans une église locale sous la direction d'un pasteur mature et rempli de l'Esprit. Paul a dit à Timothée qu'un surveillant, ou pasteur, « ne doit pas être un nouveau converti » (1 Ti 3.6). Il a ajouté que le pasteur doit avoir « une bonne réputation auprès des étrangers » (v. 7). Les quatre domaines essentiels de l'expérience pratique du ministère sont l'expérience du témoignage, l'expérience de la prédication et de l'enseignement, l'expérience du don et l'expérience de la prière, comme suit :

Expérience en matière de témoignage

Premièrement, en vous préparant au ministère pastoral, vous devez acquérir de l'expérience en matière de témoignage. Vous devez devenir compétent pour partager l'Évangile avec les autres. Un tel témoignage est le résultat naturel de votre baptême du Saint-Esprit, comme nous l'avons vu précédemment. En parlant de lui-même, Jésus a dit que le berger « précède [ses brebis], et ses brebis le suivent » (Jn 10.4). En tant que pasteur pentecôtiste, il en va de même pour vous. Si vous allez au-devant de vos brebis pour gagner des âmes à Christ, elles vous suivront. Cependant, si vous ne témoignez pas, vos gens suivront aussi.

Une responsabilité connexe de tout pasteur pentecôtiste est de conduire son assemblée à implanter de nouvelles églises dans des endroits où il n'existe aucune église missionnaire mandatée par l'Esprit. Il est donc important que vous ayez participé à une ou plusieurs campagnes d'implantation d'églises avant de prendre la direction d'une assemblée

Partie 1 : Les qualifications du pasteur pentecôtiste

locale. Il peut s'agir d'un effort de votre église d'origine, de l'école biblique que vous avez fréquentée ou d'un autre ministère. Cette expérience pratique vous aidera à savoir comment mobiliser votre propre église pour implanter d'autres églises.[1]

Expérience de la prédication et de l'enseignement

En outre, quiconque souhaite devenir un pasteur pentecôtiste doit acquérir de l'expérience dans la prédication et l'enseignement de la Parole de Dieu. En effet, comment peut-on diriger efficacement une église pentecôtiste si l'on n'est pas capable de communiquer la Parole de Dieu aux autres ? Paul a rappelé à Timothée qu'un pasteur doit être « capable d'enseigner » (1 Ti 3.2). Il a également recommandé à son fils dans la foi d'être prêt à prêcher la parole en tout temps (2 Ti 4.2).

Une façon d'acquérir de l'expérience dans l'enseignement et la prédication est de se porter volontaire pour enseigner l'école du dimanche ou la classe biblique dans votre église. Une autre façon est de diriger un groupe de maison. De cette manière, vous pouvez, sous la direction de votre pasteur, vous exercer à élaborer et à délivrer des messages bibliques. Un autre bon moyen d'acquérir de l'expérience dans la prédication est de prêcher dans des réunions en plein air. Vous pouvez le faire en organisant un groupe de membres fidèles de l'église et en allant dans les zones de marché et autres lieux publics près de votre église pour mener des réunions d'évangélisation en plein air.[2]

Expérience en matière de dons

Troisièmement, la personne qui veut être un pasteur pentecôtiste doit avoir un passé de dîme fidèle et de dons généreux à l'œuvre de Dieu. Une personne avare et grippe-sou ne pourra jamais représenter un Dieu généreux et prêt à donner. Jésus a encouragé ses disciples : « Vous avez reçu gratuitement, donnez gratuitement » (Mt 10.8). De la même manière, Paul a exhorté les croyants de Corinthe : « Suivez mon exemple, comme moi, je

---

[1] Ces questions sont abordées plus en détail au chapitre 37 : « Évangéliser les perdus » et au chapitre 39 : « Implanter de nouvelles églises ».

[2] Pour plus d'informations sur la prédication et l'enseignement, voir le chapitre 16 : « La prédication ointe de l'Esprit » et le chapitre 17 : « Enseignement efficace ».

Chapitre 1 : Une personne d'expérience

suis l'exemple du Christ » (1 Co 11.1). En observant votre générosité pleine de foi, les membres de l'église seront eux aussi encouragés à donner généreusement à l'œuvre de Dieu, en lui faisant confiance pour subvenir à tous leurs besoins (Ph 4.19). En conséquence, l'œuvre de Dieu prospérera.

Expérience de la prière

Enfin, celui qui désire devenir un pasteur pentecôtiste doit avoir une expérience pratique de la prière. La prière est le fondement de tout ministère pentecôtiste. L'expérience de la prière commence par une vie de prière disciplinée. La Bible raconte que « Jésus se retirait souvent dans des endroits isolés pour prier » (Lu 5.16). Pour être un pasteur pentecôtiste efficace, vous devez faire de même. Vous devez apprendre à réserver chaque jour du temps pour la communion avec votre Père céleste.[3]

Vous voudrez également vous joindre à d'autres personnes pour prier. Vous pouvez le faire en participant à des groupes de prière, des retraites de prière et des réunions de prière de nuit. Grâce à ces pratiques, vous pouvez vous préparer à prier pour les autres. Deux autres domaines dans lesquels vous devez acquérir de l'expérience sont la prière pour la guérison des malades et des affligés et la prière avec les croyants pour qu'ils soient remplis du Saint-Esprit.[4]

---

[3] Pour en savoir plus sur la vie dévotionnelle du pasteur pentecôtiste, voir le chapitre 8 : « La priorité de la prière » et le chapitre 15 : « Une forte habitude de dévotion ».

[4] Ces pratiques sont traitées plus en détail au chapitre 20 : « Guider les croyants dans le baptême de l'Esprit » et au chapitre 21 : « Exercer le ministère dans la puissance de l'Esprit ».

Partie 1 : Les qualifications du pasteur pentecôtiste

~ Chapitre 2 ~

Une personne de l'Esprit

Dans un certain pays d'Afrique, un jeune homme a ressenti l'appel de Dieu sur sa vie. Il a dit à son pasteur ce qu'il ressentait. Le pasteur a également reconnu l'appel de Dieu sur la vie du jeune homme, et il l'a affecté à une église secondaire dans une ville voisine. Il a dit au jeune homme : « Tu dois développer cette église et implanter d'autres églises dans la région. » Rempli d'enthousiasme, le jeune homme a déménagé sa famille dans la ville et s'est attelé à la tâche. Il a travaillé dur et a fait de son mieux. Cependant, il n'a pas eu beaucoup de succès. Le jeune homme s'est alors dit : « J'ai besoin de plus de connaissances et de formation. » Il s'est donc inscrit à l'école biblique.

Dans l'école biblique, le jeune homme a étudié la Parole de Dieu. Plus il apprenait, plus il prenait confiance en lui. Il a également appris l'existence d'une expérience biblique appelée le baptême du Saint-Esprit. Le jeune homme a cherché l'Esprit avec diligence et a été rapidement rempli, tout comme les 120 disciples l'ont été le jour de la Pentecôte (Ac 2.1-4).

Ses professeurs lui ont alors appris à marcher dans la puissance de l'Esprit. Lorsqu'il est retourné dans son église, les choses ont changé. Il exerçait maintenant son ministère avec puissance et conviction. Les gens étaient guéris et délivrés, et beaucoup venaient au Christ. En conséquence, l'église a grandi et est devenue forte. En peu de temps, elle a pu implanter d'autres églises. Cette histoire illustre pourquoi il est si important pour

Partie 1 : Les qualifications du pasteur pentecôtiste

chaque pasteur pentecôtiste de devenir un véritable homme ou femme de l'Esprit.

Le chapitre précédent a abordé la manière dont le pasteur pentecôtiste doit être une personne ayant une expérience à la fois spirituelle et pratique. Ce chapitre va développer ces questions. Il abordera la compréhension de base du pasteur pentecôtiste concernant l'Esprit et son œuvre. Il abordera également sa démarche personnelle et son ministère dans l'Esprit.

COMPRENDRE L'ESPRIT

Si vous, en tant que pasteur pentecôtiste, devez devenir une véritable personne de l'Esprit, vous devrez comprendre quatre choses :

Qui est l'Esprit

Premièrement, vous devez comprendre qui est l'Esprit. Beaucoup trop de chrétiens aujourd'hui, y compris les Pentecôtistes, n'ont pas une idée claire de qui est le Saint-Esprit. Beaucoup le considèrent à tort comme une vague force impersonnelle venant de Dieu. Le pasteur pentecôtiste, cependant, doit comprendre et enseigner que le Saint-Esprit est, en fait, Dieu. Il est la troisième personne de la Sainte Trinité (Mt 28.19 ; 2 Co 13.14). Tout comme le Père est Dieu, et le Fils est Dieu, le Saint-Esprit est Dieu. En tant que Dieu, l'Esprit pense (Ac 15.28), parle (Ac 1.16), conduit (Ro 8.14) et peut être affligé (Ep 4.30). Parce que le Saint-Esprit est une personne, chaque disciple du Christ peut avoir une relation personnelle avec lui (Jn 14.16-18 ; 2 Co 13.14).

En outre, en tant que pasteur pentecôtiste, vous devez comprendre et enseigner que le Saint-Esprit est l'Esprit des missions. Il est le membre de la Trinité qui, dans cet âge de l'Esprit, accomplit la mission rédemptrice de Dieu sur la terre. De plus, il revêt de puissance, inspire et guide le peuple de Dieu pour qu'il se joigne à lui dans cette mission (Ac 1.8).

Comment l'Esprit travaille

En plus de savoir *qui* est le Saint-Esprit, vous devez savoir *comment* il travaille. L'Esprit travaille dans et par le peuple missionnaire de Dieu, l'Église, pour accomplir la mission de Dieu sur la terre. Il a donné à Jésus le pouvoir d'accomplir son œuvre (Lu 4.17-19 ; Ac 10.38). De la même manière, il donnera aux disciples de Jésus le pouvoir d'accomplir leur œuvre

Chapitre 2 : Une personne de l'Esprit

(Ac 1.8 ; Jn 14.12). En tant que pasteur pentecôtiste, vous devez comprendre clairement ces vérités et les enseigner de manière persuasive.[1]

Pour bien saisir l'action de l'Esprit à notre époque, vous devez comprendre trois concepts bibliques :

1. La mission de Dieu. Tout d'abord, vous devez comprendre que la Bible présente Dieu comme un Dieu missionnaire. Sa mission est parfois appelée la *missio Dei,* qui est simplement le latin pour la mission de Dieu. La mission de Dieu est de racheter et d'appeler à lui un peuple de toute tribu, de toute langue et de toute nation sur la terre (Ap 5.9). L'Église existe en tant qu'instrument de Dieu pour accomplir sa mission.

Jésus avait la mission de Dieu à l'esprit lorsqu'il a donné sa Grande Commission : « Allez donc, de toutes les nations faites des disciples, les baptisant au nom du Père, du Fils et du Saint-Esprit, et leur apprenant à observer tout ce que je vous ai prescrit » (Mt 28.19-20 ; cf. Mc 16.15-16 ; Jn 20.21).

En tant que véritable pasteur pentecôtiste, vous devez vous engager à enseigner au peuple de Dieu sa mission. Vous devez également leur enseigner leur rôle dans l'accomplissement de cette mission.

2. La nature missionnaire du baptême de l'Esprit. En plus de comprendre la mission de Dieu, en tant que pasteur pentecôtiste authentique, vous devez comprendre le rôle essentiel du baptême de l'Esprit dans l'accomplissement de la mission. Vous devez comprendre que Dieu baptise son peuple dans son Esprit pour lui permettre d'accomplir sa mission (Lu 24.49). Jésus n'a commencé son ministère qu'après avoir reçu la puissance du Saint-Esprit (Lu 3.21-23 ; 4.17-19 ; Ac 10.38). Il attend de ses disciples qu'ils fassent de même aujourd'hui (Ac 1.4-48).

3. Mobilisation pour la mission. En outre, en tant que pasteur pentecôtiste, vous devez comprendre qu'en conduisant votre peuple au baptême de l'Esprit, vous le préparez à la mission par l'Esprit. Lorsque Jésus a ordonné à ses disciples : « Restez dans la ville jusqu'à ce que vous soyez revêtus de la puissance d'en haut » (Lu 24.49), il les préparait à la mission

---

[1] Pour plus d'informations sur ce sujet, voir le chapitre 10 : « Défendre la vérité pentecôtiste » et le chapitre 11 : « Promouvoir l'expérience et la pratique pentecôtistes ».

Partie 1 : Les qualifications du pasteur pentecôtiste

qui les attendait (v. 47-48). Et lorsque Paul a demandé aux douze disciples d'Éphèse : « Avez-vous reçu le Saint-Esprit lorsque vous avez cru ? » (Ac 19.2), il s'est enquis de leur volonté de se joindre à lui dans la mission d'évangélisation d'Éphèse et du reste de l'Asie Mineure (v. 10).

Il doit en être de même pour nous aujourd'hui. Nous devons comprendre qu'en conduisant nos gens au baptême de l'Esprit, nous les préparons au témoignage, à l'implantation d'églises et à la mission sous l'impulsion de l'Esprit.

Interpréter le livre des Actes

Troisièmement, en tant que pasteur pentecôtiste authentique en Afrique, vous devez saisir la nature et le but missionnaires du livre des Actes. Une chose qui distingue les Pentecôtistes des non-Pentecôtistes est la façon dont chaque groupe interprète le livre des Actes. Les non-Pentecôtistes considèrent généralement les Actes comme l'histoire ancienne de la façon dont l'Église a commencé et mené à bien sa mission. Dans leur esprit, les Actes racontent comment Dieu a agi *à l'époque*, dans un passé lointain. Les Pentecôtistes, en revanche, considèrent le livre des Actes comme un modèle durable de la manière dont Dieu veut travailler dans et par l'Église *ici et maintenant*, dans le présent immédiat.

Le pasteur pentecôtiste comprend que les Actes sont bien plus qu'un livre d'histoire ancienne. Il s'agit plutôt d'un manuel de stratégie divinement inspiré pour la mission de la fin des temps. Dans les Actes, le Saint-Esprit a fourni à l'Église un modèle, des moyens et une stratégie pour accomplir la mission de Dieu. Cette stratégie est résumée dans la promesse finale de Jésus à l'Église : « Mais vous recevrez une puissance, lorsque le Saint-Esprit viendra sur vous ; et vous serez mes témoins à Jérusalem, dans toute la Judée et la Samarie, et jusqu'aux extrémités de la terre » (Ac 1.8).

Ce verset révèle un motif de *revêtement de puissance en vue du témoignage* qui se répète tout au long du livre. Sans exception, chaque effusion de l'Esprit dans les Actes des Apôtres a donné lieu à un témoignage assisté par l'Esprit. Saisir ce concept est une clé pour comprendre le livre des Actes des Apôtres et pour mobiliser votre église pour une mission sous l'impulsion de l'Esprit.

Chapitre 2 : Une personne de l'Esprit

Ce que signifie être pentecôtiste

Enfin, en tant que pasteur pentecôtiste, vous devez avoir une compréhension claire de ce que signifie réellement être pentecôtiste. Le véritable pentecôtisme est bien plus qu'un style de culte alternatif ou une orientation vers le surnaturel. Dieu a suscité l'Église pentecôtiste comme un mouvement missionnaire des derniers jours, mû par l'Esprit. Le véritable pasteur pentecôtiste s'engage donc à suivre le modèle de ministère établi par Jésus dans les Évangiles et repris par les apôtres et les autres disciples dans le livre des Actes. Il ou elle s'engage à respecter quatre pratiques bibliques :

1. Le même message. Premièrement, le pasteur pentecôtiste authentique s'engage à proclamer fidèlement le même message que les apôtres et les évangélistes du livre des Actes. Ce message est l'Évangile. Il est illustré par le ministère de Philippe qui « descendit dans une ville de Samarie et y annonça le Messie [ou le Christ] » (Ac 8.5 ; cf. v. 12). Tout au long des Actes, l'Église n'a jamais renoncé à proclamer le message de la mort expiatoire et de la résurrection du Christ (cf. 2.22-24 ; 3.15 ; 4.10-12). En outre, elle a constamment appelé le peuple à se repentir et à croire à l'Évangile (cf. 2.38 ; 16.31 ; 20.21 ; 26.20). Nous devons faire de même aujourd'hui.

2. La même mission. Deuxièmement, le pasteur pentecôtiste authentique s'engage à poursuivre la même mission que l'église du livre des Actes. Comme nous l'avons mentionné plus haut, cette mission est parfaitement résumée dans Actes 1.8, où Jésus dit : « Mais vous recevrez une puissance, le Saint-Esprit venant sur vous ; et vous serez mes témoins... jusqu'aux extrémités de la terre. » Le livre des Actes présente l'Église comme repoussant continuellement les frontières, se déplaçant dans de nouveaux territoires et prêchant la bonne nouvelle dans la puissance de l'Esprit. En tant que véritable pasteur pentecôtiste, vous devez amener votre église à faire de même.

3. Les mêmes expériences. Troisièmement, le pasteur pentecôtiste authentique promeut les mêmes expériences spirituelles que celles vécues par les apôtres dans le livre des Actes. Ces expériences comprennent des conversions qui changent la vie (cf. Ac 2.41 ; 8.5-6 ; 9.1-8), le baptême d'eau par immersion (cf. 2.41 ; 8.13, 36-38 ; 9.17-19 ; 16.33), le baptême du Saint-Esprit attesté par le parler en langues (cf. 2.4 ; 10.44-46 ; 19.6), des miracles de guérison (cf. 3.1-10 ; 5.12-16 ; 20.7-12) et des miracles de

Partie 1 : Les qualifications du pasteur pentecôtiste

délivrance de possession démoniaque (cf. 8.7 ; 16.16-18). Dans la même mesure, le pasteur pentecôtiste rejettera tout miracle professé ou expérience spirituelle qui n'est pas soutenu par les Écritures.

4. Les mêmes méthodes. Enfin, le pasteur pentecôtiste authentique emploiera les mêmes méthodes que celles utilisées par les apôtres et d'autres personnes dans le livre des Actes. Ces méthodes comprennent la proclamation de l'Évangile par l'Esprit qui produit une conviction profonde, la foi et la repentance (cf. Ac 2.14-41 ; 8.13). Le pasteur pentecôtiste s'attend en outre à ce que Dieu confirme la parole par des signes, notamment des miracles de parole, de guérison et de délivrance (cf. 5.12-16 ; 10.44-47 ; 14.6-10).[2]

En outre, le pasteur pentecôtiste authentique s'attend à ce que le Saint-Esprit le guide dans sa mission (cf. Ac 8.29 ; 10.9-20 ; 16.6-10). Cette conduite peut se faire par des impressions intérieures (cf. 8.29 ; 10.19), des rêves (cf. 2.17 ; 16.9) et des visions (cf. 9.10-16 ; 10.9-20). La principale méthode d'évangélisation utilisée par les apôtres dans le livre des Actes des Apôtres consistait à implanter des églises missionnaires mandatées par l'Esprit, qui transmettaient le message du Christ aux régions environnantes.[3]

MARCHER AVEC L'ESPRIT

Le pasteur pentecôtiste doit non seulement comprendre qui est l'Esprit et comment il agit, mais il doit aussi apprendre à vivre sous la direction de l'Esprit. Paul a lancé un défi aux nouveaux croyants de Galatie : « Après avoir commencé par l'Esprit, allez-vous maintenant achever par la chair ? » (Ga 3.3). Il leur rappelait comment ils avaient commencé leur marche chrétienne. Ils avaient commencé par naître de l'Esprit et être remplis de l'Esprit. Maintenant, ils devaient « marcher dans l'Esprit » (5.25). Tel doit être l'objectif sincère de tout pasteur pentecôtiste en Afrique.

Deux moyens importants pour y parvenir sont de prier dans l'Esprit et de cultiver le fruit de l'Esprit, comme suit :

---

[2] Pour plus de détails sur ces sujets, voir le chapitre 16 : « La prédication ointe de l'Esprit » et le chapitre 21 : " Exercer le ministère dans la puissance de l'Esprit ».

[3] Pour en savoir plus sur l'implantation d'églises missionnaires animées par l'Esprit, voir le chapitre 39 : « Implanter de nouvelles églises ».

Chapitre 2 : Une personne de l'Esprit

La prière dans l'Esprit

La Bible parle de nombreux types de prière, notamment l'intercession, la pétition, la confession, la supplication, l'adoration, l'action de grâce, etc. La prière dans l'Esprit, cependant, est particulièrement adaptée pour soutenir la marche remplie de l'Esprit. Paul parle de ce type de prière dans Éphésiens 6.18. Plus loin, dans Romains 8.26, il décrit comment fonctionne la prière dans l'Esprit : « De même aussi l'Esprit vient au secours de notre faiblesse, car nous ne savons pas ce qu'il convient de demander dans nos prières. Mais l'Esprit lui-même intercède par des soupirs inexprimables. » Bien que la prière dans l'Esprit puisse être toute prière initiée par l'Esprit, nommée par l'Esprit et dirigée par l'Esprit, il s'agit plus souvent de la prière en langues (1 Co 14.14-15). En tant que pasteur pentecôtiste avisé, vous devriez faire un usage fréquent de cette arme spirituelle puissante (2 Co 10.4-5).[4]

Le fruit de l'Esprit

Un autre moyen important de renforcer votre marche spirituelle est de cultiver le fruit de l'Esprit. Paul identifie ce fruit comme étant « l'amour, la joie, la paix, la patience, la bonté, la bienveillance, la fidélité, la douceur et la maîtrise de soi » (Ga 5.22-23).

En tant que pasteur pentecôtiste, vous devez non seulement connaître la puissance de Jésus, mais votre vie doit refléter son caractère. Les dons sans fruits deviennent « une pièce de bronze qui résonne ou une cymbale qui retentit » (1 Co 13.1). Beaucoup de ceux qui ne peuvent être gagnés à Christ par des démonstrations de puissance peuvent être persuadés par des actes d'amour. Vous pouvez développer des fruits spirituels dans votre vie en marchant dans l'Esprit (Ga 5.16) et en demeurant en Christ (Jn 15.4).

EXERCER LE MINISTÈRE DANS L'ESPRIT

Jésus a témoigné : « L'Esprit du Seigneur est sur moi, parce qu'il m'a oint pour annoncer une bonne nouvelle » (Lu 4.18). Suivant l'exemple de son Seigneur, Paul a décrit son propre ministère comme une « démonstration de la puissance de l'Esprit » (1 Co 2.4). De la même manière, en tant que pasteur pentecôtiste, vous devez vous engager à exercer votre ministère dans

---

[4] Pour en savoir plus sur la vie de prière du pasteur pentecôtiste, voir le chapitre 8 : « La priorité de la prière ».

Partie 1 : Les qualifications du pasteur pentecôtiste

la puissance du Saint-Esprit. Comme Paul, vous devez vous efforcer de devenir un ministre compétent de l'Esprit (2 Co 3.6).

En tant que tel, vous devez être constamment conscient de l'action (ou de l'absence d'action) de l'Esprit dans votre vie et votre ministère, et parmi les personnes que vous dirigez. Vous devez rejeter fermement toute forme religieuse vide de la puissance et de la présence de l'Esprit (2 Ti 3.5), et vous devez lutter fermement pour une doctrine, une expérience et une pratique authentiquement pentecôtistes (cf. Jud 1.3).[5] Trois façons de le faire sont la poursuite de l'onction de l'Esprit, la recherche de la direction de l'Esprit et la lutte pour les dons de l'Esprit, comme suit :

Rechercher l'onction de l'Esprit

En tant qu'authentique pasteur pentecôtiste, vous devez rechercher avidement l'onction de l'Esprit. Vous devez chercher à toujours prêcher, enseigner et exercer votre ministère sous la présence manifeste de Dieu. C'est-à-dire que vous devez prier et vous soumettre à l'Esprit, vous attendant à ce qu'il repose sur votre vie, vous permettant d'exercer votre ministère avec une puissance et une autorité accrues. L'onction de l'Esprit convaincra même les cœurs les plus durs, les amenant à se tourner vers Dieu et à proclamer : « Jésus est Seigneur ! »

Rechercher la direction de l'Esprit

En outre, vous devez faire confiance à l'Esprit du Seigneur pour vous diriger dans le ministère. Telle était la pratique de Jésus et des apôtres. Le pasteur pentecôtiste avisé comprend que le Saint-Esprit est véritablement le directeur de la mission de Dieu. Lui seul comprend les besoins et les priorités de la mission.

L'Esprit a dirigé Philippe vers l'eunuque éthiopien (Ac 8.26-38), Pierre vers la maison de Corneille (10.9-25) et Paul et son équipe missionnaire en Europe occidentale (16.6-40). Il fera de même pour nous aujourd'hui. Si nous restons ouverts et à l'écoute de sa voix, l'Esprit du Seigneur nous conduira dans notre travail pour le Christ.

---

[5] Vous pouvez en savoir plus sur le ministère mandaté par l'Esprit au chapitre 21 : « Exercer le ministère dans la puissance de l'Esprit ».

Chapitre 2 : Une personne de l'Esprit

Désirer ardemment les dons de l'Esprit

Paul a exhorté les croyants de Corinthe à « désirer ardemment les dons de l'Esprit » (1 Co 14.1). En tant que pasteur pentecôtiste fidèle, vous devez tenir compte de l'instruction de l'apôtre en cultivant l'opération des dons spirituels dans votre propre vie et dans la vie de l'église que vous dirigez. C'est à travers ces dons que l'onction reçue au baptême de l'Esprit est libérée dans le ministère. Paul discute de l'action des dons dans 1 Corinthiens 12-14. Luc fait de même dans le livre des Actes. Paul se concentre sur l'opération des dons dans l'église rassemblée pour le culte (1 Co 14.23-26), tandis que Luc montre comment les dons fonctionnent dans l'évangélisation de première ligne et l'implantation d'églises. [6]

Dans son dernier message à Timothée, Paul a exhorté son fils dans la foi à « ranimer le don de Dieu » qui était en lui par l'imposition des mains de l'apôtre (2 Ti 1.6). Il exhortait Timothée à devenir un homme de l'Esprit. Chaque pasteur pentecôtiste en Afrique ferait bien de suivre le conseil de Paul à Timothée. Ils doivent surveiller de près le « bon dépôt » du Saint-Esprit qui leur a été confié (2 Ti 1.14). Ce faisant, ils doivent s'assurer qu'ils restent remplis du Saint-Esprit et engagés dans la mission de Dieu. Et ils doivent s'efforcer d'accomplir leurs ministères dans la puissance et l'onction du Saint-Esprit.

---

[6] Les dons de l'Esprit sont discutés plus en détail au chapitre 21 : « Exercer le ministère dans la puissance de l'Esprit ». Ils sont énumérés et définis dans l'annexe 2 : « Les dons de manifestation de 1 Corinthiens 12 :8-10 ».

Partie 1 : Les qualifications du pasteur pentecôtiste

~ Chapitre 3 ~

Une personne de bonne moralité

PROPHÈTE ARRÊTÉ POUR AVOIR MIS ENCEINTE DES JEUNES FILLES. » Ce titre inquiétant est apparu en bonne place dans un journal d'Afrique australe. L'article racontait ensuite que plusieurs jeunes filles, dont certaines n'avaient que quatorze ans, avaient été mises enceintes par un « prophète chrétien » bien connu. Les jeunes filles s'étaient rendues ensemble auprès des autorités pour dénoncer le comportement illicite du prédicateur. Malheureusement, comme pour les scandales passés, l'église a été déshonorée, l'œuvre de Dieu souillée et le nom du Christ déshonoré.

Cependant, ce ne sont pas les péchés ouvertement scandaleux qui entravent le plus le progrès de l'église ; ce sont les petits péchés cachés. Acan a péché en secret, mais son péché a affecté toute la congrégation (Jos 7.1-12). De la même manière, les transgressions secrètes d'un pasteur peuvent affecter toute une assemblée. En raison de leur manque de moralité, de nombreux serviteurs de Dieu, par ailleurs oints, ont fait honte à l'œuvre de Dieu et se sont disqualifiés du ministère.

Le caractère est le fondement sur lequel un ministère pentecôtiste authentique est construit. Sans cette fondation, tout le reste finira par vaciller et tomber. Un ministère durable ne peut jamais être construit sur le talent, le charme, le statut social, la réussite scolaire ou même l'onction charismatique. Il doit être construit solidement sur la fondation du caractère. Par-dessus tout, le peuple de Dieu doit être capable de faire confiance à son pasteur.

Partie 1 : Les qualifications du pasteur pentecôtiste

L'IMPORTANCE DU CARACTÈRE

Le pasteur pentecôtiste doit être un homme ou une femme de haute moralité. Paul a écrit à Timothée, qui était le pasteur de l'église d'Éphèse, pour l'inciter à mener une vie exemplaire :

« Il faut donc que le surveillant soit irrépréhensible, mari d'une seule femme, sobre, sage, honorable, hospitalier, propre à enseigner, non adonné au vin, non batteur, mais doux, non querelleur, n'aimant pas l'argent. » (1 Ti 3.2-3)

Paul a également exhorté Tite concernant le caractère d'un pasteur :

« Car il faut que l'évêque soit irréprochable, comme économe de Dieu ; qu'il ne soit ni arrogant, ni colère, ni adonné au vin, ni violent, ni porté à un gain déshonnête ; mais qu'il soit hospitalier, ami des gens de bien, modéré, juste, saint, tempérant. » (Tit 1.7-8)

Remarquez comment, dans les deux listes, Paul aborde principalement les questions de caractère plutôt que de compétence. Si la compétence est importante pour le pasteur pentecôtiste, le caractère est d'une importance suprême.

LA SIGNIFICATION DU CARACTÈRE

Que signifie donc le mot « caractère » ? Le caractère désigne la boussole morale d'une personne. C'est la personne que nous sommes à l'intérieur. Pour le chrétien, le caractère est la ressemblance avec le Christ. Le caractère détermine comment une personne agit (ou réagit) lorsqu'elle est pressée. C'est ce que nous sommes lorsque personne d'autre ne nous regarde. Un autre mot pour désigner le caractère est l'intégrité. L'intégrité est synonyme de solidité morale ou de plénitude.

En tant que pasteurs pentecôtistes, nous devrions nous préoccuper davantage de notre caractère que de notre réputation. En effet, notre réputation est ce que les autres pensent que nous sommes, alors que notre caractère est ce que nous sommes vraiment. Rappelez-vous l'avertissement de Dieu à Samuel lorsqu'il a été tenté d'oindre le frère aîné de David comme roi d'Israël. Le Seigneur a dit : « Car l'homme regarde à l'apparence extérieure, et l'Éternel regarde au cœur » (1 S 16.7). Samuel a finalement oint David comme roi parce que c'était un homme qui cherchait à plaire à Dieu (1 S 13.14 ; Ac 13.22).

Chapitre 3 : Une personne de bonne moralité

Le caractère divin se manifeste dans trois domaines critiques dans la vie et les actions du pasteur pentecôtiste, comme suit :

Véracité

Le vrai pasteur pentecôtiste choisit de suivre les traces de Jésus, qui « n'a pas commis de péché, et il ne s'est pas trouvé de mensonge dans sa bouche » (1 P 2.22). Il ou elle est véridique dans toutes ses communications avec les autres. En d'autres termes, le pasteur pentecôtiste fidèle refuse de mentir - même si mentir semble être le moyen le plus indolore de se sortir d'une situation difficile. Paul a exhorté les chrétiens d'Éphèse à « renoncer à la fausseté et à dire la vérité » (Ep 4.25).

En tant que pasteur pentecôtiste, vous devez vous efforcer d'avoir une telle réputation dans la communauté que chaque fois que vous parlez, les gens savent qu'ils entendent la vérité. S'ils ne peuvent pas vous croire lorsque vous parlez au marché, comment peuvent-ils vous croire lorsque vous parlez en chaire ? Vous devez être connu comme quelqu'un qui « [dit] toujours la vérité dans l'amour » (Ep 4.15).

Honnêteté financière

En tant que pasteur pentecôtiste fidèle, vous devez être honnête dans toutes vos communications, et vous devez être complètement honnête dans toutes vos transactions financières. Cela inclut vos transactions financières avec Dieu, avec l'église et avec les personnes extérieures à l'église. Vous faites cela parce que vous savez que Dieu vous regarde. Et, par-dessus tout, vous voulez lui faire plaisir. Par conséquent, vous refusez de priver Dieu de vos dîmes et de vos offrandes (Mal 3.8).

Certains pasteurs exigent que les membres de leur église paient la dîme à l'église, alors qu'ils refusent de le faire eux-mêmes. En agissant ainsi, non seulement ils volent Dieu, mais ils révèlent la fourberie de leur propre cœur. Si vous êtes une telle personne, repentez-vous et faites ce que vous savez être juste (cf. Ac 26.20).

En outre, vous devez être honorable dans votre gestion des fonds de l'église. Le fait que vous soyez pasteur ne vous donne pas le droit d'utiliser les fonds de l'église comme bon vous semble. Vous devez protéger avec diligence toutes les offrandes reçues par l'église. Et vous devez vous assurer que tous les fonds sont utilisés uniquement dans le but pour lequel ils ont été

Partie 1 : Les qualifications du pasteur pentecôtiste

donnés. Par exemple, vous ne devez pas utiliser l'argent donné aux missions pour acheter une voiture, ou l'argent donné à l'évangélisation pour réparer le bâtiment de l'église. Pire encore, vous ne devez jamais prendre l'argent donné pour aider les pauvres et, comme Judas, qui a volé dans le sac d'argent, l'utiliser pour votre propre bénéfice (cf. Jn 12.6).

En outre, en tant que pasteur pentecôtiste fidèle, vous devez être honnête dans vos relations financières avec les personnes extérieures à l'église. Vous devez être connu comme une personne de la plus haute intégrité. Vous ne devez jamais voler, tromper les autres ou ne pas rembourser rapidement l'argent que vous avez emprunté. Agir autrement jettera le discrédit sur l'église et incitera les gens à se détourner du message du Christ.

Pureté sexuelle

En tant que pasteur pentecôtiste, vous devez non seulement être sincère dans vos communications et honnête dans vos transactions financières, mais vous devez aussi, à tout moment, vous comporter honorablement avec les personnes du sexe opposé. Vous devez être fidèle à vos vœux de mariage et « rejeter toute espèce de mal » (1 Th 5.22).

Vous devez traiter « les femmes âgées comme des mères, et les jeunes femmes comme des sœurs, avec une pureté absolue » (1 Ti 5.2). Pour ce faire, vous devez vous assurer que vous n'êtes jamais seul avec une femme autre que votre épouse. Vous devez également vous garder de créer des liens affectifs avec une femme autre que votre épouse par des conversations ou des activités irréfléchies. La même chose, bien sûr, s'applique aux femmes pasteurs dans leurs relations avec les hommes.

En tant que serviteur du Christ, vous prendrez donc au sérieux l'avertissement de Paul : « Que l'impudicité, qu'aucune espèce d'impureté, et que la cupidité, ne soient pas même nommées parmi vous, ainsi qu'il convient à des saints » (Ep 5.3).

AUTRES TRAITS DE CARACTÈRE NÉCESSAIRES

En tant que représentant de Dieu, vous devez chercher à cultiver d'autres traits de caractère pieux. Cinq qualités qui méritent d'être mentionnées sont le courage, la fiabilité, l'humilité, la compassion et la générosité, comme suit :

Chapitre 3 : Une personne de bonne moralité

Courage

Le courage est la force morale de faire ce qui est juste, même face à la menace, à la difficulté ou au danger. C'est l'audace de prendre un risque, de tenir bon pour ce qui est bon, et de faire confiance à Dieu quand il semble n'y avoir aucune issue. Nelson Mandela a écrit dans son autobiographie : « J'ai appris que le courage n'était pas l'absence de peur, mais le triomphe sur celle-ci. L'homme courageux n'est pas celui qui n'a pas peur, mais celui qui vainc cette peur. »

Le courage est le contraire de la lâcheté. La lâcheté est le fruit d'un souci de soi exagéré ; le courage naît du souci des autres. La lâcheté court-circuite la capacité d'une personne à faire ou à dire ce qui est juste ; le courage l'encourage à rester fidèle face au danger. Moïse était courageux lorsqu'il s'est présenté devant Pharaon en exigeant que le roi Égyptiens libère le peuple de Dieu (Ex 5.7). Jésus a été courageux lorsqu'il s'est humblement soumis à la honte et à l'agonie de la croix (Hé 12.2). Et Etienne a été courageux lorsqu'il a dit aux chefs Juifs qu'ils avaient assassiné leur Messie (Ac 7.51-52).

Si nous cédons au Saint-Esprit qui habite en nous, il nous donnera le courage dont nous avons besoin pour défendre le Christ et déclarer son nom à tous. Lorsqu'ils ont été menacés, Pierre et Jean ont prié : « Et maintenant, Seigneur, vois leurs menaces, et donne à tes serviteurs d'annoncer ta parole avec une pleine assurance. » En réponse à leur prière, Dieu les a remplis de l'Esprit, et ils ont « annoncé la parole de Dieu avec assurance » (Ac 4.29-31). En tant que pasteur pentecôtiste, vous devez vous aussi chercher à rester rempli de l'Esprit et dépendre de Dieu pour qu'il vous donne le courage dont vous avez besoin pour remplir fidèlement votre appel.

Fiabilité

En outre, en tant qu'intendant, ou gestionnaire, de l'Église du Christ, vous devez être fiable. Le Seigneur doit pouvoir placer toute sa confiance en vous (Tit 1.7 ; 1 Pi 4.10). Paul a écrit : « Du reste, ce qu'on demande d'un intendant, c'est qu'il soit digne de confiance » (1 Co 4.2). Votre vie doit donc présenter des traits de caractère tels que la fiabilité, la ponctualité, la diligence et la persévérance. De tels comportements sont les fruits d'une vie remplie de l'Esprit (Ga 5.22).

Partie 1 : Les qualifications du pasteur pentecôtiste

Paul a exhorté les anciens d'Éphèse : « Prenez donc garde à vous-mêmes, et à tout le troupeau au milieu duquel l'Esprit Saint vous a établis surveillants pour paître l'assemblée de Dieu, laquelle il a acquise par le sang de son propre [fils] » (Ac 20.28). En tant que pasteurs, le Seigneur nous a confié l'âme même d'hommes et de femmes. Et un jour, nous devrons rendre compte à Dieu de notre fidélité à cet égard (Hé 13.17). Jacques lance un avertissement solennel : « Mes frères, qu'il n'y ait pas parmi vous un grand nombre de personnes qui se mettent à enseigner, car vous savez que nous serons jugés plus sévèrement » (Ja 3.1).

Humilité

En tant qu'imitateur du Christ, le pasteur pentecôtiste doit être humble (Ep 5.1). Jésus a dit à ses disciples : « Quiconque veut devenir grand parmi vous doit être votre serviteur, et quiconque veut être le premier doit être votre esclave, comme le Fils de l'homme n'est pas venu pour être servi, mais pour servir et donner sa vie en rançon pour plusieurs » (Mt 20.26-28).

Comme il est troublant d'observer un pasteur pentecôtiste rempli d'orgueil et d'intérêt personnel, exigeant d'être servi par les autres plutôt que de les servir. Une telle attitude est tout le contraire de l'humilité affichée par notre Seigneur. Paul a écrit aux chrétiens de Philippes : « Ayez en vous les sentiments qui étaient en Jésus-Christ, lequel, existant en forme de Dieu, n'a point regardé comme une proie à arracher d'être égal avec Dieu, mais s'est dépouillé lui-même, en prenant une forme de serviteur, en devenant semblable aux hommes ; et ayant paru comme un simple homme, il s'est humilié lui-même, se rendant obéissant jusqu'à la mort, même jusqu'à la mort de la croix » (Ph 2.5-8). Le chef arrogant exige d'être servi ; le pasteur pieux prend plaisir à servir humblement les autres.

Compassion

En tant que véritable pasteur pentecôtiste, vous devez être une personne empreinte de compassion. La compassion est l'amour en action. Elle se manifeste par le souci de ceux qui sont dans le besoin. Elle est l'expression extérieure d'un cœur rempli de l'amour de Dieu. La Bible dit de Jésus : « Voyant la foule, il fut ému de compassion pour elle, parce qu'elle était languissante et abattue, comme des brebis qui n'ont point de berger » (Mt 9.36).

Chapitre 3 : Une personne de bonne moralité

La compassion de Jésus l'a poussé à s'occuper des besoins spirituels et physiques des autres. En tant que bergers du troupeau de Dieu, nous devons nous aussi, faire preuve de compassion pour son peuple et pour ceux qui ne connaissent pas le Christ. La compassion nous amènera à prendre soin des autres lorsqu'ils sont dans le besoin, et elle nous poussera à proclamer l'Évangile à tous.

En tant qu'hommes et femmes de Dieu, notre marche permanente avec l'Esprit devrait nous motiver à aimer et à prendre soin des autres. Paul explique : « L'amour de Dieu a été répandu dans nos cœurs par le Saint-Esprit qui nous a été donné » (Ro 5.5). De tous, nous qui prétendons être remplis de l'Esprit du Christ, nous devrions faire preuve de la compassion du Christ envers les autres.

Générosité

Un dernier trait de caractère essentiel pour un authentique pasteur pentecôtiste est la générosité. Après avoir été remplis de l'Esprit à la Pentecôte, les premiers croyants étaient possédés par un esprit de générosité. La Bible dit d'eux : « Tous les croyants étaient ensemble et avaient tout en commun. Ils vendaient leurs propriétés et leurs biens pour les donner à tous ceux qui étaient dans le besoin » (Ac 2.44-45). De la même manière, en tant que pasteur rempli de l'Esprit, vous devez être prompt à partager ce que vous avez avec les autres. Vous devez être ouvert à Dieu, à l'église et à ceux qui sont dans le besoin.

En envoyant les Douze, Jésus les a exhortés : « Guérissez les malades, ressuscitez les morts, purifiez les lépreux, chassez les démons. Vous avez reçu gratuitement, donnez gratuitement » (Mt 10.8). Une telle générosité est contagieuse. Lorsque les gens verront la libéralité de leur pasteur, ils seront eux aussi encouragés à ouvrir leur cœur et leur porte-monnaie et à être généreux. Cette culture de la générosité aura un impact puissant sur l'église, la communauté environnante et, finalement, sur les nations de la terre.

LA CONSTRUCTION DU CARACTÈRE

La question se pose : Comment un pasteur pentecôtiste peut-il développer le caractère pieux décrit ci-dessus ? Nous le faisons en suivant l'exemple de Jésus. Il est notre modèle de vie et de ministère. Jean a écrit :

Partie 1 : Les qualifications du pasteur pentecôtiste

« Celui qui dit qu'il demeure en lui doit marcher aussi comme il a marché lui-même » (1 Jn 2 :6).

Pour reprendre les mots de Paul, nous devons « nous revêtir du Christ » (cf. Col 3.12-17 ; Ro 13.14). Lorsque Jésus a ordonné à ses disciples : « Suivez-moi » (Mc 4.19), il leur disait de le regarder et de modeler leur vie sur la sienne. En faisant cela, ils seraient transformés à son image (Ro 8.29 ; 2 Co 3.18). Peu à peu, leur vie deviendrait semblable à la sienne. Par la puissance de l'Esprit, ils commenceront à vivre comme il a vécu, à penser comme il a pensé et à aimer comme il a aimé (2 Pi 1.3-4). Si vous voulez être un authentique pasteur pentecôtiste, prenez la résolution de devenir comme Jésus.

En suivant Jésus, les Douze sont devenus plus que ce qu'ils étaient auparavant. Avant, ils étaient de simples pêcheurs. Cependant, en le suivant, ils sont devenus des pêcheurs d'hommes, tout comme leur Maître. En d'autres termes, ils ont pris le caractère de Jésus. Les spécialistes de la Bible appellent parfois ce processus « formation spirituelle ».

Nous ne devons cependant pas supposer que nous pouvons atteindre un caractère semblable à celui du Christ par nos propres efforts ou par notre volonté. Nous devons avoir l'aide de Dieu. Nous pouvons obtenir son aide en pratiquant trois disciplines spirituelles :

Vivre dans le Christ

Premièrement, nous pouvons obtenir l'aide du Christ pour développer un caractère pieux en demeurant, ou en restant, en Lui. Ce n'est qu'en demeurant en Christ que nous pouvons devenir comme Lui. Jésus a dit : « Comme le sarment ne peut de lui-même porter du fruit, s'il ne demeure attaché au cep, ainsi vous ne le pouvez non plus, si vous ne demeurez en moi » (Jn 15.4). Demeurer en Christ, c'est tirer sa vie de Lui en continuant dans sa Parole et dans sa présence. Nous y parvenons par une prière engagée, une étude contemplative régulière de la Bible, et en lui faisant pleinement confiance pour subvenir à tous nos besoins.

S'approcher de Dieu

Nous développons davantage le caractère du Christ en nous approchant quotidiennement de lui. Jacques nous assure : « Approchez-vous de Dieu et il s'approchera de vous » (Ja 4.8). Comme pour la demeure en Christ, nous

Chapitre 3 : Une personne de bonne moralité

nous approchons de Dieu par la prière, le culte et le service fidèle. Lorsque nous nous approchons du Christ, nous sommes transformés à sa ressemblance. Paul a écrit : « Nous tous qui, le visage découvert, contemplons comme dans un miroir la gloire du Seigneur, nous sommes transformés en la même image, de gloire en gloire, comme par le Seigneur, l'Esprit » (2 Co 3.18).

Marcher dans l'Esprit

Enfin, nous développons le caractère du Christ en marchant dans l'Esprit. Marcher dans l'Esprit, c'est vivre sa vie dans la soumission au Saint-Esprit. C'est obéir à ses commandements. Paul a dit que nous sommes « sanctifiés par le Saint-Esprit » (Ro 15.16). Cela signifie que l'Esprit de Dieu nous donne la puissance dont nous avons besoin pour vivre comme Jésus. Paul encourageait les chrétiens de Galatie : « Marchez par l'Esprit, et vous ne satisferez pas les désirs de la chair » (Ga 5.16).

Salomon a écrit : « Acquiers la sagesse, et avec tout ce que tu possèdes acquiers l'intelligence. Exalte-la, et elle t'élèvera ; elle fera ta gloire » (Pr 4.7-8). On peut dire à peu près la même chose du pasteur pentecôtiste. Même si cela vous coûte tout ce que vous avez, acquérez du caractère ; chérissez-le, et il vous élèvera ; embrassez-le, et il vous fera honneur. Par-dessus tout, le pasteur pentecôtiste doit être un homme ou une femme de caractère.

Partie 1 : Les qualifications du pasteur pentecôtiste

~ Chapitre 4 ~

Une personne qui est bien préparée

Comme pour toute organisation, l'église doit être dirigée par ceux qui sont bien préparés à la tâche. Un évangéliste de renommée internationale a dit un jour : « Si je savais que je n'avais que trois ans pour prêcher l'Évangile, je passerais les deux premières années à me préparer. » Un pasteur à succès a observé avec sagesse : « Le succès survient lorsque l'opportunité rencontre la préparation. » Les deux hommes soulignaient l'importance de la préparation dans le ministère de l'Évangile.

Paul a écrit à Timothée, qu'il avait nommé pasteur de l'église d'Éphèse : « Celui qui aspire à être surveillant [pasteur] désire une noble tâche » (1 Ti 3.1). Paul cite ensuite plusieurs conditions préalables à l'exercice du rôle de pasteur. L'une de ces conditions était : « Il ne doit pas être un nouveau converti » (v. 6).

Le mot grec traduit par « nouveau converti » dans ce passage est *neophytos,* qui signifie littéralement « nouvellement planté » ou « celui qui est un débutant ». Cela contraste avec une autre désignation que Paul utilise pour le pasteur, à savoir « ancien », ou *presbyteros* en grec. Ce mot parle d'expérience et de maturité, et il implique une préparation (1 Ti 5.17-19 ; Tit 1.5). Paul dit qu'un pasteur ne doit pas être un novice dans sa marche avec le Christ. Au contraire, il ou elle doit être une personne mûre dans la foi et bien préparée pour l'œuvre du ministère.

Partie 1 : Les qualifications du pasteur pentecôtiste

Un jeune prédicateur pentecôtiste a dit un jour au directeur d'une école biblique : « Je n'ai pas besoin de formation ; tout ce dont j'ai besoin, c'est d'être habilité par l'Esprit comme les disciples le jour de la Pentecôte. » Il s'agit là, cependant, d'une déclaration insensée. Ce que le jeune prédicateur n'a pas compris, c'est qu'avant le jour de la Pentecôte, les douze disciples avaient passé trois ans avec Jésus à apprendre de lui. Si le jeune pasteur avait raison dans son évaluation du besoin d'être habilité par le Saint-Esprit, il avait tort dans sa vision de la nécessité d'une préparation spirituelle, intellectuelle et pratique au ministère.

Jésus a choisi ses douze disciples « afin qu'ils soient avec lui et qu'il les envoie prêcher » (Mc 3.14). Avant de les charger d'aller dans le monde entier et de prêcher l'Évangile, il a passé d'innombrables heures avec eux pour les préparer à cette tâche.

Ce chapitre traite de l'importance pour le pasteur pentecôtiste d'être bien préparé. Il identifie certains domaines dans lesquels une préparation est nécessaire. Il traite ensuite de la manière dont le pasteur pentecôtiste peut acquérir et maintenir la préparation nécessaire.

DOMAINES DE PRÉPARATION

La préparation pastorale permet à l'aspirant ministre de développer les compétences et les attitudes essentielles nécessaires pour répondre avec succès à sa vocation. Elle peut être considérée comme la boîte à outils ou le kit de survie du pasteur. Une préparation adéquate ne vous permettra pas seulement de vous équiper pour faire votre travail efficacement, elle vous protégera de l'échec en période de stress ou de péril. En tant que pasteur pentecôtiste, vous devez être bien préparé d'au moins cinq façons :

Préparé spirituellement

Par-dessus tout, en tant que pasteur pentecôtiste, vous devez être spirituellement préparé pour ce travail. Car comment pouvez-vous communiquer efficacement la grâce de Dieu aux autres si vous n'avez jamais fait l'expérience de sa grâce vous-même ? Par conséquent, pour être un pasteur pentecôtiste, vous devez être véritablement né de nouveau (Jn 3.3-7) et être véritablement rempli du Saint-Esprit (Ac 1.8 ; Ep 5.18). De plus, vous devez vivre fidèlement une vie qui honore le Christ (1 Jn 2.6) et être pleinement engagé envers le Christ et sa mission (Mt 16.24).

Chapitre 4 : Une personne qui est bien préparée

Paul a rappelé à Timothée que « l'exercice corporel est utile à peu de chose, tandis que la piété est utile à tout « (1 Ti 4.8). Paul a utilisé cette métaphore de l'entraînement pour illustrer la discipline spirituelle requise pour se préparer au ministère pastoral (cf. 1 Co 9.24-27). Il disait à Timothée que, tout comme un athlète doit bien s'entraîner pour se préparer à une course, le pasteur doit se préparer spirituellement à l'œuvre du ministère. Le footballeur qui refuse de s'entraîner se disqualifie de l'équipe. De la même manière, le pasteur qui refuse d'exercer une discipline spirituelle s'exclura lui-même du ministère.

Préparé bibliquement

Deuxièmement, pour être un pasteur pentecôtiste efficace, vous devez être préparé bibliquement. C'est-à-dire que vous devez avoir une compréhension approfondie des Écritures. Le devoir principal de tout pasteur est de nourrir le troupeau de Dieu en lui enseignant fidèlement la Parole de Dieu. Une instruction biblique efficace fera mûrir les saints en Christ (1 Pi 2.2), les armera contre les faux enseignants (Ac 20.28-29) et les équipera pour le service chrétien (Ep 4.11-12). Pas étonnant que Paul ait dit deux fois à Timothée qu'un pasteur doit être « capable d'enseigner » (1 Ti 3.2 ; 2 Ti 2.24). Un ministère d'enseignement efficace ne peut être construit que sur la base d'une large connaissance biblique. Pour enseigner correctement le peuple de Dieu, vous devez savoir comment interpréter et appliquer correctement « la parole de la vérité » (2 Ti 2.15).

Moralement préparé

Ensuite, en tant que pasteur pentecôtiste, vous devez être moralement préparé pour le ministère. Vous devez mener une vie sainte, qui honore le Christ. Paul a écrit qu'un surveillant, ou pasteur, « doit être irréprochable,... ne pas s'adonner à l'ivrognerie, ne pas être violent, ne pas rechercher un gain malhonnête » (Tit 1.7). Il a ajouté qu'un pasteur doit être « droit, saint et discipliné » (v. 8). De la même manière, il a dit à Timothée qu'un surveillant doit « être irréprochable, mari d'une seule femme,... désintéressé » (1 Ti 3.2). Toute personne qui n'a pas remporté la victoire dans ces domaines de la vie s'est disqualifiée pour le ministère. Cette personne doit immédiatement se retirer du ministère jusqu'à ce qu'elle ait remporté la victoire sur ces vices moraux.

Partie 1 : Les qualifications du pasteur pentecôtiste

En tant que pasteur pentecôtiste, vous devez vous prémunir avec vigilance contre trois grands péchés qui ont piégé et disqualifié tant de chefs religieux. Ces trois grands vices sont la cupidité (l'amour de l'argent), la luxure (le désir illicite) et l'ambition mondaine (le besoin d'être admiré par les autres et de les contrôler). Aucune quantité de charisme ou d'onction ne peut compenser un échec dans ces domaines.

Dans la lettre de Paul aux croyants de Galatie, il les met en garde contre le fait de céder aux désirs de la nature pécheresse (Ga 5.19-21). Ils doivent plutôt cultiver le fruit de l'Esprit (v. 22-23). Paul leur a ensuite révélé le chemin qui mène de la défaite morale à la victoire morale : « Ceux qui appartiennent au Christ Jésus ont crucifié la chair avec ses passions et ses désirs. Puisque nous vivons par l'Esprit, marchons par l'Esprit » (v. 24-25). L'apôtre exhorte encore les Galates : « Marchez par l'Esprit, et vous ne satisferez pas les désirs de la chair » (v. 16).

Préparé intellectuellement et émotionnellement

Enfin, pour exercer efficacement votre ministère, vous devez être préparé intellectuellement et émotionnellement à ce travail. En d'autres termes, vous devez être capable de penser rationnellement, et vous devez être capable de contrôler vos émotions et de répondre de manière appropriée aux défis que vous rencontrez.

Paul a écrit à Tite : « Puisque le surveillant gère la maison de Dieu, il doit être irréprochable, c'est-à-dire qu'il ne doit pas être arrogant, ni coléreux, ni violent.... Il doit plutôt être... pondéré... et discipliné » (Tit 1.7-8). Dans sa première lettre à Timothée, l'apôtre ajoute : « Le surveillant doit être... sobre, pondéré,... ni violent mais indulgent, pacifique » (1 Ti 3.2). Notez comment chacun des traits de caractère sélectionnés ci-dessus parle de maturité intellectuelle et émotionnelle. En tant que pasteur pentecôtiste, vous devez vous efforcer de cultiver ces traits dans votre propre vie et votre ministère.

Un pasteur qui est intellectuellement astucieux et émotionnellement mature fera preuve de confiance dans l'exercice des dons et des capacités que Dieu lui a donnés. Cette confiance l'aidera à réagir aux situations difficiles et à prendre des décisions importantes. Elle l'empêchera également de fuir les responsabilités difficiles telles que l'annonce de mauvaises nouvelles, la défense de l'église contre les faux enseignants et d'autres tâches difficiles.

56

Chapitre 4 : Une personne qui est bien préparée

MOYENS DE PRÉPARATION

Connaissant la valeur d'une bonne préparation, le pasteur pentecôtiste avisé fera tout son possible pour se préparer au ministère. Examinons trois façons d'y parvenir :

Par l'expérience pratique

Tout d'abord, vous pouvez vous préparer au ministère en recherchant une expérience pratique. Voici trois façons utiles d'acquérir de l'expérience :

1. Travailler dans une église locale. L'assemblée locale est le lieu naturel pour commencer votre ministère. Paul et Barnabas étaient impliqués dans le ministère au sein de l'église d'Antioche lorsque le Saint-Esprit les a dirigés vers le service missionnaire (Ac 11.25-26 ; 13.1-3). Paul a ensuite recruté plusieurs de ses associés missionnaires parmi les personnes actives dans les églises locales. Par exemple, il a recruté Timothée dans l'église de Lystre (16.1-2), Sopater à Bérée, Aristarque et Secundus à Thessalonique, et Gaius à Derbe (20.4). Ces hommes ont appris à exercer un ministère dans leurs églises locales. Une fois qu'ils avaient fait leurs preuves, ils étaient choisis pour un ministère plus large.

Par conséquent, en tant qu'aspirant pasteur pentecôtiste, vous devez chercher des occasions de servir dans votre église d'origine. Vous devez être prêt à vous porter volontaire lorsque des opportunités de service se présentent. En participant aux ministères de l'assemblée locale, vous acquerrez une expérience précieuse, vos dons spirituels seront révélés, votre caractère sera renforcé et votre appel à un ministère plus large sera confirmé.

2. Servir sous la direction d'un pasteur expérimenté. Une autre forme efficace de préparation au ministère pentecôtiste est la formation par le mentorat. La formation par le mentorat se produit lorsqu'un prédicateur novice marche aux côtés d'un pasteur expérimenté et apprend de lui. C'est ainsi que Jésus a formé ses disciples (Mc 3.14-15). Il leur a dit : « Venez, suivez-moi... et je vous enverrai pêcheurs d'hommes » (Mc 1.17). En marchant et en exerçant le ministère avec Jésus, ils ont appris à exercer le ministère qu'il exerçait. Il a expliqué : « Tout disciple bien formé sera comme son maître » (Lu 6.40).

Partie 1 : Les qualifications du pasteur pentecôtiste

D'autres exemples bibliques de formation par le mentorat sont Moïse et Josué (Ex 24.12-13), Eli et Samuel (1 S 2.11), Élie et Élisée (1 R 19.19-21), et Paul et ses associés missionnaires - y compris Timothée, Tite, Luc et d'autres. Servir sous la direction d'un pasteur expérimenté vous permettra d'avoir un aperçu de la vie de l'église et d'apprendre le travail pastoral.

3. Travailler en partenariat avec d'autres. Vous pouvez également acquérir une expérience inestimable en vous associant à d'autres personnes dans des équipes de ministère. Ces équipes peuvent être des équipes de prière d'intercession, des équipes d'évangélisation, des équipes d'implantation d'églises, etc. L'un des avantages de travailler avec d'autres dans des équipes est que cela vous aidera à apprendre comment travailler en harmonie avec vos collègues dans le ministère.

Par l'apprentissage non formel

Une autre façon de vous préparer au ministère est « l'apprentissage non formel ». L'apprentissage non formel est un apprentissage qui se déroule en dehors d'un environnement de classe structuré. Bien que l'apprentissage non formel soit non structuré, il ne doit pas être considéré comme négligent ou aléatoire. Il peut être délibéré et efficace. L'apprentissage non formel peut inclure l'étude personnelle de la Bible, la lecture de livres et d'articles, la participation à des conférences et l'apprentissage par extension, comme suit :

1. L'étude personnelle de la Bible. L'étude personnelle de la Bible est un moyen précieux de formation non formelle. Lire la Bible d'un bout à l'autre chaque année est une pratique intéressante. Elle peut vous aider à vous familiariser avec le flux général des Écritures. Un autre moyen précieux de lire la Bible consiste à lire de manière répétée un livre particulier de la Bible. Un spécialiste de la Bible a dit : « Le secret pour connaître la Bible n'est pas de la lire, mais de la *relire*. » En lisant un livre plusieurs fois, vous comprendrez mieux les nombreuses vérités qui y sont enseignées.

Au-delà de la simple lecture de la Bible, vous voudrez prendre l'habitude de l'étudier systématiquement. Si possible, vous devriez acquérir

Chapitre 4 : Une personne qui est bien préparée

une bonne Bible d'étude contenant des cartes, des plans de livres et des introductions, des commentaires de textes, des articles et des tableaux.[1]

2. La lecture de livres et d'articles. Un autre moyen précieux de formation non formelle à la disposition de chaque pasteur pentecôtiste est la lecture réfléchie de livres et d'articles choisis. Quelqu'un a fait remarquer à juste titre que « les leaders sont des lecteurs ». Vous devriez donc devenir un lecteur avide. La lecture quotidienne vous aidera à stimuler votre cerveau, à élargir votre esprit et à améliorer vos capacités de réflexion. Elle vous donnera également de nouvelles perspectives sur les défis de la vie et du ministère. En outre, l'habitude de la lecture vous aidera à enrichir votre vocabulaire, améliorant ainsi votre capacité à parler.

Vous devez cependant faire preuve de prudence dans le choix de vos lectures. De nombreux livres et articles disponibles en Afrique aujourd'hui promeuvent des concepts non scripturaires et des fausses pratiques (cf. 1 Ti 4.7 ; 2 Jn 1.7-8). Vous devez éviter de tels ouvrages.

3. Assister à des conférences et des séminaires. Vous pouvez développer davantage vos compétences ministérielles en assistant à des conférences et des séminaires de pasteurs. Ces réunions sont souvent organisées pour aider les pasteurs à améliorer leurs compétences ministérielles. Elles servent également à inspirer les pasteurs découragés et à les aider à acquérir de nouvelles connaissances sur les Écritures et le travail de l'église. Les séminaires informent également les pasteurs des initiatives de la dénomination et contribuent à développer un nécessaire esprit d'équipe parmi les collègues du ministère.

Par une formation formelle

Enfin, dans la mesure du possible, en tant qu'aspirant pasteur pentecôtiste, vous devriez suivre une formation formelle. La formation formelle est une formation offerte par des écoles et des institutions résidentielles et non résidentielles. Les possibilités de formation formelle sont les suivantes :

---

[1] Une excellente Bible d'étude pentecôtiste est *La Bible Esprit et Vie*, également connue sous le nom de « Bible Pentecôtiste ». Cette Bible a été traduite dans de nombreuses langues.

Partie 1 : Les qualifications du pasteur pentecôtiste

1. L'éducation laïque. L'éducation primaire, secondaire et éventuellement post-secondaire est cruciale pour le pasteur pentecôtiste en Afrique. Ces institutions aident à préparer les étudiants à la vie dans le monde moderne. Dans ces établissements, les étudiants apprennent à lire, à écrire et à faire de l'arithmétique. Ils y apprennent l'histoire, la géographie et d'autres sujets importants. Pour l'aspirant pasteur pentecôtiste, le bénéfice des études scolaires est immense. Elles contribuent à éveiller sa curiosité, à élargir sa réflexion et à le sensibiliser aux tendances actuelles de la société.

2. Instituts et écoles bibliques. Il est également essentiel que, si possible, vous étudiiez dans une école ou un institut biblique réputé. Comme il serait insensé pour un aspirant médecin de ne pas tenir compte d'une formation médicale formelle ! De la même manière, celui qui vise à devenir un pasteur pentecôtiste serait insensé de rejeter une formation ministérielle formelle. De nombreuses églises nationales exigent de leurs pasteurs qu'ils fréquentent une école biblique. Que l'église exige ou non de telles études, le pasteur pentecôtiste avisé poursuivra une formation ministérielle formelle.

3. Les études de vulgarisation. Certaines écoles bibliques proposent des cours de vulgarisation et des cours par correspondance. Ces cours peuvent être dispensés en personne, par courrier ou par Internet. Ils permettent au pasteur d'étudier tout en restant chez lui et en étant engagé dans le ministère. Ils constituent un excellent moyen pour un pasteur d'améliorer ses connaissances et ses compétences.

Actuellement, les églises des Assemblées de Dieu de toute l'Afrique gèrent plus de 300 établissements de formation ministérielle. Ces écoles offrent une formation aux étudiants des Assemblées de Dieu et aux étudiants non Assemblées de Dieu. Le pasteur local des Assemblées de Dieu de votre région peut vous aider à localiser l'école (ou les écoles) de votre pays.

4. Les études supérieures. Certains ministres pentecôtistes en Afrique voudront poursuivre des études supérieures dans un séminaire. Cela est particulièrement vrai pour ceux qui enseignent dans des instituts bibliques et des séminaires. Il est toutefois essentiel de poursuivre des études supérieures dans un séminaire pentecôtiste accrédité. Un certain nombre d'églises nationales des Assemblées de Dieu en Afrique gèrent des écoles de niveau maîtrise. Les études de doctorat sont proposées par le Séminaire Théologique Panafricain (PAThS). Le PAThS est un séminaire entièrement accrédité, géré par les Assemblées de Dieu à Lomé, Togo, avec des

Chapitre 4 : Une personne qui est bien préparée

extensions dans d'autres pays africains. Les études sont proposées en anglais et en français.

PRÉPARATION CONTINUE

En vérité, en tant que pasteur pentecôtiste, votre préparation au ministère ne s'arrête jamais. Vous devez devenir un apprenant de toute une vie. Votre vie doit être caractérisée par une quête continuelle de l'excellence. Paul a témoigné de cette quête dans sa propre vie lorsqu'il a écrit : « Ce n'est pas que j'aie déjà obtenu tout cela ni que je sois déjà parvenu à l'accomplissement ; mais je le poursuis, tâchant de le saisir, pour autant que moi-même j'ai été saisi par Jésus-Christ » (Ph 3.12).

Cette quête de l'excellence doit se poursuivre tout au long de votre vie. Vous devez continuer à vous préparer *spirituellement* en cherchant à rester rempli du Saint-Esprit et par la pratique des disciplines spirituelles que sont la prière, le jeûne, le culte et la méditation des Écritures.[2] Vous devez en outre continuer à vous préparer *sur le plan biblique* par une étude disciplinée des Écritures et, si l'Esprit vous y invite, par la poursuite d'une formation avancée.[3]

De plus, vous devez continuellement chercher à vous améliorer *moralement*. Selon les mots de Salomon, tu dois garder ton cœur du mal, en réfléchissant bien à la voie que suivent tes pieds (Pr 4.23-27).[4]

Enfin, en tant que pasteur pentecôtiste avisé, vous devez continuer à vous préparer *intellectuellement* et *émotionnellement*. Vous pouvez le faire par une lecture et une étude disciplinées, et en laissant l'Esprit et la Parole de Dieu agir puissamment dans votre vie, vous façonnant à l'image du Christ (2 Co 3.18).

---

[2] Pour en savoir plus sur la préparation spirituelle, voir le chapitre 15 : « Une forte habitude de dévotion ».
[3] Pour en savoir plus sur le rapport du pasteur pentecôtiste à la Bible, voir le chapitre 9 : « Croire en la Bible ».
[4] Pour en savoir plus sur la préparation morale, voir le chapitre 3 : « Une personne de bonne moralité ».

Partie 1 : Les qualifications du pasteur pentecôtiste

~ Partie 2 ~

Les priorités du pasteur pentecôtiste

Partie 2 : Les priorités du pasteur Pentecôtiste

~ Chapitre 5 ~

Priorités ministérielles

Un pasteur chevronné était assis avec un groupe d'étudiants enthousiastes de l'école biblique. L'un d'entre eux lui a demandé : « Monsieur, comment avez-vous pu construire une église aussi forte ? Et à quoi attribuez-vous votre succès dans le ministère ? » Sa réponse a surpris les étudiants : « Pour faire le meilleur, a-t-il dit, il faut renoncer au bon. » Voyant les regards perplexes des étudiants, il a expliqué : « Dans la vie, il y a beaucoup de bonnes choses que vous pouvez faire. Le monde vous demandera beaucoup. Les membres et les anciens de votre église auront des attentes à votre égard. D'autres pasteurs feront certaines choses, et ils attendront de vous que vous fassiez de même. »

Le pasteur chevronné a poursuivi : « Toutes ces choses peuvent être bonnes. Mais en tant qu'homme ou femme de Dieu, vous devrez Lui demander : "Seigneur, que veux-tu que je fasse ?" Puis, une fois que vous aurez entendu la voix de Dieu, vous devrez faire ce qu'Il vous dira. Les autres choses peuvent être bonnes, mais ce que Dieu vous dit de faire est le meilleur. Dieu amènera des gens dans votre église pour vous aider à faire ces autres choses. Vous, cependant, devez toujours vous concentrer sur la réalisation de ce que Dieu vous a dit de faire. »

Ce pasteur chevronné parlait de l'établissement de priorités ministérielles. Une priorité est une chose de la plus haute importance. C'est la chose que l'on fait avant de faire d'autres choses moins importantes.

Partie 2 : Les priorités du pasteur pentecôtiste

LES PRIORITÉS BIBLIQUES

Jésus et ses disciples étaient en route de la Judée vers la Galilée. S'arrêtant sur la route, Jésus leur dit : « Il faut que je passe par la Samarie » (Jn 4.4). Les disciples devaient être perplexes, car il fallait faire un détour pour s'y rendre. Lorsqu'ils sont arrivés dans la ville de Sychar, ils ont appris pourquoi Jésus devait passer par la Samarie. Il y avait là des gens perdus, prêts à recevoir le message du salut. Et il voulait donner à ses disciples une leçon sur la façon de récolter la moisson.

À une autre occasion, Jésus a dit à ses disciples : « Je bâtirai mon Église » (Mt 16.18). Plus tard, il leur a ordonné : « Allez et faites de toutes les nations des disciples » (Mt 28.19). Dans chacun de ces cas, Jésus parlait de priorités qu'il avait fixées pour lui-même et pour eux.

Suivant l'exemple de leur Seigneur, les apôtres ont également établi des priorités ministérielles. Leurs priorités étaient d'accomplir le travail que le Christ leur avait confié. Un jour, un groupe de membres de l'église est venu voir les apôtres pour se plaindre. Leurs veuves étaient négligées dans la distribution quotidienne de nourriture, et ils voulaient que les apôtres s'occupent de ce problème. Les apôtres, cependant, avaient déjà établi leurs priorités, et ils ont répondu aux gens : « Il ne convient pas que nous délaissions la parole de Dieu pour servir aux tables » (Ac 6.2).

S'il est bon et nécessaire de s'occuper des veuves négligées, ce n'est pas ce que le Christ a ordonné à ses apôtres de faire. Ils ont donc demandé à l'église de choisir des diacres pour s'occuper de ce besoin tandis qu'ils donnaient la priorité à la prière et à la prédication. En conséquence, « la parole de Dieu se répandait, le nombre des disciples se multipliait rapidement à Jérusalem, et une grande foule de prêtres obéissait à la foi » (v. 7).

Ce chapitre abordera la question importante des priorités ministérielles pour le pasteur pentecôtiste en Afrique aujourd'hui.

DÉTERMINATION DES PRIORITÉS MINISTÉRIELLES

Quelles priorités un pasteur pentecôtiste devrait-il avoir ? S'il y a beaucoup de bonnes choses qu'il ou elle *pourrait* faire, il y en a quelques-unes qu'il ou elle *doit* faire. Sept de ces priorités sont (1) servir la mission de Dieu, (2) répondre à l'appel de Dieu, (3) atteindre les perdus, (4)

Chapitre 5 : Priorités ministérielles

proclamer la Parole de Dieu, (5) prier, (6) maintenir les valeurs pentecôtistes et (7) équiper le peuple de Dieu pour le ministère. Examinons de plus près chacune de ces priorités ministérielles :

Servir la mission de Dieu

Premièrement, le pasteur pentecôtiste doit donner la priorité au service de la mission de Dieu. Après sa tentation dans le désert, Jésus est retourné en Galilée. Là, il est entré dans la synagogue de Nazareth et a commencé à lire le rouleau d'Ésaïe : « L'Esprit du Seigneur est sur moi, parce qu'il m'a oint pour annoncer une bonne nouvelle aux pauvres... pour proclamer une année de grâce du Seigneur » (Lu 4.18-19). Jésus connaissait les priorités de son Père pour sa vie et son ministère. Il a compris que le Père l'avait envoyé pour servir sa mission. Il avait également envoyé son Fils pour donner sa vie en rançon pour tous les hommes (Mt 20.28).

Comme Jésus, en tant que pasteur pentecôtiste, vous devez vous engager à servir la mission de Dieu. Jésus a dit à ses disciples : « Comme le Père m'a envoyé, moi aussi je vous envoie » (Jn 20.21). Tout comme Dieu a envoyé Jésus dans le monde pour servir sa mission, Jésus vous envoie maintenant dans le monde pour faire de même. La mission de Dieu, parfois appelée *missio Dei,* consiste à racheter et à appeler à lui un peuple de toute tribu, de toute langue et de toute nation sur la terre (Ap 5.9).[1]

Répondre à l'appel de Dieu

Deuxièmement, le pasteur pentecôtiste doit donner la priorité à l'accomplissement de l'appel de Dieu sur sa vie. Jésus n'a jamais perdu de vue ce que le Père l'avait appelé à faire. À son heure la plus sombre, il a prié son Père : « Toutefois, que ce ne soit pas ma volonté mais la tienne qui soit faite » (Lu 22.42). De la même manière, le pasteur pentecôtiste en Afrique doit comprendre l'appel de Dieu sur sa vie, et il doit s'efforcer de répondre à cet appel. Dieu a tracé un chemin pour chacun de ses ministres. Chaque pasteur pentecôtiste doit trouver cette voie. Et il doit rester sur cette voie jusqu'à la fin de son parcours (Hé 12.1-2 ; 2 Ti 4.7).

---

[1] Pour en savoir plus sur le rôle du pasteur pentecôtiste dans l'accomplissement de la mission de Dieu, voir le chapitre 31 : « Leadership missionnaire » et le chapitre 40 : « Développer un programme missionnaire pour léglise locale ».

Partie 2 : Les priorités du pasteur pentecôtiste

Atteindre les perdus

Troisièmement, le pasteur pentecôtiste doit avoir pour priorité d'atteindre les perdus. C'était une priorité pour Jésus. Il a témoigné : « Le Fils de l'homme est venu chercher et sauver les perdus » (Lu 19.10). Atteindre les perdus doit rester une priorité pour tous ceux qui cherchent à suivre le Christ. Jésus a ordonné : « Allez par tout le monde, et prêchez la bonne nouvelle à toute la création » (Mc 16.15).

Ce commandement du Christ restera en vigueur jusqu'à son retour du ciel (Mt 24.14). En tant que pasteur pentecôtiste fidèle, vous devez montrer la voie en mobilisant l'église pour l'évangélisation et les missions sous l'impulsion de l'Esprit. Vous pouvez le faire de deux manières :

Premièrement, vous devez être un exemple pour l'église en partageant activement l'Évangile avec les autres, en cherchant à les conduire au Seigneur. En vous voyant témoigner, les membres de votre église seront encouragés à témoigner eux aussi. Deuxièmement, vous devez démontrer votre intérêt pour les perdus en donnant généreusement aux missions et en priant avec ferveur pour les tribus non atteintes d'Afrique et d'ailleurs. Vous devez mobiliser l'église pour qu'elle fasse de même. Vous devez faire de l'évangélisation et des missions une priorité absolue dans le programme et la budgétisation de l'église.[2]

Prêcher la Parole

Quatrièmement, le pasteur pentecôtiste doit donner la priorité à la proclamation de la Parole de Dieu. Paul a exhorté Timothée, son fils dans la foi : « Prêche la parole, insiste en toute occasion, favorable ou non, reprends, censure, exhorte, avec toute douceur et en instruisant » (2 Ti 4.2). Prêcher la Parole implique à la fois de proclamer l'Évangile aux perdus et d'instruire et d'encourager les croyants dans les voies du Seigneur. Jésus a ordonné : « Allez par tout le monde, et prêchez la bonne nouvelle à toute la création » (Mc 16.15). Il a également ordonné : « Paissez mes brebis » (Jn 21.17). Pour bien prêcher, vous devez vous engager à dispenser correctement la Parole de

---

[2] Pour en savoir plus sur la façon d'atteindre les perdus, voir le chapitre 37 : « Évangéliser les perdus ».

la vérité (2 Ti 2.15). Pour ce faire, vous devez devenir un étudiant avide de la Parole de Dieu.[3]

Prier

Cinquièmement, le pasteur pentecôtiste doit donner la priorité à la prière. En menant une vie de prière engagée, vous démontrez votre dépendance à l'égard de Dieu. Vous suivez en outre les traces de Jésus et des apôtres. La Bible dit de Jésus que, pendant les jours de sa vie sur terre, « ayant présenté avec de grands cris et avec larmes des prières et des supplications » (Hé 5.7 ; cf. Mc 1.35 ; Lu 5.16). Il est dit des apôtres qu'ils étaient « constamment en prière » (Ac 1.14 ; cf. 3.1 ; 6.2-4 ; 10.9).

La prière ne change pas seulement la situation, elle change aussi celui qui prie. Le réformateur Martin Luther a compris la valeur de la prière. On dit de lui qu'il s'est un jour exclamé : « J'ai tellement de choses à faire aujourd'hui que je vais passer les trois premières heures en prière ! » De la même manière, la prière doit être une priorité dans la vie de chaque pasteur pentecôtiste.[4]

Défendre les valeurs pentecôtistes

Sixièmement, le pasteur pentecôtiste doit s'efforcer de défendre les valeurs pentecôtistes dans son ministère. Les valeurs pentecôtistes sont les croyances et les engagements fermes qui définissent une personne comme un authentique croyant pentecôtiste. Les trois valeurs fondamentales qu'un pasteur pentecôtiste doit défendre sont un engagement envers une saine doctrine biblique, une forte allégeance à Dieu et à sa mission, et une ouverture à l'action de l'Esprit de Dieu.

Cette ouverture au mouvement de l'Esprit de Dieu implique de mettre l'accent sur le baptême des croyants dans l'Esprit Saint.[5] Jésus et les apôtres ont tous deux insisté sur cette nécessité. Avant de retourner au ciel, Jésus a

---

[3] Pour en savoir plus sur le ministère de prédication du pasteur pentecôtiste, voir le chapitre 16 : « La prédication ointe de l'Esprit ».
[4] Pour en savoir plus sur la vie de prière du pasteur pentecôtiste, voir le chapitre 8 : « La priorité de la prière ».
[5] Pour en savoir plus sur les valeurs pentecôtistes, voir le chapitre 10 : « Défendre la vérité pentecôtiste », le chapitre 11 : « Promouvoir l'expérience et la pratique pentecôtistes » et le chapitre 12 : « Apprécier l'héritage pentecôtiste ».

Partie 2 : Les priorités du pasteur pentecôtiste

ordonné à ses disciples « de ne pas s'éloigner de Jérusalem, mais d'attendre ce que le Père avait promis... dans peu de jours, vous serez baptisés du Saint-Esprit » (Ac 1.4-5 ; cf. Lu 24.49). Des années plus tard, lorsque Paul rencontra les douze disciples à Éphèse, sa première question fut : « Avez-vous reçu le Saint-Esprit lorsque vous avez cru ? » (Ac 19.2).

Jésus et les apôtres ont insisté pour que tous les croyants soient baptisés dans le Saint-Esprit, car ils savaient que cette expérience leur donnerait le pouvoir d'être les témoins du Christ « à Jérusalem, dans toute la Judée, dans la Samarie, et jusqu'aux extrémités de la terre » (Ac 1.8).

Équiper le peuple de Dieu

Enfin, le pasteur pentecôtiste doit donner la priorité à la formation du peuple de Dieu pour le ministère. Le pasteur pentecôtiste avisé comprend que l'un de ses rôles principaux en tant que pasteur est « pour le perfectionnement des saints en vue de l'œuvre du ministère » (Ep 4.12). Cela signifie qu'en tant que pasteur, vous devez faire plus que prendre soin des brebis, vous devez développer le peuple de Dieu pour en faire des membres utiles du royaume. Vous devez donc faire du développement des disciples une priorité dans le ministère.[6]

LA POURSUITE DES PRIORITÉS MINISTÉRIELLES

Après avoir examiné ces sept priorités bibliques pour les pasteurs pentecôtistes, vous devez maintenant décider si vous allez les faire vôtres. C'est une chose de lire ces priorités dans un livre. C'en est une autre de permettre à l'Esprit de Dieu de les écrire sur les pages de votre cœur. Pour que cela se produise, vous devrez vous engager dans un processus visant à transformer ces principes en priorités, puis à transformer ces priorités en pratiques ministérielles. Examinons ce processus.

Établir des priorités

Vous commencez le processus en reconnaissant que devenir un pasteur pentecôtiste compétent demande des efforts. La compétence ministérielle est le point final d'un long parcours. Et, comme pour tout parcours, celui-ci

---

[6] Pour en savoir plus sur le développement du peuple de Dieu, voir le chapitre 17 : « Enseignement efficace » et le chapitre 25 : « Renforcer le corps ».

Chapitre 5 : Priorités ministérielles

commence par le choix d'une destination. Il se poursuit par l'élaboration et l'exécution d'un plan pour arriver à cette destination. Pour établir les sept priorités ci-dessus dans votre propre ministère, et dans les ministères de votre église, vous devrez vous engager dans ce parcours.

Vous pouvez commencer le parcours en prenant les sept priorités ministérielles et en les notant dans un cahier. Vous pouvez ensuite utiliser cette liste comme guide de prière quotidien. En priant chaque jour à travers cette liste, demandez à Dieu d'ancrer ces concepts bibliques dans votre esprit. Si vous faites cela, un changement se produira. Le Saint-Esprit commencera à écrire ces priorités sur les tables de votre cœur. Au lieu de rester des concepts théoriques, elles deviendront, avec le temps, des priorités ministérielles.

Pendant que vous priez, demandez-vous : « Quelles sont mes priorités ministérielles actuelles ? » Vos priorités ministérielles actuelles sont les pratiques dans lesquelles vous investissez le plus de temps et d'énergie. Dressez la liste de ces priorités. Puis demandez : « Comment ces priorités s'alignent-elles sur les priorités de Jésus et des apôtres ? » Maintenant, sur la base de votre auto-évaluation, posez-vous les questions suivantes :

- Dans quelle mesure est-ce que je réussis à servir la mission de Dieu ?
- Dans quelle mesure est-ce que j'accomplis l'appel de Dieu sur ma vie et sur la vie de l'église que je dirige ?
- Dans quelle mesure est-ce que je réussis à atteindre les perdus dans ma région et dans le monde entier ?
- Est-ce que je prêche bien la Parole de Dieu ?
- Quelle est l'efficacité de ma vie de prière personnelle et du ministère de la prière de l'église que je dirige ?
- Dans quelle mesure est-ce que je réussis à promouvoir les valeurs pentecôtistes dans mon église ?
- Comment est-ce que je réussis à équiper le peuple de Dieu pour le ministère ?

Notez vos réponses dans votre cahier. Maintenant, demandez-vous : « Que dois-je faire différemment pour mieux réaliser chacune de ces priorités dans ma vie et mon ministère ? » Encore une fois, écrivez vos réponses dans votre carnet, et continuez à prier sur elles chaque jour.

Partie 2 : Les priorités du pasteur pentecôtiste

Mettre en œuvre les priorités

Une fois que vous aurez fait vôtres ces priorités ministérielles, vous devrez commencer à les mettre en œuvre dans votre propre ministère et dans les ministères de l'église. Pour ce faire, vous pouvez utiliser les stratégies suivantes :

1. Améliorer votre compréhension. Vous devrez améliorer votre compréhension de ce que la Bible enseigne sur chacune de ces sept priorités ministérielles. Pour ce faire, vous pouvez consulter les Écritures et rechercher des idées sur ces sujets. Jésus nous ordonne d'« étudier les Écritures avec soin » dans notre recherche de la vérité (Jn 5.39). Pendant que vous lisez, demandez-vous : « Que me dit l'Esprit ? » Notez vos nouvelles intuitions dans votre carnet de notes. Si possible, vous voudrez acquérir et lire de bons livres sur ces sujets.[7]

Une autre façon d'accroître votre compréhension de ces sujets est de les prêcher et de les enseigner souvent. Cette stratégie permettra non seulement d'accroître votre compréhension des sujets, mais aussi de préparer vos membres à l'étape suivante, à savoir la mise en œuvre de ces priorités dans la vie de l'église.

2. Développer un plan. Ensuite, vous voudrez élaborer un plan pour mettre en œuvre ces priorités dans votre propre ministère et dans les ministères de l'église. Pour ce faire, vous devrez améliorer la compréhension de l'église de chacune des sept priorités. Vous pouvez commencer par répondre aux questions suivantes :

- Que dois-je faire pour guider mon église afin de mieux servir la mission de Dieu ?
- Que dois-je faire pour mieux répondre à l'appel de Dieu sur ma vie et sur l'église qu'il m'a appelé à diriger ?
- Que dois-je faire pour amener l'église à atteindre plus efficacement les perdus ?
- Que dois-je faire pour mieux prêcher et enseigner la Parole de Dieu dans l'église ?
- Que dois-je faire pour mieux promouvoir la prière dans l'église ?
- Que dois-je faire pour amener l'église à une plus grande expérience et pratique pentecôtiste ?

---

[7] Un excellent livre sur la mission de Dieu est *Une théologie biblique des missions,* de Paul York, publié par Africa's Hope.

- Que dois-je faire pour mieux équiper le peuple de Dieu pour le ministère ?

Notez vos réponses dans votre cahier et relisez-les souvent.

3. Mettre en œuvre votre plan. Vous devez maintenant mettre en œuvre votre plan. Cela signifie que vous devrez aller de l'avant pour mettre en œuvre les stratégies que vous avez élaborées. À mesure que vous avancez dans votre plan, vous voudrez évaluer et réévaluer constamment vos progrès. Au besoin, apportez les ajustements nécessaires à votre plan.

N'oubliez pas que vous ne réussirez pas du jour au lendemain. Cela prendra du temps, et lorsque des difficultés surviendront, vous devrez persévérer. Si vous faites cela, avec le temps, votre église commencera à changer. Elle deviendra l'église puissante que Christ veut qu'elle soit. Laissez les paroles de l'apôtre vous encourager : « Ne nous lassons pas de faire ce qui est bien, car nous moissonnerons en temps voulu, si nous ne nous relâchons pas » (Ga 6.9).

Chaque pasteur pentecôtiste en Afrique doit aligner ses priorités ministérielles sur celles de Jésus et des apôtres. Il doit ensuite permettre à ces priorités de diriger son ministère. Bien que ce processus puisse être difficile, il en vaut la peine. Grâce à sa dévotion au Christ, à son engagement envers la volonté de Dieu et à la puissance vivifiante du Saint-Esprit, le pasteur pentecôtiste peut atteindre ses objectifs ministériels.

Partie 2 : Les priorités du pasteur pentecôtiste

~ Chapitre 6 ~

Priorités personnelles

Les fils de ta mère se sont irrités contre moi, Ils m'ont faite gardienne des vignes. Ma vigne, à moi, je ne l'ai pas gardée » (Ca 1.6). Ce sont les tristes paroles de la jeune fille Sulamite. Elle avait été tellement occupée à prendre soin des champs des autres qu'elle n'avait pas soigné les siens. Cependant, elle ne parlait pas de vignes physiques, mais de sa vie. Elle avait investi tellement de temps dans les autres que sa propre vie était envahie par les mauvaises herbes.

Malheureusement, cette même condition pourrait décrire la vie de nombreux pasteurs pentecôtistes en Afrique aujourd'hui. Ils ont passé tellement de temps à s'occuper des affaires du ministère et à répondre aux besoins des autres qu'ils n'ont pas pris soin d'eux-mêmes. En conséquence, les deux ont souffert. Leur propre vie spirituelle s'est épuisée et les églises qu'ils dirigent ont été affaiblies.

Paul a chargé Timothée de s'occuper de l'église d'Éphèse. Plus tard, il a écrit à son jeune collègue, le mettant en garde : « Veille sur toi-même et sur ton enseignement ; persévère dans ces choses, car, en agissant ainsi, tu te sauveras toi-même, et tu sauveras ceux qui t'écoutent » (1 Ti 4.16). Paul conseille ainsi à Timothée de s'occuper non seulement de son ministère public, mais aussi de sa vie privée. Un pasteur prudent ne se contentera pas de donner la priorité à son ministère envers les autres, comme nous l'avons vu au chapitre 5, il donnera également la priorité à l'entretien de sa propre

Partie 2 : Les priorités du pasteur pentecôtiste

personne. Ce chapitre examinera six priorités personnelles du pasteur pentecôtiste.

LA PRIORITÉ DE CONNAITRE CHRIST

Par-dessus tout, le pasteur pentecôtiste doit donner la priorité à sa relation avec le Christ. Avant qu'un pasteur puisse Le faire connaître aux autres, il doit lui-même bien Le connaître. Comment peut-on présenter quelqu'un à une personne qu'on ne connaît pas ?

En tant que pasteur pentecôtiste, vous devez connaître le Christ à la fois intellectuellement et par l'expérience. En d'autres termes, vous devez comprendre qui est Jésus et ce qu'il a fait. Et vous devez l'avoir rencontré personnellement, avoir une relation étroite avec lui.

Savoir qui Il est

Connaître le Christ intellectuellement, c'est connaître la vérité à son sujet. C'est comprendre ce que la Bible dit sur qui Il est et pourquoi Il est venu sur terre. La Bible enseigne ce qui suit sur l'identité du Christ :

- Il est la Parole éternelle de Dieu, le Créateur de toutes choses (Jn 1.1-14).
- Il est Dieu manifesté dans la chair (1 Ti 3.16).
- Il est « le Messie, le Fils du Dieu vivant » (Mt 16.16).
- Il est « le chemin, la vérité et la vie », le seul chemin vers le Père (Jn 14.6).

La Bible dit aussi pourquoi le Christ est venu sur terre :

- Il est venu « chercher et sauver les perdus » (Lu 19.10 ; cf. 1 Ti 1.15).
- Il est venu « pour servir et donner sa vie comme la rançon pour plusieurs » (Mc 10.45 ; cf. Jn 12.27 ; Tit 2.13-14).
- Il est venu « détruire les œuvres du diable » (1 Jn 3.8 ; cf. Hé 2.14).
- Il est venu « pour que nous ayons la vie et que nous l'ayons en abondance » (Jn 10.10).

Le connaître personnellement

S'il est vital que le pasteur pentecôtiste sache qui est Jésus et pourquoi Il est venu, cela ne suffit pas. En tant que pasteur pentecôtiste, vous devez

Chapitre 6 : Priorités personnelles

connaître le Christ personnellement. Vous devez avoir personnellement rencontré le Seigneur, et vous devez avoir une relation continue avec Lui. Paul a parlé de cette priorité dans sa propre vie. Il a écrit aux croyants de Philippes : « Afin de connaître Christ, et la puissance de sa résurrection, et la communion de ses souffrances, en devenant conforme à lui dans sa mort » (Ph 3.10). Le désir de Paul de connaître le Christ était si grand qu'il était prêt, non seulement à triompher avec Lui, mais à partager ses souffrances. Il était même prêt à mourir pour Lui. Le pasteur pentecôtiste doit partager la passion de Paul pour la connaissance du Christ.

Apprendre à Le connaître

Vous pouvez poursuivre la priorité de la connaissance du Christ de trois manières :

1. Par une rencontre personnelle. On apprend à connaître le Christ d'abord par une rencontre personnelle avec Lui. Cela s'applique à tout le monde, même au pasteur pentecôtiste. Saul de Tarse était au courant de Christ, mais il ne l'a pas connu personnellement avant de le rencontrer sur le chemin de Damas (Ac 9.1-9). Là, Saul s'est écrié : « Qui es-tu, Seigneur ? » Jésus lui répond : « Je suis Jésus, que tu persécutes » (v. 5). La vie de Saul a basculé. Il a appris à connaître le Christ comme son Seigneur et son Sauveur. En un instant, le pire persécuteur de l'Église est devenu son plus grand promoteur.

Réfléchissant à cette expérience, Paul écrit : « Si quelqu'un est en Christ, il est une nouvelle créature. Les choses anciennes sont passées ; voici, toutes choses sont devenues nouvelles » (2 Co 5.17). Quiconque aspire à devenir un pasteur pentecôtiste doit commencer ici. Jésus a déclaré : « En vérité, je vous le dis, nul ne peut voir le royaume de Dieu s'il ne naît de nouveau » (Jn 3.3).

2. A travers la Parole de Dieu. Une deuxième façon pour le pasteur pentecôtiste de mieux connaître le Christ est de le rencontrer dans la Bible, en particulier dans les Évangiles et les épîtres. Les Évangiles racontent sa vie, ses œuvres et son enseignement. Les épîtres en expliquent le sens. En lisant les Évangiles, vous pouvez parcourir les chemins poussiéreux de Galilée avec Jésus. Vous pouvez vous asseoir à ses pieds et écouter son enseignement. Vous pouvez rester debout et le regarder mourir sur la croix.

Partie 2 : Les priorités du pasteur pentecôtiste

Et vous pouvez regarder dans le tombeau vide de votre Sauveur et entendre l'ange crier : « Il n'est pas ici. Il est ressuscité ! »

Un jeune pasteur pentecôtiste s'est dit un jour : « Les disciples de Jésus ont passé trois ans à marcher avec Lui et à apprendre de Lui. Leurs vies ont été transformées. Je vais faire de même. Je vais passer les trois prochaines années à lire et relire les quatre Évangiles. » Fidèle à son engagement, le jeune prédicateur a passé les trois années suivantes à lire les Évangiles. Il passa des heures et des heures à se pencher sur l'histoire de Jésus. Après cela, sa vie et son ministère n'ont plus jamais été les mêmes.

3. Par la prière. Un troisième moyen pour le pasteur pentecôtiste d'apprendre à connaître Jésus est la prière. La Bible parle de plusieurs types de prière, notamment la pétition, la confession, l'intercession, l'action de grâce et la prière dans l'Esprit. Cependant, le type de prière qui aidera le pasteur à mieux connaître Jésus est la prière de communion. Jacques a parlé de ce type de prière. « Approchez-vous de Dieu, exhortait-il, et il s'approchera de vous » (Ja 4.8). Moïse a également pratiqué la prière de communion. La Bible dit qu'il s'est entretenu avec Dieu « face à face, comme on parle à un ami » (Ex 33.11).

Marie, la sœur de Marthe, est une bonne illustration de ce type de prière. Lorsque Jésus est venu chez elle, elle s'est assise à ses pieds, écoutant attentivement chaque mot qu'il prononçait. Sa sœur s'est plaint, l'accusant d'être paresseuse. Mais Jésus a félicité Marie en disant : « Elle a choisi la meilleure part, celle qui ne lui sera pas ôtée » (Lu 10.38-42). Apprendre à connaître Jésus doit devenir la priorité de chaque pasteur pentecôtiste. Cette pratique aura un impact considérable sur sa vie et son ministère comme aucune autre.

LA PRIORITÉ DE LA MARCHE DANS L'ESPRIT

Non seulement le pasteur pentecôtiste doit donner la priorité à la connaissance du Christ, mais il doit aussi donner la priorité à la marche et à la vie dans l'Esprit. Paul exhortait les chrétiens de Galatie : « Puisque nous vivons par l'Esprit, marchons par l'Esprit » (Ga 5.25).

Chapitre 6 : Priorités personnelles

Ce que signifie marcher dans l'Esprit

Marcher dans l'Esprit signifie au moins trois choses :

1. Rempli de l'Esprit. Premièrement, marcher dans l'Esprit signifie être rempli de l'Esprit (Ac 1.4-8). En d'autres termes, avant de pouvoir marcher dans l'Esprit, une personne doit d'abord être remplie du Saint-Esprit, comme l'étaient les disciples le jour de la Pentecôte (Ac 2.1-4). Après avoir reçu l'Esprit, les disciples ont commencé à vivre et à exercer leur ministère dans la puissance de l'Esprit. Le livre des Actes des Apôtres raconte l'histoire passionnante de leur ministère sous l'influence de l'Esprit. Chaque pasteur pentecôtiste doit vivre cette expérience vitale.

2. Conduit par l'Esprit. Deuxièmement, marcher dans l'Esprit, c'est être conduit par l'Esprit. Le pasteur pentecôtiste doit garder son oreille ouverte à la voix du Saint-Esprit. Ensuite, lorsque l'Esprit parle, il doit obéir. C'est ce que Jésus a fait. D'abord, il a été rempli du Saint-Esprit. Ensuite, il a été conduit par l'Esprit (Lu 3.21-22 et 4.1). Paul et son équipe de missionnaires ont également été guidés par le Saint-Esprit (Ac 16.6-10). Il en va de même pour les pasteurs pentecôtistes d'aujourd'hui. Comme Jésus et Paul, ils doivent aussi être dirigés par le Saint-Esprit.

3. Le ministère dans l'Esprit. Enfin, marcher dans l'Esprit signifie exercer un ministère dans la puissance de l'Esprit. Jésus a promis : « Vous recevrez une puissance, lorsque le Saint-Esprit viendra sur vous ; et vous serez mes témoins à Jérusalem, dans toute la Judée, dans la Samarie, et jusqu'aux extrémités de la terre » (Ac 1.8). C'est ce qui est arrivé à Jésus et aux apôtres. Ils ont été remplis du Saint-Esprit et ont commencé à exercer leur ministère avec la puissance de l'Esprit (par exemple, Lu 3.21-22 et 4.14 ; Ac 4.31-33). En marchant dans l'Esprit, vous pouvez aussi vous attendre à ce que l'Esprit donne de la puissance à votre ministère.

Comment marcher dans l'Esprit

La question se pose : en tant que pasteur pentecôtiste, que devez-vous faire pour vous assurer que vous vivez et marchez dans l'Esprit ? Tout d'abord, comme nous l'avons vu plus haut, vous devez vous assurer que vous avez été véritablement rempli de l'Esprit. Lorsque vous êtes rempli de l'Esprit, vous pouvez vous attendre à deux preuves bibliques : la première est que vous parlerez en langues lorsque l'Esprit vous donnera de parler (Ac

Partie 2 : Les priorités du pasteur pentecôtiste

2.4 ; 10.44-46 ; 19.6). La seconde est que vous recevrez une puissance surnaturelle pour témoigner du Christ (Ac 1.8 ; 4.31).

Une fois que vous avez été rempli du Saint-Esprit, vous devez garder votre cœur à l'écoute des incitations de l'Esprit. C'est ce que les chrétiens ont fait dans le livre des Actes des Apôtres. Lors du premier concile de Jérusalem, les apôtres et les anciens ont pris une décision concernant l'inclusion des croyants païens dans l'église. Ils ont commencé leur lettre en disant : « Il a paru bon au Saint-Esprit et à nous » (Ac 15.28). Ils voulaient que leurs lecteurs sachent qu'ils avaient écouté la voix de l'Esprit avant de prendre leur décision. Une pratique qui peut vous aider à marcher et à vivre dans l'Esprit est de passer du temps chaque jour à prier dans l'Esprit Saint (Ro 8.26-27 ; Ep 6.18).[1]

LA PRIORITÉ DE LA CROISSANCE ET DU DÉVELOPPEMENT PERSONNELS

En plus de connaître le Christ et de marcher dans l'Esprit, le pasteur pentecôtiste doit donner la priorité à la croissance et au développement personnels. Il ou elle doit constamment s'efforcer d'être le meilleur possible pour le Seigneur.

Comparant la vie à une course, Paul a exhorté les chrétiens de Corinthe à rechercher l'excellence. Il leur a rappelé : « Ne savez-vous pas que ceux qui courent dans le stade courent tous, mais qu'un seul remporte le prix ? » Il les a alors exhortés à « courir de manière à remporter le prix » (1 Co 9.24). De la même manière, il exhortait les Colossiens : « Quoi que vous fassiez, travaillez-y de toute votre âme, comme pour le Seigneur » (Col 3.23).

Une telle attitude d'excellence n'est ni héritée de ses ancêtres, ni transmise par l'imposition des mains. Atteindre l'excellence dans le ministère exige de la concentration, de la détermination et de la discipline. La poursuite de l'excellence ne consiste pas à essayer d'être meilleur que quelqu'un d'autre. Il s'agit plutôt d'être le meilleur que l'on puisse être en servant le Seigneur.

---

[1] Pour en savoir plus sur la vie de prière du pasteur pentecôtiste, voir le chapitre 8 : « La priorité de la prière ».

Chapitre 6 : Priorités personnelles

Un domaine dans lequel le pasteur pentecôtiste doit rechercher l'excellence est celui de ses habitudes d'étude. Malheureusement, on observe chez certains pasteurs pentecôtistes une tendance à mépriser l'étude. Tout en accordant une grande importance à la connaissance transmise, ils minimisent la recherche de la connaissance acquise. La Bible, cependant, enseigne qu'« un cœur intelligent acquiert la connaissance ; l'oreille des sages recherche la connaissance » (Pr 18.15).

Par conséquent, en tant que pasteur pentecôtiste fidèle, vous devez chercher inlassablement à accroître votre connaissance des Écritures. En même temps, vous devez vous efforcer de vous tenir au courant des tendances actuelles de la société. Vous serez alors en mesure de combiner les deux, en appliquant de manière prophétique la vérité biblique aux tendances actuelles. En outre, vous devez prendre l'habitude de lire de bons livres écrits par des auteurs réputés. Cette pratique améliorera vos capacités de réflexion. L'excellence dans l'étude contribuera à produire l'excellence dans le ministère.

LA PRIORITÉ DE L'AUTOSOIN

Un jour, un pasteur pentecôtiste ressentait une fatigue extrême et des douleurs corporelles. Il est allé chez le médecin, craignant d'avoir contracté une maladie mortelle. Mais après l'avoir examiné, le médecin lui a dit que ses symptômes étaient dus au stress. Le médecin lui a prescrit du repos et un régime alimentaire sain. Et ça a marché ! Très vite, le pasteur a retrouvé sa vigueur dans son ministère.

Les pasteurs africains sont connus pour être de grands travailleurs. C'est une bonne chose. Toutefois, ils doivent se garder d'essayer d'être tout pour tout le monde. Un pasteur épuisé peut devenir un handicap à la fois pour sa famille et pour son église. Le stress peut paralyser la capacité du pasteur à prier, étudier et prêcher. Il peut également affecter son comportement en public, le faisant paraître distrait et peu soucieux des gens. Ce qui, à son tour, peut provoquer le mécontentement de la congrégation, créant encore plus de stress pour le pasteur.

Les pasteurs pentecôtistes fuient parfois le repos. Ils ont l'impression que, s'ils prennent le temps de se reposer, ils sont infidèles à leur vocation. Jésus, cependant, comprenait le besoin de repos. Il a dit un jour à ses disciples : « Venez à l'écart, dans un lieu désert, et reposez-vous un peu »

(Mc 6.31). Le pasteur zélé doit se rappeler que Dieu lui-même s'est reposé le septième jour de la création (Ge 2.2). Il a fait cela, non pas parce qu'il était fatigué, mais pour donner un exemple à l'humanité. Jésus a dit : « Le sabbat a été fait pour l'homme, et non l'homme pour le sabbat » (Mc 2.27). Dieu a prévu le sabbat comme un moyen pour son peuple d'honorer son Créateur, et comme un moment pour acquérir la force nécessaire pour faire face aux exigences de la vie. Si le principe du repos du sabbat est violé, cela entraînera l'inefficacité du ministère.

Le pasteur pentecôtiste doit donc réserver un jour par semaine pour se reposer et récupérer. Il doit ensuite faire savoir à son peuple qu'il s'agit de son jour de repos, de son sabbat. Le pasteur doit passer la journée en toute tranquillité, avec son épouse et ses enfants.[2]

LA PRIORITÉ DE LA SAINTETÉ PERSONNELLE

Un article est paru dans un journal d'Afrique de l'Est selon lequel un pasteur éminent avait divorcé de sa femme en raison de son comportement adultère. Il a refusé de lui pardonner et a choisi de se remarier. Voyant ce que ce pasteur avait fait, un homme dit à sa femme : « Si le pasteur a divorcé de sa femme, pour qui te prends-tu ? » Lui aussi a quitté sa femme pour une autre femme. En tant que pasteur, vos actions affecteront inévitablement les actions de ceux que vous dirigez, que ce soit en bien ou en mal.

En tant que pasteur pentecôtiste, Dieu vous appelle à une vie exemplaire. Pierre a écrit : « Mais, de même que celui qui vous a appelés est saint, vous aussi devenez saints dans toute votre conduite, puisqu'il est écrit : *Vous serez saints, car, moi, je suis saint* » (1 Pi 1.15-16). Paul a écrit qu'un surveillant doit mener une vie « irréprochable, fidèle à sa femme, tempérant, maître de soi, respectable,... non adonné à l'ivrognerie » (1 Ti 3.2-3). Il ajoute qu'un surveillant « doit aussi avoir une bonne réputation auprès des étrangers » (v. 7). À Tite, l'apôtre a dit qu'un ancien « doit être irréprochable... un homme qui aime le bien, qui est maître de soi, droit, saint et discipliné » (Tite 1.7-8).

En Afrique, les pasteurs sont tenus en haute estime. Ils influencent les gens à la fois directement et indirectement. Ils les influencent directement par leurs paroles - par ce qu'ils disent. Ils les influencent indirectement par

---

[2] Pour en savoir plus sur l'autosoin, voir le chapitre 13 : « Une vie bien gérée ».

Chapitre 6 : Priorités personnelles

leur vie - par ce qu'ils font. Ce que les pasteurs font est souvent plus influent que ce qu'ils disent. Un membre a dit un jour à son pasteur : « Ce que vous faites parle si fort que je n'entends pas ce que vous dites. » Par conséquent, en tant que pasteur pentecôtiste, vous devez faire de votre vie de sainteté l'une de vos plus grandes priorités.

LA PRIORITÉ DE LA GESTION DU TEMPS

Les Pentecôtistes valorisent la spontanéité et l'expression personnelle dans le culte. Ils apprécient l'intervention non préparée de l'Esprit. Ces valeurs sont bonnes, et il ne faut jamais les abandonner. Cependant, le pasteur pentecôtiste ne doit jamais les utiliser comme une excuse pour une mauvaise gestion du temps. Tout comme vous êtes un intendant de l'argent que Dieu a placé entre vos mains, vous êtes un intendant du temps que Dieu vous a donné. Vous devez donc vous engager à gérer efficacement votre temps.

Certains pasteurs sont indisciplinés avec leur temps et ont l'habitude d'arriver en retard aux réunions et aux rendez-vous. Ces pasteurs créent un modèle négatif pour les églises qu'ils dirigent. Leur comportement négligent diminue leur crédibilité auprès des gens. Il devient partie intégrante de la culture organisationnelle de l'église et entrave sa progression.

D'autre part, une bonne gestion du temps vous permettra de diriger l'église plus efficacement. Vous serez en mesure de réserver du temps pour l'étude, l'activité administrative, les visites, le conseil et les affaires familiales. Une gestion efficace du temps comprend des activités telles que la fixation d'objectifs quotidiens, la création d'une liste de tâches réalisables, la hiérarchisation des tâches en fonction de leur importance et de leur urgence, et la fixation d'une limite de temps pour accomplir chaque tâche.

En tant que pasteur pentecôtiste, vous devez être déterminé dans la manière dont vous vivez votre vie et conduisez votre ministère. Vous devez établir intentionnellement des priorités personnelles. Vous devez ensuite vous efforcer consciemment de respecter ces priorités. Si vous faites ces choses, vous serez béni, et les personnes que vous dirigez le seront aussi.

Partie 2 : Les priorités du pasteur pentecôtiste

~ Chapitre 7 ~

Priorités de la famille

Le pasteur d'une grande église urbaine d'Afrique de l'Est a raconté l'histoire déchirante de son grand-père maternel. Pendant plusieurs années, son grand-père a été pasteur d'une église pentecôtiste. Cependant, le jour est venu où il a abandonné sa famille et sa foi et a pris pour lui trois épouses. À cause de cet échec tragique, aucun de ses enfants n'a suivi le Seigneur. Aucun, à l'exception de la mère du pasteur. Le pasteur témoigne aujourd'hui : « Je suis le produit de la fidélité de ma mère. C'est elle qui m'a influencé à suivre le Seigneur. » Aujourd'hui, ce pasteur est connu pour son enseignement et ses prédications sur les questions familiales.

La triste vérité est que même les pasteurs pentecôtistes ont parfois des difficultés dans leur mariage et avec leurs enfants. C'est pourquoi ils doivent accorder la plus grande priorité à l'entretien de leur relation avec leur famille. Pour le pasteur, réussir dans sa vie de famille, c'est réussir merveilleusement ; échouer, c'est échouer complètement. Les deux chapitres précédents ont traité du ministère et des priorités personnelles du pasteur pentecôtiste. Ce chapitre traitera de leurs priorités familiales.

LES RELATIONS DANS LA FAMILLE

La Bible parle de la relation du pasteur avec sa famille. Paul a écrit à propos du pasteur : « Qu'il dirige bien sa propre maison et qu'il tienne ses enfants dans la soumission, en toute dignité. » L'apôtre a ensuite posé une question rhétorique : « En effet, si quelqu'un ne sait pas diriger sa propre

Partie 2 : Les priorités du pasteur pentecôtiste

maison, comment prendra-t-il soin de l'Église de Dieu ? » (1 Ti 3.4-5). Les diverses instructions données par la Bible aux maris, aux femmes et aux enfants s'appliquent également au foyer du pasteur (cf. Ge 2.24 ; Mc 10.6-9 ; 1 Co 11.3 ; Ep 5.22-33 ; 6.1-4 ; Col 3.18-21 ; 1 P 3.1-17).

Ordre biblique

En tant que pasteur pentecôtiste, votre vie de famille doit être ordonnée selon les Écritures. Lorsque la culture s'oppose à l'Écriture, vous devez toujours vous soumettre à cette dernière, en veillant à ce que vos relations avec votre conjoint et vos enfants soient en pleine harmonie avec les enseignements de la Parole de Dieu.

Par exemple, la plupart des cultures africaines considèrent le mari comme le chef incontesté de la famille. Sa parole, aussi irrationnelle soit-elle, ne doit jamais être remise en question. Jésus, cependant, a fait preuve d'un autre type de leadership. Parlant de lui-même, il a déclaré : « Car le Fils de l'homme n'est pas venu pour être servi, mais pour servir et donner sa vie en rançon pour une multitude » (Mc 10.45).

Le Seigneur a ainsi modélisé le type de leadership qu'il attend de vous en tant que mari chrétien. Votre leadership au sein de la famille doit être défini par l'humilité et le souci désintéressé de votre femme et de vos enfants. Paul a développé ce thème du leadership serviteur, exhortant les maris à « aimer leurs femmes, comme Christ a aimé l'Église et s'est livré pour elle » (Ep 5.25).

Paul a décrit comment le foyer chrétien doit être ordonné : « Car le mari est le chef de la femme, comme Christ est le chef de l'Église, son corps, dont il est le Sauveur » (Ep 5.23). A un autre endroit, l'apôtre écrit : « Maris, aimez votre femme, et ne vous aigrissez pas contre elle. Enfants, obéissez en tout à vos parents, car cela est agréé dans le Seigneur. Pères, n'exaspérez pas vos enfants, de peur qu'ils ne se découragent » (Col 3.19-21). Dans un tel environnement bien ordonné, votre mariage peut se développer et vos enfants s'épanouir.

Soumission mutuelle

La Bible enseigne que la relation entre le mari et la femme doit être une relation de soumission mutuelle. Paul a écrit que les maris et les femmes doivent « se soumettre l'un à l'autre dans le respect du Christ » (Ep 5.21).

Bien que le mari soit le chef de la femme, il doit, comme Jésus, se soumettre volontairement à ses besoins et la servir humblement. Elle doit faire de même avec lui. Plutôt que de réduire votre statut de pasteur, ce type de service humble envers la famille renforcera votre position dans l'église et la communauté.

Amour et respect

En outre, votre relation avec votre famille doit être caractérisée par un amour et un respect, mutuels. Paul a exhorté les maris à « aimer leurs femmes, comme Christ a aimé l'Église et s'est livré pour elle » (Ep 5.25). Plus tard, il a ajouté : « que chacun de vous aime sa femme comme lui-même, et que la femme respecte son mari » (v. 33). L'inverse est également vrai : la femme doit aimer son mari, et le mari doit respecter sa femme. En faisant ces choses, la famille pastorale deviendra un modèle pour les autres.

Authenticité

En outre, votre relation avec votre famille doit être caractérisée par l'authenticité. Cela signifie que vous devez être la même personne à la maison qu'en public. Vous devez manifester un intérêt sincère pour ce qui se passe dans la vie de votre conjoint et de vos enfants. À la maison, les enfants doivent entendre la voix de leur père ou de leur mère, et non la voix d'un prédicateur éloigné de la réalité de leur vie.

DÉFIS POUR LES FEMMES PASTEURS

Il convient ici de dire un mot aux femmes pasteurs et à leurs familles. Les femmes pasteurs mariées en Afrique se trouvent dans une position unique et stimulante. Dieu les a appelées à diriger une église ; cependant, pour les questions concernant le foyer, il les a appelées à respecter leur mari et à se soumettre à son autorité. Cette situation peut être difficile à gérer.

En outre, la plupart des cultures africaines résistent au leadership féminin, même si, heureusement, cette attitude est en train de changer dans de nombreux endroits. Par conséquent, certains membres d'église sont réticents à suivre le leadership d'une femme pasteur ou à lui permettre d'accomplir certaines tâches pastorales.

Il est donc particulièrement important que le mari du pasteur soutienne sa femme dans son ministère. Parfois, il doit être prêt à s'humilier et à la

Partie 2 : Les priorités du pasteur pentecôtiste

soutenir de bien des manières qui semblent contraires à la culture populaire. Par exemple, parfois, en raison des exigences de son travail, le mari doit être prêt à s'humilier, à mettre la main à la pâte et à l'aider de toutes les manières possibles. D'autre part, la femme pasteur ne doit pas utiliser ses fonctions ministérielles comme une excuse pour négliger ses obligations domestiques envers son mari et ses enfants.

Cela exigera un niveau exceptionnel de maturité et de flexibilité de la part de la femme pasteur et de son mari. Ils doivent donner la priorité à leur relation mutuelle et apprendre à bien communiquer l'un avec l'autre.

BIEN GÉRER LA FAMILLE

Non seulement le pasteur pentecôtiste doit gérer correctement son église, mais il doit aussi gérer correctement sa famille. Comme indiqué plus haut, Paul a rappelé à Timothée qu'un surveillant « qu'il dirige bien sa propre maison » (1 Ti 3.4). Plus tard, il a écrit à Tite : « quelqu'un qui soit sans reproche, homme d'une seule femme, ayant des enfants croyants qui ne soient ni accusés de débauche ni insoumis » (Tit 1.6).

Cette importante responsabilité consiste à diriger, protéger et prendre soin de sa femme et de ses enfants. La Bible enseigne que l'homme doit se comporter avec sa femme comme le Christ se comporte avec l'Église (Ep 5.25-27). En outre, il doit veiller sur ses enfants avec le même souci d'amour que son Père céleste veille sur lui. L'homme sage a conseillé : « Élève le jeune garçon selon la règle de sa voie ; même lorsqu'il vieillira, il ne s'en détournera point » (Pr 22.6).

En tant que pasteur pentecôtiste, votre gestion de votre famille implique au moins trois activités :

Développement spirituel

Premièrement, vous devez vous préoccuper du développement spirituel de votre famille. Comme Job, vous devez diriger délibérément votre famille dans le domaine spirituel (Job 1.4-5). L'un des moyens d'y parvenir est d'organiser régulièrement des moments de dévotion avec votre famille. Pendant ces moments de dévotion, vous devez apprendre à vos enfants à prier, à lire et à mémoriser les Écritures. Vous devez également vous assurer que vos enfants connaissent le Christ comme Sauveur et qu'ils ont été baptisés dans le Saint-Esprit.

Chapitre 7 : Priorités de la famille

Développement personnel

Deuxièmement, vous devez superviser le développement personnel de votre famille. Vous et votre conjoint devez chercher à faire de vos enfants des adultes matures, des chrétiens engagés et des citoyens productifs. En outre, vous devez apprendre à vos enfants à gérer l'argent avec sagesse. Au fur et à mesure que vos enfants grandissent et deviennent plus matures, vous devriez leur permettre de participer à la gestion des finances du foyer. De cette façon, ils apprendront à faire la différence entre les besoins et les désirs.

Développement social

Enfin, vous et votre conjoint devez veiller au développement social de vos enfants. La vie familiale doit offrir un environnement propice à l'épanouissement des compétences sociales des enfants. Vous devez leur apprendre à reconnaître la différence entre une bonne et une mauvaise compagnie. Vous devez également leur apprendre à établir des relations avec les autres dans divers contextes sociaux.

LES PRIORITÉS À L'ÉGARD DE SON CONJOINT

La Bible parle franchement des responsabilités du mari envers sa femme. Ces responsabilités s'appliquent bien sûr au pasteur pentecôtiste. En tant qu'homme pieux, vos devoirs envers votre femme sont les suivants :

Exprimer l'amour

Paul a écrit que le mari doit « aimer sa femme comme Christ a aimé l'Église » (Ep 5.25). L'amour du Christ pour l'Église était sacrificiel et désintéressé. Votre amour pour votre femme doit être de même nature. Vous devez déclarer votre amour à votre femme en privé et en public. Lorsque vous êtes seul avec elle, vous devez souvent lui dire : « Je t'aime ». En public, vous devez exprimer ouvertement votre amour pour votre femme. Par exemple, vous pouvez annoncer à l'église : « Je suis béni d'avoir ma femme avec moi ici aujourd'hui. Elle est une épouse extraordinaire et une mère merveilleuse pour nos enfants. Je l'aime beaucoup. »

Ces actions et d'autres semblables vous aideront à vous lier à votre femme et à votre église. Vous devez également démontrer votre amour pour votre femme par vos actions, c'est-à-dire en lui parlant avec gentillesse, en la préférant à vous-même et en l'aidant dans ses responsabilités.

Partie 2 : Les priorités du pasteur pentecôtiste

Offrir du soutien

Une deuxième responsabilité que vous avez, en tant que pasteur pentecôtiste, à l'égard de votre femme et de vos enfants est de leur accorder la considération et le soutien qui leur sont dus. Pierre a écrit aux maris : « Soyez prévenants dans votre vie avec vos femmes, et traitez-les avec respect » (1 Pi 3.7).

En tant qu'homme chrétien, vous êtes tenu de soutenir matériellement votre femme et vos enfants en leur fournissant un abri, de la nourriture et des vêtements adéquats. Bien que votre femme et vos enfants plus âgés puissent vous aider dans ce domaine, c'est vous, en tant qu'homme de la maison, qui portez la responsabilité principale.

Une autre façon importante de soutenir votre femme est de l'aider à réaliser son appel personnel dans le ministère. Votre devise devrait être : « Si je ne peux pas aider ma femme à atteindre son potentiel, comment vais-je aider mon église à faire de même ? » Pour ce faire, vous devrez reconnaître librement que Dieu a un appel sur la vie de votre femme, tout comme il a un appel sur votre vie. Vous devez ensuite marcher avec elle par la prière et le conseil, en l'aidant à discerner et à suivre la volonté de Dieu pour sa vie.

Fournir une protection

La troisième responsabilité que vous avez vis-à-vis de votre femme est de la protéger contre les attaques physiques, émotionnelles et spirituelles. Au niveau le plus élémentaire, vous devez la protéger physiquement. La Bible appelle la femme le « partenaire le plus faible » dans la relation conjugale (1 Pi 3.7). En tant que partenaire physiquement plus fort, vous devez monter la garde autour votre femme à tout moment, toujours prêt à la protéger d'une attaque physique. En sachant cela, elle se sentira en sécurité et valorisée.

En outre, vous devez protéger votre femme contre tout préjudice émotionnel. Malheureusement, l'épouse du pasteur est souvent la cible privilégiée des critiques. Les beaux-parents et les membres charnels de l'église la critiquent souvent, elle et ses enfants. D'autres ne lui montrent pas leur appréciation pour tout ce qu'elle fait. Cela peut être très blessant pour elle. Vous devez être conscient de cette dynamique dans l'église, et vous devez protéger votre femme et lui apporter le soutien émotionnel dont elle a besoin.

Chapitre 7 : Priorités de la famille

Enfin, la femme du pasteur étant une cible privilégiée de Satan, vous devez la protéger spirituellement. Vous pouvez le faire en construisant une haie de prière autour d'elle. De plus, si nécessaire, vous devez vous placer entre elle et l'ennemi (Ez 22.30).

LES PRIORITÉS ENVERS SES ENFANTS

Le pasteur pentecôtiste doit également donner la priorité à ses enfants. Après sa responsabilité d'aimer et de prendre soin de sa femme, il est responsable d'aimer et de prendre soin de ses enfants. Il doit prendre soin d'eux tout comme son Père céleste prend soin de lui. Il doit les élever « par l'éducation et les avertissements du Seigneur » (Ep 6.4).

En tant qu'homme pieux et père chrétien, vous avez trois responsabilités principales envers vos enfants :

Modéliser l'amour de dieu

Premièrement, vous devez donner l'exemple de l'amour de Dieu à vos enfants. Les enfants développent bon nombre de leurs concepts sur Dieu en observant leur père. Si leur père terrestre est gentil et aimant, ils verront leur Père céleste comme étant gentil et aimant. Si leur père terrestre est un tyran, les enfants verront Dieu de la même manière. Lorsque vous donnez l'exemple d'attributs divins tels que l'amour, le respect, le service et la confiance, vos enfants seront capables d'accepter vos instructions et vos corrections à la maison. La Bible décrit la véritable nature de l'amour :

« L'amour est patient, l'amour est bon, il n'a pas de passion jalouse ; l'amour ne se vante pas, il ne se gonfle pas d'orgueil, il ne fait rien d'inconvenant, il ne cherche pas son propre intérêt, il ne s'irrite pas, il ne tient pas compte du mal ; il ne se réjouit pas de l'injustice, mais il se réjouit avec la vérité ; il pardonne tout, il croit tout, il espère tout, il endure tout. L'amour ne succombe jamais. » (1 Co 13.4-8)

C'est le genre d'amour que vous devriez montrer à vos enfants.

Conduisez-les au Christ

En plus de leur montrer l'amour de Dieu, vous devez amener vos enfants à une relation personnelle avec Jésus-Christ. Un bon moment pour le faire est celui des dévotions familiales. Au cours de ces dévotions, vous pouvez présenter le plan du salut à vos enfants. Ensuite, lorsque le moment est venu,

Partie 2 : Les priorités du pasteur pentecôtiste

vous pouvez prier avec eux pour qu'ils reçoivent le Christ comme leur Sauveur. Après cela, il sera important que les enfants proclament publiquement leur engagement envers le Christ par le témoignage et le baptême d'eau. Vous devez également rechercher les occasions de conduire vos enfants au baptême du Saint-Esprit. Vous devez ensuite les encourager à partager leur foi avec leurs amis.[1]

Façonner leur caractère

Vous devez avoir un plan clair pour former le caractère de vos enfants. Vous et votre conjoint devez leur apprendre à distinguer le bien du mal et à « rejeter toute espèce de mal » (1 Th 5.22). Vous devez également apprendre à vos enfants à être polis, gentils et respectueux de l'autorité, ainsi que l'importance de l'honnêteté et du travail. Cette instruction contribuera grandement à les aider à réussir dans la vie.

Vous pouvez faire ces choses en donnant l'exemple d'une vie sainte à la maison et en discutant de manière réfléchie des questions morales avec vos enfants. Lorsque vos enfants voient leurs parents pratiquer sincèrement la droiture, ils voudront naturellement vous suivre. Parfois, vous devrez discipliner vos enfants avec amour pour les détourner de pratiques insensées et blessantes (Pr 29.15).

AIDER LA FAMILLE ÉLARGIE

Vous devez également faire preuve de sollicitude envers votre famille élargie et celle de votre conjoint. Ces membres de la famille élargie peuvent comprendre les parents, les frères et sœurs, les nièces et neveux, et peut-être d'autres personnes. Paul a écrit : « Et si quelqu'un n'a pas soin des siens, surtout de ceux de sa maison, il a renié la foi et il est pire qu'un non-croyant » (1 Ti 5.8).

Cependant, il arrive que les exigences des membres de la famille élargie aillent à l'encontre des Écritures. Par exemple, vos familles peuvent chercher à imposer des pratiques non bibliques à votre famille, comme la circoncision rituelle ou le nom d'un nouveau bébé. Dans de telles occasions, vous devez rejeter ces propositions avec amour, mais fermement.

---

[1] Pour des idées sur la manière de le faire, voir le chapitre 20 : « Guider les croyants dans le baptême de l'Esprit ».

Chapitre 7 : Priorités de la famille

Une autre façon pour les membres de la famille élargie d'imposer des exigences irréalistes à vous et à votre famille est d'emménager dans votre maison pendant de longues périodes. En conséquence, ils deviennent un fardeau pour les ressources financières, mentales et émotionnelles de votre famille. Les plus grandes exigences sont souvent imposées à l'épouse du pasteur. Elle peut être pressée, jusqu'à l'épuisement. Dans ce cas, en tant que chef de famille, vous devez prendre la situation en main et établir des limites saines.

Vous devez vous rappeler l'avertissement de Paul à Timothée, comme indiqué ci-dessus, selon lequel il faut prendre soin de ses proches, *« surtout ceux de sa maison »*. En tant qu'homme chrétien, votre responsabilité première n'est pas envers votre famille élargie mais envers votre femme et vos enfants. Il peut donc être nécessaire de rappeler au parent fautif les injonctions de la Bible de « vous retirer de tout frère qui marche dans le désordre » (2 Th 3.6), et que « si quelqu'un ne veut pas travailler, qu'il ne mange pas non plus » (v. 10).

Plutôt que de réagir constamment aux demandes des membres de la famille élargie, vous et votre conjoint devez déterminer de manière proactive le type d'aide que vous leur offrirez. Pour ce faire, vous devrez vous mettre d'accord sur des lignes directrices, telles que : Qui déterminera, de part et d'autre de la famille élargie, qui sera aidé ? Et pendant combien de temps cette aide sera-t-elle offerte ?

Votre objectif principal envers les membres de votre famille élargie est d'être le sel et la lumière pour eux. Il est possible de se plier tellement à la culture que vous devenez inefficace dans votre ministère. Vous devez donc chercher à trouver un équilibre compatissant entre aider et refuser d'aider. Néanmoins, à tout moment, votre famille doit chercher à être un témoin pour les membres de votre famille élargie.

En tant que pasteur pentecôtiste, Dieu vous a appelé à diriger l'église dans l'accomplissement de la mission de Dieu. Cependant, en faisant cela, vous ne devez pas négliger votre propre famille. Vous ne devez jamais avoir à confesser : « J'ai gagné les perdus à Christ, mais j'ai perdu ma propre famille. »

Partie 2 : Les priorités du pasteur pentecôtiste

~ Chapitre 8 ~

La priorité de la prière

Comme il en avait l'habitude, Moïse sortait du camp et se rendait à la tente d'assignation pour prier. Chaque fois que le peuple le voyait faire, il arrêtait ce qu'il faisait et regardait jusqu'à ce qu'il entre dans la tente. Pendant que Moïse était à l'intérieur de la tente en train de prier, une colonne de nuée descendait et planait à l'entrée. Lorsque le peuple a vu cela, il a été émerveillé et s'est prosterné pour adorer Dieu. Ils étaient encouragés, sachant que leur chef parlait souvent avec Dieu. Cette pratique de Moïse a particulièrement affecté son jeune assistant, Josué. Il suivait souvent Moïse jusqu'à la tente, et restait là longtemps après le départ de Moïse. Il voulait absolument être comme son mentor (cf. Ex 33.8-11).

Rien n'élève une congrégation plus qu'un pasteur qui prie. Le diable ne craint pas nos diplômes universitaires. Il ne craint pas non plus nos gros budgets d'église ou nos magnifiques bâtiments. Ce que le diable craint, en revanche, ce sont nos prières. Lui et ses hordes démoniaques tremblent lorsque le peuple de Dieu tombe à genoux dans une prière inspirée par l'Esprit et remplie de foi. Si un pasteur pentecôtiste n'excelle dans rien d'autre, il doit exceller dans la pratique de la prière.

STYLE DE VIE DE PRIÈRE

Le grand réformateur protestant, Martin Luther, a dit un jour : « Être chrétien sans prière n'est pas plus possible que d'être vivant sans respirer. » Ce qui est vrai pour tout croyant en Christ est doublement vrai pour le

Partie 2 : Les priorités du pasteur pentecôtiste

pasteur pentecôtiste. On ne peut pas exercer son ministère en tant que véritable pasteur pentecôtiste sans un style de vie de prière engagée. Jésus a enseigné à ses disciples qu'ils devaient « prier sans cesse et à ne point se relâcher » (Lu 18.1).

En tant que pasteur pentecôtiste, vous devez prendre Jésus comme exemple. Toute la vie et le ministère du Seigneur ont été baignés dans la prière. Luc écrit que « Jésus se retirait souvent dans des lieux solitaires et priait » (Lu 5.16). En une occasion, « Jésus se rendit sur la montagne pour prier, et il passa toute la nuit à prier Dieu » (6.12). À une autre occasion encore, il a pris Pierre, Jean et Jacques et « est monté sur une montagne pour prier » (9.28). En fait, Jésus priait à chaque occasion. Comme Jésus, pour diriger le peuple de Dieu, vous devez être un homme ou une femme de prière constante. Personne ne peut exercer son ministère dans la puissance de l'Esprit sans une habitude de prière persistante.

Par la prière, vous vous préparez au ministère. En attendant dans la prière, vous vous approchez de Dieu (Ja 4.8 ; cf. Hé 10.22). En outre, vous obtenez la force spirituelle dont vous avez besoin pour vivre pour Christ, et la puissance dont vous avez besoin pour exercer efficacement votre ministère (Es 40.31 ; Ps 40.1-3).

La Bible exhorte : « Marchez par l'Esprit, et vous n'accomplirez pas les désirs de la chair » (Ga 5.16). Pour ce faire, vous devrez vivre en communion constante avec Dieu. Cette communion s'obtient par la prière. Pendant les périodes de prière, l'Esprit vous parlera et vous donnera des encouragements et des directives. La prière ordonnée par l'Esprit vous préparera davantage au combat spirituel (Ep 6.12, 18).

LE MINISTÈRE DE LA PRIÈRE

En plus de développer votre vie de prière personnelle, en tant que pasteur pentecôtiste, vous devez considérer la prière comme un moyen d'exercer un ministère auprès des autres. Il y a trois façons de rendre service aux autres par la prière :

Le ministère par la prière privée

Premièrement, vous pouvez exercer votre ministère auprès des autres par la prière privée. Jésus a appelé ce type de prière la prière secrète. Il a enseigné : « Quand tu pries, entre dans ta chambre, ferme la porte et prie ton

Chapitre 8 : La priorité de la prière

Père, qui est dans le lieu secret » (Mt 6.6). Là, dans le lieu secret, vous devez passer du temps à intercéder pour les besoins des autres. En priant, vous pouvez demander à Dieu avec confiance, sachant que Dieu voit votre travail d'amour et qu'il répondra à vos prières. Dans le même passage, Jésus a promis : « Votre Père, qui voit ce qui se fait en secret, vous récompensera. » Vos moments de prière secrète peuvent prendre au moins trois formes :

1. La prière dévotionnelle. Premièrement, vous devez prier avec dévotion. En d'autres termes, vous devez passer du temps en prière pour vous approcher de Dieu. Cette pratique renforcera votre relation avec le Seigneur. En priant dans l'Esprit Saint, votre foi sera édifiée et vous serez gardé dans l'amour de Dieu (Jud 20-21 ; cf. Ro 5.5). Grâce à cette relation avec Dieu, vous serez en mesure d'accomplir votre ministère avec succès.[1]

2. La prière d'intercession. Ensuite, comme nous l'avons mentionné plus haut, en tant que pasteur pentecôtiste, vous devez passer du temps devant Dieu pour lui adresser des pétitions pour les besoins des autres - en particulier pour les besoins de ceux qui sont liés à votre église. Jésus a souvent prié pour ses disciples (Jn 17.9). Par exemple, il a prié pour eux afin que leur foi reste forte (Lu 22.32). Il a également prié pour que Dieu les protège (Jn 17.11-12, 15), et pour qu'ils aient de la joie (v. 13). Il a également prié pour leur sanctification (v. 17-19) et pour qu'ils restent unis (v. 21-23).

De la même manière, l'apôtre Paul a continuellement prié pour le peuple de Dieu. Il a écrit aux croyants de Rome : « Je fais sans cesse mention de vous, demandant continuellement dans mes prières » (Ro 1.9-10). Il dit aux Éphésiens : « Je ne cesse de rendre grâces pour vous, faisant mention de vous dans mes prières » (Ep 1.16 ; cf. Col 1.9). En tant que pasteurs pentecôtistes, nous devons suivre les exemples de Jésus et de Paul et passer beaucoup de temps en prière, en intercédant pour les autres.[2]

3. La prière avec le jeûne. Enfin, en tant que pasteur pentecôtiste, vous devriez souvent prier en jeûnant. Les disciplines spirituelles de la prière et du jeûne vous aideront à mettre votre esprit au diapason de l'Esprit de Dieu. En passant du temps dans la prière et le jeûne, votre chair sera soumise et

---

[1] Pour en savoir plus sur la façon de s'approcher de Dieu, voir le chapitre 15 : « Une forte habitude de dévotion ».

votre esprit sera préparé à discerner plus clairement la voix de l'Esprit (cf. Ga 5.16-17).

Le ministère par la prière entre deux personnes

En outre, vous serez souvent appelé à exercer un ministère de prière entre deux personnes. La prière entre deux personnes se produit lorsque vous priez pour quelqu'un avec qui vous êtes. Ce type de prière a souvent lieu pendant les temps de prière devant l'église. Elle peut également avoir lieu dans une maison ou un hôpital lors d'une visite pastorale. Elle peut même avoir lieu sur la place du marché lors d'une campagne d'évangélisation. Une telle prière inclut souvent l'imposition des mains ou l'onction d'huile (cf. Ac 19.6; Ja 5.14). Elle implique toujours de prier dans la foi (Ja 5.15).

Quatre exemples de prière entre deux personnes : prier avec les gens pour qu'ils soient sauvés, prier avec les gens pour qu'ils soient guéris, prier avec les gens pour qu'ils soient délivrés de l'esclavage démoniaque, et prier avec les gens pour qu'ils soient remplis du Saint-Esprit. Vous devez devenir compétent dans chacun de ces domaines du ministère. Dans chaque situation, vous devez faire preuve de confiance dans la Parole de Dieu, prononcer des paroles de foi et d'encouragement, et montrer une préoccupation sincère pour les personnes avec lesquelles vous priez.[3]

Le ministère par la prière publique

Vous serez parfois appelé à faire des prières publiques. Certains pasteurs offrent une prière pastorale sur leurs congrégations chaque dimanche matin. En outre, le pasteur pentecôtiste est souvent appelé à prier lors de rassemblements publics tels que des funérailles ou des mariages. Lorsqu'on vous demande de prier en de telles occasions, vous devez le faire avec dignité et grâce. Votre prière publique, cependant, ne doit jamais être offerte pour le simple spectacle ou la cérémonie. Vous devez toujours prier

---

[3] Pour plus d'informations sur la prière pour les individus, voir le chapitre 20 : « Guider les croyants dans le baptême de l'Esprit » ; le chapitre 21 : « Exercer le ministère dans la puissance de l'Esprit » ; et le chapitre 22 : « S'engager dans le combat spirituel ». Voir aussi le livre, *Le ministère de puissance: Un manuel pour les prédicateurs pentecôtistes*, de Denzil R. Miller, qui offre des conseils utiles pour prier avec les gens afin qu'ils soient guéris, remplis de l'Esprit et délivrés de l'esclavage démoniaque. Il peut être téléchargé gratuitement au format e-book (PDF) sur le site DecadeofPentecost.org.

Chapitre 8 : La priorité de la prière

sincèrement. Jésus a prévenu : « Lorsque vous priez, ne soyez pas comme les hypocrites, qui se plaisent à prier debout dans les synagogues et aux coins des grandes rues, pour se montrer aux gens » (Mt 6.5).

DIRIGER L'ÉGLISE DANS LA PRIÈRE

Non seulement le pasteur pentecôtiste doit développer sa vie de prière personnelle, mais il doit aussi développer un ministère de prière fort dans l'église locale où il exerce son ministère.

Prédication et enseignement de la prière

Une clé importante pour développer un ministère de prière fort dans l'église est de prêcher et d'enseigner souvent sur ce sujet. En faisant cela, vous suivrez l'exemple de Jésus, qui a lui-même beaucoup enseigné sur le sujet de la prière (cf. Lu 18.1 ; Mt 6.5-15).

Vous pouvez encourager les chrétiens à prier en partageant avec eux des témoignages sur la manière dont Dieu a répondu à des prières dans le passé. Ces témoignages peuvent être tirés de la Bible, de l'histoire ou de la vie contemporaine. Vous devez en outre prendre le temps de donner des leçons pratiques sur les avantages et la pratique de la prière.

Modélisation de la prière

Non seulement vous devez enseigner la prière, mais vous devez montrer aux croyants comment prier. Encore une fois, c'est ainsi que Jésus a enseigné à ses disciples. Il ne les a pas seulement enseignés avec des mots, il leur a montré avec sa vie. Il a donné l'exemple d'un style de vie de prière devant eux. Les disciples de Jésus ont remarqué qu'il était en communion constante avec son Père céleste. Un jour, après l'avoir vu prier, ils lui ont demandé : « Seigneur, enseigne-nous à prier, comme Jean l'a enseigné à ses disciples » (Lu 11.1). En tant que pasteur pentecôtiste, vous devriez vivre un tel style de vie de prière que vos membres vous demanderont : « Pasteur, enseigne-nous à prier, comme Jésus l'a enseigné à ses disciples. »

S'organiser pour la prière

En outre, vous devez organiser votre église pour la prière. Vous pouvez le faire en formant des groupes de prière et en programmant des événements de prière, comme suit :

Partie 2 : Les priorités du pasteur pentecôtiste

Former des groupes de prière. Vous voudrez encourager la formation de groupes de prière spécialisés dans l'église. Ces groupes peuvent être formés en tant qu'auxiliaires de ministères existants tels que les ministères des hommes, des femmes, des jeunes, et autres. Ils peuvent également être formés pour répondre à des besoins particuliers dans l'église, la communauté, la nation ou le monde. Ces besoins peuvent être sociaux ou spirituels, locaux ou mondiaux. Par exemple, certains membres peuvent vouloir prier pour le renouveau de l'église, tandis que d'autres peuvent vouloir prier pour la paix dans le pays. On pourrait identifier de nombreux autres besoins qui nécessitent la prière.

Programmer des événements de prière. Vous voudrez également inclure de nombreux événements de prière dans le calendrier des activités de l'église. Vous devez, bien sûr, prévoir des services de prière réguliers pour l'église, comme une réunion de prière en milieu de semaine. Vous voudrez également prévoir des événements de prière spéciaux, tels que des retraites de prière ou des semaines de prière spéciale.

Par exemple, un pasteur pentecôtiste a programmé une semaine de prière et de jeûne intense deux fois par an, en janvier et en juillet. En préparation de ces événements, il encourageait les membres à recueillir les demandes de prière des membres de leur famille, de leurs amis, de leurs voisins et de leurs collègues de travail. Ils écrivaient ensuite ces demandes sur des formulaires spécialement préparés à cet effet et les distribuaient aux membres pour qu'ils prient lors des réunions de prière du matin et du soir. Cette pratique a apporté de grandes bénédictions à l'église et à la communauté.

De nombreuses églises pentecôtistes organisent chaque année une série de réunions de prière jusqu'au dimanche de la Pentecôte. (Le dimanche de Pentecôte a toujours lieu sept semaines après le dimanche de Pâques.) Lors de ces réunions spéciales, les membres demandent à Dieu de déverser son Esprit sur l'église. Ils prient également pour que, lors des célébrations de la Pentecôte, de nombreux chrétiens reçoivent la puissance du Saint-Esprit (Ac 1.8 ; 2.4). Et ils prient pour que beaucoup viennent au Seigneur, comme ce fut le cas le premier jour de la Pentecôte (2.41).

Vous pouvez également prévoir une retraite annuelle de prière avec le personnel et les leaders de l'église. Vous devez rechercher diligemment la

Chapitre 8 : La priorité de la prière

direction du Seigneur pour savoir quelles sont les priorités de prière que vous devez programmer pour l'église.

Prier pour la mission de Dieu

Un accent sur la prière devrait être présent dans chaque église pentecôtiste en Afrique. Le pasteur pentecôtiste doit s'assurer que son église prie régulièrement pour l'avancement de la mission de Dieu sur la terre. C'était la demande de prière de Jésus, et elle ne doit pas être négligée (Mt 9.37-38). Vous devriez donc conduire votre église dans une prière engagée pour le progrès du royaume de Dieu dans votre communauté, votre nation, votre continent et le monde. Vous devriez la conduire dans la prière pour les missionnaires envoyés par votre église nationale, ainsi que pour ceux qui sont soutenus par votre assemblée locale. Et vous devriez prier souvent pour les milliers de groupes de personnes non atteintes (GNA) dans le monde.[4]

DIRIGER UNE RÉUNION DE PRIÈRE

Le pasteur pentecôtiste doit savoir comment conduire correctement une réunion de prière. Voici quelques directives pratiques pour diriger une réunion de prière efficace.

Planifier à l'avance

Comme pour tout événement important dans l'église, vous devrez planifier à l'avance une réunion de prière efficace. Vous devrez choisir l'heure et le lieu de la réunion. Vous devrez également déterminer l'objectif de la réunion de prière et l'accent qui y sera mis. Enfin, vous devrez dresser une liste des points de prière à aborder au cours de la réunion. Vous devrez peut-être aussi rassembler des informations pertinentes sur ces points de prière. Vous partagerez ensuite ces informations avec les participants au moment opportun de la réunion de prière.

Respecter l'heure - rester concentré

Lorsque vous dirigez une réunion de prière, vous devez respecter l'heure et rester concentré. En d'autres termes, vous devez commencer et terminer la réunion de prière aux heures prévues. Certaines personnes sont

---

[4] Des informations sur les groupes de population non atteints peuvent être trouvées sur Internet à l'adresse www.joshuaproject.net.

Partie 2 : Les priorités du pasteur pentecôtiste

occupées, et elles apprécieront que vous respectiez leur temps. Elles seront donc plus enclines à assister aux réunions de prière.

En outre, lorsque vous dirigez la réunion de prière, vous devez rester concentré. Cela signifie que vous ne permettrez pas à la réunion de prière d'errer ici et là, mais que vous resterez sur la cible. Une brève dévotion et un court moment de chant sont appropriés au début de la réunion de prière. Cependant, la majeure partie de la réunion doit rester concentrée sur la prière.

Soyez ouvert à l'Esprit

Bien que la réunion de prière doive être bien organisée et ciblée, le responsable de la réunion doit à tout moment rester ouvert à l'action du Saint-Esprit. Il ou elle doit encourager les gens à prier dans l'Esprit (Ro 8.26-27 ; 1 Co 14.15 : Ep 6.18) et rester ouvert à la direction de l'Esprit et à la manifestation des dons spirituels (1 Co 14.26).

UN MODÈLE DE RÉUNION DE PRIÈRE

Quelqu'un peut demander : « A quoi doit ressembler une réunion de prière pentecôtiste ? » La réponse à cette question se trouve dans la Bible. Le livre des Actes des Apôtres nous donne un exemple d'une réunion de prière typique de l'Église primitive. Cette réunion de prière s'est déroulée peu après le jour de la Pentecôte.

L'église subissait une grande persécution. Les chefs juifs ont capturé Pierre et Jean. Ils les ont ensuite menacés et leur ont ordonné de cesser de prêcher au nom de Jésus. Lorsqu'ils ont laissé partir les deux apôtres, ceux-ci sont retournés à l'église et ont rapporté ce qui leur était arrivé. Les chrétiens se sont mis à prier. Leur prière et les résultats de leur prière sont relatés dans Actes 4.23-31. De cette réunion de prière, nous tirons trois leçons importantes sur la manière dont nous devons mener nos réunions de prière aujourd'hui :

La nature de nos prières

Tout d'abord, nous apprenons la nature de notre prière, ou *comment nous devons prier*. La Bible dit de ces premiers chrétiens « tous, d'un commun accord, élevèrent la voix vers Dieu » (Ac 4.24). Ainsi, leur prière était fervente (« élevèrent la voix vers Dieu ») et elle était unifiée (« tous,

Chapitre 8 : La priorité de la prière

d'un commun accord ». Lorsque nous nous réunissons pour prier, nous devons nous aussi chercher Dieu avec ferveur, et nous devons prier dans l'unité. En outre, nos prières doivent être offertes avec foi (Mc 11.24). Ceux qui ont prié ce jour-là à Jérusalem s'attendaient pleinement à ce que Dieu entende et réponde à leur prière. Et nous devons faire de même aujourd'hui.

Le contenu de nos prières

Ensuite, nous apprenons le contenu de nos prières, ou *ce pour quoi nous devons prier*. Les premiers chrétiens ne concentraient pas leurs prières sur leurs problèmes, même s'ils en avaient beaucoup. Ils ont plutôt concentré leur attention sur la puissance et la grandeur de Dieu (Ac 4.24-25). Et ils ont prié pour que la volonté de Dieu soit faite (v. 26-28). Ils ont ensuite demandé à Dieu de leur donner la force et l'audace de proclamer l'Évangile, même au milieu de la persécution (v. 29-30). En demandant à Dieu « d'étendre sa main », ils lui demandaient d'agir puissamment par son Esprit (cf. Ez 37.1 ; Lu 11.20 ; Mt 12.28 ; Ac 11.21).

Les résultats de nos prières

Enfin, nous apprenons ce à quoi nous pouvons nous attendre lorsque nous prions. Si nous prions comme ces premiers croyants, nous pouvons nous attendre à ce que Dieu fasse connaître sa présence dans nos réunions de prière. La Bible dit : « Quand ils eurent prié, le lieu où ils étaient rassemblés trembla ; ils furent tous remplis de l'Esprit Saint : ils annonçaient la parole de Dieu avec assurance » (Ac 4.31). Si nous prions comme eux, nous pouvons nous attendre à ce que Dieu réponde à nos prières de la même manière qu'il a répondu aux leurs. Nous pouvons nous attendre à ce qu'il nous remplisse du Saint-Esprit et nous rende capables d'être les témoins du Christ auprès des perdus.

Partie 2 : Les priorités du pasteur pentecôtiste

~ Partie 3 ~

Ce que croit le pasteur pentecôtiste

Partie 3 : Ce que croit le pasteur pentecôtiste

~ Chapitre 9 ~

Croire en la Bible

Sur le mur d'entrée du siège d'Africa's Hope à Springfield, dans le Missouri (États-Unis), se trouve une grande carte de l'Afrique. Sur cette carte est superposée l'image d'un homme africain, le bras tendu devant lui. Dans la main de l'homme se trouve une Bible. Il prêche l'Évangile. Cette image représente des milliers de prédicateurs pentecôtistes à travers l'Afrique qui proclament fidèlement la Parole de Dieu à tous ceux qui veulent bien l'entendre. Elle représente également la relation particulière qu'entretient le pasteur pentecôtiste avec sa Bible.

La Bible ne ressemble à aucun autre livre au monde. Bien qu'elle relate fidèlement l'histoire, elle est plus qu'un livre d'histoire. Bien qu'elle enseigne le bon comportement, elle est plus qu'un livre d'éthique. Les philosophes s'émerveillent de la profondeur de ses concepts, mais la Bible est plus qu'un livre de philosophie. La Bible contient les « paroles mêmes de Dieu » (Ro 3.2). Elle révèle l'état de péché de l'humanité, et elle montre le chemin du salut par le Christ. Ce chapitre examine la relation particulière du pasteur pentecôtiste avec la Bible en tant que Parole de Dieu.

COMMENT LE PASTEUR PENTECÔTISTE VOIT LA BIBLE

Les pasteurs pentecôtistes tiennent la Bible en très haute estime. Ils croient qu'elle est le message de Dieu à l'humanité - la Parole éternelle de Dieu. Pour le pasteur pentecôtiste, la Bible est le fondement de tout ministère

Partie 3 : Ce que croit le pasteur pentecôtiste

et de toute pratique. L'article 1 de la « Déclaration de foi de la Fraternité mondiale des Assemblées de Dieu », intitulé « L'inspiration des Écritures », résume la vision de la Bible qu'ont les pasteurs pentecôtistes : « Les Écritures, tant l'Ancien que le Nouveau Testament, sont inspirées verbalement par Dieu et constituent la révélation de Dieu à l'homme, la règle de foi et de conduite infaillible et faisant autorité (2 Ti 3.15-17 ; 1 Th 2.13 ; 2 Pi 1.21). »[1] Pour mieux comprendre le sens de cette déclaration, décomposons-la en quatre parties :

Inspiré verbalement

Premièrement, le pasteur pentecôtiste croit que « les Écritures, tant l'Ancien que le Nouveau Testament, sont inspirées verbalement de Dieu ». Lorsque nous disons que les Écritures sont *inspirées de Dieu,* nous voulons dire que Dieu a souverainement agi sur les prophètes et les apôtres d'autrefois, les guidant surnaturellement pour qu'ils écrivent les pensées et les idées qu'Il a choisies. Paul a affirmé cette vérité lorsqu'il a écrit : « Toute Écriture est inspirée de Dieu » (2 Ti 3.16). Pierre a décrit ce processus surnaturel de manière plus détaillée : « Sachant tout d'abord vous-mêmes qu'aucune prophétie de l'Écriture ne peut être un objet d'interprétation particulière, car ce n'est pas par une volonté d'homme qu'une prophétie a jamais été apportée, mais c'est poussés par le Saint-Esprit que des hommes ont parlé de la part de Dieu » (2 Pi 1.20-21).

Lorsque nous disons que la Bible est *inspirée verbalement* par Dieu, nous voulons dire que l'inspiration divine s'étend aux mots mêmes du texte. Dieu n'a pas seulement inspiré les pensées de l'Écriture, il en a supervisé le processus, choisissant les mots mêmes dans lesquels ces pensées ont été exprimées. Jésus a affirmé cette vérité lorsqu'il a dit : « Il est plus facile que le ciel et la terre passent, qu'il ne l'est qu'un seul trait de lettre de la loi vienne à tomber » (Lu 16.17). L'inspiration verbale signifie donc que chaque mot de l'Écriture est inspiré par le Saint-Esprit. Il est là parce que Dieu l'a voulu.

---

[1] Voir l'annexe 1 : « Déclaration de foi de la Fraternité mondiale des Assemblées de Dieu ».

Chapitre 9 : Croire en la Bible

Parce que la Bible est inspirée, elle est appelée à juste titre la Parole de Dieu. En fait, la Bible se désigne elle-même comme la « Parole de Dieu » ou la « Parole du Seigneur » plus de quarante fois.

La révélation de Dieu

Le pasteur pentecôtiste croit en outre que la Bible est « la révélation de Dieu à l'homme ». Cela signifie que Dieu a révélé sa volonté pour l'humanité à travers les mots de l'Écriture. Il a inspiré la Bible pour que les gens apprennent à le connaître, ainsi que ses œuvres et ses voies. En nous donnant la Bible, Dieu a montré qu'il est un Dieu qui se révèle lui-même. La Bible est la preuve que Dieu veut que tous les hommes et toutes les femmes du monde entier le connaissent et connaissent son plan de salut.

Infaillible

En outre, le pasteur pentecôtiste croit que la Bible est infaillible. Dire que la Bible est infaillible, c'est dire qu'elle est sans erreur. Puisque les mots de l'Écriture sont inspirés par Dieu, ses concepts sont vrais et ses déclarations sont exactes. Le Psalmiste a déclaré : « La parole de l'Éternel est éprouvée » (Ps 18.30). Jésus a affirmé cette vérité lorsqu'il a déclaré : « Le ciel et la terre passeront, mais mes paroles ne passeront jamais » (Mt 24.35).

Il est important que le pasteur pentecôtiste comprenne que lorsque nous disons que la Bible est infaillible, nous ne faisons pas référence à une traduction particulière de la Bible. Nous faisons référence à l'Écriture telle qu'elle apparaît dans ses manuscrits originaux. Les traducteurs de la Bible travaillent dur pour s'assurer qu'ils traduisent correctement le texte. Néanmoins, comme ils sont humains, il est inévitable que des erreurs soient commises. Ces erreurs sont toutefois mineures. Aujourd'hui, nous pouvons être sûrs que nos Bibles reflètent fidèlement les paroles de Dieu telles qu'elles ont été révélées aux auteurs originaux.

La règle de foi et de conduite qui fait autorité

Enfin, le pasteur pentecôtiste croit que la Bible est la « règle de foi et de conduite qui fait autorité » pour le croyant. La Bible dit à l'homme ou à la femme de Dieu ce qu'il doit croire et comment il doit vivre. Parce que la Bible est la Parole de Dieu, elle fait autorité. Cela signifie que ses enseignements doivent être crus et que l'on doit obéir à ses commandements.

Partie 3 : Ce que croit le pasteur pentecôtiste

Le roi David avait compris cette vérité. Il a appelé la Parole de Dieu « une lampe à mes pieds, une lumière sur mon sentier » (Ps 119.105).

COMMENT LE PASTEUR PENTECÔTISTE CONSIDÈRE LA BIBLE

Comment donc le pasteur pentecôtiste doit-il considérer la Bible ? Quelles attitudes et opinions doit-il avoir à l'égard de l'Écriture ? Convaincu que la Bible est bien la Parole de Dieu, le pasteur pentecôtiste devrait aborder la Bible avec trois attitudes :

Une sainte révérence

Parce que les mots de l'Écriture proviennent du cœur d'un Dieu saint, la Bible elle-même est sainte. Et parce que la Bible est sainte, le pasteur pentecôtiste doit la tenir en très haute estime. Il ou elle doit respecter la Parole de Dieu et la traiter avec une sainte révérence. Paul a félicité les chrétiens de Thessalonique pour cette attitude : « Qu'en recevant la parole de Dieu, que nous vous avons fait entendre, vous l'avez reçue, non comme la parole des hommes, mais, ainsi qu'elle l'est véritablement, comme la parole de Dieu » (1 Th 2.13). Parce que le pasteur pentecôtiste révère la Bible comme les paroles mêmes de Dieu, il s'abstiendra de déformer ses enseignements pour tenter de lui faire dire ce qu'il veut qu'elle dise. Pierre prévient que ceux qui agissent ainsi le font « à leur propre perte » (2 Pi 3.16).

Un amour profond

Non seulement le pasteur pentecôtiste doit vénérer la Bible, mais il doit aussi éprouver un amour sincère pour ses enseignements. L'auteur du 119e Psaume fait preuve d'un tel amour pour la Parole de Dieu. Avec 176 versets, ce Psaume est le plus long chapitre de la Bible. Il s'agit d'une longue prière à Dieu.

Dans cette magnifique prière, l'auteur exprime à plusieurs reprises son amour pour la Parole de Dieu. Par exemple, il dit à Dieu : « Je fais mes délices de tes commandements parce que je les aime » (v. 47). Et il rappelle à Dieu l'influence de ses paroles sur sa vie : « Mon âme se consume de désir pour tes lois en tout temps.... Tes statuts font mes délices, ils sont mes conseillers » (v. 20, 24). Comme le Psalmiste, le pasteur pentecôtiste doit cultiver une affection sincère pour la Parole de Dieu.

Chapitre 9 : Croire en la Bible

Une grande confiance

En outre, parce que le pasteur pentecôtiste croit vraiment que la Bible est inspirée par Dieu, il l'aborde avec une grande confiance. Il sait qu'il peut croire ses déclarations, et il peut se fier à ses promesses. Parce que le pasteur pentecôtiste fait pleinement confiance à la Bible, comme Abraham, il est pleinement persuadé que ce que Dieu a promis, il l'accomplira (Ro 4.21).

Non seulement le pasteur pentecôtiste croit que la Bible est vraie, mais il comprend qu'elle est puissante. C'est par la Parole de Dieu que l'univers a été créé (Jn 1.1-3). La Bible dit d'elle-même : « Car la parole de Dieu est vivante et efficace, [elle est] plus tranchante qu'une épée quelconque à deux tranchants » (Hé 4.12). Paul a décrit l'Évangile comme « la puissance de Dieu pour le salut » (Ro 1.16). Ces passages et bien d'autres parlent de la puissance de la Parole de Dieu. Par exemple, s'exprimant par l'intermédiaire du prophète Ésaïe, Dieu a dit de sa Parole : « Comme la pluie et la neige descendent des cieux, et n'y retournent pas sans avoir arrosé, fécondé la terre,... ainsi en est-il de ma parole, qui sort de ma bouche : Elle ne retourne point à moi sans effet, sans avoir exécuté ma volonté et accompli mes desseins » (Es 55.10-11).

De plus, la Bible nous dit que la Parole de Dieu montre le chemin (Ps 119.105), sauve l'âme (Ja 1.21), crée la foi (Ro 10.17), régénère (1 Pi 1.23), sanctifie (Jn 17.17), édifie (Ac 20.32), guérit et sauve (Ps 107.20), purifie (Jn 15.3), prospère (Jos 1.8), crée la joie (Jé 15.16), et bien plus encore. En raison de ces vérités puissantes, le pasteur pentecôtiste a une grande confiance dans la Parole de Dieu.

LES RESPONSABILITÉS DU PASTEUR PENTECÔTISTE À L'ÉGARD DE LA PAROLE DE DIEU

En tant que pasteur pentecôtiste, vous avez certaines responsabilités envers la Parole de Dieu. Voici six de ces responsabilités :

Connaître la Bible

Premièrement, vous devez avoir une large connaissance des Écritures. Rien ne qualifie davantage le pasteur pentecôtiste pour son service qu'une connaissance approfondie de la Bible. Et rien ne le disqualifie plus qu'une connaissance superficielle des Écritures. Vous devez donc vous engager

Partie 3 : Ce que croit le pasteur pentecôtiste

dans une quête perpétuelle de compréhension des Écritures. Vous pouvez le faire de trois manières :

1. La lecture quotidienne. Vous pouvez acquérir une connaissance de la Parole de Dieu par la lecture quotidienne de la Bible. Vous devez donc développer la discipline de la lecture des Écritures.[2] Vous pouvez compléter la Bible en un an en lisant en moyenne quinze minutes par jour. Si vous adoptez cette pratique, jour après jour, votre connaissance de la Bible augmentera.

2. L'étude systématique. Vous pouvez accroître votre connaissance des Écritures par une étude systématique de la Bible. La Bible parle de cette pratique chez les croyants juifs de Bérée. Elle dit : « Ils reçurent la parole avec beaucoup d'empressement, et ils examinaient chaque jour les Écritures, pour voir si ce qu'on leur disait était exact » (Ac 17.11). Vous seriez bien avisés de copier la pratique des Béréens consistant à examiner soigneusement la Parole de Dieu.

Vous voudrez également vous constituer une bibliothèque de référence personnelle pour vous aider dans votre étude des Écritures. Cette bibliothèque devrait comprendre des ouvrages de référence bibliques tels que des concordances, des commentaires et d'autres études bibliques. Elle doit également comprendre une bonne Bible d'étude. Une excellente Bible d'étude pentecôtiste est *La Sainte Bible Esprit et Vie,* publiée par les Life Publishers, Missouri, USA.[3]

Dans la mesure du possible, vous devriez suivre un cours dans une école biblique pentecôtiste. Cela augmentera considérablement votre connaissance des Écritures et vos compétences ministérielles. Les Assemblées de Dieu d'Afrique disposent d'un système étendu d'institutions de formation ministérielle sur tout le continent. Ces institutions comprennent des écoles résidentielles et non résidentielles. On trouve au moins une école biblique des Assemblées de Dieu dans presque tous les pays d'Afrique subsaharienne et du bassin de l'océan Indien. Ces écoles offrent une

---

[2] Pour en savoir plus sur ce sujet, voir le chapitre 15 : « Une forte habitude de dévotion ».
[3] Cette Bible est également connue sous le nom de *Bible d'étude Esprit et Vie.* Elle est populairement connue sous le nom de « *Fire Bible* » et a été publiée dans plus de soixante langues à travers le monde. Pour plus d'informations, voir https://www.firebible.org/.

Chapitre 9 : Croire en la Bible

formation à la fois aux ministres des Assemblées de Dieu et à ceux qui ne le sont pas.[4]

3. La mémorisation. Vous devriez également mémoriser systématiquement les Écritures. Un bon objectif est de mémoriser au moins un nouveau texte ou passage biblique par semaine. En outre, c'est une bonne pratique de mémoriser tout texte ou passage de l'Écriture que vous devez enseigner ou prêcher. Cette pratique vous donnera plus de liberté dans votre prédication. Elle augmentera aussi considérablement votre réserve d'Écritures mémorisées.

Vivre selon ses normes

Deuxièmement, en tant que pasteur pentecôtiste, vous devez vivre selon les normes de la Bible. Il ne suffit pas de savoir ce que la Bible enseigne, vous devez permettre à ses enseignements de façonner votre vie et votre ministère. La Bible exhorte : « Mettez en pratique la parole, et ne vous bornez pas à l'écouter, en vous trompant vous-mêmes par de faux raisonnements » (Ja 1.22 ; cf. Ro 2.13). Avec le Psalmiste, vous devez pouvoir prier honnêtement : « Je choisis la voie de la vérité, Je place tes lois sous mes yeux. Je m'attache à tes préceptes » (Ps 119.30-31).

Dispenser correctement la Parole de la vérité

Troisièmement, en tant que pasteur pentecôtiste, vous devez vous engager à dispenser correctement « la parole de la vérité » (2 Ti 2.15). Parce que vous croyez que la Bible est la Parole éternelle de Dieu à l'humanité, vous devez résister à toute tentation de déformer volontairement les Écritures pour les adapter à vos propres idées. Vous tiendrez plutôt compte de l'avertissement de Pierre à l'égard des « personnes ignorantes et instables » qui déforment les Écritures pour leur propre destruction et celle des autres (2 Pi 3.16). Et vous devez obéir soigneusement au commandement de l'Écriture d'« enseigner ce qui est conforme à la saine doctrine » (Tit 2.1).

Promouvoir fidèlement sa mission

Quatrièmement, vous devez vous engager à comprendre clairement et à faire progresser avec zèle la mission de Dieu telle qu'elle est révélée dans

---

[4] Une liste des écoles bibliques des Assemblées de Dieu en Afrique peut être consultée sur le site https://africaatts.org/fr/.

Partie 3 : Ce que croit le pasteur pentecôtiste

les Écritures. La Bible révèle que Dieu est un Dieu missionnaire et qu'il travaille à l'accomplissement de sa mission sur la terre. Cette mission est parfois appelée *missio Dei*. Dieu est en mission pour racheter et appeler à lui un peuple de toute tribu, de toute langue et de toute nation sur la terre (Ap 5.9).[5]

En tant que véritable pasteur pentecôtiste, vous devez amener votre église à se joindre à Dieu dans cette mission (Mt 24.14). Pour ce faire, vous devez comprendre clairement ce que la Bible enseigne sur la mission de Dieu. Et vous devez vous engager à conduire votre église à faire sa part dans l'accomplissement de cette mission.

Prêcher et enseigner la Parole

Cinquièmement, en tant que pasteur pentecôtiste, vous devez prêcher et enseigner fidèlement la Parole de Dieu à votre peuple. En faisant cela, vous les aiderez à « croître dans la grâce et la connaissance du Seigneur » (2 Pi 3.18). Et vous vous assurerez que le peuple de Dieu est « parfaitement équipé pour toute bonne œuvre » (2 Ti 3.17). C'est l'une des raisons importantes pour lesquelles Paul a exhorté Timothée, son fils dans la foi, « Prêche la parole, insiste en toute occasion, favorable ou non, reprends, censure, exhorte, avec toute douceur et en instruisant » (2 Ti 4.2).

Le pasteur pentecôtiste qui enseigne fidèlement la Parole de Dieu sera récompensé (Mt 24.45-47). Celui qui manque à ce devoir sera sévèrement jugé (Ja 3.1).

Défendre vigoureusement la vérité qu'elle révèle

Enfin, en tant que véritable pasteur pentecôtiste, vous devez être prêt à défendre la vérité révélée dans les Écritures. Comme Paul, vous devez être prêt « à défendre l'Évangile » (Ph 1.16). Selon les mots de l'apôtre, vous devez être « attaché à la vraie parole telle qu'elle a été enseignée, afin d'être capable d'exhorter selon la saine doctrine et de réfuter les contradicteurs » (Tit 1.9).

Dans cette optique, vous devez veiller diligemment sur le troupeau de Dieu afin de protéger les saints des faux enseignants et des faux

---

[5] Pour en savoir plus sur la mission de Dieu, voir le manuel de la Série Découverte d'Africa's Hope, *Une théologie biblique des missions,* de Paul York.

Chapitre 9 : Croire en la Bible

enseignements (Ac 20.28-31). Vous pouvez le faire en enseignant fidèlement la saine doctrine biblique à l'église. Et vous pouvez protéger le troupeau en exposant et en vous opposant à toute déviation de la vérité de la Parole de Dieu.[6]

Le pasteur pentecôtiste doit être connu comme un homme ou une femme du Livre. Ils doivent être persuadés que la Bible est inspirée par Dieu. De ce fait, il doit chérir la Bible et la tenir en très haute estime. Il doit connaître la Parole de Dieu et s'efforcer d'enseigner et de prêcher ses préceptes au peuple de Dieu.

---

[6] Pour en savoir plus sur la protection du troupeau, voir le chapitre 27 : « Garder le troupeau ».

Partie 3 : Ce que croit le pasteur pentecôtiste

~ Chapitre 10 ~

Défendre la vérité pentecôtiste

Chaque pasteur pentecôtiste en Afrique doit défendre fidèlement la vérité pentecôtiste dans l'église qu'il dirige. Pour ce faire, il doit comprendre clairement les vérités bibliques qui définissent le pentecôtisme en tant que mouvement. Et ils doivent être capables de défendre ces vérités.

L'enjeu va au-delà de la simple capacité à remporter un débat théologique. Il s'agit de l'accomplissement réussi de la Grande Commission. La façon dont on considère l'œuvre du Saint-Esprit dans la vie des croyants aura une incidence profonde sur la manière dont on cherche à accomplir le commandement du Christ de faire de toutes les nations des disciples (Mt 28.18-20). Sans une compréhension claire de l'œuvre du Saint-Esprit pour revêtir les croyants de puissance, l'accomplissement de la Grande Commission sera impossible.

Imaginez une paire de ciseaux dont l'une des lames manque. Quelle que soit la finesse de la lame, elle est inutile en soi. Cependant, lorsque les deux lames sont réunies, les ciseaux deviennent un outil précieux. Il en va de même pour l'enseignement biblique sur l'œuvre du Saint-Esprit. Si l'on ne met l'accent que sur l'œuvre régénératrice du Saint-Esprit (telle qu'elle est décrite dans les lettres de Paul), à l'exclusion de son œuvre d'habilitation (telle qu'elle est décrite dans les Actes des Apôtres), l'activité de l'Esprit dans la vie des croyants est diminuée et l'œuvre du royaume est compromise. Cependant, lorsque les deux concepts sont réunis, une compréhension plus

Partie 3 : Ce que croit le pasteur pentecôtiste

complète de l'œuvre de l'Esprit émerge. En conséquence, le peuple de Dieu fait l'expérience de l'Esprit de Dieu comme Il l'a voulu. Et ils sont en mesure de faire progresser plus efficacement le royaume de Dieu sur la terre.

Ce chapitre traite de la responsabilité du pasteur pentecôtiste de faire respecter la vérité pentecôtiste dans l'église. Par vérité pentecôtiste, nous entendons les doctrines et pratiques bibliques sur lesquelles les érudits pentecôtistes mettent l'accent de manière unique. Ces vérités concernent la personne et l'œuvre de l'Esprit dans la vie des croyants.

Si le mouvement pentecôtiste en Afrique veut conserver sa ferveur évangélique et missionnaire, les pasteurs pentecôtistes doivent promouvoir fidèlement la doctrine et la pratique pentecôtistes dans leurs églises. S'ils échouent dans cet effort, le mouvement va sûrement vaciller et s'affaiblir, comme l'ont fait d'autres mouvements auparavant. Leurs églises peuvent conserver les signes extérieurs du pentecôtisme, mais elles finiront par perdre leur vitalité spirituelle et leur zèle missionnaire. Elles deviendront encore une autre église historique avec un passé noble mais un présent impuissant (2 Ti 3.5).

COMPRENDRE LA FONDATION

Les érudits pentecôtistes considèrent l'ensemble des Écritures comme le fondement de leurs enseignements. Cependant, leur principale source pour comprendre l'œuvre habilitante du Saint-Esprit est le livre des Actes du Nouveau Testament. Dans ce livre, ils trouvent l'inspiration et la compréhension de la manière dont le Saint-Esprit remplit, habilite et utilise les gens pour le service du royaume.

La position théologique qui distingue les érudits pentecôtistes des érudits non pentecôtistes est la façon dont chacun aborde le livre des Actes. Les non-Pentecôtistes lisent les Actes comme une histoire sacrée. Pour eux, le livre raconte l'histoire divinement inspirée de la façon dont l'Église a commencé dans la Jérusalem du premier siècle et s'est ensuite répandue dans l'Empire romain. En d'autres termes, pour les non-Pentecôtistes, le livre des Actes est considéré comme une simple histoire, relatant ce qui s'est passé *au* premier siècle.

Les Pentecôtistes, cependant, voient les Actes de manière très différente. Ils sont d'accord avec les autres évangéliques pour dire que le livre raconte fidèlement l'histoire de l'Église primitive. Cependant, ils

Chapitre 10 : Défendre la vérité pentecôtiste

considèrent que ce livre est plus qu'une histoire sacrée. Les Pentecôtistes pensent que Luc a écrit le livre des Actes pour fournir à l'Église un modèle durable de la manière dont elle doit se comporter jusqu'au retour du Christ. Les Actes nous fournissent donc un exemple durable de la manière dont les chrétiens doivent vivre et exercer leur ministère *ici et maintenant*. Les Actes des Apôtres nous apprennent que l'Église existe pour témoigner du Christ, sous l'impulsion de l'Esprit, chez elle et jusqu'aux extrémités de la terre (Ac 1.8).

Le livre des Actes des Apôtres raconte ensuite comment les premiers disciples du Christ ont été baptisés dans le Saint-Esprit et comment cette expérience a radicalement transformé leur vie et leur ministère. Il dépeint l'Église comme accomplissant sa mission dans la puissance du Saint-Esprit, suivie de signes miraculeux (5.12-16 ; 6.8 ; 15.12). Dans les Actes des Apôtres, l'Esprit appelle, donne des pouvoirs et envoie les serviteurs du Christ vers les nations pour proclamer avec audace le message du salut. Alors qu'ils obéissent, l'Esprit les dirige stratégiquement sur leur chemin. Leur travail missionnaire est accompagné de puissantes effusions de l'Esprit Saint (2.4 ; 4.31).

L'activité missionnaire du Saint-Esprit dans les Actes fournit donc au pasteur pentecôtiste une image claire de ce à quoi une église pentecôtiste devrait ressembler aujourd'hui.

PROMOUVOIR LES « CARACTÉRISTIQUES DISTINCTIVES » DU PENTECÔTISME

Les Pentecôtistes soutiennent en outre que le livre des Actes des Apôtres fournit à l'Église un modèle durable de la manière dont on reçoit le Saint-Esprit. L'expérience du baptême de l'Esprit est reçue après la nouvelle naissance. Et sa réception s'accompagne du signe missionnaire du parler en langues, selon la volonté de l'Esprit. Passons brièvement en revue ces doctrines pentecôtistes distinctives.

Partie 3 : Ce que croit le pasteur pentecôtiste

La doctrine de la subséquence

La doctrine de la subséquence soutient que le baptême du Saint-Esprit est une expérience « distincte et postérieure à la nouvelle naissance ».[1] Les non-Pentecôtistes considèrent la régénération et le baptême du Saint-Esprit comme deux parties de l'expérience unique du salut. Les Pentecôtistes, en revanche, les considèrent comme des expériences distinctes et séparées. Les Pentecôtistes soulignent comment cette vérité est clairement démontrée à trois reprises dans le livre des Actes :

1. Ils ont reçu l'Esprit en Samarie (Ac 8.4-17). Dans cette histoire, Philippe est descendu en Samarie et leur a prêché le Christ. Les gens ont écouté attentivement ses paroles, ont cru au message, ont été délivrés de l'emprise des démons, ont éprouvé une grande joie et ont été baptisés dans l'eau (v. 5-8, 12). Cependant, ce n'est que lorsque Pierre et Jean sont arrivés quelques jours plus tard et leur ont imposé les mains qu'ils ont reçu le Saint-Esprit (v. 14-17).

2. Saul (Paul) reçoit l'Esprit (Ac 9.1-19). Saul a rencontré Jésus sur le chemin de Damas. À ce moment-là, il a cru en Jésus et l'a appelé deux fois « Seigneur » (v. 5 ; 22.8-10). Il écrira plus tard : « Nul ne peut dire : Jésus est le Seigneur ! si ce n'est par le Saint-Esprit » (1 Co 12.3). Saul s'est immédiatement soumis au Christ et a obéi à l'ordre de son nouveau Seigneur d'aller dans la ville (v. 6-9). Là, il a rencontré Ananias, qui l'a appelé « frère Saul » (v. 17 ; 22.13). Trois jours plus tard, lorsqu'Ananias lui a imposé les mains, Saul a reçu le Saint-Esprit (v. 17-18).

3. Douze disciples éphésiens reçoivent l'Esprit (Ac 19.1-7). Ces hommes étaient probablement des membres de l'église naissante d'Éphèse (18.27). Le texte les appelle « disciples » (19.1). Ils avaient cru au message de Jean Baptiste concernant le Seigneur Jésus, et ils avaient mis leur foi en Christ pour le salut. Paul les a donc baptisés dans l'eau (19.5). C'est après tout cela que « lorsque Paul leur eut imposé les mains, le Saint-Esprit vint sur eux, et ils parlaient en langues et prophétisaient » (19.6).

Dans les trois cas, il y avait une période de temps claire entre la conversion de ces gens et leur baptême du Saint-Esprit. De plus, l'objectif

---

[1] Extrait de la Déclaration de foi de la Fraternité mondiale des Assemblées de Dieu, déclaration 9 : « Le baptême dans le Saint-Esprit » (voir annexe 2).

Chapitre 10 : Défendre la vérité pentecôtiste

habilitant du baptême de l'Esprit exige logiquement que l'expérience soit distincte et postérieure à la nouvelle naissance (Ac 1.8).

La doctrine de l'évidence des langues

Les Pentecôtistes enseignent en outre que le baptême du Saint-Esprit « est reçu par la foi et s'accompagne de la manifestation du parler en langues, l'Esprit donnant la parole en langue comme preuve initiale ».[2] Comme pour la doctrine de la subséquence, les Pentecôtistes tirent leur doctrine du parler en langues probant d'une étude inductive du livre des Actes.

Cinq fois, le livre raconte que des personnes ont été initialement remplies du Saint-Esprit, ou baptisées dans celui-ci. À trois de ces occasions, le texte indique explicitement que ceux qui ont reçu l'Esprit ont parlé en langues à la suite de leur remplissage par l'Esprit. La première fois, le jour de la Pentecôte, environ 120 disciples « furent remplis du Saint-Esprit et se mirent à parler en d'autres langues, selon que l'Esprit leur donnait de s'exprimer » (Ac 2.4). Le deuxième cas s'est produit dans la maison de Corneille, dans la ville côtière de Césarée. La Bible dit que les personnes présentes « s'étonnaient que le don du Saint-Esprit ait été répandu même sur des païens. Car ils les entendaient parler en langues et louer Dieu » (10.45-46). Le troisième exemple a eu lieu dans la ville d'Éphèse, où Paul a rencontré douze disciples. La Bible dit : « Lorsque Paul leur eut imposé les mains, le Saint-Esprit vint sur eux, et ils parlaient en langues et prophétisaient » (19.6).

Dans les deux autres cas où des personnes ont été initialement remplies du Saint-Esprit dans les Actes, le texte implique fortement que les bénéficiaires du don ont parlé en langues. Dans le premier cas, les nouveaux croyants de Samarie ont reçu l'Esprit lorsque les apôtres, Pierre et Jean, leur ont imposé les mains (Ac 8.17). Bien que Luc ne dise pas explicitement qu'ils ont parlé en langues, le texte révèle que quelque chose de très spectaculaire et convaincant s'est produit. Simon le sorcier était si impressionné qu'il voulait acheter ce don. Les érudits de la Bible s'accordent à dire que le signe que Simon a vu était le fait que ces nouveaux croyants

---

[2] Extrait de la Déclaration de foi de la Fraternité mondiale des Assemblées de Dieu, déclaration 9 : « Le baptême dans le Saint-Esprit » (voir annexe 2).

Partie 3 : Ce que croit le pasteur pentecôtiste

parlaient en langues, puisque c'est le seul signe de réception de l'Esprit mentionné ailleurs dans les Actes.

Le dernier exemple de personne initialement remplie de l'Esprit dans les Actes est celui d'un disciple nommé Ananias qui a imposé les mains à Saul de Tarse et a prié avec lui pour qu'il soit rempli de l'Esprit (Ac 9.17-18). Bien que le texte n'indique pas que Saul ait parlé en langues à ce moment-là, Paul a témoigné plus tard qu'il priait souvent en langues (1 Co 14.18). Il est probable qu'il ait commencé à parler en langues à cette occasion.

Pour ces raisons et d'autres encore, les érudits pentecôtistes insistent sur le fait que toute personne cherchant à recevoir la puissance du Saint-Esprit doit s'attendre à parler en langues lorsqu'elle est initialement remplie.

PROCLAMER LE « PLEIN ÉVANGILE »

Un moyen efficace pour un pasteur pentecôtiste de promouvoir la vérité pentecôtiste dans son église est de mettre constamment l'accent sur le « Plein Évangile » dans son enseignement et sa prédication. Le terme « Plein Évangile » fait référence à un concept théologique adopté par les premiers Pentecôtistes. Ce concept est également connu sous le nom de « Quadruple Évangile » ou « Évangile aux quatre angles ». Les premiers dirigeants pentecôtistes l'ont développé pour aider à mettre en valeur ce qu'ils croyaient être le message central de l'Église.

Les quatre piliers du Plein Évangile se résument en quatre déclarations concises : Jésus sauve ; Jésus guérit ; Jésus baptise dans le Saint-Esprit ; et Jésus revient. Les premiers Pentecôtistes estimaient que ces quatre doctrines clés étaient négligées par les églises et qu'il fallait les mettre en valeur. La grande force de ce modèle est qu'il maintient Jésus au centre de notre prédication et de notre enseignement. En ces temps où de nombreuses églises pentecôtistes d'Afrique semblent s'être égarées, il serait bon que les Pentecôtistes reviennent à ces quatre points forts :

Jésus sauve

Le premier pilier du Plein Évangile est la vérité que Jésus sauve. Lui seul est le Fils de Dieu et le Sauveur du monde (Jn 20.31 ; 1 Jn 4.14). Les Pentecôtistes croient donc que le seul espoir de salut de l'humanité passe par le sang versé de Jésus sur la croix (Ac 4.12 ; Co 1.20). Tout vrai pasteur

Chapitre 10 : Défendre la vérité pentecôtiste

pentecôtiste prêchera souvent sur la croix du Christ, appelant les gens à « se repentir et à croire à la bonne nouvelle ! » (Mc 1.15).

Jésus guérit

Le deuxième pilier du Plein Évangile est la vérité que Jésus guérit. Les Pentecôtistes estiment que la promesse de guérison divine est au cœur de l'Évangile. Ils croient que le salut du péché et la délivrance de la maladie sont tous deux pourvus dans l'expiation. La guérison est donc le privilège de tous les croyants (Es 53.4-5 ; Mt 8.16-17). C'est pourquoi ils proclament hardiment : « Jésus-Christ est le même hier, aujourd'hui et éternellement » (Hé 13.8). Tout comme il a sauvé et guéri les gens dans la Bible, il sauve et guérit les gens aujourd'hui.

Jésus baptise dans le Saint-Esprit

Le troisième pilier du Plein Évangile est la vérité selon laquelle Jésus baptise les croyants dans le Saint-Esprit, leur donnant le pouvoir d'être ses témoins auprès des perdus (Ac 1.8). Les Pentecôtistes proclament hardiment que tous les croyants ont le droit et doivent chercher ardemment à être baptisés dans le Saint-Esprit, conformément au commandement du Christ (v. 4-5 ; cf. Lu 24.49).

Comme nous l'avons vu plus haut, cette expérience est distincte de la nouvelle naissance, et elle est confirmée par l'évidence physique initiale du parler en langues lorsque l'Esprit de Dieu donne la parole (Ac 2.4). Chaque pasteur pentecôtiste devrait prêcher souvent sur le baptême du Saint-Esprit. Et il devrait prier avec ses fidèles pour qu'ils soient remplis.[3]

Jésus revient

Le quatrième pilier du Plein Évangile est la vérité que Jésus revient. Jésus a promis qu'il reviendrait du ciel pour emmener les siens auprès de Lui (Jn 14.3). À sa venue, les morts en Christ seront d'abord ressuscités. Ensuite, ceux qui seront encore en vie seront enlevés avec eux pour rencontrer le Seigneur (1 Th 4.16-17 ; 1 Co 15.51-52). C'est la bienheureuse espérance de l'Église (Tit 2.13).

---

[3] Pour plus d'informations sur la façon de prier avec les croyants pour qu'ils soient remplis de l'Esprit, voir le chapitre 20 : « Guider les croyants dans le baptême de l'Esprit ».

Partie 3 : Ce que croit le pasteur pentecôtiste

Ceux qui connaissent le Christ comme leur Sauveur, et qui mènent une vie d'obéissance fidèle, reçoivent le message de la venue du Christ avec joie. En revanche, ceux qui rejettent le Christ le reçoivent avec effroi. Le pasteur pentecôtiste doit déclarer avec audace le message de la venue du Christ à tous, en les appelant à renoncer à tout péché et à toute mondanité et à mener une vie de sainteté. Le fait de savoir que le Christ vient bientôt incite les chrétiens pentecôtistes à travailler pour que les personnes perdues viennent au Christ.

MINISTÈRE PENTECÔTISTE

Le pasteur pentecôtiste avisé comprend que la vie et le ministère pentecôtistes découlent naturellement d'une adhésion ferme à la vérité pentecôtiste. Il ou elle comprend que la confiance du peuple ne doit jamais « reposer sur la sagesse humaine, mais sur la puissance de Dieu » (1 Co 2.4-5). Une croyance juste doit conduire à une expérience juste, et une croyance et une expérience justes doivent conduire à une pratique juste. Examinons cinq exemples de vie et de ministère pentecôtistes qui émergent d'une adhésion à la vérité pentecôtiste :

Vivre selon l'Esprit

Une vie remplie de l'Esprit est le résultat naturel de l'adhésion à la vérité pentecôtiste. Lorsque vous prêchez et priez pour que votre peuple soit rempli de l'Esprit, l'Esprit de Dieu commencera à agir puissamment dans leur vie. Il commencera à les façonner pour en faire des ouvriers efficaces pour le Christ. Vous devez alors tirer le meilleur parti de cette situation en guidant les gens dans la marche vers la plénitude de l'Esprit.[4]

Prière dirigée par l'Esprit

Prêcher et enseigner la vérité pentecôtiste du haut de la chaire conduira à une prière dirigée par l'Esprit dans l'église. En conduisant vos membres à la vie remplie de l'Esprit et en leur apprenant à prier dans l'Esprit, leurs habitudes de prière changeront. Ils commenceront à prier des prières

---

[4] Le livre, *Expérimenter l'Esprit : Une étude sur l'œuvre du Saint-Esprit dans la vie du croyant,* de Denzil R. Miller, peut être téléchargé gratuitement sur le site DecadeofPentecost.org.

Chapitre 10 : Défendre la vérité pentecôtiste

puissantes, dirigées par l'Esprit. Paul a parlé d'une telle prière en Romains 8.26-27 (cf. 1 Co 14.14-15 ; Ep 6.18).[5]

Témoignage puissant

Jésus a promis : « Mais vous recevrez une puissance, le Saint-Esprit survenant sur vous, et vous serez mes témoins » (Ac 1.8). Lorsque les gens seront remplis de l'Esprit et dirigés vers la moisson, ils commenceront à témoigner avec plus de zèle et de puissance que jamais auparavant. Là encore, vous devez tirer le meilleur parti de la situation en dirigeant les gens vers le témoignage, l'implantation d'églises et d'autres activités d'évangélisation.

Dons spirituels

L'enseignement fidèle de la vérité pentecôtiste dans l'église encouragera également la manifestation des dons spirituels. En tant que pasteur pentecôtiste, vous devriez encourager cette pratique dans l'église en enseignant sur ce sujet.[6] En outre, vous devriez prévoir du temps pour la manifestation des dons lors des réunions d'église. Vous pouvez promouvoir davantage l'opération des dons spirituels en permettant à l'Esprit de travailler en vous et à travers vous. L'opération des dons spirituels dans l'église aura pour résultat que plus de personnes seront sauvées, guéries et remplies de l'Esprit.

Vision missionnaire

Enfin, en enseignant fidèlement la vérité pentecôtiste à votre peuple, une vision missionnaire sera créée dans l'église. Lorsque les membres de l'église seront remplis de l'Esprit et qu'on leur enseignera leur responsabilité de faire des disciples de toutes les nations, leur cœur s'enflammera d'une passion pour le salut des gens partout dans le monde. Vous devez ensuite promouvoir cette vision en développant un programme missionnaire solide dans l'église.[7]

---

[5] Pour en savoir plus sur la façon d'enseigner aux membres de l'église comment prier, voir le chapitre 8 : « La priorité de la prière ».
[6] Voir l'annexe 2 : « Les dons de manifestation de 1 Corinthiens 12.8-10 ».
[7] Pour plus d'informations sur ce sujet, voir le chapitre 40 : « Développer un programme missionnaire pour l'église locale ».

Partie 3 : Ce que croit le pasteur pentecôtiste

L'Église pentecôtiste d'aujourd'hui considère l'église du livre des Actes comme son modèle de ministère et de pratique de l'Esprit. Elle s'inspire du grand zèle missionnaire de la première Église et en tire une stratégie puissante pour atteindre les perdus avec l'Évangile. En ces derniers jours avant le retour de Jésus, les pasteurs pentecôtistes doivent être véritablement pentecôtistes dans leur croyance, leur expérience et leur pratique. Et ils doivent apprendre à leurs collaborateurs à faire de même.

~ Chapitre 11 ~

Promouvoir l'expérience et la pratique pentecôtistes

Un pasteur pentecôtiste avisé a fait remarquer un jour : « C'est une chose d'être un prédicateur pentecôtiste, c'en est une autre d'être un prédicateur de la Pentecôte. » Le point important que le pasteur soulevait est qu'un prédicateur peut être pentecôtiste de nom sans l'être en pratique. Un pasteur peut sincèrement s'identifier à une dénomination pentecôtiste tout en faisant fi de l'expérience et de la pratique pentecôtistes. Cependant, un vrai pasteur pentecôtiste promouvra fidèlement l'expérience et la pratique pentecôtistes dans l'église qu'il dirige.

Dans le dernier chapitre, nous avons examiné le devoir du pasteur pentecôtiste de défendre la vérité pentecôtiste. Dans ce chapitre, nous aborderons son obligation de promouvoir l'expérience et la pratique pentecôtistes.

FAVORISER L'EXPÉRIENCE PENTECÔTISTE

Les Pentecôtistes soutiennent universellement que, si croire en Dieu est essentiel, cela ne suffit pas. Ils citent souvent les paroles de Jacques : « Vous croyez qu'il y a un seul Dieu. Tant mieux ! Même les démons le croient et frémissent » (Ja 2.19).

Partie 3 : Ce que croit le pasteur pentecôtiste

Les Pentecôtistes enseignent que, au-delà de la simple croyance en Dieu, il faut entretenir une relation personnelle avec Lui. Cette relation est établie et maintenue par des expériences personnelles avec Dieu. Trois de ces expériences essentielles sont la nouvelle naissance, le baptême de l'Esprit et la communion quotidienne avec le Christ. Examinons de plus près chacune de ces trois expériences et comment, en tant que pasteur pentecôtiste, vous devez promouvoir ces expériences dans l'église que le Christ vous a désigné pour diriger :

Nouvelle naissance

Premièrement, vous devez insister sur la nécessité de naître de nouveau dans votre prédication et votre enseignement. Vous devez exiger que chaque membre de l'église soit vraiment né d'en haut. Et vous devez vous assurer que chaque personne qui fréquente votre église est mise au défi de recevoir le Christ comme Sauveur. C'est ce que Jésus a fait avec Nicodème. Il a lancé au chef religieux le défi suivant : « Il faut que tu naisses de nouveau » (Jn 3.7). Ces paroles de Jésus devraient être fréquemment sur vos lèvres lorsque vous enseignez et prêchez.

Naître de nouveau, c'est être « né de Dieu » (Jn 1.13 ; cf. 3.5, 8). Une personne est née de Dieu lorsqu'elle vient humblement au Christ, le reconnaît comme Seigneur et Sauveur, se repent de ses péchés et place sa confiance totale en Lui pour le pardon et la purification. À ce moment-là, une conversion spirituelle qui change la vie se produit. Le Christ entre dans leur vie, et le Saint-Esprit les transforme de l'intérieur. Paul a écrit : « Si quelqu'un est en Christ, il est une nouvelle créature. Les choses anciennes sont passées ; voici, toutes choses sont devenues nouvelles » (2 Co 5.17).

Baptême de l'Esprit

En plus de conduire les gens à la nouvelle naissance, en tant que pasteur pentecôtiste fidèle, vous devez mettre au défi tous ceux qui reçoivent le Christ comme Sauveur d'être immédiatement baptisés du Saint-Esprit. C'était la pratique de l'Église primitive. Lorsque les apôtres à Jérusalem ont entendu que des gens étaient sauvés en Samarie, ils ont immédiatement envoyé Pierre et Jean prier avec eux pour qu'ils reçoivent le Saint-Esprit (Ac 8.14-17). Des années plus tard, lorsque Paul est arrivé à Éphèse, la première question qu'il a posée aux disciples était : « Avez-vous reçu le Saint-Esprit lorsque vous avez cru ? » (19.2). Lorsque l'apôtre découvrit qu'ils n'avaient

Chapitre 11 : Promouvoir l'expérience et la pratique pentecôtistes

pas reçu l'Esprit, il leur imposa immédiatement les mains, et « le Saint-Esprit vint sur eux, et ils parlaient en langues et prophétisaient » (v. 6).

En tant que pasteur pentecôtiste, vous devez suivre l'exemple des apôtres et vous efforcer de faire en sorte que chaque nouveau chrétien soit immédiatement baptisé du Saint-Esprit. Vous devez en outre vous assurer que toute personne qui reçoit l'Esprit comprend clairement pourquoi Dieu baptise les croyants du Saint-Esprit. Il leur donne son Esprit pour les habiliter en tant que témoins du Christ (Ac 1.8). Vous voudrez donc mettre au défi les croyants nouvellement baptisés de l'Esprit de partager hardiment le Christ avec leur famille et leurs amis.

Pour développer une église missionnaire véritablement dotée de l'Esprit, vous devrez prêcher et enseigner souvent sur la nécessité pour chaque croyant d'être baptisé du Saint-Esprit. Votre enseignement sur le baptême de l'Esprit doit répondre clairement à trois questions : (1) Qu'est-ce que le baptême du Saint-Esprit ? (2) Pourquoi chaque croyant doit-il être baptisé du Saint-Esprit ? et (3) Comment une personne peut-elle recevoir le Saint-Esprit ?[1]

En outre, vous devrez fournir à ceux qui participent aux réunions de l'église, de fréquentes occasions d'être remplis, ou remplis à nouveau, du Saint-Esprit. Cela signifie que vous devrez faire de la place dans les réunions d'église pour que les croyants cherchent Dieu et lui demandent le Saint-Esprit (cf. Lu 11.13). En outre, vous devrez cultiver soigneusement une atmosphère dans les réunions de l'église, où les gens peuvent facilement recevoir l'Esprit. Une telle atmosphère comprendra la présence manifeste de Dieu et un sentiment de foi attendue dans le cœur du peuple de Dieu.[2]

Communion quotidienne

Enfin, vous devez vous assurer que les membres de votre église vivent en communion quotidienne avec le Christ. Jésus a appelé cette pratique

---

[1] Pour un schéma de sermon sur ce sujet, voir le livre, *Proclamer la Pentecôte: 100 plans de prédication sur la puissance du Saint-Esprit,* sermon 2 : « Le baptême du Saint-Esprit ». Ce livre est disponible en format e-book (PDF) sur le site DecadeofPentecost.org.

[2] Pour plus d'informations sur la préparation des croyants à recevoir le Saint-Esprit, voir le livre, *Se mobiliser pour la mission,* de Denzil R. Miller, chapitre 7 : « Comment prêcher sur le baptême du Saint-Esprit ». Il peut être téléchargé gratuitement sur le site DecadeofPentecost.org.

Partie 3 : Ce que croit le pasteur pentecôtiste

« demeurer, ou rester, en Christ » (Jn 15.4-7). Paul a appelé cela marcher « selon l'Esprit » (Ga 5.25). Vous devez donc enseigner aux gens qu'il ne suffit pas de naître de nouveau, ni même d'être rempli de l'Esprit. Les chrétiens doivent s'engager à vivre en communion ininterrompue avec le Christ par le Saint-Esprit (cf. Jn 14.16-18, 23 ; 1 Jn 1.3).

Par la parole et l'exemple, vous devez enseigner au peuple de Dieu comment faire ce qui suit :

- Marchez « au rythme de l'Esprit » (Ga 5.25).
- « Vivre selon l'Esprit » en « s'affectionnant aux choses de l'Esprit » (Ro 8.5-6).
- Accueillir l'Esprit de Dieu pour qu'il marche avec eux comme leur avocat, leur aide et leur consolateur (Jn 14.16).
- « Priez dans l'Esprit en toute occasion, avec toutes sortes de prières et de demandes » (Ep 6.18 ; cf. Ro 8.26 ; Jud 20).
- Comptez sur le Saint-Esprit pour éclairer leur esprit et toucher leur cœur lorsqu'ils méditent les Écritures (Jn 16.13).
- Cultivez le fruit de l'Esprit dans leur vie (Ga 5.22-23).

Pour atteindre ces objectifs, vous devrez enseigner avec diligence au peuple de Dieu ce que les Écritures disent de la vie animée par l'Esprit. Vous devrez également modeler ces pratiques dans votre propre vie et votre ministère.

PROMOUVOIR LA PRATIQUE PENTECÔTISTE

En plus de conduire le peuple de Dieu à l'expérience pentecôtiste, vous devez, en tant que pasteur pentecôtiste, le conduire à une pratique pentecôtiste authentique. Pour ce faire, vous devez vous engager à promouvoir dix pratiques pentecôtistes fondamentales dans votre église :

Proclamation ointe

Premièrement, en tant que pasteur pentecôtiste, vous devez vous engager à la proclamation ointe de la Parole de Dieu. L'onction est la présence manifeste de Dieu qui vient se poser sur un disciple rempli de l'Esprit, lui permettant d'exercer son ministère avec plus de puissance et d'efficacité. En recherchant l'onction, vous suivrez l'exemple de Jésus et des apôtres. Jésus a dit de sa propre prédication : « L'Esprit du Seigneur est sur moi, parce qu'il m'a oint pour annoncer une bonne nouvelle » (Lu 4.18).

Chapitre 11 : Promouvoir l'expérience et la pratique pentecôtistes

Les apôtres ont également prêché sous l'onction du Saint-Esprit (Ac 2.14-18 ; 4.8 ; 13.8-12).

Vous pouvez vous assurer de l'onction de l'Esprit en l'invitant à venir sur vous lorsque vous exercez le ministère de la Parole de Dieu. Ensuite, quand il viendra, vous devrez répondre dans la foi en proclamant hardiment la Parole de Dieu (Ac 4.31). Jésus a promis de confirmer la proclamation ointe de la Parole par des signes miraculeux (Mc 16.15-18).

Prière pour les malades

Deuxièmement, en tant que pasteur pentecôtiste authentique, vous devez vous engager à prier pour les malades et les affligés, en croyant à la guérison divine de Dieu. Jésus a envoyé ses douze disciples avec l'ordre suivant : « Guérissez les malades, ressuscitez les morts, purifiez les lépreux, chassez les démons. Vous avez reçu gratuitement, donnez gratuitement » (Mt 10.8). Jacques a donné l'instruction suivante aux responsables de l'église : « Quelqu'un parmi vous est-il malade? Qu'il appelle les anciens de l'Église, et que les anciens prient pour lui, en l'oignant d'huile au nom du Seigneur ; la prière de la foi sauvera le malade, et le Seigneur le relèvera » (Ja 5.14-15).[3]

Implication dans les missions

Troisièmement, en tant que véritable pasteur pentecôtiste, vous devez veiller à ce que les missions restent en tête de l'agenda de votre église. Un engagement enthousiaste dans les missions est au cœur de ce que signifie être véritablement pentecôtiste. Jésus a associé la Pentecôte aux missions lorsqu'il a dit à ses disciples : « Mais vous recevrez une puissance, le Saint-Esprit survenant sur vous, et vous serez mes témoins à Jérusalem, dans toute la Judée, dans la Samarie, et jusqu'aux extrémités de la terre » (Ac 1.8). Une église ne peut légitimement se dire pentecôtiste tout en évitant les missions. En tant que pasteur pentecôtiste, vous êtes donc tenu d'établir un programme missionnaire actif dans l'église.

Pour ce faire, vous devrez prêcher et enseigner souvent sur la mission de Dieu. La mission de Dieu est son plan pour racheter et appeler à lui un

---

[3] Pour plus d'informations sur ce sujet, voir le livre, *Le ministère de puissance: Un manuel pour les prédicateurs pentecôtistes*, de Denzil R. Miller, chapitre 11 : « Guérir les malades ».

Partie 3 : Ce que croit le pasteur pentecôtiste

peuple de toute langue, tribu et nation sur la terre avant le retour de Jésus (cf. Mt 24.14 ; Ap 5.9). Vous devez vous assurer que chaque membre de l'église comprend son obligation de participer à l'accomplissement de la mission de Dieu.

Vous devrez également créer des occasions pour les membres de l'église de s'impliquer personnellement dans les missions. Vous pouvez le faire en conduisant les gens dans des voyages missionnaires à court terme, des croisades en plein air, de l'évangélisation de rue et d'autres actions similaires. En outre, vous voudrez planifier des événements fréquents de sensibilisation aux missions où les membres sont mis au défi de s'engager financièrement dans le programme de missions de l'église. Chaque église pentecôtiste devrait choisir des missionnaires à soutenir par ses finances et ses prières.[4]

L'appel de Dieu

Quatrièmement, en tant que pasteur pentecôtiste, vous devez mettre l'accent sur l'appel de Dieu au ministère. L'appel de Dieu est le fait qu'il choisit et appelle des personnes à lui et à ses desseins. Jésus, qui a lui-même été envoyé par Dieu, appelle et envoie maintenant d'autres personnes dans la moisson (Mt 4.19 ; Jn 20.21). Il a dit à ses disciples : « Ce n'est pas vous qui m'avez choisi, mais c'est moi qui vous ai choisis et établis afin que vous alliez et portiez du fruit » (Jn 15.16).

Pour que l'Église pentecôtiste puisse se développer continuellement (comme Dieu le veut), elle doit disposer d'une réserve constante de nouveaux planteurs d'églises, pasteurs, missionnaires, évangélistes et autres ministres de l'Évangile à plein temps. Ces personnes doivent venir de nos églises pentecôtistes. Par conséquent, vous devez encourager votre peuple à écouter l'appel de Dieu. Et lorsqu'Il parle, comme le prophète d'autrefois, ils doivent répondre : « Me voici, envoie-moi ! » (Es 6.8).

Le combat spirituel

Cinquièmement, en tant que pasteur pentecôtiste en Afrique, vous devez être prêt à vous engager dans le combat spirituel. Vous devez à tout moment être prêt à affronter et à vaincre les puissances démoniaques lorsqu'elles se

---

[4] Pour plus d'informations sur ce sujet, voir le chapitre 40 : « Développer un programme missionnaire pour l'église locale ».

Chapitre 11 : Promouvoir l'expérience et la pratique pentecôtistes

manifestent. C'est ce que Jésus et les apôtres ont fait (Mc 1.21-28 ; Ac 16.16-18). Vous devez préparer vos membres à faire de même.[5]

Un culte vivant

Sixièmement, vous devez vous assurer que votre église pratique un culte vivant, inspiré par l'Esprit. Ce type de culte est une caractéristique de la spiritualité pentecôtiste. Les Pentecôtistes sont connus pour leurs cultes libres et ouverts. Ils comprennent des chants enthousiastes, des battements de mains, des danses et des mains levées. Cependant, il ne suffit pas que le culte de votre église soit enthousiaste. Il doit être oint. Et il doit être authentique. Jésus a dit à ses disciples : « Dieu est esprit, et il faut que ceux qui l'adorent, l'adorent en esprit et en vérité » (Jn 4.24). Paul ajoute : « Là où est l'Esprit du Seigneur, là est la liberté » (2 Co 3.17).

Pendant les temps de culte, vous devez encourager chaque adorateur à concentrer son attention sur Dieu et sa grandeur. Et vous devez demander au peuple de Dieu d'ouvrir son cœur à l'action de l'Esprit de Dieu.[6]

Témoignage personnel

Septièmement, vous devez encourager les membres de votre église à partager leurs témoignages avec d'autres. Le peuple de Dieu devrait à tout moment être prêt à partager l'histoire de ce que Dieu a fait dans sa vie (1 Pi 3.15). La Bible exhorte : « Que les rachetés de l'Éternel le disent » (Ps 107.2).

Le témoignage est au cœur de ce que signifie être le témoin du Christ. C'est un moyen simple mais puissant pour les croyants de partager l'Évangile avec les perdus. Vous devez donc encourager cette pratique parmi les membres de l'église. Et vous devriez faire de la place dans les réunions de l'église pour que le peuple de Dieu partage des témoignages sur la manière dont l'Esprit agit dans leur vie.

---

[5] Pour plus de détails sur ce sujet, voir le chapitre 22 : « S'engager dans le combat spirituel ». Voir également le livre, *Le ministère de puissance: Un manuel pour les prédicateurs pentecôtistes*, de Denzil R. Miller, disponible gratuitement sur DecadeofPentecost.org.
[6] Pour plus d'informations sur ce sujet, voir le chapitre 18 : « Diriger l'église dans l'adoration ».

Partie 3 : Ce que croit le pasteur pentecôtiste

Dons spirituels

Huitièmement, en tant que pasteur pentecôtiste, vous devez lutter pour que l'action de l'Esprit dans les réunions d'église se traduise par la manifestation de dons spirituels. C'était la pratique de l'Église primitive, et cela devrait être la pratique de chaque église pentecôtiste aujourd'hui (par exemple, Ac 11.28-30 ; 13.1-2 ; 21.10-14). Dans 1 Corinthiens 12.8-11, Paul parle de neuf dons spirituels :

« En effet, à l'un est donnée par l'Esprit une parole de sagesse ; à un autre, une parole de connaissance, selon le même Esprit ; à un autre, la foi, par le même Esprit ; à un autre, le don des guérisons, par le même Esprit ; à un autre, le don d'opérer des miracles ; à un autre, la prophétie ; à un autre, le discernement des esprits ; à un autre, la diversité des langues ; à un autre, l'interprétation des langues. Un seul et même Esprit opère toutes ces choses, les distribuant à chacun en particulier comme il veut. »[7]

Lorsque vous enseignez aux gens à exercer leur ministère selon ces dons, l'église sera édifiée, Dieu sera glorifié et son royaume progressera.

Vous devez cependant savoir que la manifestation des dons spirituels n'est pas automatique. Les dons doivent être désirés, et ils doivent être encouragés (1 Co 12.31 ; 14.1). Vous devez donc convoiter la manifestation des dons spirituels dans votre propre vie, et vous devez inspirer leur manifestation dans la vie des autres. Vous pouvez le faire en enseignant et en prêchant sur le sujet. Vous devez également donner l'exemple du bon fonctionnement des dons. Vous pouvez également encourager la manifestation des dons spirituels en leur faisant une place dans les réunions de l'église (14.26) et en vous gardant de leur mauvais usage (14.39- 40).[8]

Prière d'intercession

Neuvièmement, vous devez amener votre église à s'engager dans la prière d'intercession. Comme l'église du livre des Actes, l'Église pentecôtiste en Afrique aujourd'hui doit être engagée dans la prière (Ac 1.14 ; 4.23-32 ; 12.5 ; 13.2). Tout comme Jésus a enseigné à ses disciples comment prier, vous devez enseigner la même chose à votre peuple (Lu

---

[7] Voir l'annexe 2 : « Les dons de manifestation de 1 Corinthiens 12 :8-10 ».
[8] Pour plus d'informations sur ce sujet, voir le chapitre 21 : « Exercer le ministère dans la puissance de l'Esprit ».

Chapitre 11 : Promouvoir l'expérience et la pratique pentecôtistes

11.1-13). Vous pouvez le faire en prêchant et en enseignant souvent sur la prière, et en donnant fidèlement l'exemple d'un style de vie de prière devant l'église. Si les gens observent leur pasteur en train de prier, ils seront eux aussi encouragés à prier (Lu 11.1 ; Ex 33.10).[9]

Vie Sainte

Enfin, en tant que pasteur pentecôtiste fidèle, vous devez exiger que les membres de l'église mènent une vie sainte, qui honore Dieu (1 Jn 2.6). La vie sainte est un mandat de l'Écriture et une pratique universelle des vrais croyants pentecôtistes (1 Pi 1.16). Comme l'indique le titre de *chrétien*, les disciples du Christ doivent s'efforcer de lui ressembler. Ils doivent être saints parce que le Dieu qu'ils représentent est saint. Paul a exhorté les chrétiens de Philippes à être « irréprochables et purs, des enfants de Dieu irrépréhensibles au milieu d'une génération perverse et corrompue » (Ph 2.15).

Vous devez donc montrer à votre peuple comment vivre à la manière du Christ. Pour ce faire, vous devrez enseigner et prêcher souvent sur l'exigence pour les chrétiens de vivre une vie sainte et pure. Vous devez également montrer aux gens à quoi ressemble une telle vie. Paul a rappelé aux croyants de Thessalonique : « Vous êtes témoins, et Dieu l'est aussi, que nous avons eu envers vous qui croyez une conduite sainte, juste et irréprochable » (1 Th 2.10). Il a ensuite exhorté les croyants : « Soyez mes imitateurs, comme je le suis moi-même de Christ » (1 Co 11.1). Vous devez être capable de dire les mêmes paroles aux membres de votre église.

Le véritable pentecôtisme ne peut jamais être réduit à un ensemble de croyances religieuses, aussi vraies soient-elles. Dans son essence, le pentecôtisme est un mode de vie qui cherche à se conformer aux expériences et aux pratiques des croyants du premier siècle telles qu'elles sont décrites dans le livre des Actes et les écrits des apôtres. Tout pasteur pentecôtiste doit donc s'efforcer de conduire son église vers une expérience et une pratique pentecôtistes authentiques.

---

[9] Pour plus d'informations sur ce sujet, voir le chapitre 8 : « La priorité de la prière ».

Partie 3 : Ce que croit le pasteur pentecôtiste

~ Chapitre 12 ~

Apprécier l'héritage pentecôtiste

Leila McKinney a probablement été la première missionnaire pentecôtiste auprès des enfants en Afrique. Elle a été remplie de l'Esprit aux premiers jours de l'effusion de la rue Azusa à Los Angeles, en Californie (États-Unis), de 1906 à 1908. Un zèle pour les missions a envahi le réveil, et Leila, ainsi que sa tante Julia Hutchins et d'autres personnes, ont été poussées à aller prêcher l'Evangile en Afrique. Leila a écrit dans le journal *The Apostolic Faith* publié par la mission : « Je suis prête à lui faire confiance en allant en Afrique. Je sais que le Seigneur veut que j'y aille. Je veux témoigner aux gens et enseigner aux enfants le Seigneur béni, et travailler pour le Seigneur. Je suis prête à abandonner tous ceux que j'aime pour Lui. » L'histoire de Leila McKinney n'est qu'une des millions d'histoires qui entourent le réveil pentecôtiste en Afrique.

Il est crucial que le pasteur pentecôtiste en Afrique comprenne et apprécie comment le message de la Pentecôte est arrivé sur le continent. Un pasteur africain a fait remarquer un jour : « Si nous ne savons pas d'où nous venons, nous ne savons pas qui nous sommes, ni où nous allons. » Lorsque nous ne comprenons pas notre passé, nous sommes comme un bateau sans voile. Nous courons le risque de dériver sans but, sans direction ni objectif précis. En revanche, si nous savons d'où nous venons et pourquoi nous sommes ici, nous pouvons avancer avec confiance vers l'avenir.

Ce chapitre répondra à plusieurs questions importantes sur les débuts du pentecôtisme en Afrique : Quelles sont les origines du mouvement

Partie 3 : Ce que croit le pasteur pentecôtiste

pentecôtiste moderne ? Quand et comment est-il arrivé en Afrique ? Comment la Pentecôte s'est-elle répandue sur le continent ? Quels sont les défis auxquels l'Église pentecôtiste en Afrique est confrontée aujourd'hui ? Quel est l'avenir du pentecôtisme en Afrique ?

LE MOUVEMENT COMMENCE

À la fin du mois de décembre 1900, dans une petite école biblique de Topeka, au Kansas (États-Unis), Charles Fox Parham a confié à ses étudiants un travail de recherche. Il leur a demandé de rechercher dans les Écritures les « preuves bibliques » du baptême du Saint-Esprit. Après une période d'étude intensive, les étudiants ont présenté leurs résultats à Parham. Ils ont conclu que la preuve biblique du baptême de l'Esprit était le fait de parler en langues selon que l'Esprit donne de s'exprimer.

Ils ont alors commencé une réunion de prière qui s'est poursuivie pendant plusieurs jours. Peu après minuit, le 1er janvier 1901, le Saint-Esprit est venu puissamment sur une femme nommée Agnes Ozman. Miraculeusement, elle s'est mise à parler en langues au fur et à mesure selon que l'Esprit lui donnait de s'exprimer. Dans les jours qui suivirent, de nombreuses autres personnes, y compris Parham, furent baptisées du Saint-Esprit, ce qui se manifesta par le parler en langues. Après avoir été remplis de l'Esprit, Parham et ses étudiants ont commencé à prêcher l'Évangile avec beaucoup de puissance et d'autorité, un peu comme les croyants du livre des Actes. Leur cœur a été saisi par un grand zèle missionnaire. Parham croyait que Dieu déversait son Esprit pour donner à l'Église les moyens d'atteindre les nations avec la bonne nouvelle du Christ avant son retour prochain.

En 1905, Parham a transféré son école à Houston, au Texas, aux États-Unis, où il a continué à enseigner le baptême du Saint-Esprit. Bientôt, Lucy Farrow se joint au mouvement. Elle a ensuite présenté Parham à William J. Seymour, un prédicateur du mouvement de sainteté afro-américaine. Seymour a écouté Parham enseigner et a lui aussi accepté le message pentecôtiste.

Peu de temps après, Seymour a reçu une invitation d'une petite église de sainteté à Los Angeles, en Californie, pour venir et être leur pasteur. Seymour accepte l'invitation et se rend à Los Angeles. Lors de son premier sermon dans l'église, il a prêché un message sur le baptême du Saint-Esprit

Chapitre 12 : Apprécier l'héritage pentecôtiste

avec l'évidence du parler en langues. Julia Hutchins, le pasteur, rejette le message et enferme Seymour hors de la mission.

Seymour a alors commencé à prêcher le message pentecôtiste dans les maisons de certains membres de l'église. Pendant qu'il prêchait et que les gens priaient, beaucoup étaient remplis de l'Esprit. Les foules deviennent si nombreuses qu'ils sont obligés d'acheter un vieux bâtiment d'église délabré sur la rue Azusa. Dieu a continué à déverser son Esprit et, sur une période de trois ans, de 1906 à 1908, des milliers de personnes sont venues du monde entier et ont été remplies du Saint-Esprit. Ils sont rentrés chez eux avec le message que la Pentecôte était arrivée.

Les missionnaires pentecôtistes sont partis de la rue Azusa vers plus de 25 nations en deux ans, dont la Chine, l'Inde, le Japon, l'Égypte, le Liberia, l'Angola et l'Afrique du Sud. Le puissant réveil de la rue Azusa a fait plus que tout autre pour répandre la Pentecôte dans le monde. Aujourd'hui, au moins 26 dénominations pentecôtistes différentes trouvent leurs origines dans la rue Azusa, y compris les Assemblées de Dieu.[1]

Au cours de ces mêmes années, Dieu déversait son Esprit dans d'autres endroits du monde. D'autres centres précoces de déversement pentecôtiste étaient le Pays de Galles (1904), l'Inde (1905), l'Angleterre (1907), la Corée (1907), le Chili (1909), et d'autres endroits. Dieu accomplissait la promesse qu'il avait faite au prophète Joël : « Dans les derniers jours, dit Dieu, je répandrai mon Esprit sur tous les peuples » (Ac 2.17 ; cf. Joë 2.28).

LA PENTECÔTE ARRIVE EN AFRIQUE

Voyons maintenant comment le message de la Pentecôte est arrivé en Afrique et comment il s'est répandu sur le continent.

La Pentecôte arrive en Afrique

Les premiers missionnaires pentecôtistes d'Amérique en Afrique venaient directement de la mission de la rue Azusa. Ils sont arrivés au Liberia en 1907. Leur groupe comprenait Lucy Farrow, J. W. et Julia Hutchins, leur

---

[1] Pour en savoir plus sur l'impact du réveil de la rue Azusa en Afrique, consultez le livre *D'Azusa à l'Afrique, et de l'Afrique aux nations*, de Denzil R. Miller, disponible gratuitement sur DecadeofPentecost.org.

Partie 3 : Ce que croit le pasteur pentecôtiste

nièce, Leila McKinney, et plus tard cette année-là, Edward McCauley. Au total, une douzaine d'hommes, de femmes et d'enfants afro-américains sont allés d'Azusa au Libéria cette année-là en deux groupes. En quelques semaines, sept d'entre eux sont morts de la malaria ou de la fièvre des eaux noires. Néanmoins, ils ont vu de nombreux Libériens venir au Seigneur et être baptisés du Saint-Esprit. La première église pentecôtiste permanente en Afrique a été implantée à Monrovia en 1907. Les missionnaires d'Azusa se sont également rendus en Afrique du Sud et en Angola.

Dieu a également utilisé des Africains indigènes pour diffuser le message pentecôtiste. Deux histoires passionnantes sont celles d'Elias Letwaba d'Afrique du Sud et de William Wadé Harris du Liberia. Ces hommes ont contribué à lancer des mouvements qui ont eu un impact sur plusieurs nations africaines du sud et de l'ouest de l'Afrique, et qui ont amené des centaines de milliers de personnes à venir au Christ.

Elias Letwaba (1870-1959) a été appelé le prédicateur pentecôtiste africain le plus influent de l'histoire de l'Afrique du Sud. Vers 1870, alors qu'Elias était encore dans le ventre de sa mère, celle-ci a reçu une vision de Dieu. L'Esprit lui a dit que Dieu utiliserait un jour son fils comme son instrument pour établir de nombreuses églises. Letwaba a donc grandi avec une grande soif de connaître Dieu et d'être utilisé par Lui.

En 1908, il a rencontré John G. Lake, un missionnaire américain qui, avant de venir en Afrique du Sud, avait reçu le Saint-Esprit sous le ministère de Charles Parham. Lake avait également assisté au réveil de la rue Azusa à Los Angeles. Letwaba et Lake ont voyagé ensemble dans le ministère jusqu'en 1913, date à laquelle Lake est retourné aux États-Unis.

Comme Dieu l'avait révélé à la mère de Letwaba, celui-ci est devenu un puissant prédicateur et éducateur pentecôtiste, conduisant de nombreuses personnes au salut et au baptême du Saint-Esprit. Il a vu des milliers de personnes guéries et des milliers d'autres sauvées par son ministère en Afrique du Sud et en Rhodésie (Zimbabwe). Letwaba était affilié à la Mission de la Foi Apostolique en Afrique du Sud. Il a fondé l'école biblique Patmos, le premier séminaire d'Afrique du Sud dirigé par des noirs. Letwaba a prêché sans relâche jusqu'à sa mort en 1959.

William Wadé Harris (c. 1860-1929) a été utilisé par Dieu pour répandre l'Évangile dans toute l'Afrique de l'Ouest. On l'a appelé « l'évangéliste le plus célèbre d'Afrique ». Durant ses premières années

Chapitre 12 : Apprécier l'héritage pentecôtiste

d'adulte, il était affilié aux Églises méthodiste et épiscopale du Liberia. Il vivait à Monrovia à l'époque où les missionnaires de la rue Azusa y étaient présents. Certains pensent que ces missionnaires afro-américains sont à l'origine de la théologie pentecôtiste de Harris.

Harris a témoigné que l'ange Gabriel lui est apparu dans une vision, lui disant que de nombreuses personnes viendraient au Christ grâce à son ministère prophétique. À la suite de cette vision, Harris a parcouru le Liberia, la Côte d'Ivoire, le Ghana et la Sierra Leone pour dire aux gens d'abandonner leurs péchés et de se tourner vers le Christ. Il exerçait son ministère avec la puissance de l'Esprit, chassant les démons, guérissant les malades et parlant en langues. Il insistait en outre pour que les gens abandonnent leurs fétiches, croient en Jésus et attendent que des hommes blancs viennent avec leurs bibles pour leur enseigner la Parole de Dieu. On estime que plus de cent mille personnes se sont été converties par son ministère.

Letwaba et Harris ne sont que deux exemples parmi les milliers de pasteurs, d'évangélistes, d'enseignants et de missionnaires africains qui ont prêché le Plein Évangile en Afrique, proclamant que Jésus sauve, guérit, baptise du Saint-Esprit et vient bientôt.

La Pentecôte se propage en Afrique

L'histoire de la propagation de la Pentecôte à travers l'Afrique par le biais des Assemblées de Dieu (AD) est l'histoire de l'Esprit qui travaille par le biais de missionnaires occidentaux et de pasteurs africains pour implanter l'église en Afrique. Bien que les AD ne soient qu'une des nombreuses églises pentecôtistes du continent, Dieu a puissamment utilisé ce mouvement pour diffuser le message du Christ. Examinons deux de ces histoires.

Libéria. En 1908, Jasper Klabioh Toe a prié : « S'il existe un Dieu créateur, aidez-moi à le trouver. » Dieu a parlé à Toe, lui disant de « marcher jusqu'à l'océan ». Au même moment, l'Esprit travaillait le missionnaire américain John Moore Perkins. Perkins avait été baptisé du Saint-Esprit alors qu'il assistait à un réveil pentecôtiste à Toronto, au Canada. Plus tard, Dieu lui a demandé de transmettre le message du Christ au Libéria.

Alors qu'il naviguait le long de la côte du Libéria, Perkins a entendu l'Esprit lui dire de descendre à terre à un certain endroit. Le capitaine du

Partie 3 : Ce que croit le pasteur pentecôtiste

navire l'a averti : « Ce n'est pas un endroit sûr. » Perkins, cependant, a insisté pour s'arrêter. Lui et son équipe débarquèrent donc à l'endroit même où l'Esprit avait conduit Toe. C'était le jour de Noël 1908. Perkins a partagé l'Évangile avec Toe, qui a rapidement reçu le Christ. L'œuvre que Toe et Perkins ont commencée s'est développée pour devenir les Assemblées de Dieu du Libéria. Aujourd'hui, cette église est le plus grand groupe pentecôtiste du pays.

Nigeria. Au début des années 1930, Augustine Ehurieiwe Wogu, de Port-Harcourt, au Nigeria, est tombé sur un exemplaire du *Pentecostal Evangel,* un magazine publié par les Assemblées de Dieu, aux États-Unis. Wogu a été attiré par ce qu'il a lu dans le magazine sur la guérison divine et le baptême du Saint-Esprit. Il a donc commencé à prier pour les malades et à conduire les gens au baptême du Saint-Esprit. Lorsque l'église qu'il fréquentait a refusé d'accepter ses enseignements pentecôtistes, Wogu et quelques autres sont partis pour fonder une église pentecôtiste indépendante qu'ils ont appelée l'Église de Jésus-Christ.

Plusieurs années plus tard, en 1939, Wogu a rencontré des missionnaires américains des AD à Port Harcourt. Ils étaient venus au Nigéria pour étudier la possibilité pour les AD de commencer une œuvre dans ce pays. Wogu leur a demandé d'envoyer des missionnaires pour l'aider. La mission a accepté et a envoyé une équipe dirigée par W. Lloyd Shirer pour travailler avec Wogu. Ils ont convenu d'appeler l'église les Assemblées de Dieu du Nigeria. Aujourd'hui, c'est la plus grande église nationale des AD en Afrique avec plus de trois millions de membres et d'adhérents.

Ce ne sont là que deux des centaines d'histoires qui pourraient être racontées. Elles aident cependant à transmettre l'histoire de la façon dont l'Esprit de Dieu a balayé l'Afrique grâce à la coopération des Africains et de ceux que l'Esprit a envoyés en Afrique. D'autres histoires pourraient être racontées sur la façon dont la flamme de la Pentecôte s'est allumée dans d'autres communautés ecclésiales à travers le continent, comme l'Église de Pentecôte au Ghana et l'Église des Croyants du Plein Évangile en Éthiopie.

Assemblées de Dieu d'Afrique. Lorsque le message pentecôtiste est arrivé au Libéria en 1906, il n'y avait aucune église pentecôtiste ni aucun croyant en Afrique. Dieu, cependant, commençait à déverser son Esprit sur le continent. La croissance des Assemblées de Dieu est un exemple éclatant de la manière dont Dieu a béni le continent. En 1948, les Assemblées de

Chapitre 12 : Apprécier l'héritage pentecôtiste

Dieu en Afrique comptaient 40 000 croyants, réunis dans environ 700 églises dans 11 pays africains.

En 1989, les AD ont formé l'Alliance des Assemblées de Dieu d'Afrique (AADA), composée d'églises nationales participantes à travers le continent. L'année suivante, l'AADA a lancé sa « Décennie de la moisson », qui s'est poursuivie de 1991 à 2000. L'accent était mis sur l'implantation d'églises et les missions sous l'impulsion de l'Esprit. Au cours de ces dix années, l'église est passée de 2,1 millions de membres réunis dans 11 688 églises dans 31 pays à 6,3 millions de membres réunis dans 24 019 églises dans 39 pays. L'élan acquis pendant la Décennie de la moisson s'est poursuivi au cours de la décennie suivante. En 2010, les AD d'Afrique avait atteint 16,6 millions d'adhérents réunis dans 67 827 églises.

En janvier 2010, l'AADA a lancé une deuxième initiative décennale, appelée « Décennie de la Pentecôte » (2010-2020). Comme la Décennie de la moisson, la Décennie de la Pentecôte mettait l'accent sur l'implantation d'églises et les missions. Un objectif supplémentaire était de voir 10 millions de membres d'église baptisés dans le Saint-Esprit et mobilisés en tant que témoins mandatés par l'Esprit. À la fin de 2019, les AD d'Afrique avait atteint 18,7 millions d'adhérents réunis dans 87 741 églises en Afrique subsaharienne et dans le bassin de l'océan Indien.

En janvier 2021, l'AADA a lancé un troisième accent décennal appelé « Décennie du réveil ». Au cours de cette décennie, l'église continuera à mettre l'accent sur l'évangélisation, le baptême par l'Esprit, l'implantation d'églises et les missions. L'une des particularités de la Décennie du réveil est que l'AADA cible l'Afrique du Nord, dans le but de lancer des mouvements d'implantation d'églises sous l'impulsion de l'Esprit dans cette région auparavant négligée.

L'IMPACT DE LA PENTECÔTE

Le pentecôtisme a changé le visage de l'Église africaine à bien des égards. La croissance du mouvement a été remarquable. En 2015, l'*Oxford Research Encyclopedia* indiquait qu'il y avait 202 millions de Pentecôtistes

Partie 3 : Ce que croit le pasteur pentecôtiste

(Renewalists[2]) en Afrique, soit 35 % de la population chrétienne du continent et 17 % de sa population totale. À des degrés divers, pratiquement toutes les dénominations africaines ont été touchées. De nombreuses églises traditionnelles ont adopté des expressions extérieures du pentecôtisme telles que les chants joyeux, les cultes expressifs et les prières ferventes. Plusieurs d'entre elles ont même adopté certaines des pratiques les plus fondamentales du pentecôtisme, comme la nouvelle naissance, le parler en langues et le ministère de puissance.

Le christianisme pentecôtiste a également affecté la culture africaine au sens large. Il l'a fait notamment par le biais d'un phénomène connu sous le nom de « rédemption et élévation ». Lorsque les gens deviennent des chrétiens engagés, leur vie change, et ils sont sortis de leur péché et de leur déchéance. En conséquence, ils deviennent de meilleures personnes et des citoyens plus productifs. Ils commencent à traiter leur famille avec amour et respect, engendrant ainsi une progéniture plus productive. En outre, les chrétiens dévoués poursuivent souvent des études supérieures, travaillent plus dur, obtiennent de meilleurs emplois et cherchent à pratiquer l'intégrité financière. Ils font souvent preuve de compassion pour aider ceux qui ont des difficultés dans la vie. En outre, certains chrétiens pentecôtistes font entrer leurs valeurs dans l'arène politique et y font la différence. Ces actions et d'autres encore contribuent à une meilleure société. Si tous les chrétiens pentecôtistes ne sont pas à la hauteur des idéaux du Christ dans la société, ceux qui s'efforcent de le faire ont un impact positif.

FACE À L'AVENIR

L'Église pentecôtiste d'Afrique se trouve aujourd'hui à la croisée des chemins. En réfléchissant à son passé, elle peut se targuer de nombreux succès, comme nous l'avons évoqué dans ce chapitre. Cependant, alors que le pentecôtisme africain se tourne vers l'avenir, il est confronté à de nombreux défis. Trois de ces défis sont les menaces de la perversion doctrinale, de la stagnation spirituelle et de l'égocentrisme.

---

[2] Ndt : Les 'Renewalists' croient que la puissance du Saint-Esprit se manifeste par des phénomènes surnaturels tels que le parler en langues, les guérisons miraculeuses, les déclarations et les révélations prophétiques.

Chapitre 12 : Apprécier l'héritage pentecôtiste

En réponse, en tant que pasteur pentecôtiste, vous feriez bien de vous poser trois questions approfondies :

- Vais-je rester fidèle aux Écritures, ou vais-je conduire mon église dans l'erreur doctrinale ?
- Vais-je guider mon église vers un authentique réveil pentecôtiste, ou vais-je la laisser sombrer dans la stagnation spirituelle, « ayant une apparence de piété mais reniant sa force » ? (2 Ti 3.5).
- Vais-je guider mon peuple pour qu'il cherche les perdus dans la puissance du Saint-Esprit, ou vais-je le conduire dans une recherche vaine et égocentrique de la prospérité et de la bénédiction personnelles ?

L'avenir de l'Église pentecôtiste en Afrique dépend largement de la façon dont vous et des milliers d'autres pasteurs pentecôtistes répondrez à ces questions.

Si les pasteurs pentecôtistes du continent s'engagent de tout cœur à être fidèles à leur héritage pentecôtiste et à rester authentiquement pentecôtistes dans leur doctrine, leur expérience et leur pratique, l'avenir est prometteur. En revanche, s'ils décident d'abandonner leur héritage et de devenir comme ceux qui les entourent, l'avenir du pentecôtisme en Afrique est en péril. Il est donc crucial que les pasteurs pentecôtistes de toute l'Afrique suivent avec empressement les exemples pieux de leurs ancêtres.

Cet héritage pentecôtiste est une confiance sacrée. Le réveil authentiquement pentecôtiste est le dernier grand espoir du monde. Si le don de la Pentecôte est chéri et attisé, il peut se transformer en un feu ardent, se répandant de l'Afrique jusqu'aux nations du monde. En revanche, s'il est négligé ou malmené, il peut vaciller et mourir. Les pasteurs pentecôtistes d'Afrique doivent donc tenir compte des paroles de Paul à Timothée, son jeune collègue pentecôtiste et pasteur de l'église d'Éphèse : « C'est pourquoi je t'exhorte à ranimer le don de Dieu que tu as reçu par l'imposition de mes mains » (2 Ti 1.6). Paul ajoute : « Garde le bon dépôt, par le Saint-Esprit qui habite en nous » (v. 14).

En tant que pasteurs pentecôtistes en Afrique, nous devons nous aussi chérir et enflammer le don de Dieu qui nous a été transmis par nos ancêtres pentecôtistes. Et comme eux, nous devons préserver fidèlement ce qui nous a été confié par le Saint-Esprit qui nous habite et nous donne des pouvoirs.

Partie 3 : Ce que croit le pasteur pentecôtiste

~ Partie 4 ~

La vie personnelle du pasteur pentecôtiste

Partie 4 : La vie personnelle du pasteur pentecôtiste

~ Chapitre 13 ~

Une vie bien gérée

Le jeune pasteur était assis à son bureau, la tête enfouie dans ses mains. Les exigences du ministère pastoral devenaient trop lourdes pour lui. Il envisageait de quitter le ministère et de retourner à son travail séculier. Ce que ce jeune pasteur ne réalisait pas, cependant, c'est qu'il n'était pas seul dans son angoisse. Dans toute l'Afrique, des centaines de pasteurs pentecôtistes se trouvent dans des circonstances similaires. Ils ont le sentiment de ne pas pouvoir continuer à faire face aux nombreuses pressions du ministère.

L'une des raisons pour lesquelles ces pasteurs se sentent si dépassés est qu'ils n'ont pas appris à bien gérer leur vie. Ils vivent si mal leur vie que chaque nouveau défi les prend au dépourvu, les déséquilibrant.

S'il est irréaliste pour un pasteur pentecôtiste de penser qu'il peut échapper à toutes les pressions de la vie et du ministère, il n'est pas irréaliste pour lui de croire qu'il peut faire face efficacement à ces défis. Ce chapitre vous donnera des conseils sur la manière dont vous, en tant que pasteur pentecôtiste, pouvez parvenir à une vie bien gérée.

L'IMPORTANCE D'UNE VIE BIEN GÉRÉE

L'un des titres bibliques pour un pasteur est « *surveillant* » (1 Ti 3.1-2). Paul a dit aux anciens d'Éphèse : « Veillez sur vous-mêmes et sur tout le troupeau dont le Saint-Esprit vous a établis surveillants » (Ac 20.28). En tant

Partie 4 : La vie personnelle du pasteur pentecôtiste

que surveillant, le pasteur « gère la maison de Dieu » (Tit 1.7). Le pasteur pentecôtiste a donc la responsabilité de gérer efficacement les affaires d'une église locale. Cependant, avant de pouvoir gérer avec succès une église, il doit d'abord être capable de bien gérer sa propre vie.

Une vie bien gérée

Si une vie bien gérée n'est pas sans stress, elle n'est pas non plus encombrée de désordre et de confusion inutiles. Une vie bien gérée vous donnera la confiance dont vous avez besoin pour progresser dans le ministère. Elle vous permettra d'être plus productif - de faire plus, avec moins d'efforts. Et elle vous aidera à bien faire face aux urgences de la vie. Examinons quatre caractéristiques d'une vie bien gérée :

1. Le but. Une vie bien gérée est une vie vécue avec un but clair. Paul fait référence au dessein de Dieu comme étant sa « volonté bonne, agréable et parfaite » (Ro 12.2). Plus vous comprenez clairement le but de Dieu pour votre vie, plus vous serez efficace pour ordonner votre vie autour de ce but.

D'une manière générale, en tant que pasteur pentecôtiste, comme tout autre disciple du Christ, vous vivez pour glorifier Dieu et faire sa volonté. Bien que vous puissiez accepter cette vérité, vous ne devez pas vous arrêter là. Vous devez vous efforcer de connaître la volonté parfaite, ou complète, de Dieu pour votre vie. Vous devez chercher à comprendre pourquoi Dieu vous a placé dans votre église particulière à ce moment précis. Vous devez rechercher Dieu dans la prière en lui demandant : « Seigneur, pourquoi m'as-tu amené à cet endroit ? » et « Que veux-tu que j'accomplisse ici pour ta gloire ? »

2. La priorité. Une fois que vous comprenez clairement le but de Dieu pour votre présence dans votre église particulière à ce moment précis, vous pouvez commencer à formuler vos priorités personnelles et ministérielles. Vos priorités sont les choses que vous considérez comme les plus importantes. Ce sont les questions sur lesquelles vous concentrez la majeure partie de votre temps et de votre énergie. Le Christ a parlé des priorités de sa vie lorsqu'il a dit : « Car je suis descendu du ciel pour faire, non ma volonté, mais la volonté de celui qui m'a envoyé » (Jn 6.38).

En tant que pasteur pentecôtiste, vous pouvez utiliser votre compréhension de la volonté de Dieu pour vous guider dans vos décisions relatives au ministère et à la vie. Vous pouvez vous demander pour chaque

Chapitre 13 : Une vie bien gérée

alternative possible : « Comment cette activité m'aide-t-elle à accomplir le dessein de Dieu pour ma vie ? » Toute activité qui favorise le dessein de Dieu devrait être embrassée. Toute activité qui ne va pas dans le sens du dessein de Dieu doit être évitée ou abandonnée.[1]

3. L'équilibre. En outre, une vie bien gérée est une vie équilibrée. Une vie équilibrée est une vie qui prévoit le temps et l'énergie appropriés pour chacune des activités essentielles de la vie. Un homme qui essaie de traverser un ruisseau sur le tronc d'un arbre tombé doit soigneusement maintenir son équilibre. S'il se penche trop à gauche ou à droite, il tombera dans l'eau. Il en va de même pour le pasteur pentecôtiste. S'il concentre toute son attention sur un ou deux aspects de la vie ou du ministère, il risque de se déséquilibrer et d'échouer dans un autre domaine essentiel.

Par exemple, en tant que pasteur, vous pouvez passer tellement de temps à vous occuper des membres de l'église que vous négligez votre propre famille. Ou encore, vous pourriez vous consacrer tellement à la préparation des sermons que vous négligeriez la prière ou l'approche des personnes perdues. En tant que pasteur pentecôtiste fidèle, vous devez vous efforcer de maintenir un équilibre dans divers domaines de la vie, tels que

- un équilibre entre faire et être,
- un équilibre entre le travail et le repos,
- un équilibre entre le ministère et la famille,
- un équilibre entre le fait de s'occuper des autres et de prendre soin de soi.

Les paroles de Jésus aux Pharisiens s'appliquent ici. Il les a interpellés sur l'importance excessive qu'ils accordaient à la dîme, alors qu'ils négligeaient d'autres pratiques plus importantes. Il dit : « C'est là ce qu'il fallait pratiquer, sans omettre les autres choses » (Lu 11.42).

4. La direction. Enfin, pour un pasteur pentecôtiste, une vie bien gérée est une vie dirigée par l'Esprit de Dieu. Plus vous suivez de près les directives du Saint-Esprit, plus votre vie sera ordonnée.

---

[1] Pour en savoir plus sur les priorités ministérielles et personnelles du pasteur pentecôtiste, voir le chapitre 5 : « Priorités ministérielles » et le chapitre 6 : « Priorités personnelles ».

Partie 4 : La vie personnelle du pasteur pentecôtiste

Paul encourageait les croyants de Galatie : « Marchez par l'Esprit, et vous ne satisferez pas les désirs de la chair » (Ga 5.16). Il a ensuite énuméré plusieurs « actes de la chair ». Considérez comment chacun de ces actes pourrait être cité comme le fruit d'une vie mal gérée ou indisciplinée : « l'impudicité, l'impureté, la dissolution, l'idolâtrie, la magie, les inimitiés, les querelles, les jalousies, les animosités, les disputes, les divisions, les sectes, l'envie, l'ivrognerie, les excès de table, et les choses semblables » (Ga 5.19-21).

En revanche, être conduit par l'Esprit Saint, c'est vivre une vie soumise à Dieu. Une telle vie cherche à cultiver le « fruit de l'Esprit ». Paul identifie ce fruit comme étant « l'amour, la joie, la paix, la patience, la bonté, la bienveillance, la foi, la douceur, la maîtrise de soi » (Ga 5.22-23). Considérez comment chacune de ces vertus pourrait être citée comme une qualité d'une vie bien gérée. Elles sont produites en restant en Christ (Jn 15.5) et en marchant dans l'Esprit (Ga 5.24-25).

Notre modèle de vie bien gérée

Jésus est notre modèle parfait de celui qui a vécu une vie bien gérée. Jésus a organisé sa vie en fonction de l'agenda de son Père, et il a suivi l'emploi du temps de son Père. Grâce à cela, il a pu rester concentré sur sa mission. Remarquez comment la vie de Jésus illustre les quatre caractéristiques d'une vie bien gérée mentionnées ci-dessus :

- *Le but.* Jésus connaissait le but de sa venue, et il est resté fidèle à la mission de sa vie. C'est pourquoi, alors que son ministère touchait à sa fin, il a pu prier son Père : « Je t'ai glorifié sur la terre, j'ai achevé l'œuvre que tu m'as donnée à faire » (Jn 17.4).
- *La priorité.* Jésus a toujours accordé la priorité aux choses essentielles. Par exemple, il a donné la priorité au maintien d'une relation solide avec son Père. Marc a écrit à son sujet : « Vers le matin, pendant qu'il faisait encore très sombre, il se leva, et sortit pour aller dans un lieu désert, où il pria » (Mc 1.35).
- *L'équilibre.* Jésus a vécu une vie parfaitement équilibrée. Il équilibrait l'être et le faire, le travail et le repos (Mc 6.31-32). Parce qu'il menait une vie équilibrée, il n'était jamais agité ni pressé. Il était toujours au bon endroit, au bon moment et faisait ce qu'il fallait.
- *La direction.* Jésus a vécu sa vie sous la direction du Saint-Esprit. Il était rempli de l'Esprit (Lu 4.18-19), et il faisait toujours ce que

Chapitre 13 : Une vie bien gérée

l'Esprit lui ordonnait (Mt 4.1 ; Lu 4.1). Il a dit de lui-même : « Le Fils ne peut rien faire de lui-même, il ne fait que ce qu'il voit faire au Père ; et tout ce que le Père fait, le Fils aussi le fait pareillement » (Jn 5.19).

En tant que pasteur pentecôtiste, vous devez vous efforcer de suivre l'exemple de Jésus (1 Jn 2.6).

Les avantages d'une vie bien gérée

Bien que la réalisation d'une vie bien gérée exige des efforts, pour le pasteur pentecôtiste, c'est un effort bien dépensé. Le pasteur qui gère bien sa vie connaîtra une plus grande productivité dans son ministère. Parce que son temps est bien géré, il est capable de faire plus avec moins d'efforts.

En outre, une vie bien gérée entraîne une plus grande tranquillité d'esprit. Une gestion efficace de la vie tend vers l'ordre, et l'ordre tend vers la paix. Tout au long de sa vie, Jésus a fait preuve d'une tranquillité d'esprit peu commune. Quand les autres paniquaient, il restait calme. Par exemple, alors que ses disciples paniquaient dans la tempête, il dormait paisiblement à l'arrière du bateau (Mt 8.23-27). La même chose s'est produite avec Paul lors de son voyage vers Rome (Ac 27.27-38).

Une vie bien gérée promet également une plus grande longévité dans le ministère. Une vie mal gérée engendre du stress, et le stress entraîne l'épuisement. En revanche, une vie bien gérée produit la paix, qui contribue à une plus grande endurance dans le ministère.

TROIS ASPECTS D'UNE VIE BIEN GÉRÉE

En tant que pasteur pentecôtiste, vous devez être capable de gérer avec succès trois aspects de la vie et du ministère, comme suit :

Gestion des finances

Premièrement, vous devez apprendre à bien gérer vos finances personnelles. Vous pouvez commencer ce processus en vous rappelant que tout ce que vous possédez appartient finalement à Dieu (Ps 24.1 ; 1 Co 4.7). Vous devez réaliser que vous n'êtes qu'un simple gestionnaire des biens de Dieu, et qu'un jour vous devrez lui rendre compte de la façon dont vous avez géré vos finances (Lu 16.2).

Partie 4 : La vie personnelle du pasteur pentecôtiste

Un bon plan de gestion de l'argent consiste à diviser vos revenus en trois grandes catégories : Premièrement, vous donnez à Dieu ; ensuite, vous épargnez pour l'avenir ; et enfin, vous dépensez sagement pour les besoins actuels. Examinons de plus près ce plan en trois parties pour une gestion financière pieuse.

1. Premièrement, vous donnez à Dieu. En tant que pasteur pentecôtiste, donner généreusement est votre première étape pour atteindre le bien-être financier. L'Écriture nous informe à plusieurs reprises que les prémices de tout ce que nous recevons appartiennent à Dieu (cf. Ex 13.1 ; 34.26 ; Lé 2.14 ; Pr 3.9). Ainsi, le point de départ de la gestion de vos finances est de donner fidèlement vos dîmes et vos offrandes à Dieu. Vous devez ensuite remplir tous les autres engagements financiers que vous avez pris envers lui ou son église, comme les missions et les promesses de fonds de construction. Dieu promet de bénir abondamment ceux qui sont généreux avec lui (Mal 3.10-11 ; Lu 6.38).

2. Ensuite, vous économisez pour l'avenir. Après avoir donné à Dieu, vous devez épargner pour les besoins futurs et les urgences. Vous pouvez le faire en plaçant chaque semaine une somme d'argent déterminée sur un compte d'épargne. Au fur et à mesure que ce compte grossit, il peut servir de filet de sécurité pour les urgences et de source de fonds pour des achats plus importants.

3. Enfin, vous dépensez sagement. Ce qui reste après avoir donné à Dieu et investi dans l'épargne peut être utilisé pour répondre aux besoins courants de la famille, comme la nourriture, le logement et d'autres besoins. Comme cet argent appartient également à Dieu, vous devez le dépenser avec sagesse. La meilleure façon de le faire est d'élaborer un budget ou un plan financier réaliste. Ce plan vous servira de guide pour vos dépenses et vous aidera à harmoniser vos achats. Des finances bien gérées contribueront à apporter paix et stabilité dans votre foyer. Et elles vous aideront, vous et votre famille, à atteindre vos objectifs.

Gestion du temps

Deuxièmement, dans votre quête d'une vie bien gérée, vous devez apprendre à gérer votre temps. En raison des influences culturelles, de nombreux pasteurs africains trouvent que la gestion du temps est un défi. Or, le temps est la ressource la plus précieuse d'une personne. Si nous pouvons remplacer l'argent perdu, nous ne pourrons jamais récupérer le temps perdu.

Chapitre 13 : Une vie bien gérée

La Bible nous exhorte à racheter le temps en tirant le meilleur parti de chaque opportunité (Ep 5.15-16 ; Col 4.5).

En tant que pasteur pentecôtiste fidèle, tout comme vous devez apprendre à gérer votre argent, vous devez apprendre à gérer votre temps. Vous devez apprendre à allouer du temps pour la famille, le travail, les loisirs, l'étude, la prière, les visites et d'autres activités essentielles. Pour ce faire, vous devrez créer des listes de choses à faire, organiser votre espace de travail, développer des routines quotidiennes et hebdomadaires et éviter la procrastination.

Prendre soin de soi

Troisièmement, dans votre quête d'une vie bien gérée, vous devez apprendre à prendre soin de vous. Prendre soin de soi est l'exercice qui consiste à prendre soin de nos propres besoins spirituels, émotionnels et physiques. Nous le faisons, non pas pour des raisons égoïstes, mais pour des raisons pieuses. Nous prenons soin de nous-mêmes afin de mieux servir Dieu et les autres.

Lorsque Dieu a créé les humains, il les a créés avec un esprit, une âme et un corps (1 Th 5.23). L'esprit est la partie de l'homme ou de la femme qui communique avec Dieu. L'âme est la partie qui pense, ressent et choisit. Et le corps est la partie physique de l'être humain. C'est la maison dans laquelle notre esprit et notre âme habitent. Prendre soin de soi implique de prendre soin de ces trois éléments.

Vous pouvez prendre soin de votre esprit et de votre âme en pratiquant les disciplines spirituelles que sont la méditation de la Parole, l'adoration, la prière et le jeûne.[2] En outre, vous devez continuellement soumettre vos pensées, vos émotions et votre volonté à la seigneurie du Christ. La Bible nous dit : « Ne vous conformez pas au siècle présent, mais soyez transformés par le renouvellement de l'intelligence, afin que vous discerniez quelle est la volonté de Dieu, ce qui est bon, agréable et parfait » (Ro 12.2). La Bible nous enseigne en outre comment nous devons régler notre vie de pensée :

« Que tout ce qui est vrai, tout ce qui est honorable, tout ce qui est juste, tout ce qui est pur, tout ce qui est aimable, tout ce qui mérite

---

[2] Ce sujet est traité au chapitre 15 : « Une forte habitude de dévotion ».

Partie 4 : La vie personnelle du pasteur pentecôtiste

l'approbation, ce qui est vertueux et digne de louange, soit l'objet de vos pensées. » (Ph 4.8)

Il est important de prendre soin de notre corps car il est le temple du Saint-Esprit. Nous devons donc honorer Dieu avec notre corps (1 Co 6.19-20). Un corps sain nous permet de mieux répondre à l'appel de Dieu sur nos vies. Il nous permet de vivre pleinement la vie (Jn 10.10). Nous devons donc prendre soin de notre corps en mangeant bien, en faisant régulièrement de l'exercice, en dormant suffisamment et en passant régulièrement des examens médicaux.

LA POURSUITE D'UNE VIE BIEN GÉRÉE

Vous vous demandez peut-être : « Comment puis-je, en tant que pasteur pentecôtiste, m'y prendre pour mener une vie bien gérée ? »

Prendre une décision

Vous commencez votre quête d'une vie bien gérée par une décision. Jésus a raconté l'histoire du fils prodigue. Dans cette histoire, le fils rebelle a exigé de son père son héritage et a quitté la maison. Bientôt, à cause de son style de vie complaisant, le jeune homme s'est retrouvé dans les champs à nourrir les cochons. À ce moment-là, le garçon a repris ses esprits et s'est dit : « Je me lèverai, j'irai vers mon père, et je lui dirai : Mon père, j'ai péché contre le ciel et contre toi, je ne suis plus digne d'être appelé ton fils ; traite-moi comme l'un de tes mercenaires » (Lu 15.18-19). Avec cette décision, il se leva et commença son voyage de retour.

Il en va de même pour la recherche d'une vie bien gérée. Votre parcours vers un style de vie plus productif doit commencer par une décision ferme. Vous devez examiner votre condition actuelle et déterminer qu'il existe une meilleure façon de vivre et d'exercer votre ministère. Vous devez alors vous dire : « Je me lèverai et je poursuivrai un style de vie plus productif. »

Créer un plan

Si la décision de mener une vie bien gérée est essentielle, elle ne suffit pas. Votre décision doit être suivie d'un plan réalisable. Ce plan comportera trois étapes, comme suit :

1. L'auto-évaluation. Vous commencez votre cheminement vers une vie bien gérée par une auto-évaluation. Dans cette auto-évaluation, vous allez

Chapitre 13 : Une vie bien gérée

examiner votre mode de vie actuel pour déterminer les points à améliorer. Pour ce faire, vous pouvez répondre honnêtement à des questions telles que celles-ci :

- Dans quelle mesure est-ce que je réussis à gérer mes finances ?
- Est-ce que je gère bien mon temps ?
- Dans quelle mesure est-ce que je prends soin de mon esprit, de mon âme et de mon corps ?
- Comment puis-je m'améliorer dans chacun de ces domaines ?

Répondez soigneusement à ces questions, et écrivez vos réponses dans un cahier.

2. Fixer des objectifs. Une fois que vous avez identifié les domaines dans lesquels vous devez vous améliorer, fixez vos objectifs de développement personnel. Pour ce faire, posez les questions suivantes et répondez-y de manière réfléchie :

- De quelle manière dois-je améliorer mes compétences en matière de gestion financière ?
- De quelle manière dois-je améliorer mes compétences en matière de gestion du temps ?
- De quelle manière puis-je améliorer mes capacités à prendre soin de mon esprit, de mon âme et de mon corps ?

Encore une fois, écrivez vos réponses dans votre cahier. Soyez précis.

3. Élaborer un plan. Une fois que vous avez fixé vos objectifs, vous devez élaborer un plan pour les atteindre. Concentrez-vous sur une ou deux questions à la fois, et élaborez un plan pour atteindre chaque objectif. Dans votre plan, vous voudrez identifier les mesures spécifiques que vous pouvez prendre pour atteindre vos objectifs. Par exemple, vous pouvez améliorer vos compétences financières en élaborant et en respectant un budget familial. Vous pouvez également améliorer vos compétences en matière de gestion du temps en établissant une liste de tâches à faire chaque matin et en utilisant cette liste pour guider vos activités de la journée.

Passez à l'action

Une fois que vous avez élaboré votre plan, vous devez passer à l'action. Vous devez commencer à exécuter votre plan. Faites preuve de persévérance et respectez votre plan. Ensuite, au bout de trois à six mois, évaluez vos

Partie 4 : La vie personnelle du pasteur pentecôtiste

progrès. Déterminez ce que vous avez réussi et ce que vous n'avez pas réussi. Ensuite, ajustez le plan et répétez le processus. Vous pouvez continuer à travailler sur les mêmes objectifs ou choisir de travailler sur d'autres objectifs.

Parvenir à une vie bien gérée est un processus qui dure toute la vie. C'est un objectif qui mérite d'être poursuivi et qui apportera de nombreuses bénédictions dans la vie du pasteur pentecôtiste.

~ Chapitre 14 ~

Relations saines

Un expert de la loi de Moïse s'approcha de Jésus avec une question. « Maître », lui demanda-t-il, « quel est le plus grand commandement de la loi ? » Sans hésiter, Jésus lui répondit : « "Tu aimeras le Seigneur ton Dieu de tout ton cœur, de toute ton âme et de toute ta pensée." C'est le premier et le plus grand commandement. Et le second lui est semblable : "Tu aimeras ton prochain comme toi-même" » (Mt 22.36-39). Ainsi, selon Jésus, les relations sont au cœur de ce que signifie servir Dieu.

Le christianisme est plus qu'une religion, c'est une relation personnelle avec Dieu par Jésus-Christ. Il ne s'agit pas simplement d'adhérer à certaines croyances ou d'accomplir certains rituels. Il s'agit plutôt d'aimer Dieu et les autres. Cette idée d'une relation d'amour avec Dieu et avec les gens distingue le christianisme des autres religions.

Le ministère pastoral doit être exercé de près. Tout comme un berger ne peut pas s'occuper de ses brebis à distance, un pasteur pentecôtiste ne peut pas s'occuper de son peuple de loin. Pour réussir dans son ministère, le pasteur pentecôtiste doit comprendre l'importance de construire des relations fortes et saines. Et il doit savoir comment développer et entretenir ces relations.

Partie 4 : La vie personnelle du pasteur pentecôtiste

COMPRENDRE LES RELATIONS

Les relations sont les liens que nous établissons les uns avec les autres. Elles sont la manière dont nous sommes en relation les uns avec les autres. Les relations peuvent être proches ou distantes, fortes ou faibles, authentiques ou superficielles, saines ou destructrices. En tant que pasteur pentecôtiste, vous devez savoir comment établir des relations saines avec les membres de votre famille, les membres de votre église, vos amis et les autres pasteurs. Et vous devez être capable d'apprendre aux autres à faire de même.

Des relations saines permettent au peuple de Dieu de vivre ensemble en harmonie. Elles bénissent les gens et les édifient. Elles les aident à se sentir en sécurité, respectés et acceptés. Les relations saines amènent également le peuple de Dieu à se réunir dans une entreprise productive. Elles permettent à une église de prospérer et de se renforcer. En revanche, les relations malsaines poussent les gens à se disputer et à avoir des ressentiments. De telles relations affaiblissent l'église et la rendent inefficace.

Paul a donc exhorté les premiers chrétiens à développer des relations saines les uns avec les autres. Il écrit aux chrétiens d'Éphèse : « Efforcez-vous de conserver l'unité de l'Esprit par le lien de la paix » (Ep 4.3). Il conseillait aux croyants de Rome : « Ayez les mêmes sentiments les uns envers les autres. N'aspirez pas à ce qui est élevé, mais laissez-vous attirer par ce qui est humble » (Ro 12.16). Paul a compris que des relations saines sont la base d'un ministère efficace, tant à l'intérieur qu'à l'extérieur de l'assemblée.

LES TYPES DE RELATIONS

En tant que pasteur pentecôtiste, il est important que vous soyez conscient des différents types, ou niveaux, de relations que vous rencontrez dans la vie. Cette compréhension vous aidera à mieux hiérarchiser les relations dans lesquelles vous devriez vous investir davantage.

La relation primaire

Votre relation la plus importante dans la vie est votre relation avec Dieu. Toutes les autres relations doivent être construites sur cette relation primaire. Vous devez donc donner à votre relation avec Dieu la priorité absolue. Si vous réussissez cette relation, toutes les autres relations se mettront en place.

Chapitre 14 : Relations saines

L'inverse est également vrai ; si vous bâclez cette relation, toutes les autres relations en seront affectées négativement.

Votre relation avec Dieu doit être une relation d'amour profond (Mt 22.37). Cet amour pour Dieu s'exprimera par une obéissance dévouée à ses commandements (Jn 14.15, 21) et par un souci affectueux des autres (Jn 15.12).

Relations familiales

La relation avec votre conjoint vient en deuxième position après votre relation avec Dieu. La Bible dit que Dieu a fait du mari et de la femme une seule chair (Ge 2.24). Le mari doit donc aimer sa femme comme il aime son propre corps, comme le Christ aime l'Église. Et la femme doit respecter son mari et se soumettre à son autorité dans le foyer (Ep 5.21-33). Vous et votre conjoint devez donc chérir cette relation au-dessus de toutes les autres relations humaines. Et vous devez investir beaucoup de temps et d'efforts pour renforcer cette relation.

La troisième relation la plus importante est celle que vous entretenez avec vos enfants. Vous devez aimer profondément vos enfants, et vous devez vous occuper d'eux avec tendresse. La Bible dit que les parents doivent élever leurs enfants dans l'instruction du Seigneur (Ep 6.4). Par conséquent, vous ne devez jamais négliger vos enfants, même dans l'exercice de vos fonctions pastorales. Au contraire, vous devez prendre le temps de nouer un lien d'amitié avec chacun d'entre eux. Cela produira une atmosphère d'amitié aimante au sein du foyer. Cette atmosphère vous permettra de faire votre travail en paix et augmentera votre productivité dans le ministère. Elle servira également de témoignage à l'église et à la communauté. Plus important encore, vous devez chercher à conduire vos enfants dans une relation personnelle avec le Christ. Et vous devez vous assurer que chaque enfant a été rempli du Saint-Esprit.

En outre, vous devez cultiver une relation d'amour avec votre famille élargie. Vous devez faire preuve de l'amour et du respect chrétiens appropriés envers vos parents, vos frères et sœurs, vos cousins et les autres membres de votre famille. Vous devez toutefois veiller à ce que tout reste dans l'ordre. Vous ne devez jamais préférer les membres de votre famille élargie à votre conjoint et à vos enfants. Paul a écrit à Timothée : « Si

Partie 4 : La vie personnelle du pasteur pentecôtiste

quelqu'un n'a pas soin des siens, et principalement de ceux de sa famille, il a renié la foi, et il est pire qu'un infidèle » (1 Ti 5.8).[1]

Relations ministérielles

En plus de vos relations avec Dieu et les membres de votre famille, en tant que pasteur pentecôtiste, vous devez soigner vos relations ministérielles. Ces relations comprennent à la fois ceux *à* qui vous rendez service et ceux *avec* qui vous rendez service. Elles incluent les membres de votre église, votre communauté et votre dénomination ou église nationale. Chacune de ces relations est unique, et chacune doit être traitée de manière légèrement différente. Dans une large mesure, votre succès ou votre échec dans le ministère dépendra de la façon dont vous gérez ces relations.

En outre, vous devrez établir une relation personnelle et professionnelle solide avec les membres du personnel pastoral et laïc de votre église. Lorsque Jésus a choisi les douze apôtres, il les a envoyés prêcher et chasser les démons. Cependant, il les a d'abord appelés à passer du temps avec lui (Mc 3.13-15). Notre Seigneur savait que le lien qu'il construirait avec eux pendant qu'ils étaient ensemble servirait de fondement à leur ministère lorsqu'ils seraient séparés. Il en va de même pour l'église que vous dirigez. Votre lien avec votre personnel pastoral et laïc servira de fondation pour tout le ministère dans l'église locale.[2]

Trois relations risquées

Certaines relations comportent un certain niveau de risque. Trois de ces relations sont votre relation avec le monde, votre relation avec les personnes du sexe opposé et votre choix d'amis proches. En tant que pasteur pentecôtiste, vous devez naviguer très soigneusement dans chacune de ces relations, comme suit :

1. Votre relation avec le monde. Vous devez être vigilant dans votre relation avec le monde. Le monde est composé des nombreux systèmes terrestres contrôlés par Satan et ceux qui le servent (1 Jn 5.19). Jésus a dit à ses disciples : « Vous n'êtes pas du monde, et que je vous ai choisis du

---

[1] Pour en savoir plus sur ce sujet, voir le chapitre 7 : « Les priorités familiales ».

[2] Pour plus d'informations sur ce sujet, voir le chapitre 5 : « Les priorités ministérielles ».

Chapitre 14 : Relations saines

milieu du monde » (Jn 15.19). La Bible explique que, si le disciple du Christ doit vivre dans le monde, il ne doit pas être absorbé par les choses du monde (1 Co 7.31). Ils ne doivent pas fixer leurs affections sur les choses du monde (1 Jn 2.15). Il ne doit pas non plus modeler sa vie selon les voies du monde (Ro 12.2).

2. Votre relation avec le sexe opposé. En outre, en tant que pasteur pentecôtiste, vous devez surveiller de près votre relation avec les personnes du sexe opposé. Parce que certains pasteurs n'ont pas su garder des limites dans cette relation, ils sont tombés en disgrâce et ont fait honte à l'œuvre de Dieu. Paul a averti Timothée : « Fuis les passions de la jeunesse, et recherche la justice » (2 Ti 2.22). Il a également instruit son fils dans la foi : « [Traitez] les femmes âgées comme des mères, celles qui sont jeunes comme des sœurs, en toute pureté » (1 Ti 5.2).

Vous devez entretenir des relations avec les personnes du sexe opposé avec une décence absolue. En dehors de votre conjoint, vous ne devez jamais vous retrouver seul avec une personne du sexe opposé. Vous devez également veiller à votre vie de pensée. Toute aventure adultère commence dans l'imagination. Par conséquent, vous ne devez jamais laisser vos pensées vagabonder de votre conjoint vers une autre personne (Mt 5.28). La Bible dit : « Garde ton cœur plus que toute autre chose, car de lui viennent les sources de la vie » (Pr 4.23).

3. Votre choix d'amis. Le choix des amis d'une personne peut apporter une grande bénédiction ou un grand malheur dans sa vie. Vous devez donc faire preuve de sagesse dans le choix de vos amis. La Bible nous dit : « Le juste montre à son ami la bonne voie, Mais la voie des méchants les égare » (Pr 12.26). Paul ajoute : « Ne vous y trompez pas : les mauvaises compagnies corrompent les bonnes mœurs » (1 Co 15.33). En tant que pasteur pentecôtiste, vous ne devriez nouer des liens d'amitié solides qu'avec ceux qui vous encourageront à vous rapprocher de Dieu et à mener une vie qui lui soit agréable.

LES CARACTÉRISTIQUES DES RELATIONS SAINES

Les Africains reconnaissent que la qualité de la vie d'une personne est largement déterminée par la qualité de ses relations. Quels sont donc les repères que le pasteur pentecôtiste peut utiliser pour le guider dans la construction et le maintien de relations saines dans son foyer, son église et

Partie 4 : La vie personnelle du pasteur pentecôtiste

sa communauté ? En tant que pasteur pentecôtiste, vos relations devraient présenter cinq caractéristiques :

Amour

La première caractéristique qui doit définir vos relations avec les autres est l'amour sacrificiel. Vous devez aimer votre conjoint, vos enfants et le peuple de Dieu avec la même passion que le Christ vous aime. Jésus a ordonné à ses disciples : « Comme je vous ai aimés, vous aussi, aimez-vous les uns les autres » (Jn 13.34). Il leur disait que l'amour désintéressé devait définir leurs relations les uns avec les autres. Jésus était prêt à donner sa vie pour eux. Maintenant, ils doivent être prêts à donner leur vie les uns pour les autres (Jn 15.12-13). Pierre nous exhorte donc à « aimez-vous ardemment les uns les autres, de tout votre cœur » (1 Pi 1.22).

Communication ouverte

La deuxième caractéristique qui devrait définir votre relation avec les autres est une communication ouverte et honnête. Paul a conseillé aux chrétiens d'Éphèse de dire la vérité dans l'amour. S'ils faisaient cela, ils grandiraient et mûriraient comme son corps (Ep 4.15). L'apôtre a également recommandé aux croyants de Colossiens : « Que votre parole soit toujours accompagnée de grâce, assaisonnée de sel, afin que vous sachiez comment il faut répondre à chacun » (Col 4.6).

En tant que pasteur pentecôtiste, vous devez peser soigneusement vos mots avant de parler, en vous rappelant les paroles de l'Écriture : « Celui qui veille sur sa bouche garde son âme ; celui qui ouvre de grandes lèvres court à sa perte » (Pr 13.3). Votre communication avec les autres doit être caractérisée par l'amabilité, la confiance et la sincérité. Vos paroles doivent être franches sans être dures, honnêtes sans être méchantes. Et vous devez apprendre à écouter attentivement ce que les autres disent. La Bible avertit : « Celui qui répond avant d'avoir écouté fait un acte de folie et s'attire la confusion » (Pr 18.13).

Confiance mutuelle

Une troisième caractéristique qui devrait définir votre relation avec votre famille et les membres de votre église est la confiance mutuelle. La confiance est la confiance que les gens ont les uns envers les autres. La confiance mutuelle est la conviction partagée que toutes les parties de la

Chapitre 14 : Relations saines

relation seront sincères et qu'elles resteront engagées dans la relation. Pour qu'il y ait confiance mutuelle, toutes les parties de la relation doivent démontrer leur dévouement l'une envers l'autre.

En tant que pasteur pentecôtiste, vous devez prouver que vous êtes digne de la confiance des gens. Les gens doivent se sentir en sécurité auprès de leur pasteur. Ils doivent se sentir en sécurité pour lui confier leurs plus profonds secrets. Et ils doivent savoir que leur pasteur ne partagera pas ces secrets avec d'autres personnes.

Respect

Une quatrième caractéristique qui devrait définir votre relation avec les autres est le respect mutuel. Le respect est la haute considération que l'on a pour les sentiments, les droits et la dignité des autres. Pierre a exhorté les chrétiens à « montrer le respect qui convient à chacun » (1 Pi 2.17). Les épouses doivent respecter leurs maris et les maris doivent respecter leurs épouses. Les enfants doivent respecter leurs parents, et les parents doivent respecter leurs enfants. Les membres de l'église doivent respecter leur pasteur, et leur pasteur doit les respecter.

Parce que tous les êtres humains sont à l'image de leur Créateur, vous devez apprécier chaque personne, quelle que soit sa race, sa tribu ou sa position sociale. Paul a exhorté les chrétiens de Rome à ce « que l'amour fraternel vous lie d'une mutuelle affection » et en ce qui concerne « l'estime mutuelle : faites passer les autres avant vous » (Ro 12.10). Il ajoute : « Soyez bien d'accord entre vous. Ne soyez pas orgueilleux, mais laissez-vous attirer par ce qui est humble. Ne vous croyez pas trop avisés » (v. 16).

Humilité

Enfin, votre relation avec les autres doit être marquée par l'humilité. L'humilité est le contraire de l'arrogance et de l'autopromotion. C'est l'absence d'orgueil et de vanité. L'humilité est la capacité d'une personne à se voir telle que Dieu la voit. En d'autres termes, une personne humble est capable de se voir telle qu'elle est vraiment. L'humilité est une expression de l'amour véritable. Paul a écrit : « L'amour... ne se vante pas, il ne se gonfle pas d'orgueil, il ne fait rien d'inconvenant, il ne cherche pas son propre intérêt » (1 Co 13.4-5).

Partie 4 : La vie personnelle du pasteur pentecôtiste

L'orgueil ferme la porte à des relations profondes et durables. L'humilité l'ouvre en grand (Ro 12.16). En tant que pasteur humble, vous serez un homme ou une femme du peuple. Vous serez accessible. Plutôt que de construire des murs entre vous et les gens, vous construirez des ponts.

LE MAINTIEN DE RELATIONS SAINES

Voici trois pratiques qui vous aideront à établir et à entretenir des relations saines et respectueuses de Dieu avec les autres :

Avoir un but précis

Premièrement, vous devez être déterminé à établir et à maintenir des relations saines avec les membres de votre famille, les membres de l'église et les associés ministériels. Vous devez prendre l'initiative et poursuivre activement ces relations. C'est ce que Jésus a fait. Il a choisi de marcher parmi les gens. Il a pris le temps de les écouter et d'entendre leurs cris. Ses ennemis l'ont remarqué et l'ont accusé d'être « l'ami des publicains et des gens de mauvaise vie » (Mt 11.19). En tant que pasteur pentecôtiste, vous devez vous efforcer d'être comme Jésus et chercher activement à établir des relations solides avec les autres.

Entretenir les relations

En outre, vous devez travailler dur pour entretenir des relations saines. Vous devez être prêt à investir le temps et les efforts nécessaires pour établir des liens solides et durables avec votre famille, les membres de votre église et vos associés ministériels. Pour ce faire, vous devrez passer du temps avec eux, écouter leurs histoires, rire de leurs blagues et pleurer sur leurs peines et leurs échecs (Ro 12.15). Si vous faites cela, avec le temps, un fort lien d'affection se formera entre vous et vos collaborateurs.

Pratiquer le pardon

Enfin, si vous voulez construire et entretenir des relations solides et durables avec les autres, vous devez apprendre à demander et à offrir le pardon. C'est inévitable ; les gens vont s'offenser, et ils seront offensés. Des malentendus surviendront et des sentiments seront blessés. Si l'on veut préserver les relations, il faut pardonner.

La pièce de monnaie du pardon a deux côtés. D'un côté, la personne coupable demande le pardon. L'autre côté est celui de la personne offensée

Chapitre 14 : Relations saines

qui accorde son pardon. Vous devez être prêt à faire les deux (Mt 5.22-26). Vous devez être prompt à demander le pardon lorsque vous avez commis une infraction. Et vous devez être prêt à accorder le pardon lorsque quelqu'un le demande. Le pardon libère à la fois l'offenseur et l'offensé. Il ouvre la porte à la réconciliation et permet de réparer les relations brisées.

Un ministère efficace se construit sur des relations fortes et saines. Le pasteur pentecôtiste avisé investira massivement dans la construction de ces relations.

Partie 4 : La vie personnelle du pasteur pentecôtiste

~ Chapitre 15 ~

Une forte habitude de dévotion

« Et même je regarde toutes choses comme une perte, à cause de l'excellence de la connaissance de Jésus-Christ » (Ph 3.8). Ce sont les paroles de l'apôtre Paul. Après Jésus, il est considéré comme le plus grand missionnaire qui ait jamais vécu. Il a prêché avec puissance, fait des miracles et implanté des églises dans tout l'Empire romain. Dieu s'est servi de lui pour ouvrir la porte du salut aux païens (Ac 14.27). Pourtant, dans tout cela, il avait le sentiment que sa plus grande réussite dans la vie était simplement de connaître Jésus. Sa prière constante était : « Je veux connaître Christ » (Ph 3.10).

Comme Paul, vous êtes un leader en tant que pasteur pentecôtiste. En tant que tel, vous avez de nombreuses responsabilités. Vous avez été appelé à transformer les croyants en disciples et à faire progresser le royaume de Dieu sur la terre. Ce sont des tâches importantes, et vous devez les accomplir fidèlement. Cependant, si vous voulez aller loin dans le ministère, comme Paul, vous devez donner la priorité à votre relation avec le Christ. Vous devez vous consacrer à la connaissance du Christ et apprendre à vivre en communion constante avec lui.

Pour ce faire, vous devrez développer une solide habitude de dévotion. Aucun travail, aussi diligent ou efficace soit-il, ne compensera le manque de communion avec le Seigneur. Ce chapitre traite de l'habitude de dévotion du pasteur pentecôtiste.

Partie 4 : La vie personnelle du pasteur pentecôtiste

L'HABITUDE DE LA DÉVOTION

Nous commencerons notre enquête sur l'habitude de la dévotion par quelques définitions.

Comprendre le terme

Une habitude est quelque chose qu'une personne fait régulièrement. C'est un comportement récurrent qui est devenu une seconde nature. Comme un homme qui se brosse les dents tous les matins, les habitudes se développent par la répétition. Au début, une personne doit se rappeler la nécessité de faire l'activité. Et parfois, elle doit se discipliner pour la faire. Cependant, avec le temps, l'activité devient habituelle.

Qu'est-ce donc que l'habitude de dévotion ? L'habitude de dévotion est la discipline chrétienne qui consiste à maintenir un temps quotidien de communion avec le Christ. C'est le temps que le fidèle serviteur du Christ met de côté chaque jour pour entretenir sa relation avec Dieu. C'est une habitude car, avec le temps, elle devient une routine. C'est une dévotion parce que son but est de nourrir la relation avec Dieu et d'accroître l'engagement envers Lui et Sa mission.

Les avantages de l'habitude dévotionnelle

Si vous développez et maintenez fidèlement une solide habitude de dévotion, de nombreux avantages entreront dans votre vie et votre ministère. Examinons quatre de ces avantages :

1. Connaître Christ. Le premier avantage de votre développement d'une solide habitude de dévotion est qu'elle vous fera grandir dans votre relation avec Christ. L'auteur des Hébreux nous exhorte à « nous approcher de Dieu avec un cœur sincère » (Hé 10.22). Jacques ajoute une promesse à ce commandement : « Approchez-vous de Dieu et il s'approchera de vous » (Ja 4.8). Lorsque vous priez et méditez les Écritures, vous entrez dans le lieu très saint (Hé 10.19). Là, en présence de Dieu, vous vous trouverez, comme Moïse autrefois, en communion avec Dieu « face à face, comme un homme parle à son ami » (Ex 33.11).

2. Discerner la volonté de Dieu. Un deuxième avantage du développement d'une solide habitude de dévotion est que vous parviendrez à mieux comprendre la volonté de Dieu pour votre vie. En priant, en lisant la Parole de Dieu et en appliquant ses enseignements à votre vie, votre esprit

Chapitre 15 : Une forte habitude de dévotion

sera transformé. Lorsque cela se produit, vous « serez en mesure d'éprouver et d'approuver ce qu'est la volonté de Dieu - sa volonté bonne, agréable et parfaite » (Ro 12.2).

3. Développer une vision biblique du monde. Un troisième avantage du développement d'une solide habitude de dévotion est que cette pratique vous aidera à développer une vision biblique du monde. En parcourant les Écritures dans la prière, vous commencerez à voir le monde tel que Dieu le voit. Vous commencerez à comprendre son plan pour l'humanité. Et vous serez capable de discerner votre place dans l'accomplissement de ce plan.

4. Rester en phase avec l'Esprit. Un quatrième avantage du maintien d'une solide habitude de dévotion est que vous apprendrez à vivre en étroite communion avec le Saint-Esprit (2 Co 13.14). Paul a exhorté les chrétiens à « marcher dans l'Esprit » (Ga 5.25). Il les a également exhortés à « être continuellement remplis du Saint-Esprit » (traduction littérale d'Éphésiens 5.18). Dans une atmosphère de dévotion, le Saint-Esprit fera connaître sa puissance et sa présence. C'est comme le courant qui va de la source d'énergie à l'ampoule électrique. Tant que le câble est branché à la prise, l'ampoule brille. Cependant, si la fiche est retirée, le courant cesse de circuler et l'ampoule s'éteint. Grâce à une habitude de dévotion fidèle, vous pouvez rester branché à la source d'énergie. Vous pouvez rester rempli de l'Esprit de Dieu.

Deux questions se posent : « Comment pouvez-vous, en tant que pasteur pentecôtiste, développer une solide habitude de dévotion ? » et « Que devez-vous faire pour tirer le meilleur parti de cette pratique ? »

Trois questions importantes

Pour établir une solide habitude de dévotion, vous devrez aborder trois questions connexes :

1. Les priorités. La première étape de la formation d'une habitude de dévotion consiste à déterminer vos priorités. Une priorité est une chose qu'une personne considère comme la plus importante. C'est la chose qu'il ou elle fait en premier. Vous devez décider que votre relation avec Dieu est une priorité absolue. Et vous devez considérer l'habitude de dévotion comme un moyen de renforcer cette relation. Pour ce faire, vous devrez vous prémunir contre la « tyrannie de l'urgence ». En d'autres termes, vous ne

Partie 4 : La vie personnelle du pasteur pentecôtiste

devez pas permettre aux nombreuses activités urgentes de la vie d'évincer les pratiques les plus importantes.

En tant que pasteur occupé, vous rencontrez chaque jour de nombreux besoins urgents, des tâches qui sollicitent constamment votre temps. Bien que vous ne puissiez pas ignorer ces demandes, vous devez apprendre à les mettre dans le bon ordre. Vous devez préserver votre relation avec Dieu. Et vous devez garder cette relation en tête de votre liste de priorités. C'est ce que Jésus a fait. Il n'a pas laissé ses nombreuses responsabilités l'empêcher de communier avec son Père céleste. La Bible nous dit qu'il « se retirait souvent dans des déserts, et priait » (Lu 5.16). Il savait qu'il avait besoin de ce temps seul avec son Père pour le soutenir dans son ministère.

L'histoire de Marie et Marthe illustre bien ce point. Marie avait pour priorité de s'asseoir aux pieds de Jésus et de l'écouter enseigner. Cependant, Marthe était distraite par tout ce qu'il y avait à faire. Jésus dit à Marthe : « Marthe, Marthe, tu t'inquiètes et tu t'agites pour beaucoup de choses. Une seule chose est nécessaire. Marie a choisi la bonne part, qui ne lui sera point ôtée » (Lu 10.41-42). Marthe avait été distraite par la tyrannie de l'urgence. En revanche, Marie avait donné la priorité à ce qu'il y a de meilleur, la communion avec le Seigneur. Chaque pasteur pentecôtiste doit apprendre à faire de même.

Vous pouvez être tenté de dire : « Je ne peux pas lire la Bible et prier aujourd'hui. J'ai trop de choses urgentes à faire. » Cependant, si vous dites cela aujourd'hui, puis le lendemain, puis le surlendemain, vous tomberez dans un schéma dont il est difficile de sortir. Mais si vous considérez votre temps de dévotion quotidien comme un rendez-vous avec Dieu, et si vous respectez fidèlement ce rendez-vous, vous développerez une faim de la présence de Dieu. Vous commencerez à aborder votre temps de dévotion avec joie.

2. La gestion du temps. La deuxième question qu'un pasteur pentecôtiste doit aborder pour développer une habitude de dévotion est la gestion du temps. La gestion du temps est la pratique qui consiste à organiser son emploi du temps quotidien pour s'assurer que la quantité de temps appropriée est allouée à chacune des activités de la journée. Les pasteurs efficaces comprennent que le temps est un don de Dieu et qu'ils doivent bien

Chapitre 15 : Une forte habitude de dévotion

le gérer. En planifiant votre journée, vous devez vous assurer que vous réservez un temps suffisant pour la dévotion personnelle.[1]

Un pasteur mature a parlé de la manière dont il planifiait son temps de dévotion. « Je fixe un temps chaque matin pour la prière de dévotion et l'étude de la Bible », a-t-il dit. « Je fais savoir à mes collaborateurs quel est mon emploi du temps. Ensuite, si pendant ce temps quelqu'un m'appelle et me dit : "Je veux vous voir", je le fais attendre jusqu'à ce que j'aie terminé mes dévotions. Lorsque j'ai terminé, je sors et je les rencontre. Bien sûr, il y a des urgences auxquelles je dois répondre. Mais ce sont des exceptions. La règle est que je donne la priorité au temps que je passe avec Dieu. »

3. L'autodiscipline. Le troisième aspect du développement d'une solide habitude de dévotion est l'autodiscipline. En effet, à quoi bon si un pasteur pentecôtiste établit des priorités et organise son temps, puis manque de l'autodiscipline nécessaire pour suivre son plan ? Vous devez donc vous discipliner pour respecter votre rendez-vous avec Dieu chaque jour. En tant que pasteur, vous n'avez personne pour vous dire : « Il est temps de prier. Il est temps de lire la Bible. » Vous devez donc vous discipliner. Paul dit à Timothée qu'un surveillant, ou un pasteur, doit avoir la maîtrise de soi (1 Ti 3.2). Il enseigne également que la maîtrise de soi, ou l'autodiscipline, est un fruit du Saint-Esprit (Ga 5.23).

Deux pratiques de dévotion

Comme nous l'avons déjà indiqué dans ce chapitre, les deux pratiques principales de l'habitude de dévotion sont la prière et l'étude de la Bible. Examinons de plus près chacune de ces pratiques de dévotion :

1. La prière de dévotion. Le pasteur pentecôtiste doit intégrer la prière de dévotion dans ses moments de dévotion. La prière de dévotion est différente de la prière de demande ou de la prière d'intercession. Dans la prière de demande, on demande au Seigneur de répondre à un besoin dans sa propre vie. Dans la prière d'intercession, on prie pour les besoins des autres. En revanche, dans la prière de dévotion, l'adorateur s'engage dans la voie de Dieu, cherchant à s'approcher de Lui. David a fait une prière de

---

[1] Pour en savoir plus sur le pasteur pentecôtiste et la gestion du temps, voir le chapitre 13 : « Une vie bien gérée ».

Partie 4 : La vie personnelle du pasteur pentecôtiste

dévotion lorsqu'il a demandé à Dieu : « Éternel ! fais-moi connaître tes voies, enseigne-moi tes sentiers » (Ps 25.4).

La prière dévotionnelle comprend également des moments de chant, d'adoration et de remerciement à Dieu. Elle inclut parfois la repentance, comme lorsque David priait : « J'ai péché contre toi seul, et j'ai fait ce qui est mal à tes yeux.... Purifie-moi avec l'hysope, et je serai pur ; lave-moi, et je serai plus blanc que la neige » (Ps 51.6, 9). La Parole de Dieu promet : « Si nous confessons nos péchés, il est fidèle et juste pour nous les pardonner, et pour nous purifier de toute iniquité » (1 Jn 1.9).

Pendant vos moments de dévotion, vous voudrez prier pour votre famille, afin qu'elle soit en bonne santé physique et spirituelle. Vous voudrez également prier pour votre église, afin que le Saint-Esprit lui donne le pouvoir et dirige ses affaires, et que tous ceux qui font partie de l'église soient remplis de l'Esprit. En outre, vous voudrez prier pour que l'église soit en bonne santé et que les dons et les fruits de l'Esprit soient présents dans l'église.

2. L'étude dévotionnelle de la Bible. Vos moments de dévotion doivent inclure l'étude de la Bible. Il est toutefois important que vous compreniez la différence entre l'étude biblique dévotionnelle et l'étude biblique professionnelle. L'étude biblique professionnelle est celle qu'un pasteur fait pour se préparer au ministère. Ce type d'étude biblique se produit lorsqu'il ou elle étudie la Bible pour préparer un sermon ou une leçon biblique. Pour le pasteur pentecôtiste, l'étude professionnelle de la Bible est essentielle. Cependant, ce n'est pas le genre d'étude biblique que vous devriez faire pendant vos moments de dévotion.

L'étude dévotionnelle de la Bible se produit lorsque vous lisez la Bible pour votre croissance spirituelle personnelle. Votre objectif n'est pas de préparer un sermon, mais de mieux comprendre la Parole de Dieu, et de permettre aux paroles de Dieu de façonner votre vie. Le but de l'étude dévotionnelle de la Bible est de rencontrer Dieu dans sa Parole. Son but est de mieux connaître Dieu, de se rapprocher du Christ et de le servir plus parfaitement. Job a parlé de sa propre réponse dévotionnelle à l'Écriture quand il a dit : « Je n'ai pas abandonné les commandements de ses lèvres ; j'ai fait plier ma volonté aux paroles de sa bouche » (Job 23.12).

Certains ont suggéré quatre étapes dans l'étude dévotionnelle de la Bible. La première étape consiste à lire le passage lentement et de manière

Chapitre 15 : Une forte habitude de dévotion

réfléchie. La deuxième étape consiste à réfléchir au texte, en se posant des questions telles que : « Que me dit Dieu à travers ce passage ? » et « Comment dois-je répondre au message de Dieu dans ce passage ? » La troisième étape consiste à prier : « Seigneur, que veux-tu que je fasse ? » Et la dernière étape consiste à obéir à ce que Dieu a dit dans sa Parole et à mettre ses principes en pratique.

APPROFONDISSEMENT DE L'HABITUDE DÉVOTIONNELLE

Pour conclure, examinons trois idées supplémentaires sur la façon dont vous pouvez améliorer vos habitudes de dévotion et renforcer votre relation avec Dieu.

Utiliser le Notre Père

De temps en temps, vous voudrez utiliser le Notre Père comme guide pendant vos moments de dévotion. Cette prière se trouve dans Matthieu 6.9-13. Jésus l'a donnée à ses disciples comme modèle, ou schéma, pour une prière efficace. En utilisant cette prière comme guide, votre session de dévotion se déroulera comme suit :

1. *Commencez par la louange :* « Notre Père qui es aux cieux, que ton nom soit sanctifié » (v. 9). Passez quelques instants à chanter et à adorer Dieu. Louez-le pour ce qu'il est, et remerciez-le pour tout ce qu'il a fait.
2. *Priez pour que la volonté de Dieu soit faite :* « Que ton règne vienne, que ta volonté soit faite sur la terre comme au ciel » (v. 10). Priez pour que le royaume de Dieu entre dans la vie des gens. Priez pour qu'ils naissent de nouveau et commencent à suivre le Christ (Jn 3.3-8). Priez pour qu'ils soient guéris et délivrés de l'emprise des démons (Mt 12.28 ; Lu 11.20). Priez pour qu'ils soient remplis du Saint-Esprit (Mc 9.1 ; Ac 1.3-8). Et priez pour la venue prochaine de Jésus (Lu 22.18 ; Ap 12.10 ; 22.20).
3. *Demandez à Dieu :* « Donne-nous aujourd'hui notre pain quotidien » (v. 11). Demandez à Dieu de pourvoir à tous vos besoins « selon la richesse de sa gloire dans le Christ Jésus » (Ph 4.19). Intercédez pour les besoins des autres.
4. *Demandez et donnez le pardon :* « Pardonne-nous nos offenses, comme nous aussi nous pardonnons à ceux qui nous ont offensés »

Partie 4 : La vie personnelle du pasteur pentecôtiste

(v. 12). Humiliez-vous devant Dieu, en demandant son pardon et en accordant le pardon aux autres.

5. *Demandez à Dieu de vous guider et de vous protéger* : « Ne nous soumets pas à la tentation, mais délivre-nous du malin » (v. 13). Demandez à Dieu sa direction dans votre vie et votre ministère et sa protection contre le diable et ses forces démoniaques.

Prière continue

En plus de maintenir un temps de dévotion quotidien, le pasteur pentecôtiste doit apprendre à « prier sans cesse » (1 Th 5.17). Bien entendu, cela ne signifie pas que vous devez rester dans le lieu de prière toute la journée, tous les jours. Cela signifie plutôt que vous ne devez jamais cesser de prier. Vous devez apprendre à vivre dans un état continu de communion avec Dieu. Pendant que vous vaquez à vos activités quotidiennes, une prière devrait être continuellement sur vos lèvres (Ps 34.1 ; Hé 13.15). Cette pratique sera renforcée si votre journée commence par un temps de dévotion comme décrit ci-dessus. La prière sans cesse est essentielle pour vivre une vie en phase avec l'Esprit de Dieu (Ga 5.25).

Journal intime

Enfin, c'est une bonne pratique pour un pasteur pentecôtiste de tenir un journal de prière quotidien. Un journal de prière est un cahier dans lequel le pasteur consigne ce qui se passe pendant ses moments de dévotion. Dans ce journal, vous notez les demandes que vous avez faites à Dieu, ainsi que les réponses de Dieu à ces demandes. En observant la fidélité de Dieu à répondre à vos prières, votre foi sera renforcée.

Vous voudrez également noter toutes les paroles ou impressions que vous pouvez recevoir du Saint-Esprit. Ces impressions pourront plus tard vous servir de repères, vous aidant à discerner la direction de Dieu pour votre vie et votre ministère. En outre, vous voudrez peut-être noter toutes les intuitions que vous recevez en lisant la Bible. Certaines de ces intuitions pourront plus tard être développées en messages pour la congrégation. De temps en temps, vous voudrez revoir ce que vous avez écrit dans votre journal, en demandant à Dieu d'imprimer dans votre cœur les choses dont il veut que vous vous souveniez.

Chapitre 15 : Une forte habitude de dévotion

Pour le pasteur pentecôtiste, une habitude de dévotion quotidienne n'est pas une option, c'est une nécessité. Une telle habitude enrichira puissamment sa vie et son ministère de plusieurs façons. Elle lui fournira la direction et la force spirituelle dont il a besoin pour répondre à l'appel de Dieu sur sa vie.

Partie 4 : La vie personnelle du pasteur pentecôtiste

~ Partie 5 ~

Le ministère public du pasteur pentecôtiste

Partie 5 : Le ministère public du pasteur pentecôtiste

~ Chapitre 16 ~

La prédication ointe de l'Esprit

Un pasteur non pentecôtiste doutait de la réalité du baptême du Saint-Esprit. Il exprimait souvent son scepticisme concernant cette expérience. Puis un jour, alors qu'il lisait Actes 2 et réfléchissait aux événements du jour de la Pentecôte, il a demandé et reçu l'expérience pentecôtiste. Plus tard, il a témoigné : « Dans le court laps de temps qui s'est écoulé depuis que j'ai reçu le Saint-Esprit, ma prédication a donné plus de résultats que pendant toutes mes années de prédication précédentes ! »

Historiquement, la prédication puissante, mandatée par l'Esprit, a été une caractéristique du ministère pentecôtiste. Depuis le début du vingtième siècle, le mouvement pentecôtiste a produit une vaste armée de prédicateurs dotés de la puissance de l'Esprit Saint, qui déclarent avec zèle le message du salut aux nations.

Ce chapitre abordera le sujet de la prédication pentecôtiste. Il se concentrera sur le rôle du Saint-Esprit dans l'onction du prédicateur. Il offrira également des recommandations sur la préparation et la présentation du sermon.

LA PRÉDICATION PENTECÔTISTE

Jésus a ordonné à ses disciples : « Allez dans le monde entier et prêchez la bonne nouvelle à toute la création » (Mc 16.15). La prédication est la proclamation passionnée de la Parole de Dieu dans le but de persuader les

Partie 5 : Le ministère public du pasteur pentecôtiste

gens de suivre le Christ et de faire sa volonté. C'est un thème prédominant dans le Nouveau Testament, où une forme des mots *prêcher* ou *proclamer* apparaît près de 150 fois. La capacité de prêcher des messages efficaces, oints du Saint-Esprit, est une responsabilité primordiale de tout pasteur pentecôtiste.

Le modèle du livre des Actes

Les Pentecôtistes croient que la prédication des apôtres et d'autres personnes dans le livre des Actes est destinée à servir de modèle aux prédicateurs d'aujourd'hui. Dans les Actes, Luc rapporte le contenu de plusieurs sermons prêchés par les apôtres et d'autres prédicateurs (par exemple, Pierre : Ac 2.14-40 ; 3.12-26 ; 10.28-47 ; Étienne : Ac 7.1-53 ; Paul : Ac 13.16-41 ; 17.22-31). La place imposante que Luc accorde à ces sermons dans les Actes montre l'importance qu'il leur accorde. Il voulait que ses lecteurs sachent comment les apôtres prêchaient afin qu'ils puissent faire de même.

Un examen attentif des sermons dans les Actes révèle au moins cinq caractéristiques importantes de la prédication apostolique :

1. *Centré sur Jésus.* La personne et l'œuvre du Christ sont au centre de chaque message prêché dans les Actes. Les prédicateurs du Nouveau Testament ont constamment annoncé que Jésus était l'accomplissement des prophéties de l'Ancien Testament et qu'il était le seul moyen de salut (cf. Ac 2.22-24, 30-32 ; 3.13-20 ; 4.10-12 ; 5.30-31 ; 8.5 ; et autres).
2. *L'appel à l'Écriture.* Les prédicateurs du livre des Actes faisaient constamment appel aux Écritures pour étayer leurs affirmations (cf. Ac 2.7-21 ; 3.22-23 ; 4.11, 25-26 ; et autres).
3. *Oint par le Saint-Esprit.* Les prédicateurs dans les Actes étaient remplis du Saint-Esprit, et donc oints par lui (cf. Ac 2.4, 14 ; 4.8 ; et autres).
4. *La confirmation surnaturelle.* Dans les Actes, la proclamation de l'Évangile était souvent accompagnée de signes et de prodiges de confirmation (cf. Ac 3.1-8 ; 8.4-7 ; 14.8-10 ; et autres).
5. *Un appel à la repentance et à la foi.* Les prédicateurs du livre des Actes concluaient normalement leurs sermons par un appel à la repentance et à la foi (cf. Ac 2.38 ; 3.19 ; 8.22 ; et autres).

Ces mêmes caractéristiques devraient être au cœur de la prédication pentecôtiste en Afrique aujourd'hui. Vous feriez bien de mémoriser cette

Chapitre 16 : La prédication ointe de l'Esprit

liste et de l'utiliser comme norme pour évaluer votre propre ministère de prédication.

L'ONCTION DU SAINT ESPRIT

Dans l'Ancien Testament, les prophètes, les prêtres et les rois étaient oints d'huile lorsqu'ils étaient installés dans leur fonction (cf. Ex 28.41 ; 1 S 9.16 ; 16.11-13 ; 1 R 1.34 ; 19.16). Cette onction servait de signe de leur appel, et elle symbolisait leur autorité donnée par Dieu pour fonctionner dans leurs fonctions. Elle symbolisait également la présence de l'Esprit de Dieu sur eux pour leur permettre d'accomplir les fonctions de leur office (Es 61.1-2).

Comme nous l'avons mentionné plus haut, l'une des caractéristiques de la prédication dans le livre des Actes est que les prédicateurs étaient oints par le Saint-Esprit. Examinons de plus près cette idée.

Le ministère oint de Jésus

Jésus a commencé son ministère en annonçant : « L'Esprit du Seigneur est sur moi, parce qu'il m'a oint pour annoncer une bonne nouvelle » (Lu 4.18). Il a ainsi décrit l'onction de l'Esprit comme l'Esprit étant sur lui. Il a utilisé ce terme pour décrire l'action puissante du Saint-Esprit en lui et à travers lui, lui permettant d'accomplir son ministère messianique.

Le ministère oint des apôtres

Il est arrivé à peu près la même chose aux 120 disciples le jour de la Pentecôte. D'abord, l'Esprit est venu sur eux (Ac 2.3). Ensuite, il les a remplis. Et enfin, il a commencé à parler par eux (v. 4, 14). Tout cela s'est produit en accomplissement de la promesse de Jésus en Actes 1.8 : « Mais vous recevrez une puissance, lorsque le Saint-Esprit viendra sur vous ; et vous serez mes témoins... jusqu'aux extrémités de la terre. »

Ainsi, être oint, c'est être rempli et habilité par le Saint-Esprit. Tout comme l'Esprit est venu sur Jésus et les premiers disciples, les oignant pour le ministère, l'Esprit viendra sur le disciple soumis aujourd'hui, l'oignant pour le ministère.

Partie 5 : Le ministère public du pasteur pentecôtiste

Description de l'onction

L'onction est l'action puissante du Saint-Esprit dans, sur et à travers les individus qui se sont entièrement soumis à Dieu. C'est la présence manifeste de Dieu qui vient se poser sur un disciple rempli de l'Esprit, lui permettant d'exercer son ministère avec une puissance et une efficacité accrues.

Dans le livre des Actes, les termes *rempli du* et *plein du* Saint-Esprit sont parfois utilisés pour décrire l'onction de l'Esprit. Le terme, *rempli du* Saint-Esprit, décrit la venue, le remplissage et l'onction de l'Esprit sur un individu pour agir et parler avec puissance et autorité (Ac 4.8, 31 ; 13.9-12). Le terme, *plein du* Saint-Esprit, décrit l'état permanent d'être oint par le Saint-Esprit (Ac 6.3, 5 ; 7.55). Cela pourrait être « l'onction qui demeure » dont parle Jean (1 Jn 2.27). L'onction demeure sur nous aussi longtemps que nous restons en Christ (Jn 15.4-7). La séparation du péché est une condition essentielle pour que l'onction demeure (Jn 14.15-16). Cette onction doit être une priorité dans la vie de chaque pasteur pentecôtiste.

La prédication ointe

La prédication inspirée par l'Esprit ne doit pas être confondue avec une simple éloquence, un charisme naturel ou la capacité d'émouvoir une foule. Elle ne doit pas non plus être confondue avec la présentation enthousiaste d'un sermon. Bien que la prédication ointe de l'Esprit puisse présenter ces caractéristiques, elle est bien plus. La prédication consacrée par l'Esprit est une prédication infusée par l'Esprit. C'est le genre de prédication modelée par Jésus et les apôtres.

Luc illustre cette vérité avec l'histoire d'Apollos. Il explique : « Un Juif nommé Apollos, originaire d'Alexandrie, homme éloquent et versé dans les Écritures, vint à Éphèse. Il était instruit dans la voie du Seigneur, et, fervent d'esprit, il annonçait et enseignait avec exactitude ce qui concerne Jésus » (Ac 18.24-25). Apollos était donc un prédicateur éloquent et intellectuellement compétent. Pourtant, il « ne connaissait que le baptême de Jean » (v. 25). Il lui manquait l'expérience de la Pentecôte. Cependant, après que Priscille et Aquila lui « exposèrent plus exactement la voie de Dieu », il fut manifestement rempli du Saint-Esprit. Il s'est ensuite rendu en Achaïe où il a été « par la grâce de Dieu, très utile à ceux qui avaient cru » (v. 27).

Jésus a dit de sa propre prédication et de son enseignement oints : « Les paroles que je vous ai dites sont esprit et vie » (Jn 6.63). La Bible décrit la

Chapitre 16 : La prédication ointe de l'Esprit

prédication des apôtres : « Les apôtres rendaient avec beaucoup de force témoignage de la résurrection du Seigneur Jésus. Et une grande grâce reposait sur eux tous » (Actes 4.33). La phrase, *une grande grâce reposait sur eux tous,* décrit bien l'onction du Saint-Esprit. Dans les Actes, l'onction de l'Esprit sur un prédicateur a profondément affecté ceux qui écoutaient (Ac 2.4, 14 avec 1 Co 2.4 ; Ac 2.37 avec 1 Co 2.5).

Dans ses épîtres, Paul parle de sa propre prédication inspirée par l'Esprit. Il rappelle aux croyants de Corinthe comment il leur avait d'abord prêché l'Évangile. « Ma parole et ma prédication », écrit-il, « ne reposaient pas sur les discours persuasifs de la sagesse, mais sur une démonstration d'Esprit et de puissance » (1 Co 2.4-5). Il a décrit son ministère aux croyants de Romains : « Par la puissance des miracles et des prodiges, par la puissance de l'Esprit de Dieu… j'ai abondamment répandu l'Évangile de Christ » (Ro 15.19). Il a rappelé aux croyants de Thessalonique : « Notre Évangile ne vous ayant pas été prêché en paroles seulement, mais avec puissance, avec l'Esprit Saint » (1 Th 1.5).

Le Saint-Esprit est prêt à oindre notre prédication aujourd'hui, tout comme il a oint Jésus et les apôtres au premier siècle. Mais quelle est la source de l'onction, et comment l'obtenir ?

LA SOURCE DE L'ONCTION

Pour être capable de prêcher avec l'onction de l'Esprit, le pasteur pentecôtiste doit comprendre sa source. La source de l'onction est la présence du Saint-Esprit qui habite et donne du pouvoir. C'est l'Esprit *à l'intérieur* et *sur* le prédicateur (Jn 14.17 ; Ac 1.8). Cette puissance du Saint-Esprit est reçue quand on est baptisé et rempli du Saint-Esprit (Ac 2.4). L'onction demeure lorsque l'on marche « selon l'Esprit » (Ga 5.25). Cette vérité est démontrée dans les ministères de Jésus et des apôtres.

La source de l'onction de Jésus

Jésus a affirmé que la source de son onction était l'Esprit du Seigneur (Lu 4.18). Bien qu'il soit vraiment le Fils de Dieu incarné, il a choisi de se dépouiller de sa puissance et de ses privilèges divins et d'accomplir son ministère dans la puissance de l'Esprit (Ph 2.5-8). Le ministère de Jésus, consacré par l'Esprit, devait donc servir de modèle à tous ceux qui le suivraient.

Partie 5 : Le ministère public du pasteur pentecôtiste

Jésus n'a pas commencé son ministère avant d'avoir été oint par l'Esprit. Son baptême par l'Esprit a eu lieu immédiatement après que Jean l'ait baptisé dans l'eau. La Bible dit : « Comme [Jésus] priait, le ciel s'ouvrit et le Saint-Esprit descendit sur lui sous une forme corporelle, comme une colombe » (Lu 3.21-22). Jésus a alors « commencé son ministère » (v. 23). Il a commencé à se déplacer et à exercer son ministère avec la puissance de l'Esprit (Lu 4.1, 14). Il a annoncé : « L'Esprit du Seigneur est sur moi, parce qu'il m'a oint pour annoncer une bonne nouvelle » (Lu 4.18). Plus tard, lorsque les gens ont entendu Jésus parler, ils « ont été étonnés des paroles de grâce qui sortaient de ses lèvres » (v. 22). Et ils étaient étonnés « parce que ses paroles avaient autorité » (v. 32 ; cf. Mt 7.28- 29).

La source de l'onction des apôtres

Tout comme le Saint-Esprit était la source du ministère oint de Jésus, il était également la source du ministère oint des apôtres. Comme Jésus, les apôtres ont d'abord été baptisés dans le Saint-Esprit. Ils ont ensuite commencé à prêcher avec puissance.

Pierre est peut-être le meilleur exemple de cette dynamique spirituelle. Avant la Pentecôte, il avait peur d'avouer Jésus à une servante (Matt 26.69-72). Cependant, une fois rempli du Saint-Esprit, il a prêché avec puissance, et ses paroles ont profondément touché ses auditeurs (Ac 2.37). En conséquence, trois mille personnes sont venues au Christ. Ce scénario se répète plusieurs fois dans les Actes (4.8, 31-33).

La même onction qui était sur Jésus et les apôtres, leur permettant de prêcher avec puissance, est disponible pour nous aujourd'hui.

VIVRE L'ONCTION

Les questions se posent : « Comment peut-on vraiment expérimenter l'onction du Saint-Esprit aujourd'hui ? Comment l'onction est-elle reçue ? Comment est-elle manifestée dans le ministère ? Comment peut-elle être maintenue ? »

Recevoir l'onction

L'onction est reçue aujourd'hui tout comme elle a été reçue par Jésus et les premiers disciples. Elle est initialement reçue lorsqu'une personne est baptisée du Saint-Esprit. Comme expliqué ci-dessus, Jésus a reçu le Saint-

Chapitre 16 : La prédication ointe de l'Esprit

Esprit lors de son baptême. Il a alors commencé à exercer son ministère avec puissance. Il en était de même pour les disciples. Ils ont reçu l'Esprit pour la première fois à la Pentecôte et, comme Jésus, ils ont commencé à exercer leur ministère avec puissance.

Jésus a donné des instructions claires sur la manière dont on peut recevoir l'Esprit. Il a dit à ses disciples : « Votre Père qui est dans les cieux [donnera] le Saint-Esprit à ceux qui le lui demandent ! » (Lu 11.13). Il a expliqué : « Demandez et l'on vous donnera ; cherchez et vous trouverez ; frappez et l'on vous ouvrira. Car quiconque demande reçoit ; celui qui cherche trouve ; et à celui qui frappe, on ouvre » (v. 9-10). L'Esprit est donc reçu en demandant par la foi (v. 9), en recevant par la foi (v. 10 avec Mc 11.24) et en parlant par la foi (Ac 2.4).[1]

Manifester l'onction

L'onction reçue au baptême de l'Esprit se manifeste dans le ministère principalement par l'opération des dons spirituels. La prédication véritablement ointe par l'Esprit est, en fait, une manifestation du don de prophétie. C'est une parole initiée par l'Esprit, inspirée par l'Esprit. La prédication consacrée par l'Esprit peut également inclure la manifestation des dons de révélation tels que les paroles de connaissance et les paroles de sagesse. En outre, la prédication ointe par l'Esprit est souvent accompagnée de la manifestation d'un don de puissance, comme ce fut le cas pour Paul à Lystre (Ac 14.8-10).[2]

Vous pouvez acquérir l'onction en demandant, et en répondant par la foi, à la présence du Saint-Esprit. Lorsque vous vous approchez de la chaire, vous devriez prier : « Ô Saint-Esprit, viens maintenant et oins-moi pour prêcher ta Parole. » Vous devez ensuite agir avec foi, en croyant que Dieu a entendu votre prière. Une fois que vous sentez la présence de l'Esprit, répondez par la foi, en vous soumettant à sa direction et en lui faisant confiance pour rendre votre prédication possible et la renforcer.

---

[1] Nous en disons plus sur la réception du Saint-Esprit au chapitre 20 : « Guider les croyants dans le baptême de l'Esprit ».

[2] Voir l'annexe 2 : « Les dons de manifestation de 1 Corinthiens 12.8-10 ».

Partie 5 : Le ministère public du pasteur pentecôtiste

Maintenir l'onction

L'onction est maintenue en vivant et en marchant dans l'Esprit (Ga 5.25). La marche remplie de l'Esprit est une vie de soumission à Dieu et à sa mission. La prière, y compris la prière dans l'Esprit, est un élément clé pour maintenir l'onction (Ro 8.26-27 ; 1 Th 5.17).

Tout pasteur pentecôtiste désireux de devenir un prédicateur efficace, oint par l'Esprit, devra s'appliquer à la fois à la préparation et à la présentation du sermon. Il ou elle doit s'assurer que le Saint-Esprit est présent, oignant et guidant chaque activité.

Préparation du sermon

Un examen attentif de la prédication dans les Actes révèle deux vérités importantes : les messages des apôtres étaient remplis des Écritures et ils étaient oints par le Saint-Esprit. Les prédicateurs des Actes des Apôtres avaient une grande connaissance des Écritures. Ils citaient souvent les Écritures dans leurs messages. Par exemple, le sermon de Pierre à la Pentecôte contient quatre citations de l'Ancien Testament (cf. Ac 2.16-21, 25-28, 31, 34-35). De même, le message d'Étienne au Sanhédrin juif contient huit citations (cf. Ac 7.3, 6-7, 28, 32-35, 37, 40, 42-43, 49). D'autres sermons dans les Actes suivent le même schéma. Ces premiers prédicateurs comprenaient l'Écriture, et ils fondaient leurs messages sur cette compréhension.

Les pasteurs pentecôtistes en Afrique aujourd'hui doivent faire de même. Comme nos homologues apostoliques, nous devons fonder notre prédication solidement sur les Écritures. Pour ce faire, nous devons nous consacrer à une étude disciplinée de la Bible. Nous devons consacrer suffisamment de temps chaque semaine à la lecture sérieuse de la Bible et à la préparation de nos sermons. Pendant que nous nous préparons, nous devons nous tourner vers le Saint-Esprit pour oindre et inspirer nos pensées, en réalisant que l'onction du Saint-Esprit n'exclut pas la préparation ; elle la renforce plutôt.

De plus, dans les Actes, les prédicateurs priaient dans l'attente d'être remplis et oints par le Saint-Esprit. Le livre des Actes des Apôtres associe systématiquement la venue du Saint-Esprit à la prière. Par exemple, les disciples priaient avant l'effusion de la Pentecôte (Ac 1.14 ; 2.1-4) ; les croyants de Jérusalem priaient avant la deuxième effusion de l'Esprit dans

Chapitre 16 : La prédication ointe de l'Esprit

la ville (Ac 4.23-31) ; et Paul et Ananias priaient avant que Paul ne soit rempli de l'Esprit (Ac 9.5, 10-15). D'autres exemples pourraient être cités.

Nous, pasteurs pentecôtistes qui voulons que le Saint-Esprit oigne notre prédication, devrions nous engager dans la prière. Une telle prière engagée assurera l'onction de l'Esprit, affectant profondément à la fois le contenu et la présentation de nos sermons.

Délivrer du sermon

Le but de la présentation d'un sermon n'est pas d'impressionner les auditeurs mais d'améliorer la compréhension du message par les gens. Tout ce qui est dit ou fait doit avoir pour but de diriger les gens vers une rencontre avec Dieu. Toutes les techniques ou manières qui contribuent à cet objectif doivent être cultivées. Toutes celles qui détournent l'attention de cet objectif doivent être écartées.

Par conséquent, en tant que prédicateurs pentecôtistes, notre comportement doit être authentique et sans affectation. Nous devons éviter de marmonner, de brailler, de marcher sans but et d'agiter les bras. Au contraire, nos gestes doivent être spontanés et non répétés. Nos mouvements doivent découler naturellement de l'action intérieure de l'Esprit et du contenu du message. Si nous nous engageons mentalement et émotionnellement dans le message, les gestes appropriés suivront naturellement.

L'appel à l'autel est particulièrement important. Pendant cette étape critique du sermon, il est essentiel que le prédicateur soit conduit par le Saint-Esprit. L'appel à l'autel n'est pas le moment d'introduire de nouvelles idées dans le message. Le prédicateur doit rester concentré et ne pas prendre de tangentes. Au contraire, il doit rester sur le sujet et donner des instructions claires sur ce qu'il demande aux gens de faire.

Les pasteurs pentecôtistes sont uniques parmi les prédicateurs en ce que nous apprécions et recherchons l'onction du Saint-Esprit sur notre prédication. En faisant cela, nous cherchons à suivre l'exemple de Jésus et des prédicateurs du Nouveau Testament. « Seigneur, remplis et oins-moi pour le ministère » devrait être notre prière constante.

Partie 5 : Le ministère public du pasteur pentecôtiste

~ Chapitre 17 ~

Enseignement efficace

« Mon peuple est détruit parce qu'il lui manque la connaissance » (Os 4.6). Ces paroles de Dieu ont été prononcées par le prophète Osée à l'intention des prêtres d'Israël. Parce que ces chefs spirituels n'avaient pas réussi à enseigner la vérité au peuple de Dieu, ils avaient cru à des mensonges. En conséquence, ils s'étaient enfoncés dans le péché. Le prophète décrit leur triste condition : « Il n'y a point de vérité, point de miséricorde, point de connaissance de Dieu dans le pays. Il n'y a que parjures et mensonges, assassinats, vols et adultères ; on use de violence, on commet meurtre sur meurtre » (v. 1-2).

Malheureusement, de nombreux chrétiens pentecôtistes en Afrique se trouvent dans une situation similaire. Ils n'ont pas une compréhension claire de la Parole de Dieu. Par conséquent, leur croissance spirituelle a été freinée. En conséquence, ils sont devenus des proies faciles pour les faux enseignants. En tant que pasteur pentecôtiste fidèle, vous devez vous assurer qu'une telle situation n'existe pas dans l'église que vous avez été appelé à diriger.

LA RESPONSABILITÉ DU PASTEUR

Chaque pasteur pentecôtiste porte l'énorme responsabilité de nourrir le troupeau de Dieu. Lors de sa dernière rencontre avec les pasteurs de l'église d'Éphèse, Paul les a exhortés à « veiller sur vous-mêmes et sur tout le

Partie 5 : Le ministère public du pasteur pentecôtiste

troupeau dont le Saint-Esprit vous a établis surveillants » (Ac 20.28). Il demande ensuite à ces pasteurs de « paître l'Église du Seigneur, qu'il s'est acquise par son propre sang ». Paul savait qu'en enseignant au peuple de Dieu la Parole de Dieu, les pasteurs éphésiens l'aideraient à devenir spirituellement fort. Cela les préparerait à résister aux « loups cruels » qui entreraient bientôt dans l'église, déformeraient la vérité et chercheraient à éloigner le peuple de Christ (v. 29-30).

L'enseignement est donc au cœur de ce que signifie être un pasteur pentecôtiste. Paul a écrit au sujet de cinq dons ministériels que le Christ a donnés à l'Église : « Et il a donné les uns comme apôtres, les autres comme prophètes, les autres comme évangélistes, les autres comme pasteurs et docteurs, pour le perfectionnement des saints en vue de l'œuvre du ministère et de l'édification du corps de Christ » (Ep 4.11-12).

Remarquez comment, dans ce passage, Paul réunit les deux derniers dons du ministère en un seul. Plutôt que de dire « les pasteurs et les enseignants », comme il l'avait fait avec les trois premiers dons, Paul dit simplement « les pasteurs et enseignants ». Pour cette raison, certains chercheurs ont appelé ce don « le pasteur-enseignant ». Le point est le suivant : Pour qu'un homme ou une femme soit un pasteur, il ou elle doit aussi être un enseignant. Ceux que Dieu appelle à devenir pasteurs, il leur donne le don d'enseigner.

Pour bien prendre soin des brebis, vous devez être capable de nourrir efficacement le peuple de Dieu, en le nourrissant de la Parole de Dieu. La Bible compare la Parole de Dieu à des aliments nutritifs comme le pain (Mt 4.4), le lait (1 Pi 2.2) et la nourriture solide (Hé 5.12-14). Tout pasteur qui ne nourrit pas son peuple de la Parole de Dieu est un berger infidèle, et Dieu le tiendra responsable de cet échec (Ja 3.1 ; Ez 34.1-6).

Cependant, si vous enseignez fidèlement la Parole de Dieu aux gens, vous serez honoré par Dieu (Mt 24.45-47). Plus important encore, le peuple de Dieu sera rendu fort. Ils ne seront plus « des enfants, flottants et emportés à tout vent de doctrine, par la tromperie des hommes, par leur ruse dans les moyens de séduction, mais que, professant la vérité dans la charité, nous croissions à tous égards en celui qui est le chef, Christ » (Ep 4.14-15).

Faire des disciples

Jésus a ordonné à son Église : « Allez et faites de toutes les nations des disciples » (Mt 28.19). Il leur disait qu'ils devaient faire avec les autres ce qu'il avait fait avec eux. Jésus avait marché avec ses disciples, leur avait enseigné la vérité et leur avait montré comment vivre. En tant que pasteurs pentecôtistes, nous devons faire de même avec les membres de notre église. Il ne suffit pas de faire des convertis, nous devons faire des disciples. Un disciple est un adepte dévoué du Christ. C'est celui ou celle qui s'assied aux pieds de Jésus et qui apprend de lui. Non seulement nous devons appeler les gens à suivre le Christ, mais nous devons leur « apprendre à obéir » à tous ses commandements (v. 20).

Prédication et enseignement

De nombreux pasteurs pentecôtistes en Afrique se considèrent comme des prédicateurs, mais ils ne se considèrent pas comme des enseignants. En tant que pasteur, cependant, Dieu vous a appelé à être les deux. Vous devez être, en même temps, un prédicateur compétent et un enseignant efficace. Pour bien comprendre votre rôle d'enseignant du peuple de Dieu, vous devez connaître la différence entre la prédication et l'enseignement.

La Bible fait clairement la distinction entre ces deux tâches. Par exemple, la Bible dit que Jésus « parcourait la Galilée, *enseignant* dans les synagogues et *annonçant* la bonne nouvelle du royaume » (Mt 4.23, italique ajouté). Elle dit de Paul et Barnabas qu'ils « restèrent à Antioche, où, avec beaucoup d'autres, ils *enseignèrent* et *prêchèrent* la parole du Seigneur » (Ac 15.35, c'est nous qui soulignons). Paul exhorte Timothée, pasteur de l'église d'Éphèse : « Jusqu'à ce que je vienne, consacre-toi à la lecture publique des Écritures, à la *prédication* et à l'*enseignement* » (1 Ti 4.13, italique ajouté). Quelle est donc la différence entre la prédication et l'enseignement ?

Au fond, la prédication est la proclamation publique de l'Évangile dans le but d'appeler les gens à la foi en Christ. L'enseignement consiste à expliquer ce que signifie vivre pour le Christ. Prêcher, c'est annoncer ; enseigner, c'est instruire. Prêcher, c'est faire une déclaration ; enseigner, c'est faire des disciples. Le prédicateur appelle ceux qui errent à la foi en Christ ; l'enseignant leur explique les voies du Seigneur. Le but de l'enseignant est de montrer au peuple de Dieu comment le servir plus parfaitement. En tant que pasteur-enseignant, vous devez expliquer

Partie 5 : Le ministère public du pasteur pentecôtiste

soigneusement les Écritures au peuple de Dieu. Vous devez leur donner les informations et les idées dont ils ont besoin pour mettre en pratique la parole qu'ils ont entendue.

Suivre l'exemple de Jésus

En tant que pasteur pentecôtiste, vous devez vous efforcer de suivre l'exemple de Jésus, le plus grand enseignant qui ait jamais vécu. Jésus s'est souvent appelé « Maître » (Mt 26.18 ; Jn 13.13-14). D'autres ont fait de même (par exemple, Mt 8.19 ; 12.38 ; Lu 10.25 ; Jn 11.28). Les Évangiles parlent souvent du ministère d'enseignement de Jésus (par exemple, Mc 1.21-22 ; Lu 4.31-32). Et de longs passages des Écritures sont consacrés à ses enseignements. Ces passages comprennent le Sermon sur la montagne (Mt 5-7), le discours sur le Mont des Oliviers (Mt 24-25) et le discours du Cénacle (Jn 14-16). Si Jésus a pris son ministère d'enseignement si au sérieux, nous devons en faire autant aujourd'hui.

On pourrait dire beaucoup de choses sur la manière dont Jésus a accompli son ministère d'enseignement. Des livres ont été écrits sur ses méthodes d'enseignement. Trois caractéristiques de sa méthode d'enseignement méritent d'être mentionnées :

1. Il a enseigné avec autorité. La Bible dit de Jésus : « Le peuple était étonné de son enseignement, parce qu'il les enseignait comme ayant autorité, et non pas comme les scribes » (Mc 1.22). Jésus enseignait avec autorité parce qu'il avait été envoyé par Dieu, et parce qu'il prononçait les paroles que Dieu lui avait données. Il a témoigné : « Je ne fais rien de moi-même, mais que je parle selon ce que le Père m'a enseigné » (Jn 8.28). Pour enseigner avec autorité, comme Jésus, vous devez vous aussi enseigner fidèlement la Parole de Dieu.

2. Il a enseigné dans l'amour. Jésus aimait profondément ceux qu'il enseignait. Son enseignement était, en fait, une manifestation de son amour pour les gens. En une occasion, Jésus a rencontré une grande foule de personnes fatiguées et affamées. Quand il les a vus, « il fut ému de compassion pour eux, parce qu'ils étaient comme des brebis qui n'ont point de berger ». Puis, dans son grand amour pour eux, « il se mit à leur enseigner beaucoup de choses » (Mc 6.34). Plus tard, il les nourrira de nourriture naturelle (v. 35-44). Mais d'abord, il s'est occupé de leur plus grand besoin et les a nourris de la Parole de Dieu.

Chapitre 17 : Enseignement efficace

Une autre fois, Jésus s'est réuni avec ses disciples dans une chambre haute. La Bible dit : « Jésus, sachant que son heure était venue de passer de ce monde au Père, et ayant aimé les siens qui étaient dans le monde, mit le comble à son amour pour eux » (Jn 13.1). Une fois de plus, en raison de son amour profond pour eux, et pour ceux qu'ils allaient bientôt diriger eux-mêmes, il leur a donné une puissante leçon sur le leadership des serviteurs (v. 2-17).

En ces deux occasions, l'amour de Jésus pour les gens l'a poussé à les enseigner. De la même manière, en tant que pasteur pentecôtiste, vous devez aimer ceux que vous avez été appelé à diriger. Et cet amour doit vous pousser à leur enseigner fidèlement la Parole de Dieu. Sans un tel amour pour votre peuple, vos paroles peuvent devenir « un airain qui résonne, ou une cymbale qui retentit » (1 Co 13.1).

3. Il a enseigné dans la puissance de l'Esprit. Jésus a expliqué un jour à ses disciples la nature de son ministère d'enseignement. « Les paroles que je vous ai dites », a-t-il dit, « sont Esprit et vie » (Jn 6.63). Les paroles de Jésus étaient Esprit et vie parce que lui-même était Esprit et vie. Il a commencé son ministère en étant oint par le Saint-Esprit (Lu 3.21-22 ; 4.18-19). Il a ensuite exercé son ministère d'enseignement dans la puissance de l'Esprit (Lu 4.14-15).

Jésus enseignait, non seulement avec des mots, mais avec des démonstrations de la puissance de l'Esprit (Lu 5.17). Ses paroles étaient si chargées de la puissance de l'Esprit que, pendant qu'il enseignait, des démons s'écriaient : « Qu'y a-t-il entre nous et toi, Jésus de Nazareth ? Tu es venu pour nous perdre. Je sais qui tu es : le Saint de Dieu » (Mc 1.24). Jésus chassa le démon de l'homme, et les gens répondirent : « Qu'est-ce que ceci ? Une nouvelle doctrine ! Il commande avec autorité même aux esprits impurs, et ils lui obéissent ! » (v. 27).

Jésus a transmis son ministère d'enseignement à ses disciples (Mt 28.19-20). En l'observant, ils ont appris à enseigner aux autres. En tant que pasteurs pentecôtistes, nous devons faire de même. Nous devons chercher à imiter le ministère d'enseignement de Jésus.

LE PASTEUR COMME MAÎTRE ENSEIGNANT

En tant que pasteur, vous devez vous considérer comme le « maître enseignant » de l'église que vous avez été appelé à diriger. En d'autres

Partie 5 : Le ministère public du pasteur pentecôtiste

termes, non seulement vous devez devenir vous-même un enseignant compétent de la Parole, mais vous devez aussi former diligemment les autres à faire de même. C'est ce que Jésus et les apôtres ont fait. En tant que maître enseignant, vous avez trois responsabilités principales : (1) vous devez développer votre propre ministère d'enseignement ; (2) vous devez développer les compétences d'enseignement des autres ; et (3) vous devez organiser le ministère d'enseignement de l'église. Examinons chacune de ces responsabilités :

Se développer soi-même

Premièrement, en tant que maître enseignant dans l'église, vous devez vous efforcer d'améliorer votre propre ministère d'enseignement. Paul écrit à Timothée qu'un surveillant, ou pasteur, doit être « capable d'enseigner » (1 Ti 3.2). Ou, comme le dit une traduction, un pasteur doit être « habile à enseigner ». Dans sa lettre aux chrétiens de Rome, Paul déclare que ceux qui ont reçu le don d'enseigner doivent l'exercer fidèlement (Ro 12.6-8). Par conséquent, ils doivent s'efforcer de développer leurs compétences d'enseignant. Bien que la capacité d'enseigner puisse être donnée comme un don spirituel, elle doit être développée comme une compétence acquise. En tant que pasteur pentecôtiste, vous devez devenir un étudiant à vie de la Parole de Dieu. Et vous devez travailler dur pour développer vos compétences d'enseignant (2 Ti 2.15).

Quelqu'un a fait remarquer à juste titre que l'enseignement ne se résume pas à parler et que l'apprentissage ne se résume pas à écouter. Le but ultime de l'enseignement est de produire un changement dans la vie des apprenants. Un enseignement efficace implique donc une application fréquente des vérités enseignées. Sachant cela, nous ne devrions jamais nous contenter de savoir que nos membres ont simplement entendu nos paroles. Nous ne devrions être satisfaits que lorsque nous voyons que leur vie est transformée. Par conséquent, nous ne devons pas seulement expliquer ce que signifie la Parole de Dieu, nous devons aider les croyants à appliquer les vérités des Écritures dans leur vie.

En outre, en tant que pasteurs pentecôtistes, nous devons comprendre que nous enseignons souvent davantage par nos actions que par nos paroles. Paul a compris cette vérité. Il a donc appelé les chrétiens de Corinthe : « Soyez mes imitateurs comme moi je le suis du Christ » (1 Co 11.1). Jésus appliquait le même principe lorsqu'il a dit à ses disciples : « Le disciple n'est pas plus que le maître ; mais tout disciple accompli sera comme son maître » (Lu 6.40). Par conséquent, en tant qu'exemples pour l'église, nous devons mettre en pratique les choses que nous enseignons aux autres.

Développer les autres

Deuxièmement, en tant que maître enseignant dans l'église, vous devez travailler à développer les compétences d'enseignement des autres leaders de l'église. Au fur et à mesure que l'église grandit et mûrit, des leaders seront nécessaires pour diriger les ministères émergents. Pour bien diriger, chacun devra développer des compétences de base en matière d'enseignement. Vous devez vous assurer que chaque nouveau leader reçoit la formation dont il a besoin pour bien diriger.

Pour ce faire, vous devez enseigner aux responsables laïcs comment étudier et interpréter correctement la Bible. Et vous devez leur montrer comment se préparer et enseigner la Parole de Dieu aux autres. Si vous faites ces choses, l'église disposera toujours d'un nombre constant d'enseignants compétents. Si vous n'enseignez pas aux dirigeants laïcs comment enseigner, le ministère de formation des disciples de l'église s'essoufflera et le développement spirituel des chrétiens en souffrira.

ORGANISER L'ÉGLISE POUR L'ENSEIGNEMENT

Enfin, en tant que maître enseignant, vous devez être le principal défenseur de l'éducation chrétienne au sein de la congrégation. Vous devez organiser soigneusement et promouvoir fortement les ministères d'enseignement de l'église. Vous devez également vous assurer que les ministères d'enseignement de l'église impliquent chaque personne de chaque âge dans la congrégation. Les programmes de formation de l'église devraient inclure les éléments suivants :

École du dimanche

Aucun programme de formation dans l'église n'a un plus grand potentiel que l'école du dimanche. L'école du dimanche est le seul ministère dans l'église qui atteint chaque personne de chaque groupe d'âge dans l'assemblée. Vous devez donc veiller à ce que l'église que vous dirigez ait une école du dimanche bien organisée et bien financée. Vous devez également vous assurer que le département de l'école du dimanche est dirigé par une personne qualifiée. En raison de la grande importance de ce

Partie 5 : Le ministère public du pasteur pentecôtiste

ministère, vous devez participer activement à l'école. Et vous devez constamment surveiller ses activités et vous efforcer d'améliorer son efficacité.[1]

Groupes de maison

S'ils sont bien faits, les groupes de maison sont un autre moyen efficace de former des disciples. Ces groupes se réunissent chaque semaine au domicile de certains membres de l'église pour la communion, la prière et l'étude de la Bible. En tant que maître enseignant, vous devez vous assurer que chaque groupe de maison est dirigé par un leader fidèle et bien formé. Un temps doit être alloué dans chaque réunion de cellule pour une discussion ouverte sur un sujet biblique choisi. Vous, ou quelqu'un que vous avez délégué, devriez surveiller de près ce qui est enseigné dans chaque cellule. Vous pouvez fournir un programme d'études qui sera enseigné dans les groupes.[2]

Les différents départements

Les différents départements de l'église devraient être considérés comme un moyen de former des disciples. Ces départements comprennent les ministères des hommes, les ministères des femmes, les ministères des jeunes, les ministères des enfants, et autres. Des leçons bibliques pratiques devraient être enseignées chaque fois qu'un de ces groupes se réunit.

École du ministère

Chaque pasteur pentecôtiste devrait envisager de créer une école du ministère dans son église. Une école du ministère est une école qui vise « le perfectionnement des saints en vue de l'œuvre du ministère » (Ep 4.12). Son but est de former des ouvriers pour le ministère dans l'église locale. Dans cette école, le pasteur donne des cours traitant de questions pratiques telles que la prédication, l'enseignement, la prière, la conquête des âmes, l'implantation d'églises, les compétences de leadership, etc. Une telle

---

[1] La série *Vivre la vérité* d'Africa's Hope est un programme d'enseignement de l'école du dimanche qui permet aux élèves de parcourir l'ensemble de la Bible en sept ans. Elle peut être téléchargée gratuitement sur https://africaatts.org/fr/resources/.
[2] La série de discipulat *Racines de la foi* d'Africa's Hope est un programme d'études bibliques thématiques qui peut être téléchargé gratuitement sur https://africaatts.org/fr/resources/.

Chapitre 17 : Enseignement efficace

formation contribuera à garantir que l'église dispose d'une réserve constante d'ouvriers qualifiés.

Au fur et à mesure que l'église grandit et prospère, vous devrez peut-être déléguer une partie de vos responsabilités de formation à d'autres personnes. Cependant, en tant que maître enseignant de l'église, vous devez toujours rester activement engagé dans les ministères d'enseignement et de formation des disciples de l'église.

Trois fois, Jésus a demandé à Pierre : « Simon, fils de Jean, m'aimes-tu ? » Et trois fois, Pierre a répondu : « Oui, Seigneur, tu sais que je t'aime. » Chaque fois, Jésus a répondu : « Pais mes agneaux » ou « Pais mes brebis » (Jn 21.15-18). Si Pierre aimait vraiment Jésus, il aurait fait ce que son Seigneur avait ordonné et aurait fidèlement nourri le troupeau de Dieu.

Aujourd'hui, Jésus pose la même question aux pasteurs pentecôtistes de toute l'Afrique : « Est-ce que vous m'aimez ? » Et il leur donne le même ordre que celui qu'il a donné à Pierre : « Pais mes brebis. » Comme preuve de leur amour, Jésus ordonne à ces pasteurs de prendre au sérieux la responsabilité qu'ils ont reçue de Dieu de prendre soin du peuple de Dieu en lui enseignant fidèlement la Parole de Dieu.

Partie 5 : Le ministère public du pasteur pentecôtiste

~ Chapitre 18 ~

Diriger l'église dans l'adoration

Dans un pays d'Afrique centrale, un jeune stagiaire a été affecté au service d'un pasteur âgé. Le pasteur a demandé au stagiaire de diriger le culte le dimanche matin suivant. Le jeune homme, cependant, n'était pas content. Il aurait préféré que le vieux pasteur lui demande de prêcher. Il estimait que diriger le culte était indigne de lui en tant que pasteur. De plus, comme il avait été rempli de l'Esprit à l'école biblique, il ne voyait pas la nécessité de prier ou de se préparer à cet événement.

Comme on pouvait s'y attendre, sous sa direction le dimanche matin, le culte ne s'est pas bien déroulé. Sans l'intervention habile de l'ancien pasteur, le service aurait été un désastre. Depuis lors, le pasteur choisit très soigneusement ses leaders pour le culte. Il ne permet désormais qu'à des personnes matures et bien formées de servir en tant que leaders de louange.

Diriger une église vers une louange authentique est une tâche profondément spirituelle. Elle exige des compétences, une préparation et une sensibilité spirituelle. Le roi David l'avait compris. Il a donc exigé que ceux qui conduisaient le peuple dans la louange et l'adoration soient choisis uniquement parmi les Lévites (cf. 1 Ch 15.16). Bien qu'un pasteur puisse choisir d'autres personnes pour diriger l'église dans la louange, il ne peut jamais renoncer à sa responsabilité de s'assurer que l'église pratique l'adoration scripturaire et dirigée par l'Esprit.

Partie 5 : Le ministère public du pasteur pentecôtiste

L'ESSENCE DE LA VÉRITABLE ADORATION

Dans la Bible, les mots hébreu et grec pour adorer signifient se prosterner et rendre hommage à Dieu. Ils expriment l'idée d'exprimer humblement sa gratitude envers lui et de l'exalter pour sa sainteté, sa gloire et sa puissance (Es 6.1-3 ; Ap 7.1-12).

L'adoration en Esprit et en vérité

Jésus a révélé l'essence de la véritable adoration lorsqu'il a dit à la Samaritaine : « Mais l'heure vient, et elle est déjà venue, où les vrais adorateurs adoreront le Père en esprit et en vérité ; car ce sont là les adorateurs que le Père demande. Dieu est Esprit, et il faut que ceux qui l'adorent, l'adorent en esprit et en vérité » (Jn 4.23-24). Dans ce passage, Jésus a révélé quatre vérités profondes sur le véritable culte :

1. *Dieu est esprit.* Étant un esprit divin, Dieu n'est pas limité par le temps ou le lieu. Il peut donc être adoré à tout moment et en tout lieu.
2. *Dieu cherche de vrais adorateurs.* Il cherche des personnes qui l'adoreront du plus profond de leur cœur plutôt qu'avec des formes extérieures et des rituels (cf. Mc 12.33).
3. *Le véritable culte doit être rendu en Esprit et en vérité.* Puisque Dieu est esprit, ceux qui l'adorent doivent l'adorer en Esprit. Puisqu'il est la vérité absolue, ils doivent l'adorer conformément à la vérité telle qu'elle est révélée dans les Écritures.
4. *Le temps est venu.* Le temps d'adorer Dieu en Esprit et en vérité c'est maintenant.

L'adoration est l'acte sacré qui consiste à répondre de manière appropriée à la présence de Dieu, comme l'ont fait les vingt-quatre anciens dans Apocalypse 4. Impressionnés par la présence du Christ, ils « se prosternent devant celui qui est assis sur le trône et l'adorent » (v. 10). Lorsque le peuple de Dieu l'adore, il manifeste encore sa présence au milieu d'eux, les incitant à l'adorer encore davantage.

Attentes pentecôtistes

En tant que pasteur pentecôtiste, il est essentiel que vous compreniez la nature unique du culte pentecôtiste. Le culte pentecôtiste est unique en ce qu'il met l'accent sur la rencontre personnelle avec Dieu par l'intermédiaire du Saint-Esprit. Les Pentecôtistes entrent dans l'adoration avec un ensemble

Chapitre 18 : Diriger l'église dans l'adoration

d'attentes différentes de celles de la plupart des non-Pentecôtistes. De nombreux non-Pentecôtistes entrent dans l'adoration dans le but de remplir un devoir religieux ou d'accomplir un ensemble de rituels religieux. Le véritable Pentecôtiste, en revanche, entre dans l'adoration avec un objectif différent. Son but est de rencontrer le Christ vivant et, à la suite de cette rencontre, d'être transformé par son Esprit (2 Co 3.17-18).

Cette transformation peut être petite ou grande, subtile ou spectaculaire. Une transformation subtile pourrait être que, lorsque le croyant rencontre le Christ dans le culte, il trouve une force et une joie renouvelées pour le servir. Une transformation plus spectaculaire pourrait être que l'adorateur rencontre le Christ ressuscité et soit miraculeusement guéri ou baptisé du Saint-Esprit.

Cette transformation s'opère par deux moyens : par l'Esprit et par la vérité (cf. Jn 4.23). Lorsque les adorateurs s'approchent de Dieu, celui-ci manifeste sa présence. Lorsqu'ils rencontrent la présence manifeste de Dieu et y répondent par la foi (adoration en Esprit), ils sont transformés à l'image du Christ (2 Co 3.17-18). En outre, lorsqu'ils répondent par la foi à la Parole proclamée (adoration en vérité), ils sont encore plus transformés.

PRÉPARER L'ÉGLISE POUR L'ADORATION

En tant que pasteur, il est de votre responsabilité de préparer l'église à adorer Dieu véritablement. Vous devez vous assurer que les gens savent comment l'adorer en Esprit et en vérité. Vous devez également vous assurer que les gens pratiquent réellement ce culte. Vous pouvez y parvenir de trois manières :

En enseignant l'adoration

Premièrement, vous pouvez enseigner à l'église ce que la Bible dit sur l'adoration. Vous pouvez le faire par le biais de sermons, d'exhortations et de séries d'enseignements. L'une des meilleures façons pour le pasteur pentecôtiste d'enseigner à son peuple comment adorer Dieu en Esprit et en vérité est de lui montrer. Les gens doivent observer leur pasteur en train d'adorer Dieu avec sérieux. Un pasteur d'âge mûr a dit un jour à un groupe d'étudiants pasteurs : « Si vous adorez sincèrement Dieu, votre peuple vous suivra, et eux aussi l'adoreront. »

Partie 5 : Le ministère public du pasteur pentecôtiste

En outre, vous devez montrer aux gens comment adorer Dieu par leur vie. Vous pouvez le faire en menant un style de vie de sainteté et en étant un canal de bénédiction de l'Esprit pour les autres.

En surveillant les services d'adoration

Deuxièmement, dans votre rôle de surveillant, vous devez surveiller dans la prière les services d'adoration pour vous assurer que les gens sont amenés à vraiment adorer Dieu en Esprit et en vérité. Vous devez exiger que tout dans le service de l'église soit fait « d'une manière convenable et ordonnée » (1 Co 14.40). En d'autres termes, vous devez vous assurer que le culte est pratiqué d'une manière qui glorifie véritablement Dieu et rapproche les gens du Christ (1 Co 10.31).

En encadrant l'équipe de louange

Une troisième façon de vous assurer que l'église adore Dieu en Esprit et en vérité est d'encadrer avec amour l'équipe de louange de l'église. Vous devez leur apprendre que leur rôle est de conduire la congrégation dans une louange et une adoration véritablement dirigées par l'Esprit. Vous devez donc passer du temps avec eux, leur apprendre à adorer véritablement Dieu, et leur montrer comment conduire les autres dans une adoration authentique.

En outre, vous devez prier souvent avec les membres de l'équipe de louange, en vous assurant qu'ils ont été remplis du Saint-Esprit et qu'ils savent comment suivre les conseils de l'Esprit. Vous devez également vous assurer que l'équipe choisit des chants qui sont à la fois spirituels et scripturaires. En tant que pasteur, vous devez vous réserver le droit de pré-approuver tous les nouveaux chants avant qu'ils ne soient utilisés dans un culte.

De plus, en tant que pasteur de l'église, vous devez toujours être conscient que, après l'Esprit lui-même, vous êtes le chef de la louange de l'église. Cela ne signifie pas que vous vous tiendrez devant la congrégation pour conduire les gens à la louange et à l'adoration. Cela signifie, cependant, que vous devez rester en charge du service à tout moment. L'équipe de louange doit comprendre que, en tant que pasteur, vous pouvez intervenir et prendre en charge le service à tout moment. Lorsque cela se produit, l'équipe de louange doit immédiatement vous céder le service.

Chapitre 18 : Diriger l'église dans l'adoration

Lorsqu'une véritable adoration en Esprit et en vérité se produit, de puissantes bénédictions viennent sur l'église : Dieu est glorifié, la présence de l'Esprit est manifestée et le corps du Christ est renforcé.

DIRIGER L'ÉGLISE DANS L'ADORATION

Le pasteur pentecôtiste qui comprend ces vérités aura à cœur de guider son église vers un culte conduit par l'Esprit. Cela signifie que, pendant les cultes, vous devez rester attentif à la voix de l'Esprit, et vous devez être prompt à suivre ses incitations. Comme Moïse dans le désert, vous devez être prêt à dire à l'église de se déplacer quand la nuée se déplace, et de s'arrêter quand la nuée s'arrête (cf. Ex 40.34-38).

Encourager la participation

En tant que responsable spirituel de l'église, vous devez encourager chaque personne présente à participer activement au culte. Exhortez-les à exprimer leur louange à Dieu en levant les mains, en chantant, en criant, en témoignant, en frappant des mains, en dansant, en s'agenouillant, ou toute autre expression scripturaire du culte. Vous devez également enseigner aux gens qu'ils adorent Dieu lorsqu'ils donnent leurs dîmes et leurs offrandes. En faisant cela, ils honorent Dieu avec leurs richesses et les prémices de leur récolte (Pr 3.9).

En développant des chorales

En outre, le pasteur pentecôtiste devrait encourager le développement de chorales et de groupes de musique pour les services religieux et les campagnes d'évangélisation. Chaque groupe ou chorale doit à tout moment rester à la disposition du pasteur ou du ministre de la musique. Vous devez donc travailler avec les groupes de chant de la même manière que vous travaillez avec l'équipe de louange, en leur enseignant la différence entre un spectacle pour les gens et un véritable ministère dans l'Esprit.

Cultiver les dons spirituels

En tant que chef spirituel de l'église, le pasteur pentecôtiste doit également encourager l'exercice des dons spirituels lors des cultes. C'était une pratique courante dans l'Église du Nouveau Testament, et cela devrait être une pratique courante dans les cultes d'aujourd'hui (cf. Ac 11.27-28 ; 13.2).

Partie 5 : Le ministère public du pasteur pentecôtiste

Paul exhorte l'église de Corinthe à « désirer ardemment les dons spirituels » (1 Co 14.1). Il les instruits également : « Lorsque vous vous réunissez, quelqu'un a un cantique, une parole d'instruction, une révélation, une langue ou une interprétation » (1 Co 14.26). Par conséquent, en tant que pasteur, vous devriez enseigner à l'église les dons spirituels. Et vous devriez faire de la place pour leur manifestation dans les services de l'église. En même temps, vous devez veiller à ne pas abuser des dons spirituels (1 Co 14.26-33).[1]

Le rôle de la musique

La musique et le chant jouent un rôle important dans le culte. Le Psalmiste exhorte le peuple de Dieu : « Exultez en l'Éternel, vous justes ! aux hommes droits sied la louange. Célébrez l'Éternel avec la harpe ; chantez ses louanges sur le luth à dix cordes ; chantez-lui un cantique nouveau ; pincez habilement de vos instruments avec un cri de joie » (Ps 33.1-3).

Selon Paul, la musique et le chant remplissent au moins quatre fonctions dans le culte : glorifier Dieu, lui exprimer sa gratitude, enseigner la vérité scripturaire et recommander aux croyants de vivre pour Lui. L'apôtre a mis l'accent sur les deux premières dans sa lettre à l'église d'Ephèse : « Entretenez-vous par des psaumes, par des hymnes, et par des cantiques spirituels, chantant et célébrant de tout votre cœur les louanges du Seigneur ; rendez continuellement grâces pour toutes choses à Dieu le Père » (Ep 5.19-20). Il a insisté sur les deux autres dans sa lettre aux Colossiens : « Instruisez-vous et exhortez-vous les uns les autres en toute sagesse, par des psaumes, par des hymnes, par des cantiques spirituels » (Col 3.16).

Un avertissement opportun

Un avertissement opportun s'impose ici. Les gens sont souvent attirés par les églises pentecôtistes en raison de leurs chants enthousiastes. C'est une bonne chose, et vous devriez encourager cette pratique. En même temps, cependant, vous ne devez jamais permettre à l'église d'offrir un « feu étranger » au Seigneur (Lé 10.1). En d'autres termes, vous devez veiller à ce que les chants et les danses ne deviennent pas une exhibition de la chair plutôt qu'une réponse des cœurs sanctifiés à l'Esprit de Dieu. Par

---

[1] Voir l'annexe 2 : « Les dons de manifestation de 1 Corinthiens 12.8-10 ».

Chapitre 18 : Diriger l'église dans l'adoration

conséquent, en tant que pasteur, vous ne devez jamais permettre à la musique de devenir si forte et bruyante qu'elle étouffe la véritable adoration du cœur. Souvenez-vous de l'avertissement de Paul : « Aucune chair ne doit se glorifier en présence de Dieu » (1 Co 1.29, traduction littérale). Que Dieu n'ait jamais à dire à votre église : « Oubliez le bruit de vos chants ! Je n'écouterai pas la musique de tes harpes » (Am 5.23).

DEUX DÉFIS DE L'ADORATION

L'Afrique est un vaste continent composé de plus de 3 000 groupes ethniques parlant plus de 2 100 langues. Il n'est donc pas rare qu'une congrégation pentecôtiste en Afrique comprenne des individus issus de plusieurs tribus différentes. En outre, chaque congrégation est composée de différentes tranches d'âge. Cette diversité se prête à des préférences différentes en matière de musique et de styles de culte. Si elle n'est pas gérée avec sagesse, elle peut être une source de discorde dans une congrégation. Au lieu de favoriser l'unité de l'église, les cultes peuvent devenir une source de division.

Deux défis découlant de cette diversité sont les désaccords sur les styles de culte et le défi de l'utilisation de plusieurs langues dans les services de culte. En tant que pasteur, vous devez faire face à chacun de ces défis avec sagesse.

Styles de musique et de culte

Dans de nombreuses églises pentecôtistes d'Afrique, les membres sont en désaccord les uns avec les autres en ce qui concerne la musique et les styles de culte. Par exemple, les jeunes de l'église peuvent préférer un style de culte fort et énergique, tandis que les membres plus âgés préfèrent un style plus calme et plus réservé. Les uns préfèrent les chants contemporains tandis que les autres préfèrent les hymnes traditionnels. En tant que pasteur, vous devez faire preuve d'une grande sagesse pour traiter cette question. Et vous devez être capable de faire la distinction entre le style et la substance dans le culte.

Le style renvoie aux préférences individuelles concernant les formes extérieures du culte ; la substance renvoie à ses réalités intérieures. Le culte est une adoration de Dieu de tout cœur (cf. Mc 7.6-7). La vérité est qu'un chrétien peut authentiquement adorer Dieu en utilisant différents styles.

Partie 5 : Le ministère public du pasteur pentecôtiste

Quel que soit le style employé, s'il est fait en Esprit et en vérité, il est accepté par Dieu. S'il n'est pas fait en Esprit et en vérité, il est rejeté. Vous devez donc enseigner aux gens à respecter les préférences des uns et des autres en matière de culte. Vous devez « vous efforcer de faire ce qui conduit à la paix et à l'édification mutuelle » (Ro 14.19).

Le pasteur avisé enseignera aux membres âgés à se réjouir lorsqu'ils voient les jeunes adorer Dieu d'une manière qui ouvre leur cœur à Dieu et les rapproche de Lui. Par amour pour les jeunes, ils doivent être disposés à se joindre à eux dans leur culte de Dieu. De la même manière, vous devez apprendre aux jeunes à respecter les besoins et les préférences de leurs aînés, et à se joindre de tout cœur à eux dans leur culte. Vous voudrez également apprendre aux jeunes à aimer et à apprécier les grands hymnes de la foi.

Le pasteur pentecôtiste avisé veillera donc à ce que les cultes de l'église contiennent un mélange de chants nouveaux et anciens, contemporains et traditionnels. Il ou elle gardera à l'esprit que l'important est que chaque croyant rencontre l'Esprit de Dieu dans le culte et qu'il exprime sincèrement sa dévotion de cœur au Christ.

Langues multiples

Comme mentionné ci-dessus, de nombreuses églises pentecôtistes en Afrique sont fréquentées par des personnes qui parlent des langues différentes. Cette question pose des défis importants pour le pasteur pentecôtiste. Si l'église choisit de conduire ses cultes dans la seule langue dominante de la région - en négligeant toutes les autres - elle court le risque d'aliéner les personnes des autres groupes linguistiques. En revanche, si elle emploie plusieurs langues dans le culte, l'église risque de susciter le mécontentement des croyants locaux. Vous devez donc gérer cette situation avec sagesse. Vous devez veiller à ce que les cultes de l'église s'adressent à la culture dominante, tout en accueillant les autres.

Vous devrez demander à Dieu sa sagesse pour traiter cette question. Vous et votre équipe de leaders devrez aborder ces questions dans la prière :

- Quelle sera la langue principale que l'église utilisera dans les services de culte ?
- Quelles autres langues seront utilisées ? Quand ces langues seront-elles utilisées et dans quel contexte ?

Chapitre 18 : Diriger l'église dans l'adoration

- Dans quelle langue seront traduits les annonces, les prières publiques et le sermon ?
- Quelles langues seront utilisées pour le chant ? Quand et comment ces langues seront-elles utilisées ?
- Quels groupes linguistiques de l'église sont actuellement négligés ? Comment pouvons-nous les aider à se sentir inclus ?

Bien que chaque congrégation doive trouver sa propre façon de traiter cette question, certains grands principes s'appliquent. Par exemple, en planifiant le culte, vous devez chercher à faire en sorte que toute personne qui assiste à un service se sente accueillie et incluse. Un autre objectif est que toutes les personnes présentes soient édifiées. En outre, les cultes doivent tendre à unifier la congrégation plutôt qu'à la diviser. En adhérant à ces principes, vous vous assurerez de prendre les bonnes décisions.

Certaines églises urbaines, comme les églises internationales, voudront conduire leurs services dans la langue européenne commune du pays. D'autres églises voudront utiliser une langue régionale africaine. Certaines voudront traduire l'intégralité du service. D'autres ne traduiront que le sermon. D'autres encore voudront assister à plusieurs services, chaque service étant conduit dans une langue différente. Quelle que soit la stratégie adoptée par votre église, votre objectif doit être de faire en sorte que tous ceux qui assistent au culte se sentent respectés et inclus.

L'une des premières responsabilités de tout pasteur pentecôtiste est de conduire son église vers un culte authentique, consacré par l'Esprit. Il ou elle peut le faire en enseignant aux gens ce que signifie vraiment adorer Dieu en Esprit et en vérité, et en donnant l'exemple, dans sa propre vie, de ce à quoi ressemble un style de culte authentique.

Partie 5 : Le ministère public du pasteur pentecôtiste

~ Chapitre 19 ~

Diriger une église vers un réveil pentecôtiste

On a décrit l'effusion du Saint-Esprit le jour de la Pentecôte comme le premier réveil de l'Église. C'est en effet ce jour-là que Dieu a déversé pour la première fois son Esprit sur l'Église, la remplissant de vie et lui donnant les moyens d'accomplir sa mission sur la terre. Le mouvement pentecôtiste moderne tire son nom et son identité de ce qui s'est produit ce jour-là.

Être pentecôtiste signifie que l'on adhère à la fois à l'expérience et à l'objectif de la Pentecôte. L'expérience de la Pentecôte est une expérience spirituelle puissante que la Bible décrit comme un baptême, ou une immersion, dans le Saint-Esprit (Lu 3.16 ; Ac 1.5). Le but de la Pentecôte est de donner les moyens de témoigner chez soi et jusqu'aux extrémités de la terre (Ac 1.8).

Contrairement aux églises non pentecôtistes, une église pentecôtiste ne peut rester fidèle à son objectif et à sa vocation sans des effusions répétées du Saint-Esprit. Tout comme le corps meurt s'il cesse de respirer de l'air, une église pentecôtiste mourra si elle cesse de 'respirer' l'Esprit de Dieu. En d'autres termes, pour être véritablement pentecôtiste, une église doit connaître un réveil pentecôtiste. Jésus explique : « C'est l'esprit qui vivifie ; la chair ne sert de rien » (Jn 6.63). Ce chapitre traite de la manière dont vous,

Partie 5 : Le ministère public du pasteur pentecôtiste

en tant que pasteur pentecôtiste, pouvez conduire votre église vers un tel réveil.

COMPRENDRE LE RÉVEIL

Avant qu'un pasteur pentecôtiste ne puisse conduire son église au réveil, il doit avoir à l'esprit une image claire de ce à quoi ressemble le réveil du Nouveau Testament. Malheureusement, de nombreux pasteurs pentecôtistes ont une idée déformée du réveil. Ils ont tiré leur idée du réveil non pas de l'Écriture, mais de la culture populaire de l'Église. En conséquence, ils voient le réveil comme une église remplie de gens qui chantent, dansent et louent Dieu avec joie. Ou encore, ils pensent que le réveil consiste en une pluie de bénédictions matérielles et de prospérité sur son peuple. Bien que certaines de ces caractéristiques puissent accompagner le réveil, elles ne décrivent pas le vrai réveil tel qu'il est décrit dans le livre des Actes des Apôtres.

Bien que le mot « *réveil* » ne figure pas dans le Nouveau Testament, le concept de renouveau spirituel y figure (cf. Ac 3.19). Le réveil parle de vie renouvelée et implique la restauration de la conscience, de la vigueur et de la force. Ce que l'Ancien Testament appelle réveil (Ps 85.6 ; Ab 3.2), le Nouveau Testament le décrit comme une effusion de l'Esprit (Ac 2.17-18). Dans les deux premiers chapitres des Actes, la Bible identifie trois éléments essentiels du réveil du Nouveau Testament :

- Tout d'abord, le peuple de Dieu est baptisé dans l'Esprit Saint et donc habilité par celui-ci (Ac 1.8 ; 2.1-4).
- Ensuite, le peuple de Dieu commence à proclamer hardiment le Christ aux perdus dans la puissance du Saint-Esprit (Ac 2.14-40 ; 4.31).
- Enfin, les personnes perdues se repentent, mettent leur foi en Christ et sont sauvées (Ac 2.41, 47 ; 5.12-16).

D'autres résultats d'une véritable effusion du Saint-Esprit, tels que décrits dans le livre des Actes, sont les guérisons miraculeuses, les signes et les prodiges (Ac 2.43 ; 5.12-16). Ces merveilles surnaturelles entraînent souvent une grande joie, des rassemblements d'église animés et une croissance de l'église. Néanmoins, trois éléments essentiels demeurent au cœur du véritable réveil pentecôtiste : l'habilitation spirituelle, le

Chapitre 19 : Diriger une église vers un réveil pentecôtiste

témoignage puissant et la venue des gens à Christ. Si l'un de ces trois éléments manque, le vrai réveil pentecôtiste n'a pas eu lieu.

UN EXEMPLE BIBLIQUE

Développons un peu notre définition du réveil en examinant de plus près ce qui s'est passé le jour de la Pentecôte. Un examen attentif d'Actes 2 révèle sept éléments clés d'un véritable réveil dans le Nouveau Testament :

Les gens cherchent Dieu

Le premier élément clé d'un véritable réveil néotestamentaire est que le peuple de Dieu cherche sa face dans la prière. La Bible nous dit qu'avant le déversement de l'Esprit à la Pentecôte, les 120 disciples « étaient continuellement dans le temple, louant et bénissant Dieu » (Lu 24.53). Elle dit aussi que « tous d'un commun accord persévéraient dans la prière » (Ac 1.14). Le livre des Actes des Apôtres relie constamment la prière à l'effusion du Saint-Esprit. L'implication est claire : si une église veut connaître le réveil de la Pentecôte, ses membres doivent rechercher Dieu dans la prière.

Dieu déverse son Esprit

Le deuxième élément du réveil néotestamentaire est une effusion de l'Esprit de Dieu. À la Pentecôte, en réponse aux prières de son peuple, Dieu a gracieusement déversé son Esprit sur l'Église. Cela s'est passé de la manière suivante :

« Le jour de la Pentecôte, ils étaient tous ensemble dans le même lieu. Tout à coup il vint du ciel un bruit comme celui d'un vent impétueux, et il remplit toute la maison où ils étaient assis. Des langues, semblables à des langues de feu, leur apparurent, séparées les unes des autres, et se posèrent sur chacun d'eux. Et ils furent tous remplis du Saint-Esprit, et se mirent à parler en d'autres langues, selon que l'Esprit leur donnait de s'exprimer. » (Ac 2.1-4)

Les croyants reçoivent l'Esprit

Un troisième élément du réveil du Nouveau Testament est que les croyants sont remplis du Saint-Esprit. C'est une chose pour Dieu de déverser son Esprit, c'en est une autre pour son peuple de recevoir l'Esprit. Le jour de la Pentecôte, non seulement le Saint-Esprit est venu sur chacun d'eux, mais « ils furent tous remplis du Saint-Esprit, et se mirent à parler en d'autres

Partie 5 : Le ministère public du pasteur pentecôtiste

langues, selon que l'Esprit leur donnait de s'exprimer » (Ac 2.4). Les disciples ont ainsi été baptisés dans l'Esprit Saint, comme Jésus l'avait promis (Ac 1.4-5). À ce moment-là, ils ont reçu le pouvoir d'être les témoins du Christ chez eux et jusqu'aux extrémités de la terre (Ac 1.8). Le fait que le peuple de Dieu reçoive l'Esprit marque le début du véritable réveil pentecôtiste.

Les personnes extérieures le remarquent

Le quatrième élément du réveil dans le Nouveau Testament est le fait que des personnes extérieures remarquent ce que Dieu fait au sein de son peuple. À la Pentecôte, ceux qui ont assisté à la venue de l'Esprit sur les disciples et qui les ont écoutés parler dans des langues inconnues étaient « stupéfaits et perplexes ». Ils se sont mis à se demander les uns aux autres : « Qu'est-ce que cela signifie ? » (Ac 2.12).

L'Évangile est proclamé

Le cinquième élément d'un authentique réveil néotestamentaire est la proclamation audacieuse de l'Évangile, inspirée par l'Esprit. C'est ce qui s'est passé à la Pentecôte. Après avoir été rempli du Saint-Esprit, Pierre s'est levé et a courageusement proclamé l'Évangile à la foule qui se rassemblait. Il leur a parlé de Jésus et les a appelés à la repentance et à la foi (Ac 2.14-40). Tous ceux qui ont été remplis de l'Esprit se sont joints à Pierre pour témoigner en faveur du Christ (v. 47).

Beaucoup sont sauvés

Un sixième élément du réveil du Nouveau Testament est que de nombreuses personnes répondent à l'Évangile et sont sauvées. À la Pentecôte, en raison de l'effusion du Saint-Esprit et de la proclamation ointe de l'Évangile par Pierre, beaucoup se sont repentis et sont venus au Seigneur. La Bible dit que les auditeurs ont été « touchés au cœur » et ont crié à Pierre : « Que devons-nous faire ? » Pierre répondit : « Repentez-vous et soyez baptisés, chacun de vous, au nom de Jésus-Christ, pour le pardon de vos péchés. Et vous recevrez le don du Saint-Esprit » (Ac 2.37-38). En conséquence, 3 000 personnes ont été sauvées, baptisées dans l'eau et ajoutées à l'Église (v. 41). Dans les jours qui ont suivi, « le Seigneur ajoutait chaque jour à l'Église ceux qui étaient sauvés » (v. 47).

Chapitre 19 : Diriger une église vers un réveil pentecôtiste

L'Église s'étend

Le septième élément du réveil du Nouveau Testament est l'expansion de l'Église. Après la Pentecôte et d'autres effusions de l'Esprit tout au long du livre des Actes, l'Église a continué à croître numériquement et à s'étendre géographiquement (cf. Ac 2.47 ; 4.31-35 ; 5.12-16 ; 9.31).

D'autres éléments notables du réveil révélés dans Actes 2 sont la dévotion aux Écritures, la prière et l'amour mutuel. Alors que Dieu accomplissait des merveilles au milieu d'eux, le peuple vivait dans un sentiment de crainte sacrée. La présence de l'Esprit de Dieu a en outre créé dans leur cœur un esprit de générosité. Toutes ces choses ont abouti à la croissance de l'Église (Ac 2.41, 47 ; 4.4 ; 5.14).

En résumé, le véritable réveil pentecôtiste se produit lorsque les gens croient au message de Jésus, sont remplis de l'Esprit et vont ensuite partager la bonne nouvelle avec d'autres. Ceux qui reçoivent l'Évangile sont alors sauvés et remplis du Saint-Esprit. Ils deviennent alors eux-mêmes de fidèles proclamateurs de l'Évangile. Comme ce processus se répète sans cesse, le réveil se répand au loin.

LE RÔLE DU PASTEUR

En tant que pasteur pentecôtiste, vous êtes la clé du réveil dans votre église locale. Vous pouvez être soit le canal qui permet le flux de l'Esprit, soit le barrage qui le bloque. Ce que vous faites - ou ne faites pas - peut déterminer si votre église connaît ou non un véritable mouvement de l'Esprit. De plus, en tant que leader spirituel de l'église, vous déterminerez en grande partie l'efficacité avec laquelle votre église répondra à une effusion de l'Esprit lorsqu'elle se produira. Vous devez prendre cette énorme responsabilité au sérieux.

Le réveil pentecôtiste commence généralement par un désir dans le cœur du pasteur. Ce désir d'un mouvement de l'Esprit le motivera à rechercher sincèrement Dieu pour une effusion du Saint-Esprit sur l'église. Le pasteur doit ensuite transmettre ce désir de réveil dans le cœur du peuple de Dieu. Vous pouvez le faire en prêchant et en enseignant souvent sur ce sujet.

Vous pouvez créer un tel désir dans le cœur de votre peuple en le conduisant dans une prière fervente pour le réveil. Parlant du Saint-Esprit,

Partie 5 : Le ministère public du pasteur pentecôtiste

Jésus dit à ses disciples : « Je vous le dis : Demandez et l'on vous donnera ; cherchez et vous trouverez ; frappez et l'on vous ouvrira » (Lu 11.9 ; cf. v. 13). Une traduction littérale des paroles de Jésus serait : « Je vous le dis : Continuez à demander, et l'on vous donnera. Continuez à chercher, et vous trouverez. Continuez à frapper, et l'on vous ouvrira. » L'implication est claire : tant que nous continuons à demander l'Esprit, nous continuerons à recevoir de Dieu. Cependant, lorsque nous cessons de demander, nous cessons de recevoir. Les feux du réveil pentecôtiste doivent donc être alimentés par une prière persistante.

En outre, en tant que pasteur, vous devez montrer à votre peuple comment prier avec foi. Vous devez les amener à croire que, s'ils cherchent Dieu fidèlement, il tiendra sa promesse d'envoyer un réveil (Mc 11.24). Vous voudrez rappeler continuellement aux gens la déclaration prophétique de Pierre : « Dans les derniers jours, dit Dieu, *je répandrai* mon Esprit sur tous les peuples » (Ac 2.17, c'est nous qui soulignons). En embrassant cette promesse, les membres de l'église seront encouragés à croire la promesse de Jésus selon laquelle le Père céleste « donnera le Saint-Esprit à ceux qui le lui demandent ! » (Lu 11.13).

Lorsqu'une église poursuit le réveil pentecôtiste, elle doit, en même temps, poursuivre la mission pentecôtiste. Telle était l'instruction claire de Jésus dans Actes 1.8. Tout d'abord, il a promis un réveil : « Vous recevrez une puissance, lorsque le Saint-Esprit surviendra sur vous. » Dans le même temps, il a imposé une mission : « Et vous serez mes témoins... jusqu'aux extrémités de la terre. »

C'est pourquoi, en tant que pasteur, la tâche de conduire les croyants au baptême de l'Esprit en vue de leur témoignage par l'Esprit doit rester l'une de vos principales priorités. Vous devez toujours garder à l'esprit que l'une des raisons principales pour lesquelles Dieu vous a placé dans votre église est que vous pouvez susciter d'autres disciples mandatés par l'Esprit qu'il peut utiliser pour construire son royaume (Ep 4.11-12).

ENCOURAGER LE RÉVEIL PENTECÔTISTE

Quelques semaines après le déversement de l'Esprit à Jérusalem le jour de la Pentecôte, les Écritures racontent qu'un autre déversement s'est produit en Samarie, à environ 50 kilomètres au nord de Jérusalem (Ac 8.1-25). Ce réveil était dirigé par Philippe l'évangéliste avec l'aide des apôtres Pierre et

Chapitre 19 : Diriger une église vers un réveil pentecôtiste

Jean. En observant les actions de ces hommes, nous découvrons sept moyens pratiques d'encourager le réveil dans l'église :

Soyez rempli de l'Esprit

La première façon pour vous, en tant que pasteur pentecôtiste, d'encourager le réveil dans votre église est de rechercher sincèrement Dieu pour être personnellement rempli ou rempli à nouveau du Saint-Esprit. Philippe était l'un des sept « diacres » remplis de l'Esprit dans l'église de Jérusalem (Ac 6.3-5). Il a probablement été rempli de l'Esprit le jour de la Pentecôte ou peu après. Lorsqu'il a été chassé de la ville par la persécution, il est resté rempli de l'Esprit Saint. En arrivant en Samarie, il a exercé son ministère dans la puissance de l'Esprit, déclenchant un puissant réveil dans cette région.

Lui, ainsi que les apôtres Pierre et Jean, qui sont descendus de Jérusalem pour l'assister (8.14-17), ont pu inspirer le réveil en Samarie parce qu'ils étaient eux-mêmes remplis du Saint-Esprit. Le réveil pentecôtiste commence donc par le fait que vous, le pasteur et les autres responsables de l'église, êtes remplis ou remplis à nouveau du Saint-Esprit.[1]

Exercer une foi audacieuse

La deuxième façon d'encourager le réveil dans l'église est d'exercer une foi audacieuse. Lorsque Philippe est arrivé en Samarie, il a agi avec foi. En conséquence, Dieu lui a accordé des miracles pour confirmer le message qu'il a prêché, et beaucoup ont été gagnés au Seigneur (Ac 8.5-8).

Comme Philippe, vous devrez croire que le réveil est possible. Vous devez être pleinement persuadé que Dieu est capable de faire ce qu'il a promis (cf. Ro 4.18-21). Et vous devrez agir courageusement sur les promesses de Dieu avec la pleine assurance que le réveil arrive. Si vous faites cela, votre foi sera contagieuse. Lorsque vos membres verront leur pasteur agir avec une foi audacieuse, ils seront eux aussi encouragés à croire en Dieu pour le réveil.

---

[1] Pour en savoir plus sur l'expérience du pasteur pentecôtiste avec l'Esprit, voir le chapitre 1 : « Une personne d'expérience ».

Partie 5 : Le ministère public du pasteur pentecôtiste

Proclamer le Christ

Une troisième façon de conduire votre église au réveil pentecôtiste est de proclamer fidèlement l'Évangile du Christ. La Bible nous dit : « Philippe descendit dans une ville de Samarie, et y annonça le Messie » (Ac 8.5). C'était la pratique des chrétiens tout au long du livre des Actes. Partout où ils allaient, ils parlaient de Jésus aux gens (cf. Ac 2.22 ; 3.13 ; 4.2, 33 ; 9.22 ; 16.31). Si vous voulez connaître un authentique réveil du Nouveau Testament dans votre église, vous devez faire comme Philippe et les apôtres. Vous devez proclamer fidèlement le Christ à tous. Et vous devez enseigner à votre peuple à faire de même.[2]

Prier pour les malades

Quatrièmement, vous pouvez conduire votre église vers un véritable réveil du Nouveau Testament en priant fidèlement pour les malades et les affligés, en vous attendant à ce que Dieu confirme surnaturellement sa Parole par les signes miraculeux qui suivent. En Samarie, « lorsque la foule entendit Philippe et vit les signes qu'il accomplissait, tous étaient attentifs à ce qu'il disait » (Ac 8.6). Ces signes miraculeux comprenaient de puissantes délivrances et des guérisons miraculeuses. En conséquence, une grande joie s'empara des gens, beaucoup furent sauvés et le réveil vint dans la ville.[3]

Mettre l'accent sur le baptême de l'Esprit

Une cinquième façon d'encourager le réveil pentecôtiste dans votre église est de souligner fréquemment la nécessité pour les membres d'être baptisés du Saint-Esprit. Lorsque les apôtres de Jérusalem ont appris que les Samaritains avaient reçu l'Évangile, ils ont immédiatement envoyé Pierre et Jean prier avec eux pour qu'ils reçoivent le Saint-Esprit (Ac 8.14-17). Tout pasteur pentecôtiste qui souhaite que son église connaisse un véritable réveil pentecôtiste doit faire de même. Il doit enseigner et prêcher souvent sur le baptême de l'Esprit. Et il doit prier avec ses fidèles pour qu'ils reçoivent

---

[2] Pour plus de détails sur le sujet de la prédication, voir le chapitre 16 : « La prédication ointe de l'Esprit ».

[3] Pour en savoir plus sur le ministère dans le surnaturel, voir le livre, *Le ministère de puissance: Un manuel pour les prédicateurs pentecôtistes*, de Denzil R. Miller.

Chapitre 19 : Diriger une église vers un réveil pentecôtiste

l'Esprit. Cela aidera à préparer l'église à participer pleinement au réveil et à répandre l'Évangile aux perdus.[4]

Témoigner

Une sixième façon d'encourager un authentique réveil pentecôtiste est de conduire votre église à témoigner auprès des perdus. Philippe a lancé le réveil samaritain en témoignant avec audace, sous l'impulsion de l'Esprit, auprès du peuple perdu de Samarie. En faisant cela, il est devenu un exemple pour l'église. Nous savons que les nouveaux chrétiens de Samarie ont suivi son exemple en matière de témoignage, car en peu de temps, « l'Église était en paix dans toute la Judée, la Galilée et la Samarie, s'édifiant et marchant dans la crainte du Seigneur, et elle s'accroissait par l'assistance du Saint-Esprit » (Ac 9.31).

Si, en tant que pasteur pentecôtiste, vous voulez un véritable réveil spirituel dans votre église, vous devrez suivre l'exemple de Philippe. Vous ne devez pas seulement dire à vos gens de témoigner, vous devez être un exemple du véritable objectif du réveil pentecôtiste en étant vous-même un témoin.[5]

Persévérer dans la prière

Enfin, vous pouvez conduire votre église au réveil pentecôtiste en lui montrant comment prier, comme nous l'avons vu plus haut dans ce chapitre. Lorsque les apôtres Pierre et Jean sont arrivés en Samarie, ils « prièrent pour eux, afin qu'ils reçussent le Saint-Esprit » (Ac 8.15). Si vous voulez voir un authentique réveil pentecôtiste arriver dans votre église, vous aussi devez conduire les gens dans la prière. Et vous devez persister dans la prière jusqu'à ce que la réponse vienne, en vous rappelant les paroles de Paul : « Ne

---

[4] Pour en savoir plus sur la prière avec les croyants pour qu'ils reçoivent l'Esprit, voir le chapitre 11 : « Promouvoir l'expérience et la pratique pentecôtistes » et le chapitre 20 : « Guider les croyants dans le baptême de l'Esprit ».

[5] Pour plus d'informations sur la manière de conduire l'église vers une évangélisation menée par l'Esprit, voir le chapitre 36 : « Comprendre la stratégie du Nouveau Testament " et le chapitre 37 : « Évangéliser les perdus ».

Partie 5 : Le ministère public du pasteur pentecôtiste

nous laissons pas de faire le bien ; car nous moissonnerons au temps convenable, si nous ne nous relâchons pas » (Ga 6.9).[6]

Pour rester un témoin vital dans la communauté et dans le monde, chaque église pentecôtiste doit faire l'expérience d'effusions répétées du Saint-Esprit. Le pasteur pentecôtiste doit prendre la tête de cette entreprise. Il ou elle doit donner l'exemple en recherchant sérieusement le réveil, et il ou elle doit enseigner aux gens à faire de même. Ils peuvent être encouragés par la promesse de Dieu à Joël, citée par Pierre le jour de la Pentecôte :

> « Dans les derniers jours, dit Dieu, je répandrai de mon Esprit sur toute chair ; vos fils et vos filles prophétiseront, vos jeunes gens auront des visions, et vos vieillards auront des songes. Oui, sur mes serviteurs et sur mes servantes, dans ces jours-là, je répandrai de mon Esprit ; et ils prophétiseront. » (Ac 2.17-18)

---

[6] Pour en savoir plus sur la façon de diriger l'église dans la prière, voir le chapitre 8 : « La priorité de la prière ».

~ Chapitre 20 ~

Guider les croyants dans le baptême de l'Esprit

Jésus était sur le point de retourner au ciel. Il allait laisser l'œuvre qu'il avait commencée avec son Église. Pour se préparer à son départ, il a rassemblé ses disciples sur le sommet d'une montagne à l'extérieur de Jérusalem. Là, il leur a donné un dernier ordre et une dernière promesse.

Son commandement était « de ne pas s'éloigner de Jérusalem, mais d'attendre ce que le Père avait promis, ce que je vous ai annoncé, leur dit-il ; car Jean a baptisé d'eau, mais vous, dans peu de jours, vous serez baptisés du Saint-Esprit » (Ac 1.4-5). Sa promesse était la suivante : « Mais vous recevrez une puissance, le Saint-Esprit survenant sur vous, et vous serez mes témoins à Jérusalem, dans toute la Judée, dans la Samarie, et jusqu'aux extrémités de la terre » (v. 8). En donnant ces instructions, Jésus mobilisait son Église naissante pour qu'elle remplisse la mission qu'il lui avait confiée.

De la même manière, chaque pasteur pentecôtiste en Afrique doit mobiliser son église pour qu'elle participe à la mission rédemptrice du Christ. Comme Jésus, ils doivent s'assurer que leurs membres ont été baptisés dans le Saint-Esprit et qu'ils ont reçu la capacité d'être les témoins du Christ auprès des perdus. Aucune église n'est prête à participer pleinement à la mission de Dieu tant que ses dirigeants et ses membres n'ont pas reçu cette puissance promise d'en haut (Lu 24.49). Ce chapitre abordera

Partie 5 : Le ministère public du pasteur pentecôtiste

cette question importante. Il vous aidera à vous préparer à guider vos membres dans le baptême de l'Esprit.

QU'EST-CE QUE LE BAPTÊME DANS LE SAINT-ESPRIT ?

Le baptême du Saint-Esprit (parfois appelé baptême de l'Esprit) est une expérience puissante qui change la vie. C'est une rencontre avec Dieu au cours de laquelle son Esprit vient sur un disciple de Jésus, le revêt et le remplit de sa présence et de sa puissance. Le baptême du Saint-Esprit est ce qui est arrivé aux 120 disciples le jour de la Pentecôte. La Bible décrit leur expérience de la manière suivante :

« Le jour de la Pentecôte, ils étaient tous ensemble dans le même lieu. Tout à coup il vint du ciel un bruit comme celui d'un vent impétueux, et il remplit toute la maison où ils étaient assis. Des langues, semblables à des langues de feu, leur apparurent, séparées les unes des autres, et se posèrent sur chacun d'eux. Et ils furent tous remplis du Saint-Esprit, et se mirent à parler en d'autres langues, selon que l'Esprit leur donnait de s'exprimer. » (Ac 2.1-4)

Pensez à ce qui est arrivé aux disciples à cette occasion. D'abord, le Saint-Esprit est venu sur eux, comme Jésus l'avait prédit en Actes 1.8. Ensuite, l'Esprit est entré en eux, les remplissant de sa puissance et de sa présence. En conséquence, ils se sont mis à parler en langues, comme l'Esprit le leur permettait. Enfin, ils ont commencé à témoigner avec une puissance et une efficacité extraordinaires (Ac 2.14-41). Ce schéma s'est poursuivi tout au long du livre des Actes. Et nous pouvons nous attendre à ce qu'il se poursuive aujourd'hui.

En gardant ces éléments à l'esprit, nous pouvons affirmer trois choses à propos du baptême par l'Esprit :

1. C'est une expérience puissante. Jésus a décrit le baptême par l'Esprit comme étant « revêtu de la puissance d'en haut » (Lu 24.49). Il a promis : « Vous recevrez une puissance, le Saint-Esprit survenant sur vous » (Ac 1.8). Lorsqu'une personne est remplie de l'Esprit, elle rencontre la puissance de Dieu.

2. C'est une promesse pour tous les croyants. Jésus a dit que le Père céleste donnerait librement le Saint-Esprit à tous ses enfants qui le

Chapitre 20 : Guider les croyants dans le baptême de l'Esprit

demanderaient avec foi (Lu 11.13 ; Mc 11.24). Dans son sermon de Pentecôte, Pierre a dit de cette expérience : « La promesse est pour vous, pour vos enfants et pour tous ceux qui sont au loin, en aussi grand nombre que le Seigneur notre Dieu les appellera » (Ac 2.39).

3. C'est un commandement de Dieu. Jésus a ordonné à ses disciples « de ne pas s'éloigner de Jérusalem, mais d'attendre ce que le Père avait promis » (Ac 1.4). De la même manière, Paul a demandé aux croyants éphésiens d'être « remplis de l'Esprit » (Ep 5.18). Parce que chaque chrétien a été mandaté comme témoin du Christ, chaque chrétien doit recevoir la puissance de l'Esprit Saint (Lu 24.48-49 ; Ac 1.8 ; 5.32).

Le baptême spirituel équipe le chrétien pour vivre une vie qui plaît à Dieu (Ga 5.16). Il accroît sa capacité à prier (Ro 8.26-27). Et avec le baptême de l'Esprit vient une plus grande probabilité que l'on soit utilisé dans la manifestation des dons spirituels (1 Co 12.7-10). En outre, l'expérience engendre une plus grande sensibilité aux choses de Dieu (Jn 16.8 ; 1 Co 2.12), un potentiel pour une plus grande compréhension spirituelle (Jn 3.8 ; 1 Co 2.14), un amour plus profond pour Dieu (Ro 5.5) et une plus grande consécration à son œuvre (Ac 4.20 ; 5.29). Tout chrétien a besoin d'être baptisé dans le Saint-Esprit.

ENCOURAGER LE BAPTÊME DE L'ESPRIT

Ces choses étant vraies, le pasteur pentecôtiste fidèle s'efforcera d'inspirer et de guider ses membres vers le baptême du Saint-Esprit. Voici cinq stratégies que vous pouvez utiliser pour encourager et aider vos membres à se faire baptiser du Saint-Esprit :

1. Aidez-les à comprendre. Premièrement, vous pouvez encourager votre peuple à être rempli de l'Esprit en l'aidant à comprendre la nature, le but et l'importance de cette expérience. Vous pouvez le faire en prêchant et en enseignant souvent sur le sujet. Au fur et à mesure que les croyants acquièrent une meilleure connaissance de l'Esprit, ils seront mieux préparés à lui répondre et à être remplis.[1]

---

[1] Le livre électronique, *Proclamer la Pentecôte: 100 plans de prédication sur la puissance du Saint-Esprit,* peut être téléchargé gratuitement sur le site DecadeofPentecost.org.

Partie 5 : Le ministère public du pasteur pentecôtiste

2. Insuffler le désir. En parlant du Saint-Esprit, Jésus a déclaré : « Que celui qui a soif vienne à moi et qu'il boive » (Jn 7.37). En une autre occasion, il a promis : « Heureux ceux qui ont faim et soif de la justice, car ils seront rassasiés » (Mt 5.6). Ainsi, la faim et la soif de Dieu sont des conditions essentielles pour recevoir le Saint-Esprit.

Sachant cela, vous voudrez inculquer à vos collaborateurs le désir ardent d'être rempli de la puissance de l'Esprit de Dieu. Une façon d'y parvenir est de les aider à visualiser comment le fait d'être rempli de l'Esprit bénira leur vie. Ces bénédictions comprennent la puissance dans le témoignage, une marche plus étroite avec le Christ, l'aide dans la prière, la victoire sur la tentation, et bien plus encore.

Vous pouvez également créer un désir de l'Esprit dans le cœur des gens en vivant devant eux la marche vers l'Esprit. Lorsque les croyants observent les dons et les fruits de l'Esprit dans la vie de leur pasteur, le désir d'être rempli de l'Esprit naîtra dans leur cœur.

3. Inspirer la foi. Toujours en parlant de l'Esprit, Jésus a déclaré : « Celui qui croit en moi... des fleuves d'eau vive jailliront de son sein » (Jn 7.38). Paul a expliqué : « C'est par la foi que nous... recevons la promesse de l'Esprit » (Ga 3.14). Puisque l'Esprit est reçu par la foi, il s'ensuit que vous voudrez préparer vos gens à recevoir l'Esprit en renforçant leur foi dans les promesses de Dieu.

Par exemple, vous pouvez leur rappeler les paroles du Christ dans Luc 11. Jésus y promet : « Je vous le dis : Demandez et l'*on vous* donnera.... car *quiconque* demande reçoit... » (v. 9-10 ; cf. v. 13, emphases ajoutées). Faites remarquer que dans ce passage, « *tout le monde* » signifie chaque enfant de Dieu, y compris eux. D'autres promesses que vous pouvez partager avec eux se trouvent dans Marc 11.24 et Actes 2.39. En outre, vous pouvez renforcer la foi des participants en partageant avec eux des témoignages de personnes que Dieu a remplies de l'Esprit et utilisées pour sa gloire.

4. Cultiver l'atmosphère. Une autre façon importante d'aider vos gens à être remplis de l'Esprit est de cultiver une atmosphère appropriée dans les réunions d'église. Le baptême de l'Esprit est mieux reçu dans une atmosphère où la foi est élevée et où la présence de l'Esprit est forte. On peut dire que la foi est élevée lorsque le peuple de Dieu anticipe vivement un mouvement de l'Esprit. Il s'attend à ce que Dieu accomplisse immédiatement ses promesses. On peut dire que la présence de l'Esprit est

Chapitre 20 : Guider les croyants dans le baptême de l'Esprit

forte lorsque les gens ressentent la proximité impressionnante de Dieu. Comme Jacob, ils peuvent témoigner : « Certainement, le Seigneur est en ce lieu » (Ge 28.16).

Rappelez-vous, le jour de la Pentecôte, le Saint-Esprit a d'abord rempli le lieu ; il a ensuite rempli les gens (Ac 2.3-4). D'abord, la Présence est ressentie ; ensuite, l'Esprit est reçu. La présence de l'Esprit peut être cultivée par la prière sincère, l'obéissance à la Parole, le culte oint et l'ouverture à l'Esprit.

5. Donnez des occasions. Enfin, si vous vous attendez à voir vos membres baptisés dans le Saint-Esprit, vous devrez leur fournir des occasions fréquentes de recevoir. La prière pour l'Esprit doit devenir un événement régulier dans les rassemblements de culte de votre église. En outre, vous devez faire régulièrement des appels à l'autel qui incluent une invitation à être rempli de l'Esprit.

En planifiant les services de culte de votre église, vous devez prévoir suffisamment de temps à la fin des services pour la prière dans les autels. Cela peut signifier que vous devrez raccourcir le temps du culte et de la prédication. De plus, vous voudrez former les servants d'autel à conduire les demandeurs au baptême de l'Esprit. En outre, vous voudrez peut-être consacrer certaines réunions de prière et cellules de maison à voir les croyants recevoir la puissance de l'Esprit.

PRIER AVEC LES CROYANTS POUR RECEVOIR

Vous avez prêché votre sermon, et les croyants se sont présentés pour être remplis de l'Esprit. Que devez-vous faire ensuite ? Comment pouvez-vous conduire le plus efficacement possible ces chercheurs à l'expérience du baptême de l'Esprit ?

Tout d'abord, il est important que vous soyez conscient de la dynamique spirituelle qui est sur le point de se produire dans la vie de ces croyants alors qu'ils sont remplis de l'Esprit. Comme le jour de la Pentecôte, l'Esprit viendra d'abord sur eux (Ac 2.3). Il descendra ensuite en eux, les remplissant de sa puissance et de sa présence (v. 4a). Enfin, l'Esprit jaillira d'eux sous forme de paroles inspirées par l'Esprit (v. 4b). Vous devez vous attendre à ce que ces dynamiques spirituelles se produisent chez les croyants lorsqu'ils sont baptisés du Saint-Esprit.

Partie 5 : Le ministère public du pasteur pentecôtiste

Vous devriez également garder à l'esprit le fait que, tout au long du processus, les chercheurs devront agir avec une foi audacieuse (Ga 3.2, 5, 14). Rappelez-vous, c'est la foi qui préparera leurs cœurs à recevoir l'Esprit ; c'est la foi qui amènera sa présence ; et c'est la foi qui libérera la puissance de l'Esprit dans un discours inspiré. En gardant ces choses à l'esprit, voyons comment vous, en tant que pasteur pentecôtiste, pouvez conduire les chercheurs au baptême de l'Esprit.

Trois étapes de la foi

Dans Luc 11.9-13, Jésus enseigne à ses disciples comment ils peuvent demander et recevoir le Saint-Esprit. Ce passage, ainsi que ce qui est arrivé aux 120 le jour de la Pentecôte (Ac 2.1-4), suggère un modèle en trois étapes pour recevoir le Saint-Esprit. Ces trois étapes sont : demander par la foi, recevoir par la foi et parler par la foi. Voici comment vous pouvez guider les chercheurs dans ces trois étapes de la foi :

Étape 1 : Demander par la foi. Tout d'abord, amenez les chercheurs à demander l'Esprit. Rappelez-vous la promesse de Jésus : « Demandez et il vous *sera* donné » (Lu 11.9, c'est nous qui soulignons). Tout comme vous conduisez un pécheur dans la prière du pécheur, vous pouvez conduire les chercheurs dans une prière demandant à être remplis du Saint-Esprit. Dites-leur que, pendant qu'ils prient, ils doivent croire consciemment que Dieu entend leur prière et qu'il agit pour répondre à leur prière. La prière peut se dérouler comme suit, les candidats répétant chaque ligne :

« Seigneur, je viens pour être rempli du Saint-Esprit... Tu as promis que je recevrais une puissance lorsque l'Esprit viendrait sur moi... J'ai besoin de cette puissance pour être ton témoin... Tu as aussi promis que quiconque demande reçoit... Je demande ; par conséquent, je m'attends à recevoir... Lorsque je recevrai, je m'exprimerai avec foi... Je n'aurai pas peur... Je commencerai à parler en langues selon que ton Esprit me donnera de m'exprimer... Esprit Saint, viens sur moi maintenant. »

Une fois que vous avez prié, assurez les candidats que Dieu a entendu leur prière et qu'il est prêt maintenant à les remplir du Saint-Esprit. Encouragez-les à être sensibles à la venue de l'Esprit sur eux. Ils doivent sentir consciemment sa présence. Vous pouvez prendre quelques instants pour adorer le Seigneur ensemble, en réponse à la venue de l'Esprit.

Étape 2 : Recevoir par la foi. Maintenant, guidez les chercheurs dans leur démarche de foi. Jésus a dit : « Quiconque demande *reçoit* » (Lu 11.10,

Chapitre 20 : Guider les croyants dans le baptême de l'Esprit

c'est nous qui soulignons). Jésus parle d'un type de réception active plutôt que passive. Il dit : « Quiconque demande doit ensuite tendre la main pour recevoir. » Jésus nous dit comment cela se fait. Cela se fait par un acte de foi. « Tout ce que vous demandez dans la prière », dit-il, « croyez que vous l'*avez reçu*, et vous le verrez s'accomplir » (Mc 11.24, accentuation ajoutée).

Pour guider les chercheurs dans leur démarche de foi, demandez-leur de lever les mains vers le ciel et, dans la foi, de faire cette simple prière : « Seigneur, en cet instant, au nom de Jésus, je reçois le Saint-Esprit. » Cette prière leur fournira un point précis où ils pourront libérer leur foi pour recevoir l'Esprit. À ce moment-là, ils doivent « croire qu'ils *ont* reçu ! » Au moment où ils croient, l'Esprit descendra en eux et les remplira. Dites-leur de sentir la présence de l'Esprit au plus profond d'eux-mêmes.

Étape 3 : Parler par la foi. Maintenant, encouragez les candidats à agir dans la foi et à commencer à parler hardiment - non pas à partir de leur esprit, mais du plus profond d'eux-mêmes, là où ils sentent la présence de Dieu en eux (Jn 7.38). En cédant à l'Esprit qui coule dans et à travers leur être, ils commenceront à prononcer des paroles qu'ils ne comprennent pas (Ac 2.4 ; 10.46 ; 19.6). Ces paroles peuvent être comparées au pas de foi de Pierre qui, obéissant à l'ordre de Jésus, est sorti de la barque et a commencé à marcher sur l'eau. Son acte de foi audacieux a donné lieu à un miracle (Mc 14.28-29). Et il en sera de même pour eux ! Encouragez-les à ne pas avoir peur, mais à coopérer pleinement avec l'Esprit en continuant à parler avec foi.

Le parler en langues

Il peut être utile ici d'en dire un peu plus sur le parler en langues, car c'est souvent un phénomène nouveau et peut-être étrange pour ceux qui n'en ont jamais fait l'expérience. Il est important de comprendre que, lorsqu'un croyant rempli d'Esprit parle en langues, les mots qu'il prononce ne viennent pas de son esprit, comme dans le langage naturel. Les mots viennent du plus profond de leur être, de leur esprit. Jésus a dit : « Celui qui croit en moi, comme l'Écriture l'a dit, des fleuves d'eau vive jailliront du fond de son être » (Jn 7 :38, traduction littérale). Paul a dit : « Celui qui parle en langue ne s'adresse pas aux hommes mais à Dieu. En effet, personne ne le comprend ; il dit des mystères par l'Esprit » (1 Co 14.2). Rappelez aux chercheurs que leur parole ne sera pas forcée. Ce sera un flux naturel de

Partie 5 : Le ministère public du pasteur pentecôtiste

paroles surnaturelles. Ils doivent simplement permettre que cela se produise, et coopérer avec l'Esprit en s'exprimant hardiment dans la foi.

Conseil après la prière

Il est important que des conseils soient donnés aux candidats après la prière. S'ils ont été remplis de l'Esprit, vous donnerez un type de conseil ; s'ils n'ont pas été remplis, vous en donnerez un autre.

Aux chercheurs qui sont remplis de l'Esprit et qui parlent en langues, donnez ce conseil : Dites-leur que recevoir l'Esprit n'est pas une fin en soi, mais plutôt un moyen d'atteindre une fin plus grande. Le but de leur réception de l'Esprit est qu'ils puissent recevoir la force de vivre pour Dieu et d'être les témoins du Christ mandatés par l'Esprit. Vous voudrez également les encourager à passer du temps chaque jour à prier dans l'Esprit, c'est-à-dire à prier en langues. Cette pratique les fortifiera spirituellement et leur rappellera la présence de l'Esprit en eux (1 Co 14.4).

Aux candidats qui, à l'heure actuelle, ne sont pas remplis de l'Esprit, donnez ce conseil : Dites-leur de ne pas se décourager, et assurez-leur que la promesse de Jésus est toujours vraie : « Demandez et *l'on vous donnera* » (Lu 11.9, c'est nous qui soulignons). Dites-leur qu'ils doivent continuer à demander, à chercher et à frapper, comme Jésus l'a enseigné. Ce faisant, ils doivent garder à l'esprit la promesse de Jésus : « *Quiconque* demande reçoit » (v. 10, italique ajouté). Vous pouvez leur demander s'ils veulent prier à nouveau. S'ils le font, répétez la procédure ci-dessus, en les encourageant à agir avec une foi audacieuse.

MOBILISER LES PERSONNES QUI REÇOIVENT

En tant que pasteur pentecôtiste, vous ne devez jamais perdre de vue la raison principale pour laquelle Jésus baptise ses disciples dans le Saint-Esprit. Il les baptise pour leur donner le pouvoir de devenir ses témoins (Ac 1.8). Vous devez donc encourager ceux qui ont été remplis de l'Esprit à commencer immédiatement à témoigner auprès de leurs familles et de leurs amis. Vous devez également les guider vers une évangélisation audacieuse,

Chapitre 20 : Guider les croyants dans le baptême de l'Esprit

l'implantation d'églises et l'extension des missions. C'est ce que Jésus et les apôtres ont fait dans les Évangiles et dans les Actes.[2]

Dès que Jésus a été oint par (baptisé dans) le Saint-Esprit, il a commencé à exercer son ministère avec puissance (Lu 3.22-23 ; 4.14, 18-19 ; 5.17). Après avoir reçu l'Esprit le jour de la Pentecôte, Pierre s'est tenu avec les disciples et a prêché avec une telle puissance que trois mille personnes sont venues au Seigneur (Ac 2.14-41). Ceux qui sont venus au Christ ont également témoigné avec puissance. À cause de leur témoignage, « le Seigneur ajoutait chaque jour à leur nombre ceux qui étaient sauvés » (v. 47). Quelques jours plus tard, lorsque Dieu a de nouveau déversé son Esprit sur les disciples à Jérusalem, « ils furent tous remplis du Saint-Esprit et annoncèrent avec assurance la parole de Dieu » (4.31). Ce schéma s'est poursuivi tout au long du livre des Actes, et il devrait se poursuivre dans nos églises pentecôtistes aujourd'hui.

---

[2] Pour en savoir plus sur ces sujets, voir le chapitre 37 : « Évangéliser les perdus » et le chapitre 39 : « Implanter de nouvelles églises ».

Partie 5 : Le ministère public du pasteur pentecôtiste

~ Chapitre 21 ~

Exercer le ministère dans la puissance de l'Esprit

Henry et sa femme Ruth étaient missionnaires auprès des habitants du village de Glofaken, dans le sud-est du Liberia, qui adoraient les idoles. Depuis longtemps, Henry exhortait les gens à renoncer à leurs idoles et à se tourner vers Jésus, mais peu d'entre eux avaient répondu.

Un jour, le chef du village et ses anciens ont rendu visite à Henri. Le chef dit à Henri : « Tu nous as mis au défi d'abandonner les idoles de nos ancêtres et de nous tourner vers ton Dieu. Tu dis que ton Dieu est plus puissant que nos idoles, mais nous n'avons pas été témoins de la puissance de ce Dieu dont tu te vantes. Si vous pouvez nous montrer sa puissance, nous envisagerons d'abandonner nos idoles pour le servir. »

Henry savait que le chef ne le défiait pas seulement, mais qu'il défiait Dieu ! Henry a donc prié : « Seigneur, montre ta puissance aux gens de Glofaken. » Dieu a répondu à la prière d'Henry, et il a rapidement commencé à démontrer sa puissance à travers le ministère d'Henry.

Un matin, le fils du chef demanda à Henry de prier pour que Dieu enlève la cataracte qui recouvrait ses yeux, l'empêchant de voir clairement. Henry a imposé ses mains sur l'homme et a prié, demandant à Dieu un miracle. Dieu a immédiatement répondu à sa prière, et la cataracte de l'homme a disparu !

Partie 5 : Le ministère public du pasteur pentecôtiste

Après cela, Dieu a continué à faire des miracles parmi les habitants de Glofaken. À une occasion, Dieu a parlé à Henry en lui disant d'imposer les mains sur une femme morte qui était sur le point d'être enterrée. À la stupéfaction des gens, les yeux de la femme s'ouvrirent et sa vie fut restaurée. Grâce à ces miracles et à d'autres, le chef et ses aînés se sont tournés vers Dieu et ont mis leur foi en Jésus, comme beaucoup d'autres habitants du village de Glofaken. Une église forte et remplie de l'Esprit a été établie.

Dans sa Grande Commission, Jésus a ordonné à son Église : « Allez par tout le monde, et prêchez la bonne nouvelle à toute la création. Celui qui croira et qui sera baptisé sera sauvé, mais celui qui ne croira pas sera condamné. Voici les miracles qui accompagneront ceux qui auront cru : en mon nom, ils chasseront les démons ; ils parleront de nouvelles langues ; ils saisiront des serpents ; s'ils boivent quelque breuvage mortel, il ne leur fera point de mal ; ils imposeront les mains aux malades, et les malades, seront guéris » (Mc 16.15-18). Tout au long de l'histoire de l'Église, des personnes ont mis leur foi en Jésus en entendant la bonne nouvelle et en étant témoins de telles démonstrations de la puissance de l'Esprit.

Ce chapitre abordera l'importance pour le pasteur pentecôtiste d'exercer son ministère dans la puissance de l'Esprit. Pour ce faire, il examinera les dons de manifestation énumérés dans 1 Corinthiens 12.8-10, ainsi que leur but dans le ministère. Il proposera ensuite quelques directives bibliques pour l'utilisation des dons spirituels dans l'église.

MINISTÈRE DANS LA PUISSANCE DE L'ESPRIT

Tout pasteur pentecôtiste doit savoir comment exercer un ministère dans la puissance de l'Esprit avec des signes qui suivent. Un tel ministère était la norme pour le ministère dans le Nouveau Testament, et il reste la norme pour le ministère aujourd'hui.

Le ministère de puissance a son origine dans l'Esprit de Dieu. Il va donc de soi que quiconque désire exercer un ministère dans la puissance de l'Esprit doit être rempli du Saint-Esprit. Jésus l'a compris. C'est pourquoi, avant de monter au ciel, il a laissé à ses disciples un dernier commandement « de ne pas s'éloigner de Jérusalem, mais d'attendre ce que le Père avait promis, ce que je vous ai annoncé, leur dit-il ; car Jean a baptisé d'eau, mais vous, dans peu de jours, vous serez baptisés du Saint-Esprit » (Ac 1.4-5).

Chapitre 21 : Exercer le ministère dans la puissance de l'Esprit

Jésus leur promet ensuite : « Mais vous recevrez une puissance, le Saint-Esprit survenant sur vous ; et vous serez mes témoins à Jérusalem, dans toute la Judée et la Samarie, et jusqu'aux extrémités de la terre » (v. 8).

Malheureusement, de nombreux pasteurs en Afrique aujourd'hui n'ont pas reçu la puissance de l'Esprit. Parce que ces hommes et ces femmes ne sont pas remplis du Saint-Esprit, ils ne voient aucune manifestation de la puissance de l'Esprit dans leurs ministères. C'est tragique. Si vous n'avez pas été rempli du Saint-Esprit, vous devez chercher Dieu jusqu'à ce que vous soyez « revêtu de la puissance d'en haut » (Lu 24.49). Dieu vous remplira de l'Esprit et vous donnera la puissance pour le ministère, tout comme il l'a fait pour les premiers disciples le jour de la Pentecôte (Ac 2.1-4).[1]

En outre, il y a des pasteurs pentecôtistes qui, bien qu'ils aient été remplis de l'Esprit, n'expérimentent que peu la puissance de l'Esprit dans leurs ministères. Trop de ces pasteurs pensent que le seul but d'être rempli du Saint-Esprit est de leur permettre de parler en langues. Ils sont comme le chasseur du village qui nettoie son fusil tous les matins, tire quelques coups en l'air, le range et s'attend à ce que sa femme lui prépare de la bonne viande. Ils font beaucoup de bruit, mais ils n'accomplissent pas grand-chose.

Bien que le parler en langues soit une manifestation essentielle de l'Esprit, ce n'est pas le but premier d'être rempli de l'Esprit. L'objectif premier de la plénitude de l'Esprit est l'habilitation pour le ministère (Ac 1.8). En tant que pasteurs pentecôtistes, nous devons dépasser le simple fait de parler en langues pour passer à un ministère fondé sur l'Esprit. Nous devons apprendre à exercer un ministère dans la puissance de l'Esprit, accompagné de signes et de prodiges. Un tel ministère apportera la bénédiction au peuple de Dieu et attirera les pécheurs à Jésus.

EXEMPLES DE MINISTÈRE SOUS LA PUISSANCE DE L'ESPRIT

Le pasteur pentecôtiste peut apprendre à exercer son ministère dans la puissance de l'Esprit en étudiant et en imitant le ministère de Jésus dans les Évangiles et celui des premiers disciples dans le livre des Actes.

---

[1] Pour en savoir plus sur ce sujet, voir le chapitre 2 : « Une personne de l'Esprit » et le chapitre 20 : « Guider les croyants dans le baptême de l'Esprit ».

Partie 5 : Le ministère public du pasteur pentecôtiste

Le ministère de Jésus

Bien que Jésus soit véritablement Dieu manifesté dans la chair, il a choisi d'accomplir son ministère en tant qu'homme rempli du Saint-Esprit. La Bible dit qu'Il « s'est dépouillé lui-même, en prenant une forme de serviteur, en devenant semblable aux hommes ; et ayant paru comme un simple homme » (Ph 2.7). Jésus est ainsi devenu notre principal exemple de ministère animé par l'Esprit.

Des siècles avant la venue du Christ, Ésaïe a prédit que le Messie accomplirait sa vocation dans la puissance du Saint-Esprit (Es 61.1-2). En accomplissement de la prophétie d'Ésaïe, Jésus a commencé son ministère terrestre en annonçant : « L'Esprit du Seigneur est sur moi, parce qu'il m'a oint pour annoncer une bonne nouvelle » (Lu 4.18). Pierre a décrit le ministère de Jésus, animé par l'Esprit : « Dieu a oint Jésus de Nazareth de l'Esprit Saint et de puissance, et il allait de lieu en lieu faisant du bien et guérissant tous ceux qui étaient sous l'emprise du diable, parce que Dieu était avec lui » (Ac 10.38). Ces passages et d'autres du Nouveau Testament montrent que Jésus a accompli son ministère dans la puissance du Saint-Esprit (voir Lu 4.1, 14 ; 5.17). Les miracles, signes et prodiges qui ont accompagné le ministère de Jésus ont contribué à convaincre les gens de le suivre (voir Mt 4.23-25 ; 9.35-36 ; Jn 2.11).

La dépendance volontaire de notre Seigneur à la puissance de l'Esprit dans son ministère nous fournit un grand exemple. Comme Jésus, nous devons recevoir la puissance de l'Esprit Saint, et comme Lui, nous devons annoncer hardiment la bonne nouvelle à tous. En même temps, nous devons faire confiance à Dieu pour confirmer la parole proclamée par des signes et des prodiges accomplis dans la puissance de l'Esprit Saint.

Les ministères des apôtres

Outre le ministère de Jésus, les ministères des apôtres et des autres disciples dans le livre des Actes fournissent d'excellents exemples de ministère dans la puissance de l'Esprit. Ces premiers disciples ont appris à exercer un ministère dans la puissance de l'Esprit en observant et en imitant le ministère de Jésus, animé par l'Esprit. Pratiquement tous les miracles accomplis par les disciples dans le livre des Actes ont leur origine dans un miracle accompli par Jésus dans les Évangiles.

Chapitre 21 : Exercer le ministère dans la puissance de l'Esprit

Les apôtres ont suivi l'exemple de Jésus en étant remplis de l'Esprit. Ils savaient qu'avant de pouvoir exercer un ministère comme le sien, ils devaient être habilités par l'Esprit comme il l'était. Et comme Jésus, ils ont veillé à ce que tous ceux qui venaient au Christ soient habilités par le Saint-Esprit et mobilisés pour un ministère habilité par l'Esprit (voir Ac 2.38-39 ; 8.14-17 ; 9.17 ; 19.1-7).

Ces exemples nous enseignent que le véritable ministère du Nouveau Testament va au-delà des connaissances, des compétences et des capacités naturelles. Il requiert une habilitation spirituelle, qui est obtenue en étant rempli du Saint-Esprit. Sous l'onction du Saint-Esprit, Jésus et les apôtres ont proclamé le message du salut accompagné des signes qui l'accompagnaient.

LE RÔLE DES SIGNES ET DES PRODIGES

Quel est donc le rôle des signes et des prodiges dans le ministère de l'Évangile aujourd'hui ? Les signes, les prodiges et les miracles démontrent la compassion aimante de Dieu pour l'humanité déchue. Ils montrent que l'Évangile a le pouvoir de changer les vies. Comme des panneaux de signalisation, ils indiquent aux gens que Jésus est le guérisseur, le libérateur et le sauveur. Jean nous dit : « Une grande foule suivait [Jésus] parce qu'elle voyait les miracles qu'il avait faits en guérissant les malades » (Jn 6.2 ; voir aussi Jn 20.30-31 ; Ac 3.1-10). Dieu veut que la même chose se produise dans nos ministères aujourd'hui.

Jésus a en outre déclaré que les portes de l'enfer, habitées par des forces démoniaques, ne prévaudraient pas contre son Église en marche (Mt 16.18). Il a chassé les démons pour libérer les opprimés et démontrer la domination de son royaume sur le royaume du diable (Mt 12.28-29 ; Lu 11.20-22). Jésus a donné ce même pouvoir et cette même autorité à tous ceux qui veulent recevoir son Esprit et se soumettre à son autorité (Mt 10.1 ; Mc 3.14-15 ; Lu 9.1-2 ; Ac 1.8).

Le pasteur pentecôtiste doit en outre réaliser que la puissance de l'Esprit est disponible pour chaque membre de son église (Ac 2.39). Dieu veut remplir chacun d'eux de son Saint-Esprit, les habiliter à témoigner et leur donner divers dons de l'Esprit. Il le fait « pour le bien commun » de l'église

(1 Co 12.7) et pour l'avancement de son royaume sur la terre (voir Mc 16.20).[2]

LES DONS SPIRITUELS

La puissance du Saint-Esprit reçue lors du baptême du Saint Esprit est libérée dans le ministère principalement par la manifestation des dons spirituels. Dans 1 Corinthiens 12.8-10, Paul parle de neuf dons de l'Esprit qui devraient être en opération dans chaque église. Ces neuf dons sont parfois appelés les *dons de manifestation,* puisque, au verset 7, Paul y fait référence comme « la manifestation de l'Esprit ». Ces dons ont été définis comme des onctions surnaturelles données par le Saint-Esprit à travers des disciples remplis de l'Esprit pour accomplir la volonté du Père. Les neuf dons de manifestation peuvent être regroupés en trois catégories : La première catégorie est celle des *dons de révélation,* et comprend un message de connaissance, un message de sagesse, et la distinction entre les esprits. La deuxième catégorie est celle des *dons de prophétie,* qui comprend la prophétie, différentes sortes de langues et l'interprétation des langues. La troisième catégorie est celle des *dons de puissance,* qui comprend les dons de guérison, de foi et de pouvoirs miraculeux. C'est principalement par les dons de puissance que les signes et les prodiges se manifestent.[3]

Le but des dons spirituels

L'Esprit confère des dons spirituels pour trois raisons : Premièrement, il les donne pour édifier, ou construire, l'église locale (1 Co 12.7 ; 14.12, 26). En étant fortifiée, l'église peut préparer plus efficacement ses membres au service (Ep 4.11-12).

Deuxièmement, l'Esprit confère les dons pour permettre à l'église de diffuser plus efficacement l'Évangile aux perdus. Cette fonction des dons spirituels est illustrée dans le livre des Actes des Apôtres où les dons se manifestent dans l'évangélisation et les missions de première ligne.

---

[2] Vous pouvez en savoir plus sur la manière de conduire les membres de l'église à être remplis de l'Esprit au chapitre 20 : « Guider les croyants dans le baptême de l'Esprit ».

[3] Pour une liste complète de ces dons, avec leurs définitions et leurs objectifs, voir l'annexe 2 : « Les dons de manifestation de 1 Corinthiens 12.8-10 ».

Chapitre 21 : Exercer le ministère dans la puissance de l'Esprit

Enfin, le Saint-Esprit confère des dons spirituels pour permettre à l'église de se développer et d'implanter d'autres églises animées par l'Esprit. Il est plus facile d'établir une église où l'Évangile est prêché avec des signes qui suivent, que là où il n'y a pas de manifestations de la puissance de Dieu. L'histoire d'Henry et de Ruth, racontée au début de ce chapitre, illustre cette vérité.

Le fonctionnement des dons spirituels

Le pouvoir spirituel est essentiel au bon fonctionnement de l'église. Le pouvoir spirituel, cependant, peut faire l'objet d'abus. Tout comme un fonctionnaire gouvernemental peut abuser du pouvoir politique, le chrétien pentecôtiste peut abuser du pouvoir spirituel. Pour se prémunir contre cela, Paul a établi dans 1 Corinthiens 12-14 certaines directives pour le bon fonctionnement des dons spirituels dans l'église.

Au chapitre 13, l'apôtre dit que les dons spirituels doivent être compris comme des expressions de l'amour de Dieu à travers le croyant. Le souci aimant du bien-être des autres doit donc être le principe qui guide toute manifestation de l'Esprit.

Puis, au chapitre 14, Paul établit quelques règles spécifiques pour la manifestation appropriée des dons spirituels dans l'assemblée locale, en particulier les dons de prophétie, des langues et de l'interprétation des langues. Il dit que les déclarations prophétiques ne devraient jamais causer de confusion dans l'église. Elles doivent plutôt servir à fortifier, encourager et réconforter le peuple de Dieu (v. 3). De plus, les dons prophétiques doivent toujours être délivrés de manière ordonnée (v. 27-32). Et enfin, l'esprit et le contenu des déclarations prophétiques doivent toujours être « pesés avec soin » avant d'être reçus comme venant de Dieu (v. 29).

Aujourd'hui, dans toute l'Afrique, les dons prophétiques sont malmenés, tout comme les dons de puissance. De faux prophètes et de faux apôtres ont fait de la guérison et des miracles une entreprise lucrative. Ces hommes et ces femmes corrompus colportent sans honte leurs signes et leurs miracles mensongers à des personnes crédules qui cherchent des solutions à leurs problèmes. Cependant, dans toute l'Écriture, il n'y a aucun exemple de miracle vendu à qui que ce soit.

En tant que pasteur pentecôtiste fidèle, vous devez veiller à ce que votre église ne suive pas de telles pratiques impies. Au contraire, vous devez

Partie 5 : Le ministère public du pasteur pentecôtiste

humblement faire confiance à Dieu pour qu'il accomplisse des signes et des prodiges à travers votre ministère. Et vous devez le faire sans céder à la tentation de commercialiser les miracles de Dieu. Jésus a ordonné à ses disciples : « Guérissez les malades, ressuscitez les morts, purifiez ceux qui ont la lèpre, chassez les démons. » Il a ensuite ajouté : « Vous avez reçu gratuitement, donnez gratuitement » (Mt 10.8). Le pasteur pentecôtiste pieux se souviendra toujours que les dons spirituels ne lui appartiennent pas et qu'il ne peut les utiliser comme bon lui semble. Ce sont plutôt des dons *du Saint-Esprit* et ils ne doivent être utilisés que « comme il le veut » (1 Co 12.11).

Vous pouvez évaluer la manifestation d'un don spirituel dans l'église en posant les questions suivantes :

1. La manifestation est-elle en accord avec la Parole de Dieu ? Si elle ne s'aligne pas sur les enseignements clairs de l'Écriture, elle doit être rejetée. L'Esprit de Dieu ne contredira jamais la Parole de Dieu.

2. La manifestation du don glorifie-t-elle Dieu ? Les dons spirituels ne sont pas donnés pour élever le ministre ; ils sont donnés pour glorifier Dieu et pour diriger les gens vers Jésus (Mt 15.31 ; Mc 2.12). Si la manifestation d'un don spirituel tend à exalter quelqu'un d'autre que Dieu, il faut la remettre en question (Jn 16.13-15 ; 1 Co 1.29).

3. La manifestation édifie-t-elle l'église ? Les dons spirituels sont donnés pour édifier l'église. Si une manifestation provoque la confusion ou affaiblit la foi des gens en Christ, elle doit être rejetée.

4. La manifestation sert-elle à faire avancer la mission de Dieu ? Les dons spirituels sont des outils puissants pour l'évangélisation et l'implantation d'églises. Par conséquent, ceux qui opèrent dans les dons devraient devenir des témoins efficaces pour Christ. Si une manifestation de l'Esprit tend à distraire ou à détourner les gens de la mission de Dieu, elle ne doit pas être autorisée.

Encourager les dons spirituels

Bien que vous, en tant que pasteur pentecôtiste, deviez vous prémunir contre le mauvais usage des dons spirituels dans votre église, cela ne devrait pas être votre préoccupation première. Votre préoccupation première devrait être d'encourager la manifestation des dons. Vous ne devez jamais vous contenter de simples discussions sur les signes et les prodiges. Au contraire,

Chapitre 21 : Exercer le ministère dans la puissance de l'Esprit

vous devez plaider pour leur fonctionnement fréquent dans l'église et sur le marché. Vous pouvez le faire de quatre manières :

Tout d'abord, vous devez enseigner à vos membres la préoccupation aimante de Dieu pour tous les peuples, et comment il veut étendre sa main de grâce pour les sauver, les bénir et les guérir. Vous devrez ensuite instruire les membres sur la manière dont Dieu veut les utiliser dans un ministère mandaté par l'Esprit, et comment ils peuvent eux-mêmes être utilisés pour manifester des dons spirituels.

Deuxièmement, vous devez donner l'exemple d'un ministère mandaté par l'Esprit devant les gens. La meilleure façon d'encourager les membres à exercer les dons spirituels est de leur montrer comment cela se fait. C'est ce que Jésus a fait avec ses disciples. Il leur a montré comment exercer un ministère dans la puissance de l'Esprit en délivrant un homme possédé par un démon (Lu 8.26-39), en guérissant une femme malade et en ressuscitant une jeune fille morte (v. 40-56). Il les a ensuite « envoyés proclamer le royaume de Dieu et guérir les malades » (9.2). Vous devez donc permettre à Dieu de vous remplir et de vous remplir à nouveau du Saint-Esprit. Ensuite, vous devez lui faire confiance pour qu'il vous utilise afin de démontrer les dons spirituels dans votre vie et votre ministère.

Troisièmement, vous devez encourager vos membres à répondre aux incitations du Saint-Esprit et à agir dans la foi pour manifester les dons spirituels. Vous devez également fournir des occasions aux gens d'exercer des dons pendant les temps de culte et d'évangélisation.

Enfin, vous devez encourager la manifestation des dons spirituels dans l'église en cherchant à cultiver l'atmosphère appropriée dans les services d'église. Une telle atmosphère est marquée par la présence manifeste de Dieu et une foi pleine d'espérance. Dieu manifeste sa présence lorsque son peuple lui ouvre son cœur dans une louange et une adoration authentiques. La foi en attente est créée lorsque le peuple de Dieu est encouragé à tendre la main et à s'attendre à ce que Dieu manifeste sa présence « par des signes, des prodiges et divers miracles, et par des dons du Saint-Esprit distribués selon sa volonté » (Hé 2.4).

Le véritable pasteur pentecôtiste s'efforcera d'être un homme ou une femme de l'Esprit. Il s'efforcera d'apprendre à exercer son ministère dans la

Partie 5 : Le ministère public du pasteur pentecôtiste

puissance du Saint-Esprit avec des signes qui suivent, et il enseignera à son peuple à faire de même.

~ Chapitre 22 ~

S'engager dans le combat spirituel

Jésus avait compris qu'il était engagé dans un grand combat spirituel avec Satan et ses légions. Un jour, il a chassé un démon d'un homme qui était aveugle et muet. Les gens regardaient avec étonnement l'homme qui commençait à voir et à parler. Certains ont demandé : « Serait-ce le Fils de David ? » D'autres murmuraient : « Cet homme ne chasse les démons que par Béelzébul, prince des démons » (Mt 12.22-24).

Jésus savait ce qu'ils pensaient et leur dit : « Tout royaume divisé contre lui-même sera ruiné, et toute ville ou maison divisée contre elle-même ne tiendra pas. » Il leur expliqua ensuite ce qui venait de se passer : « Si c'est par l'Esprit de Dieu que je chasse les démons, alors le royaume de Dieu est venu sur vous. » Il ajouta ensuite : « Comment quelqu'un peut-il entrer dans la maison d'un homme fort et emporter ses biens s'il n'a pas d'abord lié l'homme fort ? Alors il pourra piller sa maison » (Mt 12.25-29).

Il en va de même aujourd'hui ; nous sommes nous aussi engagés dans un grand conflit avec les forces du mal. Avant de pouvoir libérer les gens des griffes du péché et de Satan, nous devons souvent nous engager dans un combat spirituel. Nous devons d'abord lier l'homme fort. Ensuite, nous pourrons piller sa maison. Ce chapitre traite de la nécessité pour le pasteur pentecôtiste d'être compétent pour défier et vaincre les esprits démoniaques.

Partie 5 : Le ministère public du pasteur pentecôtiste

COMPRENDRE LE COMBAT SPIRITUEL

Avant de retourner au ciel, Jésus a laissé à son Église une grande mission. Il a ordonné à ses disciples : « Allez, faites de toutes les nations des disciples, baptisez-les au nom du Père, du Fils et du Saint-Esprit, et enseignez-leur à observer tout ce que je vous ai prescrit » (Mt 28.19-20). Le livre des Actes des Apôtres raconte comment les premiers disciples du Christ ont commencé à accomplir sa mission dans la puissance du Saint-Esprit.

La Grande Commission est toujours en vigueur aujourd'hui, et elle le sera « jusqu'à la fin du monde » (v. 20). Pour remplir efficacement cette mission, l'Église et ses dirigeants doivent savoir comment affronter et vaincre Satan et ses forces démoniaques.

La réalité du combat spirituel

Le combat spirituel est réel. Il y a un véritable ennemi, et il y a de véritables batailles spirituelles que nous, pasteurs pentecôtistes, devons mener et gagner. Dans sa lettre aux Éphésiens, Paul parle de ce combat spirituel :

« Car nous n'avons pas à lutter contre la chair et le sang, mais contre les dominations, contre les autorités, contre les princes de ce monde de ténèbres, contre les esprits méchants dans les lieux célestes. » (Ep 6.12)

L'apôtre a ensuite expliqué comment les serviteurs du Christ ont reçu de puissantes armes spirituelles à utiliser dans cette guerre contre le mal : « Les armes avec lesquelles nous combattons ne sont pas charnelles ; mais elles sont puissantes, par la vertu de Dieu, pour renverser des forteresses » (2 Co 10.4).

Des millions de personnes en Afrique n'ont pas reçu un témoignage adéquat de l'Évangile. Ces personnes vivent dans des endroits dominés par des systèmes religieux opposés à la propagation du christianisme. Ces systèmes sont contrôlés par de puissants dirigeants démoniaques, qui sont eux-mêmes contrôlés par Satan, le « prince des démons » (Mc 3.22 ; cf. 1 Jn 5.19). Pour sauver ces gens, il faudra lier et expulser l'homme fort (Mt 12.28-29). Ainsi, si l'Église veut accomplir avec succès la mission du Christ, elle doit apprendre à se mouvoir dans la puissance du Saint-Esprit. Et elle doit savoir comment engager et vaincre les forces démoniaques.

Chapitre 22 : S'engager dans le combat spirituel

Jésus a enseigné à ses disciples à prier : « Que ton règne vienne, que ta volonté soit faite, sur la terre comme au ciel » (Mt 6.10). Il leur a dit un jour : « Je vous le dis en vérité, quelques-uns de ceux qui sont ici ne mourront point, qu'ils n'aient vu le royaume de Dieu venir avec puissance » (Mc 9 :1). Jésus faisait référence au jour de la Pentecôte, lorsque ses disciples seraient « revêtus de la puissance d'en haut » (Lu 24.49 ; Ac 2.4).

Aujourd'hui, le royaume de Dieu vient en puissance chaque fois que quelqu'un est sauvé, guéri, délivré ou rempli du Saint-Esprit. Le pasteur pentecôtiste doit amener son peuple à prier souvent pour que le royaume de Dieu vienne en puissance.

La nature du combat spirituel

Le combat spirituel est l'affrontement entre le bien et le mal, entre ce qui est saint et ce qui est impie. À notre époque, c'est la lutte permanente entre Satan et ses démons et la véritable Église de Dieu.

Le diable a rassemblé toutes ses ressources pour saboter la mission rédemptrice de Dieu pour les nations. Il est un meurtrier et un menteur et cherche à « dérober, égorger et détruire » (Jn 8.44 ; 10.10). Lui et ses démons s'emploient à aveugler l'esprit des gens sur la vérité de l'Évangile (2 Co 4.3-4). Parce qu'il hait Dieu, le diable veut s'en prendre à lui et le blesser. Cependant, il sait qu'il ne peut pas faire de mal à Dieu. Il cherche donc à affliger et à détruire ceux que Dieu aime, la race humaine.

Jésus a annoncé que le royaume de Dieu était venu (Mc 1.14-15 ; Lu 8.1 ; 9.11). Il a déclaré avec audace qu'il était venu pour renverser le royaume de Satan et établir le règne de Dieu sur la terre. Le message du royaume de Dieu était également au cœur de la prédication des disciples du Christ (cf. Ac 8.12 ; 19.8). Jésus les a envoyés proclamer le royaume de Dieu et démontrer son pouvoir sur « toute la puissance de l'ennemi » (Lu 10.19 ; cf. Mt 10.7 ; Lu 9.1-2 ; 10.8-89).[1]

---

[1] Pour en savoir plus sur l'avènement du royaume de Dieu, voir le manuel de la Série Découverte d'Africa's Hope, *Le royaume de Dieu : Une interprétation pentecôtiste*, de Denzil R. Miller.

Partie 5 : Le ministère public du pasteur pentecôtiste

SE PRÉPARER AU COMBAT SPIRITUEL

En tant que pasteur pentecôtiste, vous devez être prêt à tout moment à défier et à vaincre les esprits démoniaques. Et vous devez apprendre aux membres de votre église à faire de même. Voici quelques moyens de vous préparer au combat spirituel :

Être rempli du Saint-Esprit

Premièrement, assurez-vous que vous avez été rempli du Saint-Esprit (Ac 2.4 ; 4.31) et que vous marchez et vivez actuellement « selon l'Esprit » (Ga 5.25). Jésus lui-même a été rempli de l'Esprit (Lu 3.21-22), et il a vécu et exercé son ministère dans la puissance de l'Esprit (Lu 4.18-19 ; Ac 10.38). Jésus a témoigné que c'était par la puissance du Saint-Esprit qu'il chassait les démons (Mt 12.28). Si nous voulons nous engager avec succès dans le combat spirituel, nous devons nous aussi recevoir la puissance du Saint-Esprit.

Réaliser ce que le Christ a accompli

Ensuite, en vous préparant au combat spirituel, vous devez réaliser tout ce que Christ a accompli au Calvaire. Il y a payé le prix de la rédemption de l'humanité (Es 53.6 ; 1 Jn 2.2). Il a également détruit la domination du diable sur le monde (Jn 12.31). La Bible nous dit que le Christ « a dépouillé les dominations et les autorités, et les a livrées publiquement en spectacle, en triomphant d'elles par la croix » (Col 2.15).

Maintenant, grâce à l'œuvre puissante du Christ au Calvaire, Satan et ses démons sont des ennemis vaincus (Hé 2.14-15). Si nous marchons dans l'Esprit et si nous nous soumettons pleinement à Christ et à sa volonté, il nous donnera la puissance et l'autorité dont nous avons besoin pour vaincre Satan et ses démons.

Rappelez-vous qui vous êtes en Christ

En outre, pour vous préparer au combat spirituel, vous devez vous rappeler qui vous êtes en Christ. Bien que vous viviez ici sur terre, en tant qu'enfant de Dieu, vous êtes un citoyen du ciel (Ph 3.20). Si vous vous souvenez de cette vérité et choisissez de vivre comme un véritable enfant du ciel, le Seigneur vous offre toutes les ressources, l'autorité et la puissance de ce royaume. Plus vous apprendrez à penser et à agir comme un citoyen du royaume de Dieu, plus vous serez préparé à proclamer l'Évangile du

Chapitre 22 : S'engager dans le combat spirituel

royaume à l'humanité perdue, et plus vous serez capable de mener la guerre dans le monde spirituel.

Revêtez l'armure complète de Dieu

Enfin, Paul exhorte les guerriers spirituels : « Fortifiez-vous dans le Seigneur, et par sa force toute-puissante » (Ep 6.10). L'une des façons d'y parvenir est de revêtir l'armure complète de Dieu. Ainsi, lorsque le mauvais jour arrivera, nous serons en mesure de résister à l'ennemi (v. 11, 13).

Paul cite ensuite sept armes spirituelles puissantes que le Christ a données à ses serviteurs. Il donne également quelques indications sur la manière dont chaque arme peut être utilisée pour mener le combat spirituel (Ep 6.13-18). Examinons de plus près ces sept armes spirituelles :

1. La ceinture de vérité. Premièrement, nous devons nous armer de la « ceinture de vérité » (Ep 6.14). Mettre la ceinture de vérité signifie deux choses : Cela signifie que nous nous armons de la vérité de la Parole de Dieu (Jn 17.17). Cela signifie également que nous devons nous envelopper de véracité, c'est-à-dire d'honnêteté et d'intégrité absolues. Avec cette arme, nous pourrons contrer les mensonges du diable (Jn 8.44).

2. La cuirasse de la justice. Ensuite, nous devons nous préparer au combat spirituel en revêtant la « cuirasse de la justice » (Ep 6.14). Pour ce faire, nous devons nous assurer que nous sommes en bonne relation avec Dieu et que nous vivons dans une communion ininterrompue avec Jésus-Christ (Jn 15.5). Grâce à cette relation, nous sommes en mesure de mener une vie pure et sainte (Tit 2.11-12).

3. Des pieds chaussés avec zèle. Troisièmement, nous devons nous armer de « promptitude » (Ep 6.15). En d'autres termes, nous devons être constamment sur nos gardes contre les attaques de l'ennemi (1 Pi 5.8). Cette disponibilité est produite par l'écoute et l'obéissance à l'Évangile. En outre, en tant que bergers fidèles du troupeau de Dieu, nous devons préparer le peuple de Dieu aux attaques de l'ennemi, comme Paul l'a fait avec les anciens d'Éphèse (Ac 20.28-31).

4. Le bouclier de la foi. Quatrièmement, nous devons prendre le « bouclier de la foi » (Ep 6.16). Nous pouvons utiliser cette arme spirituelle pour nous défendre contre « tous les traits enflammés du malin » (v. 16). Ces flèches enflammées comprennent diverses tentations du diable telles que des pensées et des désirs impies et des tentations de désobéir aux

Partie 5 : Le ministère public du pasteur pentecôtiste

commandements de Dieu. Notre foi se construit en écoutant et en lisant la Parole de Dieu (Ro 10.17) et en priant dans l'Esprit Saint (Jud 20).

5. Le casque du salut. Une cinquième arme à notre disposition est le « casque du salut » (Ep 6.17). Ce salut comprend, non seulement le salut du péché et de l'enfer, mais aussi tout salut ou délivrance qui vient de Dieu, comme la délivrance des démons, du danger, de la maladie et de la mort.

6. La Parole de Dieu. Sixièmement, nous devons prendre « l'épée de l'Esprit, qui est la parole de Dieu » (Ep 6.17). La Parole de Dieu est l'une des armes spirituelles les plus puissantes du pasteur pentecôtiste. Nous pouvons nous armer de la Parole de Dieu en étudiant et en mémorisant diligemment les Écritures (Ps 119.11). De plus, nous devons proclamer fidèlement la Parole de Dieu à tous ceux qui veulent bien l'écouter (2 Ti 4.2).[2]

La Parole de Dieu peut être utilisée pour une bataille offensive et défensive. Elle peut être utilisée comme une arme offensive lorsque la Parole est utilisée dans la prière, ainsi que lorsqu'elle est prêchée et enseignée sous l'onction de l'Esprit. Et elle peut être utilisée comme une arme défensive pour contrer les attaques de Satan, comme l'a fait Jésus dans le désert (Lu 4.1-13).

La « parole de Dieu » mentionnée dans ce passage pourrait aussi être une parole personnelle ou *rhéma* qu'un disciple du Christ peut recevoir de l'Esprit. Il peut s'agir d'un passage biblique spécifique que le Seigneur imprime dans le cœur d'une personne. Ou bien il peut s'agir d'une révélation de Dieu pour répondre à un besoin spécifique, comme une parole de connaissance ou une parole de sagesse (1 Co 12.8).

7. La prière par l'Esprit. Enfin, nous devons prendre l'arme de la prière dans l'Esprit. Cette prière est une arme spirituelle puissante. Paul exhorte ainsi les croyants à « prier par l'Esprit en toute occasion, avec toutes sortes de prières et de demandes » (Ep 6.18). Cela signifie que nous devrions souvent permettre au Saint-Esprit d'oindre et de diriger nos prières. Ce type de prière inclut la prière d'intercession en langues (1 Co 14.14 ; cf. Ro 8.26).

---

[2] Pour en savoir plus sur le rapport du pasteur pentecôtiste à la Bible, voir le chapitre 9 : « Croire en la Bible ».

Chapitre 22 : S'engager dans le combat spirituel

Sept autres armes spirituelles

La Bible parle de sept autres armes spirituelles puissantes que le pasteur pentecôtiste peut utiliser pour vaincre l'ennemi :

1. L'arme du jeûne. Lorsqu'il est utilisé avec la prière, le jeûne est une arme spirituelle puissante (Mc 9.29).

2. L'arme de la louange. Une grande puissance spirituelle est générée par la louange désignée par l'Esprit. Lorsque le peuple de Dieu Le loue, des murs s'écroulent (Jos 6.16-20), des armées sont vaincues (2 Ch 20.1-26), et les portes des prisons s'ouvrent (Ac 16.25-26).

3. L'arme de l'amour. L'amour authentique a une puissance étonnante pour diriger les hommes et les femmes vers le Christ (Ro 5.5). Certains, qui ne peuvent être gagnés par nos arguments logiques, ou même par nos manifestations de puissance, peuvent être gagnés à Christ par de simples démonstrations d'amour chrétien (12.20-21).

4. L'arme du baptême de l'Esprit. Jésus a promis à ses disciples la puissance lorsque le Saint-Esprit viendrait sur eux (Ac 1.8). Il parlait d'une expérience qu'il a appelé le baptême du Saint-Esprit (Lu 3 :16 ; Ac 1.5 ; 2.4).[3]

5. Les armes des dons de l'Esprit. L'une des raisons pour lesquelles l'Esprit donne ses dons à l'Église est que les croyants soient équipés pour le combat spirituel (1 Co 12.8-10).[4]

6. L'arme du nom de Jésus. Toute l'autorité du ciel se tient derrière le nom de Jésus (Ph 2.9-11). Lorsque nous utilisons son nom comme il l'a ordonné, les puissances de l'enfer doivent céder (Jn 14.13-14 ; Ac 3.6 ; 9.27 ; 16.18).

7. L'arme de l'Évangile. Paul a appelé l'Évangile « la puissance de Dieu pour le salut de quiconque croit » (Ro 1.16). L'Évangile est le message du salut en Christ. Le message de l'Évangile a le pouvoir de créer la foi dans le cœur de ceux qui l'entendent prêcher (Ro 10.17). Nous ne devons pas manquer de prêcher fidèlement l'Évangile à chaque occasion (1 Co 9.16).

---

[3] Pour en savoir plus sur le baptême de l'Esprit, voir le chapitre 20 : « Guider les croyants dans le baptême de l'Esprit ».

[4] Voir l'annexe 2 : « Les dons de manifestation de 1 Corinthiens 12.8-10 ».

Partie 5 : Le ministère public du pasteur pentecôtiste

S'ENGAGER DANS LE COMBAT SPIRITUEL

La question qui se pose est la suivante : « Comment le pasteur pentecôtiste (ou, d'ailleurs, tout disciple rempli de l'Esprit) peut-il confronter et chasser les mauvais esprits d'une personne maintenue en esclavage démoniaque ? » Voici une procédure en trois étapes que vous pouvez utiliser pour administrer la délivrance à ceux qui sont tenus en captivité par des démons.[5]

L'interview

La première étape du ministère de la délivrance des captifs est l'entretien, si cela est possible. Au cours de cette étape, vous parlerez avec la personne qui a besoin d'être délivrée. Votre objectif est de mieux comprendre l'état de la personne. À ce stade, grâce au don de discernement des esprits, vous pouvez découvrir la présence démoniaque. Ou bien les démons peuvent être agités par la présence de Dieu et s'exposer (Mc 1.23 ; 5.6-7).

Dans la mesure du possible, vous devez guider la personne qui souffre dans une prière de repentance et de confession des péchés. Cela est particulièrement important lorsque les péchés de la personne sont étroitement liés à son esclavage spirituel. Dans cette prière, la personne qui souffre doit renoncer à l'infestation démoniaque et aux œuvres de la chair qui l'accompagnent dans sa vie.

Confrontation ministérielle

La deuxième étape du processus de délivrance est la confrontation ministérielle. Il s'agit de la rencontre de puissance réelle avec les forces démoniaques. Vous devez commencer l'engagement en invoquant le nom de Jésus et en invitant le Saint-Esprit à venir manifester sa présence et sa puissance. Une fois que vous sentez la présence de Dieu, vous pouvez commencer à chasser (ou dans certains cas, à faire fuir) les démons. Selon

---

[5] Pour plus d'informations sur le défi et la défaite des esprits démoniaques, voir le livre, *Le ministère de puissance: Un manuel pour les prédicateurs pentecôtistes*, de Denzil R. Miller, chapitre 12 : « Chasser les démons » et chapitre 13 : « Vaincre les esprits territoriaux ».

Chapitre 22 : S'engager dans le combat spirituel

la direction de l'Esprit, vous pouvez utiliser une ou plusieurs des procédures bibliques suivantes :

- Vous pouvez lier les démons au nom de Jésus (Mt 16.17-19 ; 18.18).
- Vous pouvez ordonner aux démons de sortir, de s'en aller, ou de relâcher leur emprise sur leur victime (Lu 4.35).
- Vous pouvez ordonner aux démons de ne pas réintégrer la personne (Mc 9.25).

Parfois, les démons résisteront, et une lutte s'ensuivra (Lu 8.29 ; 11.14). Dans de tels cas, vous devez persister dans la foi jusqu'à ce que la victoire vienne. La délivrance est souvent accompagnée de manifestations physiques (Mc 7.30 ; Lu 4.33-35 ; 9.42). Lorsque cela se produit, vous ne devez pas vous laisser intimider ou distraire. Au contraire, vous devez continuer à agir dans la puissance du Saint-Esprit, ordonner aux démons de se taire (Mc 1.25), et dans l'autorité du nom de Jésus, leur ordonner de sortir et de rester dehors (Mc 9.25).

Conseil après la prière

La dernière étape du processus de délivrance est le conseil après la prière. Cette étape est très importante pour une personne qui a été sous l'emprise de démons. Elle aura besoin de prière et de soutien émotionnel après sa délivrance. Si la personne n'est pas née de nouveau, vous devez immédiatement l'amener à la foi en Christ. En outre, vous devez immédiatement la conduire au baptême du Saint-Esprit. Jésus a mis en garde contre la négligence de ces questions essentielles (Mt 12.43-45). Vous, ou quelqu'un que vous déléguez, devez rester en contact étroit avec la personne jusqu'à ce qu'elle soit complètement libérée de son esclavage.

En tant que pasteur pentecôtiste, le Christ vous a chargé de vous engager dans le combat spirituel (Mc 16.15-16). Vous pouvez affronter le diable et ses forces démoniaques avec une grande confiance, sachant que celui qui habite en vous est infiniment plus grand que celui qui est dans le monde (1 Jn 4.4).

Partie 5 : Le ministère public du pasteur pentecôtiste

~ Partie 6 ~

Le pasteur pentecôtiste comme berger

Partie 6 : Le pasteur pentecôtiste comme berger

~ Chapitre 23 ~

Comprendre le ministère pastoral

Il est tout à fait possible pour une personne d'être activement impliquée dans une activité religieuse, et profondément engagée dans cette activité, et en même temps de ne pas vraiment comprendre ce qu'elle fait ou pourquoi elle le fait. L'Esprit a un jour dirigé Philippe vers un noble éthiopien sincère et profondément engagé. Ce noble lisait consciencieusement les Écritures. Cependant, il ne comprenait pas ce qu'il lisait (Ac 8.29-31). Une autre fois, Paul a rencontré des hommes tout aussi sincères et engagés à Athènes. Ces hommes adoraient un « DIEU INCONNU ». Cependant, ils ne comprenaient pas qui ils adoraient, ni pourquoi (Ac 17.22-23). Ils avaient besoin d'une explication.

De nombreux pasteurs pentecôtistes en Afrique se trouvent dans une situation similaire. Ils sont activement impliqués dans le ministère pastoral, et ils sont profondément engagés à remplir leur rôle de pasteurs. Cependant, en vérité, ils comprennent peu ce qu'ils font ou pourquoi ils le font. Comme le noble éthiopien, ils plaident : « Comment puis-je savoir si personne ne me l'explique ? » Ce chapitre est écrit pour répondre à cette plaidoirie. Il posera une base de compréhension pour le ministère pastoral, une base sur laquelle un ministère solide peut être construit.

Partie 6 : Le pasteur pentecôtiste comme berger

LE CONTEXTE DU MINISTÈRE PASTORAL

Le ministère pastoral s'exerce dans le contexte d'une église locale. Le mot grec traduit par église dans le Nouveau Testament est *ekklesia*, qui signifie ceux qui ont été appelés et mis à part. Ainsi, une église locale est un groupe de personnes qui ont été mises à part par le Christ pour le servir et l'adorer. Elle est composée de ceux qui sont nés de l'Esprit de Dieu et qui ont été lavés dans le sang de Jésus (Jn 3.3-7 ; Ac 20.28).

Trois choses peuvent être dites à propos de l'Église : Premièrement, l'Église appartient à Dieu. Jésus a fait référence à l'Église comme étant « mon Église » (Mt 16.18). Paul l'a appelée « la maison de Dieu... l'église du Dieu vivant » (1 Ti 3.15). Deuxièmement, l'Église est la demeure de Dieu. Paul parle de l'Église comme d'un « temple saint » qui est « devenu une habitation dans laquelle Dieu vit par son Esprit » (Ep 2.22). Enfin, l'Église est « la colonne et l'appui de la vérité » (1 Ti 3.15). En d'autres termes, elle est la structure spirituelle qui supporte et soutient la vérité. L'une des principales missions de l'Église est de préserver et de proclamer la vérité (Mt 28.19 ; 2 Co 2.14). En tant que pasteur pentecôtiste, vous devez être pleinement conscient que vous exercez votre ministère dans ce contexte.

LE CONCEPT DE MINISTÈRE

Il est également essentiel que vous compreniez le concept biblique de ministère. Les Écritures enseignent que le Christ nomme des ministères dans l'Église pour lui permettre de remplir la mission que Dieu lui a donnée. La mission de l'Église est de proclamer la bonne nouvelle à tous les peuples dans la puissance du Saint-Esprit avant la venue prochaine du Christ (Mc 16.15-16 ; Ac 1.8). Ensuite, elle doit prendre ceux qui croient et en faire des disciples obéissants, les façonnant à l'image de leur Seigneur (Mt 28.19 ; Col 3.10).

Le mot *ministère* comporte en outre les concepts de service et de fonction. Paul développe l'idée de ministère. Dans Éphésiens 4, il parle de trois types de ministère :

Le ministère de Jésus

Tout d'abord, Paul parle du ministère de Jésus, le Messie (Ep 4.8-10). Par son œuvre rédemptrice sur la croix (y compris sa mort, son ensevelissement, sa résurrection et son ascension vers le Père), Jésus a

Chapitre 23 : Comprendre le ministère pastoral

inauguré la Nouvelle Alliance. Pendant son séjour sur terre, le Christ a exercé son ministère en tant qu'apôtre (Hé 3.1), prophète (Lu 24.19), évangéliste (Lu 19.10), pasteur (Jn 10.11-16) et enseignant (Jn 3.2 ; 13.13). Il est ainsi devenu la « pierre angulaire » de l'Église, assurant sa stabilité et sa pérennité (Ep 2.20).

Le ministère des croyants

Deuxièmement, Paul parle du ministère des croyants (Ep 4.11-16). Jésus a confié son ministère à l'Église. Par conséquent, tout ministère dans l'Église est une extension de son ministère. L'objectif du ministère est que chaque membre de l'Église devienne mature « en atteignant la pleine mesure de la plénitude de Christ » (Ep 4.13). Ceux qui sont devenus matures doivent ensuite se tourner vers les autres et les fortifier, ce qui permet à l'ensemble de l'église de croître et de prospérer.

Ministères de leadership

Troisièmement, Paul discute des ministères de leadership que le Christ a donnés à l'Église. Il écrit : « Le Christ lui-même a donné les apôtres, les prophètes, les évangélistes, les pasteurs et docteurs » (Ep 4.11). Ces rôles ministériels ne doivent pas être considérés principalement comme des postes ou des titres, comme tant de gens le font. Ils devraient plutôt être considérés comme des *fonctions* ministérielles. Ce ne sont pas des postes à partir desquelles les leaders dirigent l'église. Ce sont plutôt des fonctions données aux leaders serviteurs pour « le perfectionnement des saints en vue de l'œuvre du ministère et de l'édification du corps de Christ » (Ep 4.12), comme suit :

- *La fonction apostolique :* L'apôtre sert l'Église et les desseins de Dieu en faisant avancer le royaume de Dieu dans les régions et parmi les peuples non atteints, dans la puissance de l'Esprit Saint, et en équipant les autres pour qu'ils fassent de même.
- *La fonction prophétique :* Le prophète sert l'Église et les desseins de Dieu en transmettant des messages de Dieu dans la puissance du Saint-Esprit - et en donnant aux autres les moyens de faire de même.
- *Fonction d'évangélisation :* L'évangéliste sert l'Église et les desseins de Dieu en annonçant l'Évangile aux perdus dans la puissance du Saint-Esprit - et en équipant les autres pour qu'ils fassent de même.

Partie 6 : Le pasteur pentecôtiste comme berger

- *La fonction pastorale :* Le pasteur sert l'Église et les desseins de Dieu en exerçant son ministère auprès du peuple de Dieu dans la puissance du Saint-Esprit - et en donnant aux autres les moyens de faire de même.

- *Fonction d'enseignement :* L'enseignant sert l'Église et les desseins de Dieu en enseignant la Parole de Dieu dans la puissance du Saint-Esprit - et en équipant les autres pour faire de même.

Ces fonctions ministérielles se chevauchent souvent, les individus opérant dans des rôles multiples. Par exemple, une personne peut être à la fois apôtre et prophète. Un autre peut être enseignant et évangéliste, et ainsi de suite. Comme nous l'avons mentionné plus haut, Jésus a exercé ces cinq rôles, tout comme l'apôtre Paul. Par sa formulation du verset 11, Paul semble réunir les rôles de pasteur et d'enseignant en une seule fonction de pasteur-enseignant.

Dans ce cadre, Paul se présente comme un « serviteur de Jésus-Christ, appelé à être apôtre » (Ro 1.1 ; cf. Tit 1.1). De même, Pierre se présente comme « serviteur et apôtre de Jésus-Christ » (2 Pi 1.1). Notez comment les deux hommes se sont d'abord déclarés serviteurs. Ce n'est qu'ensuite qu'ils pouvaient être de véritables apôtres. Il devrait en être de même aujourd'hui pour toute personne servant dans l'un des cinq ministères de leadership. Par-dessus tout, ils doivent se considérer comme des serviteurs de Dieu et de son peuple (cf. Jn 21.15-17 ; 1 Pi 5.2-4).

Ces cinq « dons du Christ suite à l'ascension » servent en outre à exprimer l'autorité du Christ au sein de l'Église. Leur but est de guider l'Église vers des objectifs divins. Paul a enseigné que ces ministères ont deux fonctions, planter et arroser (1 Co 3.6). Les ministères d'implantation peuvent inclure les apôtres et les évangélistes. Les ministères d'arrosage pourraient inclure prophètes, pasteurs et enseignants. La collaboration entre les implanteurs et les arroseurs assure le progrès de l'œuvre de Dieu.

Ministères de service

En plus des ministères de direction, Dieu a placé certains ministères de service dans l'Église. Ces ministères comprennent les anciens, les diacres et les diaconesses (cf. Ac 6.1-6 ; 14.23 ; 1 Ti 3.1-10). Le mot hébreu pour ancien est *zaqen*, qui désigne une personne d'expérience et d'autorité (No 11.16). Le mot grec pour ancien est *presbyteros*, qui signifie à peu près la même chose. Un ancien dans l'église est une personne qui a l'autorité de

Chapitre 23 : Comprendre le ministère pastoral

servir comme surveillant (*episkopos* en grec) (Ac 20.17, 28). Ainsi, un pasteur est à la fois un ancien et un surveillant (Ac 20.17, 28 ; 1 Ti 3.1-2 ; Tit 1.5-7). Pour diriger efficacement l'église, le pasteur pentecôtiste doit être spirituellement mûr et avoir une connaissance approfondie de la Parole de Dieu (1 Ti 3.6 ; 2 Ti 4.2).

Le mot grec pour diacre est *diakonos,* qui signifie « celui qui sert ». En Actes 6, sept hommes remplis de l'Esprit ont été choisis pour servir aux tables afin que les apôtres puissent « s'appliquer continuellement à la prière et au ministère de la parole » (Ac 6.2-4). Deux de ces hommes, Étienne et Philippe, sont devenus de puissants témoins du Christ. Dans Romains 16.1, Paul présente Phoebe comme diaconesse dans l'église de Rome.

LE TRAVAIL DU PASTEUR

Le terme biblique « pasteur » vient du mot grec *poimēn,* qui signifie littéralement « berger ». En tant que pasteur, votre rôle est de faire paître le troupeau de Dieu (Ac 20.28). Et en tant que berger, vous devez servir de leader, de mentor et de protecteur du peuple de Dieu (1 Pi 5.1- 4).

Responsabilités pastorales

Parmi vos responsabilités pastorales, vous devez prendre soin du troupeau (Jn 21.15-17 ; 1 Pi 5.2-3), fortifier le corps (Ep 4.11-12), conseiller le peuple de Dieu (1 Ti 5.14) et garder les brebis (Ac 20.28). Les autres responsabilités comprennent la prédication (2 Ti 4.2), l'enseignement (1 Ti 3.2 ; Tit 2.1), la direction (Hé 13.17), l'administration (Ac 20.28), la formation de disciples (Mt 28.19), l'évangélisation des perdus (2 Ti 4.5) et la mobilisation de l'église pour les missions (Ac 13.1-4).[1]

Aux premiers jours de l'Église, peu après le jour de la Pentecôte, les apôtres ont assumé le rôle de pasteurs. Ils ont dirigé l'Église comme Jésus les avait dirigés, en mettant l'accent sur ce qu'il avait souligné. Plusieurs de leurs points forts sont révélés dans la description de l'Église faite par Luc dans Actes 2.38-47.

Ce passage remarquable, ainsi que les versets qui le précèdent, révèle dix emphases pastorales des apôtres. En tant que pasteur pentecôtiste, vous

---

[1] Pour en savoir plus sur les responsabilités du pasteur pentecôtiste, voir les chapitres 23-27.

Partie 6 : Le pasteur pentecôtiste comme berger

seriez bien avisé de suivre l'exemple des apôtres, en permettant à ces dix points forts de servir de modèle pour votre propre ministère aujourd'hui.

1. La proclamation de l'Évangile. Fraîchement habilité par le Saint-Esprit, Pierre s'est levé et a proclamé l'Évangile avec audace. Dans son sermon du jour de la Pentecôte, Pierre a mis l'accent sur la mort et la résurrection du Christ (Ac 2.23-24, 32 ; cf. 1 Co 15.1-4). Il a conclu son message en appelant le peuple à se repentir et à croire à l'Évangile (Ac 2.36-40). Cette insistance s'est poursuivie tout au long des Actes (cf. 3.19 ; 20.21 ; 26.20). De la même manière, la proclamation de l'Évangile devrait être au cœur de votre ministère pastoral aujourd'hui.[2]

2. La puissance de l'Esprit Saint. Pierre a également souligné la nécessité d'être habilité par le Saint-Esprit (Ac 2.38-39 ; cf. 2.17-18). Ceux qui reçoivent le Christ doivent immédiatement avoir la possibilité d'être remplis du Saint-Esprit. Tout comme la proclamation de l'Évangile, cette insistance s'est poursuivie tout au long des Actes (8.14-17 ; 9.17-18 ; 10.44-46 ; 19.1-7). En tant que pasteur pentecôtiste en Afrique, vous devez faire de même. Vous devez prêcher et enseigner souvent sur le baptême du Saint-Esprit dans le but de voir chaque membre doté de la puissance nécessaire pour témoigner aux perdus (1.8).[3]

3. L'enseignement de la Parole de Dieu. De plus, Luc nous dit que les croyants de Jérusalem « persévéraient dans l'enseignement des apôtres » (Ac 2.42). Les apôtres ont donc mis l'accent sur l'enseignement de la Parole de Dieu. Des années plus tard, Paul témoignera : « Vous savez que je n'ai rien caché de ce qui vous était utile, et que je n'ai pas craint de vous prêcher et de vous enseigner publiquement et dans les maisons » (20.20). C'était le mode opératoire de Paul partout où il allait (cf. 11.26-26 ; 15.35 ; 28.31). Vous aussi, vous devez vous assurer que la Parole de Dieu est enseignée avec précision, clarté et abondamment dans l'église que Dieu vous a appelé à diriger.[4]

---

[2] Pour en savoir plus sur le ministère de prédication du pasteur pentecôtiste, voir le chapitre 16 : « La prédication ointe de l'Esprit ».
[3] Pour en savoir plus sur l'habilitation du Saint-Esprit, voir le chapitre 20 : « Guider les croyants dans le baptême de l'Esprit ».
[4] Pour en savoir plus sur le ministère d'enseignement du pasteur pentecôtiste, voir le chapitre 17 : « Enseignement efficace ».

Chapitre 23 : Comprendre le ministère pastoral

4. *Célébrer les sacrements.* En obéissant aux commandements de Jésus (Mt 28.19-20 ; Lu 22.19), les apôtres ont mis l'accent sur le baptême d'eau et la Sainte-Cène (Ac 2.8-41). Le baptême d'eau témoigne de l'expérience de la nouvelle naissance du croyant. La Sainte-Cène témoigne de leur relation permanente avec le Christ. En tant que pasteur pentecôtiste, vous devez vous assurer que ces deux ordonnances sacrées soient fidèlement administrés dans l'église.[5]

5. *Diriger dans la prière.* Les apôtres ont encore mis l'accent sur la prière. Luc nous dit que le peuple « persévéraient dans la prière » (Ac 2.42). La prière dévouée constitue le fondement de la piété personnelle et du témoignage du croyant. Elle assure également la présence et la puissance de l'Esprit dans l'église et dans la vie des croyants (cf. 4.31). En tant que pasteur pentecôtiste, vous devez vous aussi conduire le peuple dans la prière par l'enseignement et par l'exemple personnel.[6]

6. *L'attente de signes et de prodiges.* Les apôtres s'attendaient en outre à une démonstration de la présence et de la puissance de Dieu dans l'église. Luc écrit : « Tous étaient remplis d'admiration devant les nombreux prodiges et signes accomplis par les apôtres » (Ac 2.43). Les démonstrations de la présence et de la puissance de Dieu devraient également caractériser votre ministère de pasteur pentecôtiste aujourd'hui.[7]

7. *Promouvoir l'unité.* Les apôtres ont également favorisé l'unité du corps. Luc écrit : « Tous les croyants étaient ensemble et avaient tout en commun » (Ac 2.44). L'unité des gens dont il est question ici était plus que physique. Ils avaient une unité de cœur et de but qui a fait avancer l'église dans sa mission.

8. *Encourager la générosité.* En outre, les apôtres ont encouragé la générosité. Ainsi, les membres de l'église « vendaient leurs propriétés et leurs biens pour les donner à tous ceux qui étaient dans le besoin » (Ac 2.45). Une telle générosité était née d'une relation d'amour entre eux et avec leur

---

[5] Pour en savoir plus sur l'administration des sacrements, voir le chapitre 42 : « Conduite des sacrements, dédicaces et installations ».

[6] Pour en savoir plus sur le pasteur pentecôtiste et la prière, voir le chapitre 8 : « La priorité de la prière ».

[7] Pour en savoir plus sur le ministère dans le surnaturel, voir le chapitre 21 : « Exercer le ministère dans la puissance de l'Esprit ».

Partie 6 : Le pasteur pentecôtiste comme berger

Seigneur. À l'instar des apôtres, vous devez vous aussi conduire votre peuple à donner généreusement à l'œuvre de Dieu.

9. L'organisation du culte. Luc écrit : « Chaque jour, ils continuaient à se réunir dans la cour du temple,… louant Dieu et jouissant de la faveur de tout le peuple » (Ac 2.46-47). Les apôtres savaient combien il était important que le peuple se réunisse pour le culte, la formation et l'encouragement.[8]

10. Mobilisation pour le témoignage. Enfin, les apôtres ont mis l'accent sur le témoignage personnel. Ils ont mobilisé les gens pour la mission, les encourageant à partager le message du Christ avec d'autres. En conséquence, « le Seigneur ajoutait chaque jour à leur nombre ceux qui étaient sauvés » (Ac 2 :47).[9]

Ces dix emphases des apôtres dans l'église de Jérusalem peuvent vous servir de modèle en tant que pasteur pentecôtiste aujourd'hui. Elles vous aideront à aligner votre ministère sur celui de Jésus et des apôtres. Et elles vous aideront à faire en sorte que l'église que vous dirigez soit une force spirituelle dans votre propre communauté et dans le monde.

Motivations et responsabilité pastorales

En tant que pasteur pentecôtiste, *ce que* vous faites est important ; la *raison pour laquelle* vous le faites est encore plus importante. Pierre a écrit sur les motivations appropriées pour le travail pastoral (1 Pi 5.2-3). Les pasteurs ne doivent pas faire leur travail par sens de l'obligation, ou pour un gain financier, ou par désir de dominer les gens. Au contraire, ils doivent se préoccuper sincèrement du peuple de Dieu et le servir avec amour. Les pasteurs qui servent pour de nobles motifs seront récompensés. Pierre encourage les pasteurs fidèles par une promesse : « Et lorsque le souverain pasteur paraîtra, vous obtiendrez la couronne incorruptible de la gloire » (v. 4).

En tant que pasteur pentecôtiste, vous ne devez jamais oublier que vous vous présenterez un jour devant le Christ pour rendre compte de la manière dont vous avez rempli votre appel. Paul nous dit : « Car il nous faut tous

---

[8] Pour en savoir plus sur la façon de diriger l'église dans le culte, voir le chapitre 18 : « Diriger l'église dans l'adoration ».

[9] Pour en savoir plus sur la mobilisation de l'église pour le témoignage, voir le chapitre 37 : « Évangéliser les perdus ».

Chapitre 23 : Comprendre le ministère pastoral

comparaître devant le tribunal de Christ, afin que chacun reçoive selon le bien ou le mal qu'il aura fait, étant dans son corps » (2 Co 5.10). Le pasteur fidèle sera récompensé (Mt 25.23) ; le pasteur infidèle devra rendre des comptes (v. 26).

Tout au long des Écritures, les bergers qui ne prennent pas soin du peuple de Dieu sont condamnés. Par exemple, Dieu a parlé par l'intermédiaire de Jérémie en disant : « Malheur aux bergers qui détruisent et dispersent les brebis de mon pâturage !... Parce que vous avez dispersé mon troupeau, que vous l'avez chassé et que vous n'en avez pas pris soin, je vous punirai pour le mal que vous avez fait » (Jé 23.1-2 ; cf. Éz 34.1-10).

L'HABILITATION POUR LE MINISTÈRE

Le ministère pastoral est une entreprise profondément spirituelle. Pour évangéliser efficacement les perdus et équiper les saints, le pasteur pentecôtiste doit apprendre à compter sur des ressources fournies par Dieu. Le ministère pastoral implique également un combat spirituel qui doit être mené avec des armes spirituelles (Ep 6.12 ; 2 Co 10.4-5).[10]

L'une de ces armes spirituelles est la puissance que vous avez reçue lorsque vous avez été baptisé du Saint-Esprit. Avant de retourner au ciel, Jésus a ordonné à ses disciples de rester à Jérusalem pour recevoir la puissance du Saint-Esprit (Ac 1.4-8). Ils ne devaient pas commencer leur ministère avant d'avoir été « revêtus de la puissance d'en haut » (Lu 24.49). Ils ont reçu cette puissance le jour de la Pentecôte, lorsque « tous furent remplis du Saint-Esprit et se mirent à parler en d'autres langues, selon que l'Esprit leur donnait de s'exprimer » (Ac 2.4). Comme les apôtres, vous ne pouvez pas remplir correctement votre rôle de pasteur sans la puissance divine. Et comme eux, vous devez veiller à ce que tous ceux qui viennent à Christ soient vite baptisés du Saint-Esprit et habilités à témoigner de Christ.[11]

---

[10] Pour en savoir plus sur le combat spirituel, voir le chapitre 22 : « S'engager dans le combat spirituel ».

[11] Pour en savoir plus sur la manière de conduire les nouveaux croyants au baptême du Saint-Esprit, voir le chapitre 20 : « Guider les croyants dans le baptême de l'Esprit ».

Partie 6 : Le pasteur pentecôtiste comme berger

~ Chapitre 24 ~

Prendre soin des brebis

Certains pharisiens ont un jour reproché à Jésus de fréquenter des personnes perdues. « Cet homme accueille les pécheurs », murmuraient-ils. « Il mange même avec eux ! » Ayant entendu leurs remarques, Jésus leur demanda : « Supposons que l'un d'entre vous possède cent brebis et qu'il en perde une ? » Il leur raconta alors l'histoire du berger qui découvrit qu'une de ses brebis avait disparu. Le berger fidèle laissa les quatre-vingt-dix-neuf autres en plein champ et partit à la recherche de la brebis perdue. Lorsqu'il la trouva, il la mit sur ses épaules et la ramena chez lui. En entrant dans son village, il cria à ses amis et à ses voisins : « Réjouissez-vous avec moi, car voici, j'ai retrouvé ma brebis perdue ! » (cf. Lu 15.4-6).

Avant d'être un roi et un psalmiste, David était un berger qui s'occupait des brebis de son père. Ce faisant, il a appris à aimer chacune d'entre elles. Il a compris que Dieu l'aimait et prenait soin de lui, tout comme il prenait soin de ses brebis. Il a écrit : « Le Seigneur est mon berger, je ne manquerai de rien. Il me fait reposer dans de verts pâturages, il me conduit près d'eaux tranquilles, il rafraîchit mon âme » (Ps 23.1-2).

Jésus a revendiqué pour lui-même le titre de berger. « Je suis le bon berger », a-t-il dit, « je connais mes brebis et mes brebis me connaissent... et je donne ma vie pour mes brebis » (Jn 10.14-15). L'auteur des Hébreux appelle Jésus le « grand berger des brebis » (Hé 13.20). Ses brebis sont celles qui ont choisi de le suivre. Jésus affirme en outre qu'il est le propriétaire des

Partie 6 : Le pasteur pentecôtiste comme berger

brebis. Contrairement au mercenaire, qui s'enfuit lorsque le loup vient ravager les brebis, le vrai berger se tient debout pour les défendre. Il est même prêt à donner sa vie pour elles.

En tant que pasteur pentecôtiste, vous devez prendre Jésus comme modèle. Vous devez paître le peuple de Dieu comme Jésus lui-même le ferait s'il était ici dans la chair. Ce chapitre traite de la responsabilité du pasteur pentecôtiste de prendre soin du troupeau de Dieu.

LE CŒUR DU BERGER

En tant que bergers du troupeau de Dieu, les pasteurs pentecôtistes doivent être compatissants, fidèles et fiables, comme suit :

Compatissant

En parlant de Dieu, Esaïe a écrit : « Comme un berger, il paîtra son troupeau, il prendra les agneaux dans ses bras, et les portera dans son sein ; il conduira les brebis qui allaitent » (Es 40.11). Comme leur Seigneur, les pasteurs pentecôtistes authentiques sont compatissants. Ils aiment sincèrement les gens. Cela inclut ceux qui se trouvent à l'intérieur et à l'extérieur de l'église. Jésus a démontré son amour pour les gens. La Bible dit de lui : « Voyant la foule, il fut ému de compassion pour elle, parce qu'elle était languissante et abattue, comme des brebis qui n'ont point de berger » (Mt 9.36). De la même manière, vous devez vraiment aimer les personnes que Dieu vous a appelées à servir.

Fidèle

En outre, en tant que pasteur pentecôtiste, vous devez vous montrer fidèle. Vous devez être prêt à renoncer à tout et à suivre pleinement votre Seigneur (Mt 19.21 ; Mc 8.34-35). Christ a placé son peuple entre vos mains comme une confiance sacrée. Vous devez donc renoncer librement à vos droits personnels. Et vous devez servir fidèlement ceux que le Christ a placés sous votre responsabilité. Paul a écrit à propos des ministres de l'Évangile : « Du reste, ce qu'on demande d'un administrateur, qu'ils accomplissent fidèlement la tâche qui leur a été confiée » (1 Co 4.2).

Fiable

Enfin, pour paître fidèlement le troupeau de Dieu, vous devez être fiable. Vous ne devez pas être comme un mercenaire qui, en cas de

Chapitre 24 : Prendre soin des brebis

problème, abandonne les brebis et s'enfuit (Jn 10.12-13). Au contraire, vous devez être inébranlable et fiable. Le Dieu qui vous a appelé et les gens que vous servez doivent pouvoir compter sur vous, sachant que, quoi qu'il arrive, on peut compter sur vous pour vous tenir debout et remplir vos responsabilités.

LE TRAVAIL DU BERGER

En tant que berger de Dieu, chaque pasteur pentecôtiste porte deux responsabilités solennelles : prendre soin des brebis et organiser l'église comme une communauté attentive. Examinons ces deux responsabilités :

Prendre soin des brebis

Tout d'abord, vous devez vous occuper des brebis. Pour ce faire, vous devrez assumer au moins six responsabilités :

1. Nourrir les brebis. Le message de Jésus à Pierre était le suivant : « [Si tu m'aimes], pais mes brebis » (Jn 21.17). Dieu a promis à Israël : « Je vous donnerai des bergers selon mon cœur, Et ils vous paîtront avec intelligence et avec sagesse » (Jé 3.15). C'est ainsi que vous devez nourrir le peuple de Dieu. Vous devez leur enseigner fidèlement la Parole de Dieu. Cette pratique permettra aux gens de grandir et de devenir forts dans la foi. Cela permettra également à l'église d'être édifiée et de devenir mature en Christ (Ep 4.11-16). C'est sans doute l'une des raisons pour lesquelles Paul a encouragé Timothée : « Prêche la parole, insiste en toute occasion, favorable ou non, reprends, censure, exhorte, avec toute douceur et en instruisant » (2 Ti 4.2).

Non seulement vous devez prêcher et enseigner fidèlement la Parole de Dieu vous-même, mais vous devez également établir un programme d'enseignement complet dans l'église. Vous devez vous assurer que la Bible est systématiquement enseignée aux personnes de tous âges - enfants, jeunes et adultes.[1]

2. Protéger le troupeau. Paul a exhorté les anciens d'Éphèse à « veiller sur vous-mêmes et sur tout le troupeau dont le Saint-Esprit vous a établis surveillants » (Ac 20.28). Il les a ensuite avertis : « Je sais qu'il s'introduira parmi vous, après mon départ, des loups cruels qui n'épargneront pas le

---

[1] Pour en savoir plus sur la responsabilité du pasteur pentecôtiste dans l'enseignement de la Parole de Dieu, voir le chapitre 17 : « Enseignement efficace ».

Partie 6 : Le pasteur pentecôtiste comme berger

troupeau, et qu'il s'élèvera du milieu de vous des hommes qui enseigneront des choses pernicieuses, pour entraîner les disciples après eux. Veillez donc » (v. 29-31).

Vous devez donc être sur vos gardes face aux faux prophètes et aux faux enseignants qui cherchent à s'attaquer à l'église. Vous devez identifier ces « loups déguisés en brebis » et les affronter avec audace. Si nécessaire, avec les responsables de l'église, vous devez les expulser de la congrégation. Vous devez faire de même avec les fauteurs de troubles persistants qui causent la division dans l'église (Ro 16.17).

En outre, vous devez protéger le peuple de Dieu des faux enseignements et des faux enseignants en leur montrant la vérité. Ils ne seront alors « afin que nous ne soyons plus des enfants, flottants et emportés à tout vent de doctrine, par la tromperie des hommes, par leur ruse dans les moyens de séduction ». Au contraire, « que, professant la vérité dans la charité, nous croissions à tous égards en celui qui est le chef, Christ » (Ep 4.14-15).[2]

3. Tendre la main à ceux qui souffrent. Jésus a tendu la main avec compassion aux personnes blessées (Mt 9.36 ; 15.32-38). En tant que pasteur pentecôtiste, vous devez faire de même. Vous devez tendre la main avec amour aux personnes faibles et souffrantes de votre église et de votre communauté. Cela peut inclure les veuves et les orphelins (Ja 1.27). Il peut aussi s'agir des malades, des pauvres, des prisonniers et d'autres personnes dans le besoin (Mt 25.38). Jésus nous encourage : « En vérité, toutes les fois que vous avez fait ces choses à l'un de ces plus petits de mes frères, c'est à moi que vous les avez faites » (v. 40).

Vous devrez également visiter les maisons de ceux qui sont malades, découragés, rétrogrades ou harcelés par des démons. Là, vous exercerez le ministère en fonction de leurs besoins. Vous devrez également rendre visite aux membres de l'église qui sont hospitalisés ou emprisonnés. Vous devez prendre le temps de prier avec eux et de les encourager. Vous pouvez également prévoir des heures de bureau spécifiques pendant lesquelles vous recevez des personnes ayant des problèmes ou des besoins de conseil. Là,

---

[2] Pour en savoir plus sur la protection de l'église, voir le chapitre 27 : « Garder le troupeau ».

Chapitre 24 : Prendre soin des brebis

vous écouterez attentivement leurs problèmes, prierez avec eux, et les aiderez à trouver des solutions dans la Parole de Dieu.[3]

4. Renforcer les faibles. Dans chaque congrégation, il y a des personnes qui sont spirituellement faibles. De ce fait, leur marche avec le Seigneur est instable. Certains, à cause de leur immaturité spirituelle, ou pour d'autres raisons, risquent de s'éloigner du Seigneur. Vous devez être constamment à l'affût de ceux qui se trouvent dans cette situation périlleuse. Vous devez trouver des moyens de les encourager et de les renforcer dans leur marche avec le Seigneur. Une façon de le faire est de désigner un chrétien fort pour se lier d'amitié avec eux et les encourager. Un autre moyen est de vous assurer qu'ils ont été remplis du Saint-Esprit. L'Esprit deviendra pour eux une aide, un réconfort et un guide.[4]

5. Chercher les perdus. Jésus a déclaré qu'il était venu « pour chercher et sauver les perdus » (Lu 19.10). Il a ordonné à ses disciples de faire de même (Mc 16.15-16 ; Lu 14.23). En tant que pasteur pentecôtiste, vous devez suivre l'exemple du Seigneur. Vous devez témoigner aux perdus, et vous devez amener votre peuple à faire de même. En outre, vous devez organiser votre église pour l'évangélisation, l'implantation d'églises et les missions sous l'impulsion de l'Esprit.

Pour ce faire, vous devrez prêcher et enseigner souvent sur le besoin des gens de connaître le Christ comme Sauveur. Et vous devez fréquemment rappeler au peuple de Dieu sa responsabilité d'aller vers les perdus avec l'Évangile. Vous devez également mettre en place des programmes et des initiatives pour inspirer et équiper le peuple pour le témoignage. Quelqu'un a dit à juste titre : « La meilleure façon pour un pasteur d'inciter son peuple à témoigner est d'être lui-même un témoin. » En observant leur pasteur gagner les perdus à Christ et les amener à l'église, les gens seront inspirés à faire de même.[5]

6. Discipliner les rebelles. La discipline est une partie importante des soins apportés aux brebis. C'est un moyen bibliquement prescrit de rappeler

---

[3] Pour en savoir plus sur le ministère de conseil du pasteur pentecôtiste, voir le chapitre 26 : « Conseiller le peuple de Dieu ».

[4] Pour en savoir plus sur la manière de conduire les membres de l'église à la plénitude de l'Esprit, voir le chapitre 20 : « Guider les croyants dans le baptême de l'Esprit ».

[5] Pour en savoir plus sur la façon d'atteindre les perdus, voir le chapitre 37 : « Évangéliser les perdus » et le chapitre 39 : « Implanter de nouvelles églises ».

les égarés au bercail. Lorsque les membres égarés commettent un péché flagrant, ils doivent être avertis. S'ils se repentent, un frère ou une sœur a été ramené à Christ. S'ils refusent de se repentir, ils doivent être disciplinés (Mt 18.15-17). Cette pratique permettra d'accomplir deux choses. Elle servira à réveiller le récalcitrant et à avertir les autres membres de l'église. N'oubliez pas que l'objectif de la discipline est toujours rédempteur. Vous devez l'accomplir dans un esprit d'humilité et d'amour. Paul a écrit : « Frères, si un homme vient à être surpris en quelque faute, vous qui êtes spirituels, redressez-le avec un esprit de douceur. Prends garde à toi-même, de peur que tu ne sois aussi tenté » (Ga 6.1).

Créer une communauté d'entraide

En tant que pasteur pentecôtiste, vous devez non seulement vous occuper personnellement des gens, mais, comme nous l'avons suggéré plus haut, vous devez inciter l'église à faire de même. Vous devez vous efforcer de faire de votre église une communauté véritablement attentive. Être une communauté bienveillante signifie que le cœur de ses membres est rempli de compassion pour ceux qui souffrent. Parce qu'ils sont remplis de l'amour de Dieu, ils tendent naturellement la main à ceux qui sont dans le besoin. Lorsqu'ils voient un frère ou une sœur qui souffre, ils réagissent immédiatement avec compassion. C'est ce que Jésus a fait lorsqu'il a rencontré un homme atteint de lèpre. L'homme a dit à Jésus : « Si tu le veux, tu peux me rendre pur. » La Bible nous dit : « Jésus, rempli de compassion, tendit la main et toucha l'homme. Il lui dit : "Je le veux. Sois pur !" » (Mc 1.40-42, marge).

L'un des moyens de faire du peuple de Dieu une communauté bienveillante est de s'assurer qu'il a été rempli du Saint-Esprit et que l'Esprit agit puissamment dans sa vie. L'amour est un fruit de l'Esprit (Ga 5.22). La Bible dit : « L'amour de Dieu a été répandu dans nos cœurs par le Saint-Esprit, qui nous a été donné » (Ro 5.5). En outre, lorsque les gens observent la compassion manifestée dans la vie de leur pasteur, ils deviennent eux-mêmes compatissants.

Chapitre 24 : Prendre soin des brebis

Si la situation l'exige, et si l'Esprit vous guide, vous voudrez diriger l'église en instituant des programmes de compassion. Il peut s'agir de programmes d'alimentation, de logement et autres.[6]

LA RESPONSABILITÉ DU BERGER

Comme mentionné ci-dessus, les pasteurs pentecôtistes doivent se considérer comme des intendants, ou des gardiens, de l'Église du Christ. Ils ne doivent jamais oublier que l'Église ne leur appartient pas ; elle appartient à Jésus. En tant qu'intendants de son église, ils doivent lui rendre des comptes. Ils doivent s'acquitter fidèlement de leurs tâches, car un jour, lorsque le Christ reviendra, ils devront rendre compte de la manière dont ils ont géré ses biens (Lu 12.42-43 ; 1 Co 4.2).

Les pasteurs qui s'occupent égoïstement d'eux-mêmes et négligent le troupeau seront jugés sévèrement. Dans l'Ancien et le Nouveau Testament, la Bible condamne fermement de tels pasteurs. Par exemple, Ézéchiel a prophétisé contre les bergers qui s'engraissaient aux dépens des brebis : « Vous n'avez pas fortifié celles qui étaient faibles, guéri celle qui était malade, pansé celle qui était blessée ; vous n'avez pas ramené celle qui s'égarait, cherché celle qui était perdue » (Ez 34.4). Puis, parlant par l'intermédiaire du prophète, Dieu déclare : « Je m'oppose aux bergers ! Je leur réclamerai mon troupeau, je ne les laisserai plus paître mon troupeau » (v. 10). Une autre fois, Dieu a accusé les bergers d'Israël : « Puisque vous avez dispersé mes brebis, que vous les avez chassées et n'êtes pas intervenus en leur faveur, je vais intervenir contre vous à cause de la méchanceté de vos agissements » (Jé 23.2).

Dans le Nouveau Testament, Jacques avertit : « Ne soyez pas nombreux à devenir des maîtres, mes frères : vous le savez, nous recevrons un jugement plus sévère » (Ja 3.1). Pierre écrit à propos des faux prophètes et des faux enseignants : « il y aura parmi vous des maîtres de mensonge qui introduiront insidieusement des doctrines de perdition, allant jusqu'à renier le Maître qui les a achetés » (2 Pi 2.1).

Si Dieu jugeait les pasteurs infidèles, il récompenserait généreusement ceux qui prennent fidèlement soin des brebis. Jésus a dit : « Quel est donc le serviteur fidèle et prudent, que son maître a établi sur ses gens, pour leur

---

[6] Ce point est abordé plus en détail au chapitre 38 : « Servir la communauté ».

donner la nourriture au temps convenable? Heureux ce serviteur, que son maître, à son arrivée, trouvera faisant ainsi ! » (Mt 24.45-46).

Écrivant aux anciens des églises, Pierre les a exhortés : « Paissez le troupeau de Dieu qui est sous votre garde, non par contrainte, mais volontairement, selon Dieu ; non pour un gain sordide, mais avec dévouement ; non comme dominant sur ceux qui vous sont échus en partage, mais en étant les modèles du troupeau » (1 Pi 5.2-3). Il les a ensuite encouragés en disant : « Et lorsque le souverain pasteur paraîtra, vous obtiendrez la couronne incorruptible de la gloire » (v. 4).

Servir le Christ en tant que berger de son troupeau est à la fois un honneur et un devoir sacré. Les pasteurs qui s'acquittent fidèlement de leurs responsabilités peuvent envisager l'avenir avec beaucoup de joie et d'espérance. Un jour, ils entendront les paroles de leur Seigneur : « C'est bien, bon et fidèle serviteur ! Tu as été fidèle en peu de choses ; je te confierai beaucoup. Viens et entre dans la joie de ton maître ! » (Mt 25.21).

~ Chapitre 25 ~

Renforcer le corps

Un célèbre prédicateur a mené une grande campagne d'évangélisation dans un pays d'Afrique centrale. Des dizaines de milliers de personnes ont assisté à la campagne, et des milliers d'entre elles ont répondu à l'invitation à recevoir le Christ comme Sauveur. Il y a eu une grande réjouissance dans la ville où la campagne a eu lieu.

Trois ans plus tard, une enquête de suivi a été menée. On a découvert que, sur les milliers de personnes qui avaient fait des professions de foi pendant la campagne, seules quelques-unes étaient restées dans les églises. En entendant cela, un responsable d'église a répondu : « Mon cœur a été troublé par ce rapport. Au plus profond de mon esprit, j'ai senti que l'église en Afrique devait revoir les méthodes de formation des disciples de Jésus. L'Église pentecôtiste en Afrique doit comprendre que la proclamation du Plein Évangile inclut la tâche de former des disciples. »

L'Église pentecôtiste en Afrique est bien connue pour ses succès en matière d'évangélisation. Elle doit maintenant être connue pour ses programmes de formation de disciples. L'évangélisation et la formation de disciples vont de pair. Le pasteur pentecôtiste doit non seulement se préoccuper de la croissance de l'église, mais il doit aussi s'engager à renforcer le corps. Ce chapitre traite des moyens par lesquels vous, en tant que pasteur pentecôtiste, pouvez renforcer le corps de Christ.

Partie 6 : Le pasteur pentecôtiste comme berger

LA RESPONSABILITÉ DU PASTEUR PENTECÔTISTE

L'un des principaux devoirs de tout pasteur est de construire et de renforcer l'église qu'il ou elle dirige. Chaque pasteur pentecôtiste doit donc avoir pour objectif de laisser l'église plus forte qu'il ne l'a trouvée. Le principal moyen pour un pasteur d'atteindre cet objectif est de former des disciples. Cette tâche est au cœur de la Grande Commission, où Jésus a ordonné à ses disciples : « Allez et faites de toutes les nations des disciples » (Mt 28.19). Il leur disait de faire avec les autres ce qu'il avait fait avec eux. Comme lui, ils devaient consacrer leur temps et leur énergie à la constitution d'une équipe qui aurait un impact sur les nations. Paul a mis l'accent sur cette stratégie de Jésus lorsqu'il a dit à son disciple Timothée : « Et ce que tu as entendu de moi en présence de beaucoup de témoins, confie-le à des hommes fidèles, qui soient capables de l'enseigner aussi à d'autres » (2 Ti 2.2).

Renforcer l'église

Paul a pris au sérieux le commandement de Jésus de faire des disciples. Une partie importante de son ministère apostolique a été consacrée à renforcer les églises qu'il avait implantées. C'est pourquoi il a nommé des pasteurs dans les églises (Ac 14.23), a rendu visite aux églises qu'il avait implantées (15.41), et leur a écrit des lettres de suivi pour les instruire dans les voies du Seigneur. Paul a également témoigné que le Seigneur lui avait donné son autorité apostolique pour édifier les églises (2 Co 10.8 ; 13.10). En tant que pasteur pentecôtiste, vous devez considérer votre ministère de la même manière. Vous devez vous considérer comme le principal faiseur de disciple dans l'église que Christ vous a donné à diriger.

Dans sa lettre aux chrétiens d'Éphèse, Paul déclare que le Christ a donné des pasteurs (ainsi que les quatre autres dons du ministère) pour affirmer le corps du Christ (Ep 4.11-16). Dans ce passage, l'apôtre note que la responsabilité première de ces ministres est « pour le perfectionnement des saints en vue de l'œuvre du ministère » (v. 12). Ils doivent faire cela « afin que le corps du Christ soit édifié jusqu'à ce que nous soyons tous... mûrs » (v. 12-13). Ensuite, explique Paul, l'Église « grandira à tous égards vers celui qui est la tête, Christ » (v. 15).

Faire des disciples est donc crucial pour la santé de toute église. Si les dirigeants de l'église ne parviennent pas à faire des disciples, la plupart de

Chapitre 25 : Renforcer le corps

leurs efforts en matière d'évangélisation et d'implantation d'églises seront vains.

Comprendre les termes

Pour mieux comprendre le processus de formation de disciples, il est nécessaire de comprendre les termes utilisés. Examinons trois de ces termes :

1. Le disciple. Un disciple est un apprenant engagé. C'est une personne qui s'assied attentivement aux pieds d'un maître enseignant et qui boit ses paroles. Comme un apprenti, un disciple apprend son métier en imitant un artisan compétent. Un disciple du Christ est une personne qui a consacré sa vie à Jésus-Christ et qui le suit quotidiennement, apprend de lui et poursuit sa mission.

2. La vie de disciple. La formation de disciple est le processus de toute une vie pour devenir comme Jésus. Il commence au moment où une personne confie sa vie au Christ et se poursuit jusqu'à la mort. Le concept de formation de disciples est un thème majeur du Nouveau Testament. Alors que le mot *chrétien* n'apparaît que trois fois dans les Actes et que le mot *croyant* n'apparaît que 35 fois dans les Évangiles et les Actes, le mot *disciple* apparaît 289 fois dans les Évangiles et 13 fois dans les Actes.

L'état de disciple exige un engagement envers le Christ et sa mission. Jésus a averti les foules qui le suivaient : « Celui qui ne porte pas sa croix et ne me suit pas ne peut être mon disciple » (Lu 14.27). Il leur a dit qu'ils devaient compter le prix à payer avant de devenir ses disciples. Il les a mis en garde : « De la même façon, quiconque parmi vous ne renonce pas à tout ce qui lui appartient ne peut être mon disciple » (v. 33).

3. Faiseur de disciples. Un faiseur de disciples est une personne qui s'engage à obéir au commandement du Christ de « faire de toutes les nations des disciples » (Mt 28.19). Il ou elle est un disciple mature de Jésus-Christ qui s'est consacré à suivre pleinement son Seigneur et à amener les autres à faire de même. Les pasteurs pentecôtistes efficaces comprennent que leur travail ne consiste pas seulement à faire des convertis. Leur travail consiste à transformer les croyants en disciples du Christ pleinement engagés.

Partie 6 : Le pasteur pentecôtiste comme berger

LES MOYENS DE RENFORCER L'ÉGLISE

Le Christ n'a jamais voulu que l'œuvre du royaume de Dieu soit accomplie par le seul clergé professionnel. Il a plutôt donné les cinq dons du ministère à l'Église pour former des chrétiens normaux, de tous les jours, à la vie et au service du royaume. Le but des apôtres, prophètes, évangélistes, pasteurs et enseignants est de faire des chrétiens des gagneurs d'âmes, puis de leur apprendre à prendre soin les uns des autres et à se développer mutuellement pour devenir des serviteurs efficaces de Christ (Ep 4.11-16).

Par conséquent, en tant que pasteur pentecôtiste, vous devez enseigner que chaque disciple du Christ a été appelé et habilité à participer à l'avancement du royaume de Dieu sur la terre. Si peu sont appelés à être apôtres, tous sont appelés à participer aux missions. Si peu sont appelés à être des prophètes, tous sont appelés à défendre ce qui est juste et bon. Si peu sont appelés à être des évangélistes, tous sont appelés à partager leur foi avec les autres. Si peu sont appelés à être des enseignants, tous sont appelés à enseigner aux autres comment servir le Christ. Si peu sont appelés à être pasteurs, tous sont appelés à prendre soin des autres avec amour. En tant que pasteur, votre travail consiste à enseigner ces choses au peuple de Dieu et à développer un solide programme de formation de disciples dans l'église.

Examinons six stratégies que vous pouvez utiliser pour renforcer votre église :

Modélisation du discipulat

Premièrement, vous pouvez renforcer l'église en donnant l'exemple de ce que signifie être un vrai disciple du Christ. Avec votre propre vie, vous pouvez montrer à quoi ressemble un vrai disciple. Lorsque les membres de l'église observeront le style de vie pieux de leur pasteur, ils seront encouragés à vivre de la même manière. Ils voudront eux aussi devenir des disciples du Christ. En conséquence, l'église deviendra forte et prospère, et le royaume de Dieu progressera.

Cette stratégie de formation de disciples est particulièrement importante pour établir de nouvelles églises dans des endroits non évangélisés. Dans ces circonstances, les nouveaux chrétiens ont peu de notions de ce que signifie vivre pour le Christ. Les seuls modèles de vie chrétienne qu'ils ont sont les modes de vie du pasteur et de sa famille. Comme Paul, vous devez être prêt

Chapitre 25 : Renforcer le corps

à dire aux gens : « Soyez mes imitateurs, comme moi je le suis du Christ » (1 Co 11.1).

Prédication et enseignement

Deuxièmement, vous pouvez renforcer le corps par une prédication stratégique et un enseignement systématique de la Parole de Dieu. Prêcher stratégiquement la Parole de Dieu, c'est préparer et prêcher des messages bibliques avec un objectif clair en tête. Pour ce faire, vous devez d'abord déterminer, par la prière et la méditation de la Parole, la direction dans laquelle le Saint-Esprit conduit l'église. Pendant que vous attendez dans la prière, le Saint-Esprit parlera à votre cœur en disant : « Voici le chemin ; marchez-y » (Es 30.21).[1]

Une fois que vous avez discerné la direction de Dieu pour l'église, vous devez commencer à préparer et à prêcher des sermons visant à faire avancer l'église dans cette direction. En même temps, vous devez vous assurer que « toute la volonté de Dieu » - c'est-à-dire toute la Parole de Dieu - est enseignée dans l'église (Ac 20.27). Ces pratiques permettront au peuple de Dieu de comprendre la Parole de Dieu et sa volonté pour leur vie.[2]

En outre, votre enseignement et votre prédication doivent inclure des messages fréquents sur la mission de Dieu, ainsi que sur la responsabilité de l'église à participer à cette mission. La mission de Dieu, parfois appelée *missio Dei,* est le plan éternel de Dieu de racheter et d'appeler à lui un peuple de toute tribu, langue et nation sur la terre (Ap 5.9 ; 7.9). Jésus a souligné la responsabilité de l'Église dans l'accomplissement de la mission de Dieu dans sa Grande Commission (Mt 28.18-20 ; Mc 16.15-18 ; Lu 24.46-49 ; Jn 20.21-22 ; Ac 1.8).

---

[1] Pour en savoir plus sur ce sujet, voir le chapitre 15 : « Une forte habitude de dévotion ».

[2] Pour en savoir plus sur ce sujet, voir le chapitre 16 : « La prédication ointe de l'Esprit » et le chapitre 17 : « Enseignement efficace ». Les programmes de formation de disciples *Vivre la vérité* et *Racines de la foi* peuvent être téléchargés gratuitement sur www.africaatts.org/fr/resources/.

Partie 6 : Le pasteur pentecôtiste comme berger

Habiliter aux gens

Troisièmement, vous pouvez renforcer le corps en vous assurant que les membres de l'église ont été responsabilisés pour le service. Cette habilitation au service comprend une habilitation à la fois spirituelle et psychologique :

Renforcement spirituel. Vous devez veiller à ce que chaque membre de l'église ait reçu la puissance du Saint-Esprit. C'était le dernier commandement de Jésus à l'Église. Juste avant de monter au ciel, il a ordonné à ses disciples : « il leur recommanda de ne pas quitter Jérusalem, mais d'y attendre la promesse du Père, celle, dit-il, que vous avez entendue de ma bouche : Jean a bien donné le baptême d'eau, mais vous, c'est dans l'Esprit Saint que vous serez baptisés d'ici quelques jours » (Ac 1.4-5). Jésus donne ensuite à ses disciples une promesse étonnante : « Mais vous allez recevoir une puissance, celle du Saint Esprit qui viendra sur vous ; vous serez alors mes témoins à Jérusalem, dans toute la Judée et la Samarie, et jusqu'aux extrémités de la terre » (v. 8). Les disciples ont obéi à l'ordre du Christ, et Jésus a accompli sa promesse. La Bible nous le dit :

« Quand le jour de la Pentecôte arriva, ils se trouvaient réunis tous ensemble. Tout à coup il y eut un bruit qui venait du ciel comme le souffle d'un violent coup de vent : la maison où ils se tenaient en fut toute remplie ; alors leur apparurent comme des langues de feu qui se partageaient et il s'en posa sur chacun d'eux. Ils furent tous remplis d'Esprit Saint et se mirent à parler d'autres langues, comme l'Esprit leur donnait de s'exprimer. » (Ac 2.1-4)

Cette habilitation divine est la clé d'une évangélisation et d'une mission efficaces dans l'église. Vous devez donc prêcher souvent sur ce sujet et prier avec vos gens pour qu'ils soient remplis du Saint-Esprit.[3] Vous devez ensuite leur enseigner comment vivre et marcher dans la puissance de l'Esprit. Et vous devez les encourager à cultiver le fruit de l'Esprit et à

---

[3] Le livre, *Proclamer la Pentecôte: 100 plans d prédication sur la puissance du Saint-Esprit*, peut être téléchargé gratuitement sur le site DecadeofPentecost.org. Pour une discussion plus approfondie sur la manière de prier avec les croyants pour qu'ils reçoivent l'Esprit, voir le chapitre 20 : « Guider les croyants dans le baptême de l'Esprit ».

Chapitre 25 : Renforcer le corps

manifester les dons de l'Esprit dans leurs vies et leurs ministères (Ga 5.22-23 ; 1 Co 12.8-10).[4]

Renforcement psychologique. En tant que pasteur, vous devez également vous assurer que les membres de votre église ont été psychologiquement responsabilisés pour le ministère. Les membres sont psychologiquement responsabilisés lorsqu'ils croient que la porte leur est ouverte pour participer aux ministères de l'église. Ils ont reçu la confiance qu'ils peuvent réussir dans le ministère qu'ils ont choisi. En tant que pasteur pentecôtiste, c'est à vous d'insuffler cette confiance aux gens.

Si vous le faites, les membres de l'église seront encouragés à se porter volontaires pour le ministère. En revanche, si vous ne le faites pas, ils seront réticents à se porter volontaires. Vous devez donc éviter de donner l'impression que vous êtes le seul dans l'église à être qualifié pour le ministère. Au contraire, vous devez insister sur le fait qu'il y a une place dans le ministère pour tout le monde. Et vous devez instiller dans le cœur des gens l'assurance qu'ils peuvent effectivement exercer un ministère pour Christ.

Mobiliser les ouvriers

Une fois que les gens ont été responsabilisés, ils doivent être mobilisés pour le ministère. C'est la quatrième façon de renforcer l'église. Le processus de mobilisation des travailleurs implique les activités suivantes :

Identifier le besoin. Vous commencez le processus de mobilisation en identifiant le besoin auquel vous voulez répondre. L'église veut-elle lancer un nouveau ministère auprès des enfants, implanter une nouvelle église, améliorer les cultes de l'église ou accomplir une autre tâche ? Vous devez commencer le processus de mobilisation en définissant clairement ce que vous voulez voir accompli.

Créer des opportunités d'emploi. Vous devez ensuite déterminer quels postes doivent être créés pour doter le nouveau ministère. Vous devez élaborer une description de poste pour chaque nouveau poste. La description

---

[4] Pour les définitions des dons spirituels, voir l'annexe 2 : « Les dons de manifestation de 1 Corinthiens 12.8-10 ».

Partie 6 : Le pasteur pentecôtiste comme berger

de poste doit inclure les qualifications pour le poste et les tâches de la personne qui l'occupe.

Prier. Tout au long du processus, vous devez prier le maître de la moisson, lui demandant de susciter les ouvriers nécessaires (Lu 10.2).

Partager la vision. Au moment opportun, vous devez partager la vision avec l'église. Vous devez parler aux gens du nouveau ministère, en expliquant comment il va bénir l'église.

Recruter des ouvriers. Vous devez ensuite demander des volontaires. Vous devez être précis sur ce que le travail impliquera. Vous pouvez identifier des personnes en particulier qui, selon vous, pourraient bien faire le travail et leur demander de prier pour se porter volontaires. Vous devez chercher à faire correspondre les dons de la personne aux exigences du poste.

Former. Vous devez élaborer un programme de formation pour les bénévoles.

Déployer. Une fois que vous avez choisi les nouveaux ouvriers et que vous les avez correctement formés, vous devez les installer à leur poste. Vous devez ensuite rester en contact avec les nouveaux ouvriers, suivre leurs progrès et les encourager dans leur travail. L'église doit également fournir à ces ouvriers les ressources dont ils ont besoin pour remplir leurs responsabilités.

Formation au ministère

Comme nous venons de le mentionner, lorsque vous mobilisez des membres pour le ministère, vous devez être prêt à fournir une formation à ceux qui se portent volontaires. Les gens sont plus enclins à se porter volontaires s'ils savent qu'ils seront formés pour cette tâche. La formation augmentera aussi considérablement leurs chances de réussite. Cette formation peut être dispensée dans le cadre de séminaires spéciaux ou d'une formation en cours d'emploi. La formation doit porter à la fois sur le *pourquoi* et le *comment* du travail. Les nouveaux ouvriers doivent apprendre pourquoi le ministère existe et ce qu'il cherche à accomplir. Ils doivent également apprendre comment accomplir au mieux leur travail. Le pasteur peut envisager de créer une école du ministère dans l'église.[5]

---

[5] Ce ministère est abordé au chapitre 17 : « Enseignement efficace ».

Chapitre 25 : Renforcer le corps

Mentorat de ceux qui sont prometteurs

Enfin, vous pouvez renforcer le corps en identifiant et en encadrant de manière réfléchie ceux qui sont prometteurs. En tant que pasteur, vous devriez prendre note des membres qui font preuve d'un zèle exceptionnel pour l'œuvre de Dieu. Vous pouvez sentir la main de Dieu sur ces personnes. Lorsque cela se produit, vous voudrez établir une relation de mentorat avec eux, tout comme Jésus l'a fait avec ses disciples. Vous passerez alors du temps avec ces personnes, priant avec elles et les invitant à se joindre à vous dans certaines tâches ministérielles.

Certains ont noté que la méthode de Jésus pour devenir disciple comportait trois processus : Premièrement, Jésus exerçait son ministère auprès des autres sous le regard de ses disciples. Parfois, il les prenait à part et leur expliquait ce qu'il avait fait et pourquoi il l'avait fait. Deuxièmement, les disciples exercent leur ministère sous le regard de Jésus. Il évaluait ensuite leur travail. Enfin, Jésus envoyait les disciples exercer leur ministère par eux-mêmes et former d'autres disciples comme il les avait formés. Il a promis d'envoyer le Saint-Esprit pour les habiliter et les rendre capables d'exercer leur ministère.

Certains de ceux que vous encadrez peuvent ressentir un appel au ministère. Dans ce cas, vous voudrez nourrir cet appel. Et vous voudrez les guider à travers le processus d'accréditation ministérielle.

Partie 6 : Le pasteur pentecôtiste comme berger

La Bible enseigne que l'Église « tire son accroissement *selon la force qui convient à chacune de ses parties*, et s'édifie lui-même dans la charité » (Ep 4.16, c'est nous qui soulignons). La meilleure façon pour un pasteur pentecôtiste de renforcer l'église est de développer un solide programme de formation de disciples visant à transformer les croyants en disciples et les disciples en ministres efficaces de l'Évangile.

~ Chapitre 26 ~

Conseiller le peuple de Dieu

Un membre de l'église envisage de divorcer après avoir vécu de nombreuses années dans une relation abusive. Un jeune veuf a du mal à accepter la perte de sa femme. Une mère célibataire doit faire face à un diagnostic de cancer. Des parents désemparés tentent de contrôler leur fils adolescent rebelle. Ce ne sont là que quelques-uns des centaines de problèmes auxquels sont confrontés les membres de nos églises pentecôtistes en Afrique. Ajoutez à cette liste ceux qui luttent contre l'oppression démoniaque, la pauvreté endémique, le chômage, les habitudes de dépendance, et bien d'autres choses encore.

Dieu a créé les hommes et les femmes à son image. Il a créé Adam et Eve parfaitement entiers de corps, d'esprit et d'âme. Ils étaient les « chefs-d'œuvre de Dieu », vivant en parfaite harmonie avec Lui et les uns avec les autres. Cependant, lorsqu'ils ont transgressé la loi, leur relation avec Dieu et entre eux a été affectée (Ge 3.6-24 ; Ro 5.12). La rupture et la souffrance sont devenues partie intégrante de la condition humaine.

Le conseil pastoral est au cœur du ministère pastoral. Le Christ a appelé son Église à être une communauté aimante et attentive. Il veut qu'elle soit un lieu où le peuple de Dieu s'associe à lui et au Saint-Esprit pour apporter la guérison et la plénitude aux personnes brisées. Elle doit être un lieu où les perdus peuvent faire l'expérience de la transformation, de la réconciliation et de l'espoir (2 Co 5.18-19). Dieu a chargé le pasteur pentecôtiste de veiller à ce que cette tâche soit accomplie.

Partie 6 : Le pasteur pentecôtiste comme berger

Ce chapitre examine le ministère de conseil du pasteur pentecôtiste en Afrique. Il discutera des caractéristiques distinctives du conseil pastoral et établira un fondement biblique pour celui-ci. Il examinera ensuite le rôle du Saint-Esprit dans le conseil. Enfin, nous aborderons brièvement les types, les principes et l'éthique du conseil pastoral.

LE PASTEUR EN TANT QUE CONSEILLER

Le Christ appelle chaque pasteur pentecôtiste à remplir le mandat missionnaire de l'Église. Il l'a donné à l'Église pour faire des croyants des disciples efficaces (Ep 4.11-12). En plus de prêcher, d'enseigner et de diriger, le Christ a confié au pasteur la responsabilité de fournir des conseils et un saint soutien aux membres qui cherchent à suivre pleinement le Christ.

Un berger du troupeau de Dieu

Alors que son ministère touchait à sa fin, Jésus a demandé à Pierre : « Prends soin de mes brebis » (Jn 21.16). Dans son discours d'adieu aux anciens de l'église d'Éphèse, Paul a souligné la nécessité pour les pasteurs de « veiller sur... tout le troupeau dont le Saint-Esprit vous a établis surveillants ». Ils devaient « être les bergers de l'Église de Dieu, qu'il a acquise par son propre sang » (Ac 20.28). De la même manière, Pierre a demandé aux anciens de l'église d'être « les bergers du troupeau de Dieu » (1 Pi 5.2). Ils devaient prendre soin des brebis qui souffrent, qui luttent et qui sont blessées.

La vocation de conseiller du pasteur pentecôtiste n'est pas un choix de carrière, mais un choix divin. Lorsque les membres de l'église (et dans certains cas, les non-membres) sont aux prises avec des problèmes émotionnels, sociaux et spirituels, ils doivent pouvoir se tourner vers leur pasteur pour obtenir de l'aide. Tout comme un berger nourrit, guide et défend ses brebis, les pasteurs pentecôtistes doivent prendre soin de ceux que le Christ a placés sous leurs ordres.

Une relation unique

Par rapport aux autres professionnels de la santé mentale, le ministère de conseil du pasteur est unique. Les gens considèrent souvent les pasteurs comme des représentants de Dieu. Ils considèrent qu'ils sont oints et équipés comme des instruments dans le processus de guérison. Contrairement aux autres professionnels de santé mentale, l'objectif du pasteur est de voir le

Chapitre 26 : Conseiller le peuple de Dieu

peuple de Dieu « croître dans la grâce et la connaissance de notre Seigneur et Sauveur Jésus-Christ » (2 Pi 3.18).

En outre, les pasteurs ont une relation de confiance établie avec leurs membres. Ils sont impliqués dans divers domaines de la vie de leurs membres, y compris leurs crises, leurs étapes importantes et leurs réalisations. Ils sont appelés à célébrer des cérémonies de mariage, des dédicaces d'enfants et des funérailles. En raison de cette relation unique, les membres peuvent plus facilement partager leur souffrance avec leur pasteur sans craindre d'être rejetés.

En outre, les pasteurs sont plus accessibles que d'autres professionnels de santé mentale. De nombreuses communautés ne disposent pas de conseillers qualifiés. Même lorsqu'elles en ont, leurs services sont souvent inabordables. Le seul espoir des gens est un pasteur. En outre, à l'instar de leur Seigneur, les pasteurs sont animés par la compassion pour les personnes « languissants et abattus » (Mt 9.36). Ils considèrent le conseil comme une occasion de partager l'amour de Dieu avec ceux qui souffrent.

Conseil pastoral

Dans toute l'Afrique aujourd'hui, un certain nombre de modèles de conseil sont utilisés. Chacun cherche à traiter la nature complexe de la condition humaine. Et chacun est basé sur une certaine vision du monde et un certain système de croyances. Il s'agit, entre autres, d'une vision séculaire du monde, d'une vision traditionnelle africaine du monde et d'une vision chrétienne du monde.

Le conseil psychologique laïc est scientifique dans sa vision du monde et son approche, et nie souvent la vérité des Écritures. Cette approche utilise diverses techniques et thérapies pour traiter les troubles mentaux, émotionnels et comportementaux. Dans certains pays africains, les méthodes de guérison indigènes africaines sont également reconnues et autorisées à fonctionner parallèlement aux formes occidentales de thérapie. Ces approches traditionnelles sont fondées sur une vision africaine du monde qui attribue la vie et le bien-être à des puissances spirituelles invisibles.

L'approche du pasteur pentecôtiste en matière de conseil est différente de l'approche séculaire ou traditionnelle africaine. L'approche du pasteur pentecôtiste est fondée sur la Bible, centrée sur le Christ et guidée par l'Esprit. Le conseil pastoral est donc ancré dans l'autorité de l'Écriture. Elle

Partie 6 : Le pasteur pentecôtiste comme berger

considère que la Bible est la Parole de Dieu et qu'elle est « utile pour enseigner, réprimander, corriger et former à la justice » (2 Ti 3.16). En tant que Parole de Dieu, la Bible contient les réponses à tous les dilemmes de la vie.

BASE BIBLIQUE DU CONSEIL PASTORAL

Le pasteur pentecôtiste croit que la Bible est la Parole révélée de Dieu. En tant que telle, elle est le guide définitif pour le conseil. Comme aucun autre outil de diagnostic, la Bible met à nu les profonds mystères du cœur d'une personne (Hé 4.12). Elle s'attaque aux racines du malheur de l'humanité et présente Jésus-Christ comme la solution à tous les problèmes humains.

Cela signifie qu'en tant que pasteur pentecôtiste, vous devez vous imprégner des vérités qui se trouvent dans la Parole de Dieu. Vous devez ensuite laisser ces vérités vous guider dans votre ministère de conseiller. Si vous choisissez d'emprunter des théories séculaires pour améliorer vos compétences en matière de conseil, vous devez vous assurer que ces théories sont conformes à la vérité biblique et aux valeurs chrétiennes.[1]

Leaders de l'Ancien Testament

L'Ancien Testament contient de nombreux exemples de dirigeants offrant de saints conseils. Par exemple, Moïse a passé de longues heures à juger et à conseiller le peuple de Dieu. Parfois, il les conseillait en grands groupes. À d'autres moments, il n'en conseillait qu'un ou deux à la fois (Ex 18.13-27). Cependant, le moment est venu où Moïse lui-même a eu besoin de conseils. Son beau-père, Jéthro, a remarqué qu'il était surchargé de travail. Il a donc conseillé à Moïse de choisir des hommes capables pour l'aider. Moïse a suivi le conseil de Jéthro et le travail a prospéré.

David est un autre exemple de saint conseiller. Il a conseillé le peuple dans ses Psaumes. Il y propose de nombreuses stratégies excellentes pour faire face aux problèmes de la vie. On peut dire la même chose de Salomon dans les Proverbes et des prophètes dans leurs écrits.

---

[1] Pour en savoir plus sur la relation du pasteur pentecôtiste avec la Bible, voir le chapitre 9 : « Croire en la Bible ».

Chapitre 26 : Conseiller le peuple de Dieu

Le ministère de Jésus

Jésus lui-même était un conseiller. Ésaïe l'appelle « Merveilleux, Conseiller » (Es 9.6). Il a souvent donné des conseils aux personnes qui luttaient contre des problèmes spirituels. Trois exemples notables sont Nicodème (Jn 3.1-21), Zachée (Lu 19.1-9) et la femme surprise en adultère (Jn 8.1-11). Jésus déclare : « Je suis venu pour qu'ils aient la vie, et qu'ils l'aient en abondance » (Jn 10.10).

Parfois, Jésus a exercé son ministère auprès de ceux qui étaient troublés sur le plan émotionnel. Lorsque Marie et Marthe ont perdu leur frère Lazare, Jésus est venu à elles. Il a fait preuve d'empathie et a marché avec elles dans leur chagrin (Jn 11.17-44). La nuit précédant sa crucifixion, Jésus a passé beaucoup de temps avec ses disciples pour les préparer à l'épreuve imminente (Jn 14-16).

Le ministère de conseil de Jésus a touché des personnes de tous horizons. Il a touché les personnes instruites et analphabètes, les personnes raffinées et ordinaires, les riches et les pauvres, les hommes, les femmes et les enfants. L'amour de Jésus pour les gens l'a poussé à franchir toutes les barrières économiques, sociales et culturelles pour accomplir sa mission de chercher et de sauver les perdus (Lu 19.10).

Le ministère de Paul

Certaines parties des lettres de Paul peuvent être lues comme des séances de conseil. Elles témoignent de la préoccupation pastorale de l'apôtre pour le peuple de Dieu. Il y conseille ceux qui doivent faire face aux problèmes de la vie. Par exemple, il écrit aux croyants de Philippes en leur disant : « Ne vous inquiétez de rien. » S'ils priaient, ils feraient l'expérience de la paix de Dieu (Ph 4.6-7). Un autre exemple du ministère de conseil de Paul est la manière dont il s'est mis aux côtés de son protégé Timothée, pour l'aider à gérer ses insécurités personnelles et ses problèmes d'estime de soi (2 Ti 1.3-14 ; 2.15).

Dans sa lettre aux chrétiens de Corinthe, l'apôtre aborde certaines attitudes et comportements négatifs qui menaçaient de détruire l'église de cette ville. Dans sa lettre à Philémon, l'apôtre cherche à réparer la relation brisée entre Philémon et son esclave fugitif, Onésime, qui était maintenant un frère chrétien. Un examen complet des lettres de Paul révèle que sa

Partie 6 : Le pasteur pentecôtiste comme berger

méthode de conseil était centrée sur le Christ, guidée par l'Esprit, instructive, de soutien, de réconciliation et parfois de confrontation.

LE RÔLE DU SAINT ESPRIT DANS LE CONSEIL

En tant que pasteur pentecôtiste, vous avez un allié de taille dans votre ministère de conseil. Cet allié est le Saint-Esprit. Vous ne devez pas manquer de vous appuyer sur Lui. Imaginez un soldat qui part au combat sans son arme. Il peut connaître toutes les règles d'engagement et les stratégies de guerre, mais sans son arme, l'issue sera désastreuse. Il est tout aussi insensé pour le pasteur pentecôtiste de s'aventurer dans la bataille spirituelle sans la puissance du Saint-Esprit.

L'aide

À quatre reprises, Jésus a désigné le Saint-Esprit comme le *Paraclet,* ce qui signifie « aide » ou « conseiller » en grec (Jn 14.16, 26 ; 15.26 ; 16.7). En tant que conseiller céleste, le Saint-Esprit est prêt à nous aider à chaque étape du processus de conseil. S'il est invité, il guidera, renforcera et soutiendra le conseiller. Et il aidera la personne conseillée à faire face à sa douleur et à ses difficultés (Jn 14.1 ; 16.8).

Le conseil implique souvent un combat spirituel (Ep 6.12). Seul l'Esprit de Dieu est assez fort pour véritablement « panser les cœurs brisés » et « proclamer la libération des captifs » (Es 61.1 ; cf. Lu 4.17-18). La Bible nous encourage donc à « être forts dans le Seigneur et dans sa grande puissance » (Ep 6.10).

Une prière honnête et pleine de foi est une partie essentielle du processus de conseil. L'Esprit Saint vous aidera dans ce domaine. La Bible dit : « L'Esprit nous aide dans notre faiblesse. Nous ne savons pas ce que nous devons demander, mais l'Esprit lui-même intercède pour nous par des soupirs inexprimables » (Ro 8.26). Jésus a dit que le Père céleste donnerait le Saint-Esprit à quiconque le demanderait (Lu 11.9-10, 13).[2]

Jésus est le modèle parfait pour le conseiller pentecôtiste. La Bible dit qu'il a été oint par le Saint-Esprit pour « [guérir] tous ceux qui étaient sous l'emprise du diable » (Ac 10.38). Grâce à cette onction, il a annoncé la bonne

---

[2] Pour en savoir plus sur la manière d'aider les croyants à recevoir le Saint-Esprit, voir le chapitre 20 : « Guider les croyants dans le baptême de l'Esprit ».

Chapitre 26 : Conseiller le peuple de Dieu

nouvelle aux pauvres, proclamé la délivrance aux prisonniers et renvoyer libres les opprimés (Lu 4.18). Paul est un autre excellent modèle pour le conseiller pentecôtiste. Malgré sa grande éducation et ses réalisations, il dépendait de la puissance du Saint-Esprit (1 Co 2.4-5). De la même manière, le pasteur pentecôtiste a besoin de l'aide du Saint-Esprit pour être un conseiller efficace.

Le révélateur de la vérité

Jésus a également enseigné que le Saint-Esprit est le révélateur de toute vérité (Jn 16.13). Il nous aidera à comprendre et à interpréter la Parole de Dieu. Il nous donnera également un aperçu des pensées de Dieu et des pensées de ceux que nous conseillons (1 Co 2.11-12). Ceci est important car le comportement d'une personne est déterminé par ses pensées et par les interprétations qu'elle donne aux événements de la vie. Une personne qui croit que les malheurs qui entourent sa vie sont dus à des forces maléfiques et à des ancêtres en colère agira en conséquence. L'Esprit Saint l'aidera à connaître la vérité qui la libérera (Jn 8.32).

Le donneur de dons

Les problèmes de santé mentale sont divers, complexes et liés à la culture. Ils impliquent à la fois des composantes naturelles et spirituelles. Les dons du Saint-Esprit sont donc essentiels au processus de conseil (1 Co 12.8-10). Grâce aux dons de révélation, le Saint-Esprit peut permettre au conseiller pentecôtiste de comprendre les besoins de la personne conseillée. Par le don de discernement des esprits, l'Esprit peut révéler la présence et l'activité d'esprits démoniaques. Et, grâce aux dons prophétiques, le conseiller peut prononcer des paroles inspirées d'espoir et de guérison. Le pasteur pentecôtiste doit donc rester rempli du Saint-Esprit et sensible à son action à chaque étape du processus de conseil.[3]

LES TYPES DE CONSEIL PASTORAL

Le pasteur pentecôtiste doit être prêt à offrir les types de conseils suivants :

---

[3] Pour en savoir plus sur les dons spirituels, voir l'annexe 2 : « Les dons de manifestation de 1 Corinthiens 12.8-10 ».

Partie 6 : Le pasteur pentecôtiste comme berger

Conseil spirituel

Le conseil spirituel se concentre sur la relation de la personne conseillée avec Dieu, et sur la volonté de Dieu pour sa vie. Dans ce cas, la principale préoccupation du pasteur pentecôtiste est d'amener la personne conseillée à une relation vivante avec le Christ. Une autre préoccupation est que cette relation soit saine et croissante. D'autres questions liées au conseil sont les suivantes :

- La compréhension que la personne a de Dieu en tant que Père aimant et attentionné
- La compréhension par la personne de la véritable signification et de la nature du salut
- La marche continue de la personne avec le Christ
- La délivrance des esclavages et le besoin de guérison intérieure
- Concilier les valeurs chrétiennes avec la vie quotidienne.

Dans le contexte africain, le conseiller peut aussi avoir à faire face à la tentative de la personne conseillée de mélanger ses anciennes pratiques islamiques ou animistes avec la démarche chrétienne. Ces pratiques peuvent inclure l'utilisation de charmes ou d'amulettes pour assurer une protection contre les pouvoirs maléfiques et les malédictions.

Conseil conjugal et familial

Le conseil conjugal et familial vise à promouvoir les valeurs chrétiennes et une vie sainte dans les familles des membres. Ce type de conseil peut prendre la forme d'un conseil individuel ou de groupe dans le cadre de séminaires. Il implique les éléments suivants :

- Conseil prénuptial pour les couples qui envisagent de se marier
- Conseil pour l'enrichissement du mariage pour les couples mariés souhaitant approfondir leur relation l'un avec l'autre
- Conseil conjugal pour les couples qui rencontrent des difficultés dans leur mariage
- Conseils aux parents chrétiens
- Conseils aux groupes familiaux pour aider les membres de la famille qui ont des problèmes de relations interpersonnelles
- Conseils relatifs aux rituels familiaux tels que les mariages, les accouchements, les décès et les funérailles.

Chapitre 26 : Conseiller le peuple de Dieu

Soutien et conseil en cas de crise

Le conseil de soutien et de crise vise à aider les personnes à surmonter les événements traumatisants de la vie. Ces événements sont notamment les suivants :

- Maladie terminale ou décès d'un être cher
- Sécheresses, famines, pandémies et catastrophes naturelles
- Être victime d'un crime ou d'un abus
- Chômage et pauvreté.

Pendant ces périodes difficiles, les membres peuvent avoir besoin de quelqu'un qui les écoute pour les aider à surmonter leur douleur. Si un pasteur n'est pas équipé pour faire face à des situations potentiellement mortelles comme le suicide ou la dépression majeure, il doit adresser la personne concernée à un conseiller qualifié.

Conseil en croissance

Le conseil en croissance vise à donner aux gens les moyens de réussir dans la vie. Son objectif est de les aider à décider de la meilleure voie à suivre. Les Psaumes et les Proverbes offrent de nombreuses paroles de sagesse et de conseil (par exemple, Ps 32.8 ; Pr 15.22).

PRINCIPES DE CONSEIL

Une étude approfondie de la rencontre de Jésus avec la Samaritaine en Jean 4 révèle quatre principes de conseil importants que le pasteur pentecôtiste voudra utiliser :

Établir la confiance

Jésus a commencé le processus de conseil en établissant la confiance entre lui et la femme. Il l'a respectée sans la juger et lui a témoigné un amour et une acceptation inconditionnels. Il lui a ensuite tendu la main en dépassant les barrières culturelles existantes (Jn 4.7-9, 17-18).

L'écoute active

Jésus a cherché à comprendre l'état de la femme en lui posant des questions approfondies. Il a ensuite écouté attentivement ce qu'elle avait à dire et lui a répondu de manière appropriée. Ses réponses ont clairement montré qu'il comprenait les besoins spirituels profonds de la femme. Jésus

Partie 6 : Le pasteur pentecôtiste comme berger

a ensuite remis en question les angles morts de sa pensée qui l'empêchaient d'accepter la vérité et de trouver la liberté en lui (Jn 4.9-16, 21-24).

Dire la vérité avec amour

Lorsque cela s'est avéré nécessaire, Jésus a affronté avec amour sa malhonnêteté et l'a mise au défi avec la vérité (Jn 4.16-18 ; cf. Ep 4.15).

Rester concentré

Tout au long du processus, Jésus est resté concentré sur son objectif, à savoir aider la femme à découvrir sa véritable raison de vivre (Jn 4.10, 13-14, 16-18, 21-24). La femme a admis son péché et l'a reconnu comme le Messie. Elle a ensuite couru le raconter aux autres (Jn 4.28-29).

ÉTHIQUE DU CONSEIL

En tant que représentants du Christ et gardiens de son peuple, les pasteurs pentecôtistes doivent être des hommes et des femmes intègres. Vous devez prendre en compte les questions éthiques suivantes dans le cadre du conseil. L'adhésion à ces principes vous protégera, vous et la personne conseillée :

Comprendre ses propres limites

Vous devez être honnête quant à vos capacités et vos limites en matière de conseil, et vous ne devez pas essayer de dépasser ces limites. Dans certains pays, les conseillers professionnels doivent être certifiés par un conseil d'administration.

Référence

Vous devez savoir quand vous avez atteint vos limites. Si vous n'avez pas été formé ou qualifié pour donner des conseils dans des domaines spécifiques, vous devez être prêt à orienter vos membres vers des conseillers chrétiens certifiés. Vous devez également être prêt à les orienter vers ces conseillers lorsqu'une relation de dépendance se développe entre vous et la personne conseillée, ou lorsqu'une personne conseillée ne bénéficie plus de vos conseils.

Chapitre 26 : Conseiller le peuple de Dieu

Intégrité sexuelle

En tant que pasteur, vous devez prendre des précautions particulières lorsque vous conseillez des personnes du sexe opposé. Si une attirance émotionnelle commence à se développer entre vous et une personne conseillée, les séances de conseil doivent être interrompues et la personne doit être orientée vers un autre conseiller.

Confidentialité

Les informations partagées en toute confidentialité doivent être respectées et ne jamais être discutées avec d'autres personnes.

En tant que pasteur pentecôtiste, vous ne devez jamais reculer devant votre responsabilité de conseiller du peuple de Dieu. Au contraire, avec Jésus-Christ comme exemple et le Saint-Esprit comme aide, vous devez embrasser avec enthousiasme ce ministère vital.

Partie 6 : Le pasteur pentecôtiste comme berger

~ Chapitre 27 ~

Garder le troupeau

Au cours de l'histoire, des leaders malveillants ont commis des crimes innommables contre l'humanité. Ces crimes comprennent des génocides, des nettoyages ethniques et des guerres injustes. Certains sont coupables de commettre ces actes brutaux, d'autres sont coupables de ne rien faire pour les arrêter. Malheureusement, l'Afrique a eu sa part de telles atrocités. L'un des principes universels de la bonne gouvernance est que chaque nation a la responsabilité de protéger son peuple des malfaiteurs. Il en va de même pour l'Église. Elle a la responsabilité de protéger le peuple de Dieu des attaques du diable et de ses légions démoniaques.

Jésus a mis en garde contre les faux prophètes, dont il a dit qu'ils « viennent à vous en vêtements de brebis, mais au dedans ce sont des loups ravisseurs ». Il a conseillé : « C'est à leurs fruits que vous les reconnaîtrez » (Mt 7.15-16). Paul a lancé un avertissement similaire aux anciens d'Éphèse. Il leur a dit : « Je sais qu'il s'introduira parmi vous, après mon départ, des loups cruels qui n'épargneront pas le troupeau, et qu'il s'élèvera du milieu de vous des hommes qui enseigneront des choses pernicieuses, pour entraîner les disciples après eux. Veillez donc » (Ac 20.29-31).

Ce chapitre abordera la responsabilité solennelle du pasteur pentecôtiste de garder le troupeau de Dieu contre ces agents de Satan. Il répondra aux questions suivantes : « Que dit la Bible sur la responsabilité du pasteur pentecôtiste de protéger le troupeau ? » et « Comment s'acquitte-t-il de cette responsabilité ? »

Partie 6 : Le pasteur pentecôtiste comme berger

LA NATURE ET LA VALEUR DU TROUPEAU

La Bible utilise l'image d'un berger et de ses brebis pour décrire la relation entre un pasteur et son peuple. Pour mieux comprendre la responsabilité du pasteur pentecôtiste envers sa congrégation, il faut comprendre la nature et la valeur des brebis.

La nature de la brebis

Un pasteur s'est un jour lamenté : « Diriger mon peuple, c'est comme garder des chats ! » Diriger des chats est impossible. Ils sont têtus et refusent d'aller dans la direction que vous souhaitez. Ce n'est pas le cas des brebis. Les brebis sont soumises. Elles sont prêtes à suivre le berger là où il les mène. C'est une bonne chose. Cependant, ce trait de caractère représente un danger pour les brebis. Elles suivent parfois bêtement la mauvaise personne. Elles ont donc besoin de soins et de protection.

Les vrais chrétiens se soumettent volontairement au Bon Berger. Ils sont prêts à le suivre là où il les conduit (Jn 10.27). Cependant, certains chrétiens sont immatures, et comme des brebis, ils confondent parfois les loups spirituels avec les vrais bergers. Ils suivent aveuglément ceux qui ne sont pas de vrais hommes ou femmes de Dieu.

De plus, les brebis n'ont pas de défenses naturelles. De ce fait, elles sont vulnérables et ont besoin d'un berger pour les protéger. Et elles ont tendance à s'éloigner de la sécurité du troupeau et des soins du berger. Lorsque cela se produit, elles deviennent des proies faciles pour les prédateurs. Il en va de même pour de nombreux chrétiens. Ils ont tendance à s'éloigner des soins de leur pasteur et de la sécurité de l'église. Ils ont besoin des soins et de la protection d'un vrai berger.

La valeur de la brebis

Aux temps bibliques, les brebis avaient une grande valeur pour le berger. Ils étaient souvent la principale source de subsistance de la famille. Ils fournissaient de la viande pour la nourriture, du lait pour la boisson, de la laine pour les vêtements et des peaux de brebis pour les abris et d'autres usages. Les chrétiens ont une valeur encore plus grande pour le bon berger. Cela est vrai pour au moins deux raisons :

Premièrement, les chrétiens sont précieux pour le Christ en raison du prix élevé qu'il a payé pour leur rédemption. Jésus a dit de lui-même : « Je

Chapitre 27 : Garder le troupeau

suis le bon berger. Le bon berger donne sa vie pour ses brebis » (Jn 10.11). Pierre nous rappelle la valeur que nous avons pour le Christ : « Sachant que ce n'est pas par des choses périssables, par de l'argent ou de l'or, que vous avez été rachetés... mais par le sang précieux de Christ » (1 Pi 1.18-19).

En outre, les chrétiens sont précieux pour le Christ en raison de leur relation particulière avec lui. Ils étaient autrefois « sans Christ, privés du droit de cité en Israël, étrangers aux alliances de la promesse, sans espérance et sans Dieu dans le monde ». Cependant, ils ont maintenant été « rapprochés par le sang de Christ » (Ep 2.12-13). Pierre nous rappelle que le peuple de Dieu est « au contraire, vous êtes une race élue, un sacerdoce royal, une nation sainte, un peuple acquis » (1 Pi 2.9). En tant que troupeau élu de Dieu, son peuple mérite une attention particulière.

MENACES CONTRE LE TROUPEAU

En tant que pasteur pentecôtiste fidèle, vous devez être toujours vigilant pour protéger votre peuple de la menace des faux prophètes et des faux enseignants.

Reconnaître les faux prophètes et les faux enseignants

Un faux prophète est une personne qui prétend parler au nom de Dieu, mais qui, en réalité, parle en son propre nom ou au nom d'un faux dieu ou d'un esprit démoniaque (Jé 23.16). La Bible avertit que Dieu est contre de tels faux prophètes et qu'il ne faut pas leur permettre d'habiter parmi le peuple de Dieu (Éz 13.9). Jésus a averti que les faux prophètes « accomplissent parfois de grands signes et des miracles » et qu'ils menacent « de séduire, s'il est possible, même les élus » (Mt 24.24). Paul les a appelés « loups cruels » qui « enseignent des choses pernicieuses, pour entraîner les disciples après eux » (Ac 20.29-30). Il a écrit qu'ils enseignent des mythes et disent ce que les gens veulent entendre (2 Ti 4.3-4).

Les faux enseignants s'apparentent aux faux prophètes. Alors qu'un faux prophète prétend parler au nom de Dieu, un faux enseignant déforme imprudemment la Parole de Dieu pour dire autre chose que ce qu'elle signifie réellement. Il le fait souvent pour son propre profit (Tit 1.11). La Bible dit que ces personnes sont ignorantes et instables et qu'elles déforment les Écritures pour leur propre destruction (2 Pi 3.16).

Partie 6 : Le pasteur pentecôtiste comme berger

Il y a deux façons de reconnaître les faux prophètes et les faux enseignants dans l'église aujourd'hui :

1. En observant leur vie. Jésus a enseigné à ses disciples : « Gardez-vous des faux prophètes. Ils viennent à vous en vêtements de brebis, mais au dedans ce sont des loups ravisseurs. Vous les reconnaîtrez à leurs fruits » (Mt 7.15-16). Ils prétendent être ce qu'ils ne sont pas. Ils s'habillent et se comportent comme des saints ; ils utilisent le tout dernier jargon religieux, et ils font des prières impressionnantes. Certains peuvent même accomplir de puissants miracles. Extérieurement, ils semblent être saints et oints. Mais intérieurement, ce sont des extorqueurs, des menteurs et des adultères. Le fruit de leur vie privée révèle leur hypocrisie. Aucun homme ou femme qui mène une vie impie n'est un vrai prophète de Dieu.

Jésus a mis au défi les faux enseignants de son époque : « Malheur à vous, scribes et pharisiens hypocrites! parce que vous ressemblez à des sépulcres blanchis, qui paraissent beaux au dehors, et qui, au dedans, sont pleins d'ossements de morts et de toute espèce d'impuretés. Vous de même, au dehors, vous paraissez justes aux hommes, mais, au dedans, vous êtes pleins d'hypocrisie et d'iniquité » (Mt 23.27-28). Ces hommes et ces femmes rebelles refusent de se soumettre à l'autorité de Dieu et de l'Église.

2. En notant leurs motivations et leurs méthodes. Une deuxième façon de reconnaître les faux prophètes et les faux enseignants dans l'église est de prendre note de leurs motivations et de leurs méthodes. La motivation première du faux prophète est de servir ses propres intérêts égoïstes. Pour ce faire, ils déforment volontiers la Parole de Dieu. Ils sortent souvent les textes de leur contexte et les interprètent en fonction de leur propre agenda. Leur objectif est d'« entraîner les disciples après eux » (Ac 20.30). Ils se soucient peu du salut ou de la croissance de leurs disciples en Christ. Ils sont davantage préoccupés par leur gain personnel et leur gloire.

Faux enseignements en Afrique

Malheureusement, dans de nombreuses églises pentecôtistes en Afrique, les faux enseignements et les fausses prophéties semblent être à l'ordre du jour. Ces enseignements promettent la bénédiction tout en ignorant la nécessité d'une foi engagée et d'une repentance du péché. Se concentrant principalement sur les besoins temporels des gens, ils ignorent leur développement spirituel et leur croissance dans la grâce. Ce faisant, ils ne parviennent pas à gagner les perdus à Christ et à préparer les saints pour

Chapitre 27 : Garder le troupeau

l'éternité (Mc 8.36). La Bible met fortement en garde contre de tels enseignements (1 Ti 4.1).

Deux faux enseignements sont particulièrement répandus en Afrique :

1. L'évangile de la prospérité. Le premier de ces enseignements est ce qu'on appelle « l'évangile de la prospérité ». L'évangile de la prospérité est l'enseignement selon lequel tous les croyants ont un droit d'alliance aux bénédictions de la santé, de la richesse et de la prospérité. Ces bénédictions peuvent être acquises par la foi, la confession positive et en semant des « graines de la foi ».

S'il est vrai que Dieu bénit ceux qui le suivent fidèlement, l'évangile de la prospérité n'est pas l'Évangile que Jésus et les apôtres ont prêché. Jésus a ordonné au peuple : « Repentez-vous et croyez à la bonne nouvelle ! » (Mc 1.15). Pierre a déclaré : « Repentez-vous donc et convertissez-vous, pour que vos péchés soient effacés, afin que des temps de rafraîchissement viennent de la part du Seigneur » (Ac 3.19). Paul a averti : « Dieu, sans tenir compte des temps d'ignorance, annonce maintenant à tous les hommes, en tous lieux, qu'ils aient à se repentir » (Ac 17.30).

La véritable église pentecôtiste doit rejeter l'évangile de la prospérité car il est centré sur soi plutôt que sur le Christ. Il se concentre sur les désirs matériels des gens plutôt que sur la mission rédemptrice de Dieu. L'accent de l'évangile de la prospérité est mis sur la bénédiction plutôt que sur le service. C'est un évangile déformé qui a des effets néfastes sur les chrétiens. L'avertissement de Paul aux chrétiens de Galatie s'applique : « Je m'étonne que vous vous détourniez si promptement de celui qui vous a appelés par la grâce de Christ, pour passer à un autre Évangile. Non pas qu'il y ait un autre Évangile…Mais, quand nous-mêmes, quand un ange du ciel annoncerait un autre Évangile que celui que nous vous avons prêché, qu'il soit anathème ! » (Ga 1.6-8).

2. Le syncrétisme. Une autre pratique destructrice dans les églises pentecôtistes en Afrique est le syncrétisme. Le syncrétisme est le mélange de la foi chrétienne avec des éléments des religions traditionnelles africaines. Les faux prophètes et les faux enseignants utilisent parfois cette stratégie pour tenter d'attirer plus de monde dans leur église. On trouve de nombreux exemples de syncrétisme en Afrique. En Afrique de l'Ouest, on peut citer les exemples suivants

Partie 6 : Le pasteur pentecôtiste comme berger

- l'offrande du prophète
- l'offrande de rachat
- l'offrande sacrificielle
- la vente et l'utilisation non scripturaire des huiles ointes
- la vente et l'utilisation de l'eau bénite
- la vente et l'utilisation du miel et du lait
- la vente de photos de « l'homme de Dieu »
- l'utilisation du balai sacré (pour balayer ses ennemis)
- l'utilisation de la boue de la mer Morte
- l'utilisation de l'eau du Jourdain
- des consultations prophétiques payantes.

Ces pratiques sont une tentative de « christianisation » des pratiques religieuses traditionnelles. Elles tournent autour de l'argent et de la promesse de bénédiction et de protection pour ceux qui les acceptent. Elles doivent être rejetées et remises en question en faveur du « véritable message de l'Évangile » (Col 1.5-6).

En tant que pasteur pentecôtiste, vous ne devez jamais oublier que vous tenez entre vos mains la destinée éternelle de ceux à qui vous rendez service. Par conséquent, vous devez considérer avec soin ce que vous faites et enseignez. Si vous n'enseignez pas la vérité et vous abandonnez à l'enseignement du mensonge, les gens seront égarés, l'église sera endommagée et vous serez jugé par Dieu.

Résultats des faux enseignements et des fausses prophéties

Il y a cinq façons dont le faux enseignement nuit à l'église :

1. Le faux enseignement favorise l'impiété. La vérité sanctifie les chrétiens et les incite à vivre pieusement (Jn 17.17). En revanche, les fausses doctrines corrompent l'esprit et le cœur, et elles encouragent l'immoralité (1 Co 15.33).

2. Le faux enseignement produit des dirigeants impies. La vérité produit des leaders serviteurs pieux ; par contre, le faux enseignement produit des leaders impies et dictatoriaux. Le vrai leader chrétien « attaché à la vraie parole telle qu'elle a été enseignée, afin d'être capable d'exhorter selon la saine doctrine et de réfuter les contradicteurs » (Tit 1.9).

Chapitre 27 : Garder le troupeau

3. Le faux enseignement asservit les gens. La vérité rend les gens libres (Jn 8.32). Les hérésies, par contre, asservissent les gens (Ga 4.9). Paul a exhorté les Galates : « C'est pour la liberté que Christ nous a affranchis. Demeurez donc fermes, et ne vous laissez pas mettre de nouveau sous le joug de la servitude » (Ga 5.1).

4. Les faux enseignements produisent des chrétiens faibles. Les chrétiens à qui l'on enseigne de fausses doctrines et des hérésies ne grandissent pas dans la grâce. Ils restent des nourrissons spirituels. Même si l'église grandit en nombre, elle reste faible et inefficace.

5. Les faux enseignements conduisent au jugement et à la destruction. La Bible parle des « personnes ignorantes et mal affermies [qui] tordent le sens, comme celui des autres Écritures, pour leur propre ruine » (2 Pi 3.16).

LA GARDE DU TROUPEAU

En tant que berger du troupeau de Dieu, vous devez constamment veiller sur les brebis. Vous devez même être prêt à donner votre vie pour elles (Jn 10.11 ; cf. 1 S 17.34-35). Voici cinq façons dont vous devez, en tant que pasteur pentecôtiste fidèle, monter la garde pour le peuple de Dieu :

En priant pour les brebis

Premièrement, vous devez souvent vous agenouiller devant le Père au nom de la congrégation. En faisant cela, vous recevrez de lui la force et la sagesse dont vous avez besoin pour prendre soin du troupeau et le protéger. En outre, vos prières garantiront que la main protectrice de Dieu reste sur son peuple.

En faisant preuve de discernement spirituel

Deuxièmement, vous devez faire preuve de discernement spirituel. La Bible met en garde contre « les esprits séducteurs et à des doctrines de démons » (1 Ti 4.1). Vous devez donc demander à Dieu le don de discernement des esprits pour vous aider à découvrir tout enseignement ou toute manifestation spirituelle qui ne vient pas de Dieu. Ce don spirituel vous permettra de savoir si quelqu'un dans l'église agit sous l'influence du Saint-Esprit ou d'un esprit démoniaque.[1]

En enseignant une doctrine saine

Troisièmement, vous devez prêcher et enseigner fidèlement la saine doctrine (2 Ti 4.2 ; Tit 1.9). Cette pratique renforcera les brebis et les immunisera contre les faux enseignements. Elle contribuera à les maintenir sur le chemin de la pureté (Ps 119.9-11).

En identifiant les faux prophètes et les faux enseignants

Quatrièmement, vous devez alerter l'église sur les faux prophètes et les faux enseignants. La Bible parle de trois façons d'identifier ces loups déguisés en brebis :

1. Leurs prophéties ne s'accomplissent pas. Si leurs prophéties ne s'accomplissent pas, ils n'ont pas entendu Dieu. Ils sont de faux prophètes (Jé 28.9).

2. Ils détournent les gens de la vérité. Même si leurs prophéties se réalisent, s'ils détournent les gens du vrai message de l'Évangile, ils sont de faux prophètes (De 13.1-3 ; Ga 1.6-9).

3. Ils mènent une vie impie. Même si leurs prophéties se réalisent et qu'ils accomplissent des signes miraculeux, s'ils mènent une vie impie, ils sont de faux prophètes (2 Pi 2.10-15). Jésus a prévenu : « C'est à leur fruit que vous les reconnaîtrez » (Mt 7.15-16 ; cf. v. 22-23).

En tant que berger fidèle, vous devez protéger les brebis des prédateurs, et comme le Seigneur le fait avec vous, vous devez les guider sur les bons chemins (Ps 23.3).

En exposant les faux enseignements

Enfin, vous devez protéger le troupeau de Dieu en identifiant et en corrigeant les faux enseignements et les fausses prophéties dans l'église. Paul a écrit : « Ne méprisez pas les prophéties. » Cependant, il a rapidement ajouté : « Mais examinez toutes choses ; retenez ce qui est bon ; abstenez-vous de toute espèce de mal » (1 Th 5.20-22). Par conséquent, en tant que

---

[1] Pour en savoir plus sur les dons spirituels, voir l'annexe 2 : « Les dons de manifestation de 1 Corinthiens 12.8-10 ».

Chapitre 27 : Garder le troupeau

berger du troupeau de Dieu, vous devrez rester constamment conscient de ce qui est enseigné dans l'église. Il y a trois façons de le faire :

1. En surveillant ce qui est enseigné. Les faux enseignements peuvent parfois se glisser dans l'église par le biais de petits groupes ou d'études bibliques. La personne responsable d'un groupe commence à enseigner quelque chose qu'elle a entendu ou lu. En peu de temps, l'hérésie se répand dans l'église. Par conséquent, vous devez surveiller de près ce qui est enseigné dans les classes de l'école du dimanche, les classes de baptême, les groupes cellulaires, les groupes de discussion à domicile et les autres groupes pour vous assurer que la vérité est enseignée.

2. En étant conscient de ce que les gens écoutent. Aujourd'hui, les ondes sont inondées de toutes sortes d'enseignements et de prédications. Nos concitoyens écoutent ces hommes et ces femmes. Alors que de nombreux prédicateurs médiatiques répandent fidèlement la bonne nouvelle, certains enseignent l'erreur. Vous devez être conscient de ce que les gens écoutent afin de pouvoir les orienter vers la vérité de la Parole de Dieu.

3. En étant le « gardien de la porte ». En tant que pasteur, vous devez être le gardien de la porte de votre église. En d'autres termes, vous devez contrôler soigneusement qui vous autorisez à parler à la congrégation. Peu importe la célébrité ou le charisme d'un prédicateur, s'il n'est pas une personne de très haute moralité, ou s'il s'est éloigné de la vérité, vous ne devez pas le laisser monter dans votre chaire.

Le pasteur pentecôtiste qui garde fidèlement le troupeau de Dieu apportera la bénédiction à l'église et à lui-même. Les brebis s'épanouiront sous la protection de leur berger, et elles deviendront des disciples matures du Christ. Le berger sera également béni. Il ou elle sera récompensé(e) par la satisfaction de savoir qu'il ou elle a été un bon et fidèle serviteur.

Pierre a parlé de la récompense du berger fidèle : « Paissez le troupeau de Dieu qui est sous votre garde, non par contrainte, mais volontairement, selon Dieu ; non pour un gain sordide, mais avec dévouement ; non comme dominant sur ceux qui vous sont échus en partage, mais en étant les modèles du troupeau. Et lorsque le souverain pasteur paraîtra, vous obtiendrez la couronne incorruptible de la gloire » (1 Pi 5.2-4).

Partie 6 : Le pasteur pentecôtiste comme berger

~ Partie 7 ~

Le pasteur pentecôtiste comme leader

Partie 7 : Le pasteur pentecôtiste comme leader

~ Chapitre 28 ~

Leadership pentecôtiste

Paul et son équipe missionnaire ont quitté la Galatie en direction de l'ouest, dans la province d'Asie. Cependant, le Saint-Esprit les a empêchés de continuer dans cette direction. Ils ont donc décidé de se diriger vers le nord, dans la province de Bithynie. De nouveau, l'Esprit les en empêche. Alors, une fois de plus, ils se tournent vers l'ouest. Ils finirent par arriver à Troas, une ville située sur la côte nord-ouest de la mer Égée. Là, quelque chose d'extraordinaire se produisit.

Pendant la nuit, le Saint-Esprit a donné une vision à Paul. Dans la vision, l'apôtre a vu un homme de Macédoine debout qui le suppliait : « Passe en Macédoine et secours-nous » (Ac 16.9). Lorsque Paul a fait part de sa vision à son équipe, tous ont reconnu qu'elle venait du Seigneur. Luc explique : « Après cette vision de Paul, nous cherchâmes aussitôt à nous rendre en Macédoine, concluant que le Seigneur nous appelait à y annoncer la bonne nouvelle » (v. 10). (D'autres exemples de Paul conduit par l'Esprit se trouvent dans les Actes 13.1-5, 15.28 et 20.22.)

Paul est un bon exemple de leader pentecôtiste. Il a dirigé les autres en permettant d'abord au Saint-Esprit de le diriger. En faisant cela, il suivait l'exemple de Jésus, qui lui-même exerçait son ministère sous l'onction et la direction du Saint-Esprit (Lu 4.1 ; Jn 5.19 ; Ac 10.38).

Ce chapitre traite du leadership pentecôtiste. Il présentera un modèle de leadership basé sur les méthodes de Jésus et des apôtres. Tout d'abord, il

Partie 7 : Le pasteur pentecôtiste comme leader

définira ce que signifie être un leader pentecôtiste. Ensuite, il abordera certaines des qualités et des activités des leaders pentecôtistes authentiques.

DÉFINIR LE LEADERSHIP PENTECÔTISTE

S'il est vrai que les pasteurs pentecôtistes emploient beaucoup des mêmes méthodes de leadership que les pasteurs non pentecôtistes, il existe néanmoins des différences importantes. L'approche du pasteur pentecôtiste en matière de leadership est fortement influencée par son expérience de l'Esprit. Leur compréhension unique de la façon dont l'Esprit agit dans leur vie et dans celle des autres affecte profondément leur façon de diriger.

Un dirigeant pentecôtiste est un homme ou une femme, choisi par Dieu, qui a été rempli de l'Esprit et qui recherche consciemment la sagesse et la direction de l'Esprit. Son objectif est d'influencer un groupe spécifique du peuple de Dieu afin qu'il remplisse fidèlement et efficacement le rôle que Dieu lui a confié pour faire avancer sa mission sur la terre. Décomposons cette définition en ses quatre composantes.

Appelé par Dieu

Premièrement, un dirigeant véritablement pentecôtiste a été appelé par Dieu à diriger son peuple. De ce fait, il ou elle s'identifie étroitement à Paul, qui s'est décrit comme « un serviteur de Jésus-Christ, appelé à être apôtre et mis à part pour l'Évangile de Dieu » (Ro 1.1).

Rempli de l'Esprit

Ensuite, le leader pentecôtiste a été rempli de l'Esprit et cherche à vivre sa vie « selon l'Esprit » (Ga 5.25). Ils prennent au sérieux le commandement du Christ de « rester dans la ville jusqu'à ce que vous soyez revêtus de la puissance d'en haut » (Lu 24.49), et l'instruction de Paul de « se laisser remplir de l'Esprit » (Ep 5.18).

Cherche la direction de Dieu

Troisièmement, le leader Pentecôtiste cherche de manière proactive à être guidé par l'Esprit dans tout ce qu'il fait. Il comprend que son principal devoir est d'accomplir la volonté de Dieu telle qu'elle est révélée dans les Écritures et par le Saint-Esprit. Le leader pentecôtiste authentique passera donc beaucoup de temps à étudier la Bible et à prier.

Influence le peuple de Dieu

Enfin, le leader pentecôtiste cherche à influencer un groupe spécifique du peuple de Dieu - tel qu'une église nationale ou locale - afin qu'il remplisse fidèlement et efficacement le rôle que Dieu lui a confié pour faire avancer la mission de Dieu sur la terre.

LES QUALITÉS DU LEADER PENTECÔTISTE

Qu'est-ce qui qualifie un homme ou une femme pour être un dirigeant pentecôtiste ? Au minimum, le leader pentecôtiste authentique doit être né de l'Esprit, rempli de l'Esprit et capable de conduire les autres dans la marche sous l'influence de l'Esprit. Il doit être capable de discerner la voix de l'Esprit et être compétent dans le ministère des dons spirituels. Il doit comprendre et être engagé dans la mission de Dieu. Et il doit être prêt à donner sa vie pour la cause du Christ, si un tel sacrifice est nécessaire.

En tant que dirigeant pentecôtiste, votre vie et votre ministère doivent être marqués par six qualités essentielles :

Intégrité

Par-dessus tout, vous devez vous efforcer de mener une vie pieuse, qui honore le Christ. Dans l'œuvre de Dieu, rien n'est plus important. Malheureusement, beaucoup trop d'églises et d'organisations pentecôtistes sont envahies par des hommes et des femmes corrompus qui, en raison de leur forte personnalité, ont atteint le statut de célébrité dans le mouvement. Ces « loups déguisés en vêtements de brebis » font honte à l'Église (Mt 7.15).

La Bible parle de telles personnes impies. Par exemple, Paul a mis en garde les anciens d'Éphèse contre les « loups cruels » qui viendraient ravager le troupeau de Dieu (Ac 20.29). Dans le même message, il leur a rappelé comment il les avait conduits avec intégrité. « Je n'ai désiré ni l'argent, ni l'or, ni les vêtements de personne », dit-il (Ac 20.33). De la même manière, il a rappelé aux Thessaloniciens sa conduite pieuse parmi eux, en disant : « Vous êtes témoins, et Dieu l'est aussi, que nous avons eu envers vous qui croyez une conduite sainte, juste et irréprochable » (1 Th 2.10). Paul n'a pas seulement dirigé avec autorité et exercé son ministère avec puissance, il a vécu avec une intégrité pieuse. Nous devons faire de même aujourd'hui.

Partie 7 : Le pasteur pentecôtiste comme leader

Compréhension

Deuxièmement, en tant que pasteur pentecôtiste, vous devez comprendre clairement les responsabilités que Dieu vous a confiées. Vous devez servir fidèlement le Christ et son Église en conduisant le peuple de Dieu pour faire avancer sa mission dans la puissance du Saint-Esprit. Vous pouvez acquérir cette compréhension à partir de deux sources : la Parole de Dieu et l'Esprit de Dieu. En étudiant fidèlement les Écritures, vous parviendrez à comprendre la mission de Dieu de racheter les nations. En priant et en étant attentif à la voix de Dieu, vous comprendrez votre rôle unique dans l'accomplissement de cette mission.

Jésus a clairement compris sa place dans le plan rédempteur de Dieu. Il a souvent parlé de sa mission (Mc 10.45 ; Jn 6.38 ; 18.37). Il a déclaré : « Car le Fils de l'homme est venu chercher et sauver les perdus » (Lu 19.10). De la même manière, Paul a compris son rôle unique dans l'œuvre de Dieu. Il a écrit : « Et pour lequel j'ai été établi prédicateur et apôtre… chargé d'instruire les païens dans la foi et la vérité » (1 Ti 2.7).

Par la prière quotidienne et l'étude de la Bible, vous pouvez, comme Jésus et Paul, acquérir une meilleure compréhension de la mission de Dieu et de votre rôle personnel dans l'accomplissement de cette mission.[1]

Engagement

Troisièmement, en tant que leader pentecôtiste, vous devez non seulement comprendre la mission de Dieu, mais aussi vous engager pleinement à faire votre part pour remplir cette mission. La mission de Dieu, parfois appelée *missio Dei,* est son but et son œuvre dans le monde en relation avec l'humanité déchue. Il agit par l'intermédiaire de son Église pour appeler à lui un peuple de toute tribu, langue et nation de la terre (Ap 5.9 ; 7.9).

Alors que les pensées des autres peuvent s'éloigner de la mission, votre attention doit rester concentrée sur l'accomplissement de la volonté de Dieu. Toutes vos pensées et actions doivent aller dans le sens de la mission de Dieu. En tant que leader pentecôtiste, vous devez saisir l'image globale - le plan rédempteur de Dieu pour les nations. Vous devez également

---

[1] Pour en savoir plus sur la mission de Dieu, voir le manuel de la Série Découverte d'Africa's Hope, *Une théologie biblique des missions,* de Paul York.

308

comprendre la place de votre église dans ce grand plan. Ensuite, vous devez résolument faire avancer l'église dans cette direction.[2]

Onction

Quatrièmement, en tant que leader pentecôtiste, vous devez chérir l'onction de l'Esprit, et vous devez vous efforcer de maintenir l'influence de l'Esprit sur votre vie par la prière engagée, une vie sainte, et un service humble. Vous devez compter fortement sur le Saint-Esprit pour vous oindre, vous rendre capable et vous guider dans le ministère. Et vous devez prendre au sérieux les paroles d'adieu du Maître à ses disciples, quand il leur a ordonné de ne pas commencer leurs ministères avant d'avoir été habilités par le Saint-Esprit (Ac 1.4-5 ; cf. Lu 24.49).

Humilité

Cinquièmement, en tant que véritable leader pentecôtiste, vous devez vous considérer comme un serviteur de Dieu et de son peuple. Vous devez chercher à suivre l'exemple de votre Seigneur, qui s'est humilié et s'est fait serviteur, jusqu'à mourir sur la croix (Ph 2.7-8). Et vous devez garder à l'esprit les paroles de Jésus : « Mais quiconque veut être grand parmi vous, qu'il soit votre serviteur ; et quiconque veut être le premier parmi vous, qu'il soit l'esclave de tous. Car le Fils de l'homme est venu, non pour être servi, mais pour servir et donner sa vie comme la rançon de plusieurs » (Mc 10.43-45).

Ce type de leadership est connu sous le nom de leadership serviteur. A l'inverse, le dirigeant qui s'exalte et cherche à exploiter le peuple de Dieu ne pourra jamais être appelé un véritable dirigeant pentecôtiste. Ce sont plutôt des « loups déguisés en vêtements de brebis » (Mt 7.15-16 ; Ac 20.29-30). La Bible nous dit : « Éloigne-toi de ces hommes-là » (2 Ti 3.5).[3]

Compétence

Enfin, en tant que véritable leader pentecôtiste, vous devez vous efforcer d'être compétent. Vous devez comprendre que, bien qu'il soit

---

[2] Pour en savoir plus sur la manière de conduire l'église dans la mission de Dieu, voir le chapitre 31 : « Le leadership missionnaire ».
[3] Pour plus d'informations sur le leadership serviteur, voir le chapitre 29 : « Leadership serviteur ».

essentiel d'être une bonne personne, cela ne suffit pas. Les Africains sont connus pour être bons, humbles et hospitaliers. Pour être un bon leader, cependant, vous devrez développer certaines compétences. Ces compétences comprennent la capacité d'enseigner, de donner une vision, de motiver les autres et d'organiser le travail.

En outre, vous devez comprendre que, en fin de compte, la capacité de leadership vient de Dieu. Paul en était parfaitement conscient. Il a expliqué aux Corinthiens : « Ce n'est pas à dire que nous soyons par nous-mêmes capables de concevoir quelque chose comme venant de nous-mêmes. Notre capacité, au contraire, vient de Dieu. Il nous a aussi rendus capables d'être ministres... de l'esprit » (2 Co 3.5-6). En tant que leader pentecôtiste, vous devez constamment vous tourner vers Dieu pour obtenir cette compétence.

ACTIVITÉS DU LEADER PENTECÔTISTE

Le pasteur pentecôtiste ne doit pas être comme le pasteur que l'on voyait courir derrière sa congrégation en criant : « Attendez-moi, je suis votre chef ! » Au contraire, il doit aller devant les gens, en leur demandant de les suivre. Il doit être comme Jésus, qui a fait signe à ses disciples : « Suivez-moi, et je vous ferai pêcheurs d'hommes. » La Bible nous dit : « Aussitôt, ils laissèrent leurs filets et le suivirent » (Mc 1.17-18).

En tant que pasteur pentecôtiste, le Christ vous a désigné pour lancer des programmes et des stratégies inspirés par l'Esprit dans l'église. Vous devez ensuite inspirer le peuple de Dieu à vous suivre dans cette tâche. En même temps, en tant que leader pieux, vous devez être un suiveur dévoué. Vous devez suivre fidèlement l'Esprit de Dieu. Et vous devez vous soumettre humblement à ceux que l'Esprit a placés au-dessus de vous. Vous devez conduire votre église à accomplir la mission de Dieu de trois manières importantes :

Donner la vision

Tout d'abord, vous devez diriger votre peuple en lui donnant une vision d'un avenir privilégié pour l'église. En d'autres termes, vous devez les aider à envisager le merveilleux avenir que Dieu a prévu pour eux. Ensuite, vous devez les inciter à aller dans cette direction. Vous faites cela avec vos paroles, vos actions et vos attitudes, c'est-à-dire avec ce que vous dites, ce que vous faites et la façon dont vous vous présentez aux gens.

Chapitre 28 : Leadership pentecôtiste

Votre vision inspirée par Dieu doit vous consumer au point que vous ne pouvez pas la laisser partir. En conséquence, vous parlerez constamment de cette vision. Votre passion jaillira de votre vie et touchera les gens, les amenant à partager la vision. En tant que leader pentecôtiste authentique, vous ne devez jamais promouvoir votre propre vision de l'avenir. Vous devez plutôt promouvoir la vision de Dieu telle qu'elle est révélée dans sa Parole et par son Esprit.

La Bible nous dit : « Quand il n'y a pas de vision, le peuple est incontrôlable » (Pr 29.18). Ou, comme le dit une traduction : « Là où il n'y a pas de vision prophétique, le peuple se décourage. » Un tel découragement aboutit souvent à l'égocentrisme, au déclin et finalement à la destruction. Cependant, une vision bien communiquée amènera le peuple à comprendre cinq choses :

1. *Qui ils sont.* Ils sont le peuple missionnaire de Dieu, mandaté par l'Esprit et chargé par le Christ d'exécuter ses ordres sur la terre.

2. *Où ils doivent aller.* Ils doivent avancer ensemble pour accomplir la mission de Dieu en gagnant les perdus, en implantant de nouvelles églises et en participant à l'envoi de missionnaires dans les nations.

3. *Ce qu'ils doivent faire.* Ils doivent être revêtus de la puissance du Saint-Esprit et s'engager à faire leur part dans l'accomplissement de sa mission.

4. *Comment ils doivent le faire.* Le pasteur doit formuler un plan ou un programme spécifique sur la manière d'accomplir le travail. Il ou elle doit ensuite montrer aux gens comment ils peuvent s'engager dans ce travail.

5. *Comment ils doivent commencer.* Le pasteur pentecôtiste efficace assignera des tâches individuelles pour aider les gens à bien commencer.

Malheureusement, de nombreux rêves donnés par Dieu meurent dans le cœur du pasteur. Vous, cependant, ne devez pas laisser cela se produire. Vous devez fidèlement présenter la vision d'un avenir privilégié pour l'église. Vous devez vous tenir droit et dire avec confiance aux gens : « Voici le chemin, marchez-y » (Es 30.21).[4]

Superviser

Deuxièmement, entre la découverte de l'endroit où Dieu veut que votre église soit et l'arrivée à cette destination, il y a un chemin que vous devez parcourir. En tant que représentant de Dieu, vous devez guider l'église sur ce chemin. Non seulement vous devez donner une vision de l'avenir préféré de Dieu, mais vous devez superviser la réalisation de cette vision.

C'est ce que Jésus a fait. Il a défini la vision, puis a mis en œuvre une stratégie pour la réaliser. Sa stratégie consistait à appeler des hommes et des femmes à ses côtés, à les former, à leur confier des missions, à leur donner des moyens d'action, puis à les déployer dans leur travail. En tant que leader pentecôtiste, vous devez faire de même. Vous pouvez le faire par une planification, une mobilisation et une supervision inspirées par l'Esprit.

Ainsi, en tant que pasteur pentecôtiste, vous ne devez pas seulement inspirer votre peuple, vous devez aussi superviser le travail (1 Ti 3.1-2 ; Tit 1.7). En tant que surveillant, vous devez organiser l'église pour une mission menée par l'Esprit. Vous devez gérer les tactiques et les activités nécessaires à l'exécution du plan. Ces activités comprennent le recrutement, la planification, la formation et l'envoi d'ouvriers sur le terrain. Dans tout cela, vous devez vous tourner vers le Saint-Esprit pour qu'il vous éclaire et vous guide.

Perpétuation

Enfin, en tant que leader du peuple de Dieu, vous avez la responsabilité d'étendre et de perpétuer la vision missionnaire de l'église. Vous devez le faire en suscitant d'autres leaders pentecôtistes visionnaires. Si cela n'est pas fait, la vision mourra et la mission échouera. Il est triste de constater que tant de ministères ordonnés par Dieu sont morts avec leurs fondateurs parce que ces hommes et ces femmes n'ont pas su insuffler la vision aux autres.

Jésus, cependant, était sérieux quant à la transmission de sa vision aux autres. Peu après le début de son ministère, il a commencé à appeler des

---

[4] Pour en savoir plus sur l'élaboration d'une vision, voir le chapitre 30 : « Le leadership visionnaire ».

Chapitre 28 : Leadership pentecôtiste

disciples. La Bible dit : « Il en désigna douze pour les avoir avec lui et pour les envoyer prêcher » (Mc 3.14 ; cf. 1.16-17 ; 2.13-14 ; 3.13-19). Ces hommes devaient poursuivre l'œuvre après son départ. Il les a donc formés, leur a donné les moyens d'agir et les a envoyés « faire de toutes les nations des disciples » (Mt 28.19). En d'autres termes, Jésus attendait d'eux qu'ils fassent avec les autres ce qu'il avait fait avec eux.

Paul a suivi l'exemple de Jésus. Il n'a pas exercé son ministère missionnaire seul, mais a invité d'autres personnes à se joindre à lui. Il les a ensuite encadrés et formés, tout comme Jésus l'avait fait avec ses disciples. Les disciples de Paul comprenaient Jean Marc, Timothée, Tite, Luc et d'autres. Paul a demandé à Timothée de faire avec les autres ce qu'il avait fait avec lui. « Les choses que tu m'as entendu dire », écrivait-il à son fils dans la foi, « confie-les à des personnes fiables qui seront également capables de les enseigner à d'autres autres » (2 Ti 2.2). Si nous voulons perpétuer la vision chez les autres, nous devons suivre les traces de Jésus et de Paul.

Paul admonestait les croyants de Thessalonique : « Vous savez vous-mêmes comment il faut nous imiter », car, disait-il, « nous avons voulu vous donner en nous-mêmes un modèle à imiter » (2 Th 3.7, 9). Si nous voulons vraiment perpétuer la vision des missions pentecôtistes aujourd'hui, comme Paul, nous devons être le genre de personne que les autres voudront imiter. C'est-à-dire que nous devons être des personnes honorables, intègres et visionnaires.

En tant que leader désigné par Dieu d'une église locale, vous devez être le meilleur leader que vous pouvez être. En tant que pasteur pentecôtiste fidèle, vous devez travailler dur pour développer les compétences de leadership nécessaires pour remplir ce rôle.

Partie 7 : Le pasteur pentecôtiste comme leader

~ Chapitre 29 ~

Leadership serviteur

Un jour, un groupe de disciples de Jésus lui a posé une question. Ils lui demandèrent : « Qui donc est le plus grand dans le royaume des cieux ? » (Mt 18.1). Ces disciples avaient discuté de cette question entre eux (cf. Mt 20.20-28 ; Mc 9.33-37 ; 10.35-45 ; Lu 22.24-27). Certains d'entre eux étaient ambitieux et voulaient devenir des leaders parmi les disciples.

Connaissant leur cœur, Jésus a appelé un petit enfant pour qu'il vienne se placer au milieu d'eux. Il dit alors à ses disciples : « Je vous le dis en vérité, si vous ne vous convertissez et si vous ne devenez comme les petits enfants, vous n'entrerez pas dans le royaume des cieux. C'est pourquoi, quiconque se rendra humble comme ce petit enfant sera le plus grand dans le royaume des cieux » (Mt 18.3-4). En une autre occasion, Jésus a expliqué : « Vous savez que les chefs des nations les tyrannisent, et que les grands les asservissent. Il n'en sera pas de même au milieu de vous. Mais quiconque veut être grand parmi vous, qu'il soit votre serviteur » (Mt 20.25-27).

Jésus parlait du type de leadership qu'il exigerait dans son Église nouvellement formée. On attendrait des leaders de son Église qu'ils dirigent d'une manière très différente de celle des leaders du monde. Plutôt que d'être servis, ces nouveaux leaders doivent servir les autres. Plutôt que de régner sur le peuple, ils s'occuperaient avec amour de ceux qu'ils dirigent. Ce type de leadership est connu sous le nom de leadership serviteur. C'est le type de leadership que Dieu exige des pasteurs pentecôtistes en Afrique aujourd'hui.

Partie 7 : Le pasteur pentecôtiste comme leader

DÉFINITION DU LEADERSHIP SERVITEUR

Le leadership est la capacité d'influencer les gens pour qu'ils agissent d'une certaine manière ou se dirigent dans une certaine direction. Pour le pasteur pentecôtiste, le leadership est la capacité donnée par Dieu d'influencer le peuple de Dieu pour qu'il cherche d'abord le royaume de Dieu (Mt 6.33). C'est la capacité d'inspirer le peuple de Dieu pour qu'il remplisse son rôle ordonné par Dieu dans l'avancement de la mission de Dieu sur la terre.

Comme tous les leaders, les leaders serviteurs sont préoccupés par la mission. Cependant, les leaders serviteurs sont également préoccupés par la croissance et le bien-être des personnes qu'ils dirigent. Ils servent le peuple de Dieu avec humilité et compassion, et s'efforcent d'influencer par l'amour plutôt que par la coercition.

L'état d'esprit du leader serviteur est à l'opposé de la « mentalité de chef » souvent observée en Afrique. Le chef impie dirige par l'intimidation ; le leader serviteur dirige par l'amour et la compassion. Le chef exige l'obéissance ; le leader serviteur inspire la confiance. Le chef exploite le peuple ; le leader serviteur cherche à le bénir.

Jésus aurait pu régner comme un chef, mais il a choisi de diriger comme un serviteur (Mt 20.28). À tout moment, Jésus aurait pu ordonner à des légions d'anges d'exécuter sa volonté (26.53). Mais il a choisi de s'humilier et de se soumettre à la volonté de son Père (26.39, 42). Son sacrifice sur la croix est l'exemple ultime de ce que signifie être un leader serviteur. Comme leur Seigneur, les vrais pasteurs pentecôtistes sont des leaders serviteurs. Plutôt que d'exploiter leurs disciples, ils les servent avec joie et amour.

Le royaume de Dieu a été décrit comme un « royaume à l'envers ». Cela s'explique par le fait que le leadership dans le royaume de Dieu fonctionne différemment du leadership dans le système du monde. Dans les organisations du monde, on attend du dirigeant qu'il soit au sommet. Il ou elle contrôle les autres et reçoit la plupart de la gloire et des avantages. En revanche, dans le royaume de Dieu, le dirigeant est celui qui se trouve en bas de l'échelle. Il ou elle s'efforce de servir et de bénir les autres.

Chapitre 29 : Leadership serviteur

CARACTÉRISTIQUES D'UN LEADER SERVITEUR

Six caractéristiques devraient se retrouver chez tout pasteur pentecôtiste qui veut être un leader serviteur :

Humilité

Premièrement, en tant que leader serviteur, le pasteur pentecôtiste doit diriger avec humilité. Il ou elle ne doit pas perdre de temps à rechercher la reconnaissance personnelle ou le pouvoir. Il doit plutôt suivre l'exemple de Jean-Baptiste, qui a dit de Jésus : « Il faut qu'il croisse, et que je diminue » (Jn 3.30). Et ils doivent se souvenir des paroles de leur Seigneur : « Le plus grand parmi vous sera votre serviteur. Quiconque s'élèvera sera abaissé, et quiconque s'abaissera sera élevé » (Mt 23.11-12).

Il existe une tendance troublante chez certains pasteurs africains à s'attribuer des titres élevés. Jésus a mis en garde contre cette pratique. Il a dit à ses disciples : « Mais vous, ne vous faites pas appeler Rabbi ; car un seul est votre Maître, et vous êtes tous frères. Et n'appelez personne sur la terre votre père, car un seul est votre père, le Père céleste. Ne vous faites pas appeler docteurs, car un seul est votre docteur, le Christ. Le plus grand parmi vous sera votre serviteur » (Mt 23.8-11). Les hommes et les femmes à l'esprit étroit recherchent souvent les grands titres. Les vrais grands leaders, en revanche, se contentent d'être considérés comme des serviteurs du Christ.

La nuit précédant sa crucifixion, Jésus a rencontré ses disciples dans une chambre haute de Jérusalem. Là, il leur a donné une leçon sur le leadership des serviteurs. Après avoir terminé le repas de la Pâque, le Sauveur s'est levé, a enlevé ses vêtements de dessus et a enroulé une serviette autour de sa taille. Il remplit ensuite un bassin d'eau et commence à laver les pieds de ses disciples. Lorsqu'il eut terminé, il leur demanda : « Comprenez-vous ce que j'ai fait pour vous ? »

Jésus leur explique alors : « Vous, vous m'appelez Maître et Seigneur, et vous avez raison, car je le suis. Si donc je vous ai lavé les pieds, moi, le Seigneur et le Maître, vous aussi vous devez vous laver les pieds les uns aux autres ; car je vous ai donné l'exemple, afin que, vous aussi, vous fassiez comme moi j'ai fait pour vous » (Jn 13.13-15). Jésus enseignait à ses disciples que les plus grands dirigeants de son royaume sont ceux qui assument la position du plus petit serviteur de la maison.

Partie 7 : Le pasteur pentecôtiste comme leader

En tant que pasteur pentecôtiste, vous devez donc résister fermement aux influences corruptrices du pouvoir et de l'orgueil. En tant que véritable leader serviteur, vous ne devez jamais chercher à exploiter le peuple de Dieu. Au contraire, vous devez chercher à le servir et à le bénir.

Empathie

Deuxièmement, en tant que véritable leader serviteur, le pasteur pentecôtiste doit faire preuve d'empathie envers ceux qu'il a été appelé à diriger. Faire preuve d'empathie envers quelqu'un, c'est s'identifier étroitement à lui et partager ses sentiments, ses blessures et ses joies. La Bible dit que Jésus est notre Grand Prêtre qui est capable de « compatir à nos faiblesses » (Hé 4.15). Il a éprouvé de l'empathie pour Marie et Marthe lorsqu'il a pleuré avec elles sur la tombe de Lazare (Jn 11.35). Comme Jésus, en tant que leader serviteur, vous devez apprendre à « vous réjouir avec ceux qui se réjouissent » et à « pleurer avec ceux qui pleurent » (Ro 12.15).

Transparence

Troisièmement, en tant que leader serviteur, le pasteur pentecôtiste doit s'efforcer d'être transparent dans ses relations avec les gens. Cela signifie qu'il n'essaie pas de cacher sa véritable personnalité aux autres. Il ne fait pas semblant d'être ce qu'il n'est pas. Paul a rappelé aux Corinthiens sa propre transparence. « Dans nos relations avec vous », écrit-il, « nous nous sommes conduits dans le monde, et surtout à votre égard, avec sainteté et pureté » (2 Co 1.12). Plus tard, il a ajouté : « Nous vous avons parlé librement, Corinthiens, notre cœur s'est largement ouvert » (2 Co 6.11).

Une telle transparence ouvrira les lignes de communication entre vous et les membres de votre église. Les gens commenceront à vous voir comme une personne honnête et crédible. Par conséquent, ils seront encouragés à vous faire confiance et à se confier à vous. Et ils seront heureux de suivre votre leadership.

Confiance

Quatrièmement, en tant que leader serviteur, le pasteur pentecôtiste fera confiance au peuple de Dieu. Il ou elle croit que le même Saint-Esprit qui les habite, leur donne des pouvoirs et les guide, habite, donne des pouvoirs et guide leurs membres. Pour cette raison, le pasteur pentecôtiste est capable de faire confiance au peuple de Dieu, et il est prêt à lui déléguer son

Chapitre 29 : Leadership serviteur

ministère. C'est ce que Jésus a fait avec ses douze disciples (Jn 20.21). Et c'est ce que Paul a fait avec Timothée (2 Ti 2.2). Au lieu d'essayer d'accomplir dix tâches, le pasteur efficace donnera à dix membres les moyens d'accomplir ces tâches.

Par conséquent, en tant que leader serviteur fidèle, vous devez prendre note des dons de Dieu chez les autres. Et vous devez passer du temps avec eux, les habiliter et les former à faire le travail. Au fur et à mesure que ces leaders émergents développent leur compréhension et leurs capacités, vous voudrez leur déléguer de plus en plus de responsabilités. Et vous devez leur donner l'autorité dont ils auront besoin pour remplir efficacement leurs nouveaux rôles.

Un grand leader ne se sent pas menacé par le succès des autres. Au contraire, sa plus grande joie est de susciter d'autres personnes qui participeront à l'accomplissement de la mission.

Communication

Cinquièmement, en tant que leader serviteur, le pasteur pentecôtiste doit apprendre à bien communiquer avec ceux qu'il dirige. Une bonne communication implique à la fois de parler avec sagesse et d'écouter avec perspicacité. La Bible exhorte : « Que votre parole soit toujours accompagnée de grâce, assaisonnée de sel » (Col 4.6). Elle nous demande également d'être « prompts [ou prêts] à écouter » (Ja 1.19). Par conséquent, en tant que leader serviteur efficace, vous devez investir beaucoup de temps et d'énergie pour devenir un communicateur efficace.

Onction

Enfin, en tant que leader serviteur, le pasteur pentecôtiste doit rechercher l'onction du Saint-Esprit. Il ou elle doit s'assurer que les autres leaders de la congrégation font de même. L'onction est reçue lorsqu'on est baptisé du Saint-Esprit comme l'ont été les disciples le jour de la Pentecôte (Ac 2.4). Elle est maintenue en marchant dans l'Esprit (Ga 5.25).

Jésus est l'exemple suprême de ce qu'est le leadership serviteur consacré par l'Esprit. Au début de son ministère, Jésus a annoncé que le Saint-Esprit l'avait oint pour servir les autres en répondant à leurs besoins (Lu 4.18-19). Pierre a décrit le ministère de serviteur de Jésus comme suit :

Partie 7 : Le pasteur pentecôtiste comme leader

« Il allait de lieu en lieu, faisant du bien et guérissant tous ceux qui étaient sous l'emprise du diable, parce que Dieu était avec lui » (Ac 10.38).

Comme Jésus, nous ne devrions jamais essayer d'accomplir l'œuvre de Dieu par nos propres forces ou capacités. Nous devons plutôt compter sur la puissance et l'onction de l'Esprit (Lu 24.49 ; Ac 1.8).

EXEMPLES DE LEADERS SERVITEURS

La Bible contient de nombreux exemples de leaders serviteurs. Examinons quatre de ces exemples. Deux se trouvent dans l'Ancien Testament et deux dans le Nouveau Testament.

Moïse : ministère délégué

Moïse est un bon exemple de leader serviteur qui était assez humble pour déléguer son ministère à d'autres. Dieu a conféré à Moïse une grande autorité en le choisissant pour diriger son peuple (Ex 3.1-10). Dieu a souvent parlé avec Moïse « face à face, comme un homme parle à son ami » (33.11). Et Dieu s'est servi de Moïse pour accomplir de grands signes et des prodiges parmi le peuple (4.21 ; Ac 7.36). Cependant, Moïse n'est pas devenu orgueilleux. Au contraire, il a choisi de diriger le peuple de Dieu avec humilité (No 12.3).

La Bible raconte comment le beau-père de Moïse lui a conseillé d'accomplir son travail (Ex 18.13-27). Lorsque Jéthro a vu Moïse faire tout le travail lui-même, il a dit à son gendre : « Ce que tu fais n'est pas bien.... La tâche est trop lourde pour toi ; tu ne pourras pas l'accomplir tout seul » (v. 17-18). Moïse a suivi le conseil de Jéthro et a délégué une grande partie du travail à des hommes de confiance. En conséquence, Moïse a été soulagé, le travail a prospéré et le peuple a été béni.

David : promeut les autres

Un autre bon exemple de leader serviteur est le roi David. Dieu l'a décrit comme « un homme selon mon cœur » (Ac 13.22 ; cf. 1 S 13.14). Parce que David était en sécurité dans sa position de roi et de serviteur du peuple de Dieu, il était capable d'investir du temps et de l'énergie dans l'édification des autres.

En tant que leader serviteur humble, David ne craignait pas le succès des autres comme le faisait son prédécesseur, Saül. David s'est entouré avec

Chapitre 29 : Leadership serviteur

confiance de ceux dont les exploits rivalisaient avec les siens (1 Ch 11.10-47). Et il a honoré ceux qui ont servi sous ses ordres, les encourageant à réussir (v. 17-19, 25). Dieu s'est servi de la volonté de David de promouvoir les autres pour assurer son succès et pour bénir ceux qui ont servi sous ses ordres.

Paul : mentor pieux

Un troisième exemple de leader serviteur humble est l'apôtre Paul. Bien que Dieu l'ait choisi pour être apôtre, il se considérait comme un simple serviteur du Christ (Ro 1.1 ; Tit 1.1). Paul s'est décrit un jour comme « le plus petit des apôtres » (1 Co 1.9). Il a lui-même été mentoré par Barnabas (Ac 9.26-27 ; 11.25-26). À son tour, il a été le mentor d'autres personnes avec diligence. Ses lettres révèlent comment il cherchait constamment à édifier les autres.

Deux des plus grandes réussites de Paul ont été Timothée et Tite. Il a encadré Timothée (Ac 16.1-5) et, avec le temps, il a fait confiance à son « fils dans la foi » pour diriger l'église d'Éphèse (1 Ti 1.2-3). Il a également encadré Tite et l'a chargé de diriger les églises de Crète (Tit 1.5). Si l'apôtre n'avait pas pris la peine de mentorer Timothée, Tite et d'autres, son influence et son travail auraient été grandement diminués.

Jésus-Christ : l'exemple suprême

Le Seigneur Jésus-Christ est l'exemple suprême du leadership serviteur. Il a enseigné que les vrais leaders du royaume servent les autres de manière désintéressée (Lu 22.24-27). Puis, il a démontré ce concept dans sa propre vie et son ministère. Parlant de lui-même, Jésus a dit : « Le Fils de l'homme n'est pas venu pour être servi, mais pour servir et donner sa vie en rançon pour la multitude » (Mc 10.45). Paul a décrit le style de leadership de serviteur de Jésus comme suit :

« Ayez en vous les sentiments qui étaient en Jésus-Christ, lequel, existant en forme de Dieu, n'a point regardé comme une proie à arracher d'être égal avec Dieu, mais s'est dépouillé lui-même, en prenant une forme de serviteur, en devenant semblable aux hommes ; et ayant paru comme un simple homme, il s'est humilié lui-même, se rendant obéissant jusqu'à la mort, même jusqu'à la mort de la croix. » (Ph 2.5-8)

Partie 7 : Le pasteur pentecôtiste comme leader

Paul a ainsi exhorté tous les chrétiens, y compris les dirigeants chrétiens, « Ne faites rien par esprit de parti ou par vaine gloire, mais que l'humilité vous fasse regarder les autres comme étant au-dessus de vous-mêmes. Que chacun de vous, au lieu de considérer ses propres intérêts, considère aussi ceux des autres » (Ph 2.3-4).

DOMAINES DU LEADERSHIP SERVITEUR

L'attitude de leader serviteur doit se manifester dans trois domaines de la vie et du ministère du pasteur pentecôtiste : à la maison, dans l'église et dans la communauté.

Le leader serviteur à la maison

En tant que pasteur pentecôtiste, votre premier domaine de leadership serviteur est votre foyer. Avant de servir votre congrégation, vous devez servir fidèlement votre épouse et vos enfants. Paul a dit du surveillant, ou pasteur : « Il faut qu'il dirige bien sa propre maison, et qu'il tienne ses enfants dans la soumission et dans une parfaite honnêteté » (1 Ti 3.4). Paul a ensuite ajouté : « Car si quelqu'un ne sait pas diriger sa propre maison, comment prendra-t-il soin de l'Église de Dieu ? » (v. 5).

Ainsi, en tant que pasteur pentecôtiste, vous devez être conscient que votre premier domaine de leadership serviteur est votre famille. Vous devez être prêt à vous humilier et à bien servir votre épouse et vos enfants. En un sens, votre famille est votre « première église », et l'église que vous dirigez est votre « église annexe ». L'attitude avec laquelle vous servez votre famille sera inévitablement l'attitude avec laquelle vous servez votre église. Vous devez être un leader serviteur pour les deux.

Le leadership serviteur dans l'église

Votre deuxième domaine de leadership serviteur est l'église. Vous devez vous considérer comme le don de Christ à l'église (Ep 4.11-12). De plus, vous devez réaliser que Christ vous a appelé à guider le peuple de Dieu. Pierre a écrit aux anciens : « Paissez le troupeau de Dieu qui est sous votre garde, non par contrainte, mais volontairement, selon Dieu ; non pour un gain sordide, mais avec dévouement ; non comme dominant sur ceux qui vous sont échus en partage, mais en étant les modèles du troupeau » (1 Pi 5.2-3).

Chapitre 29 : Leadership serviteur

En tant que véritable leader serviteur, vous devez paître le troupeau de Dieu en le nourrissant de la Parole de Dieu, en fortifiant les personnes faibles et affaiblies, et en priant pour ceux qui sont malades et affligés. Vous devez également protéger les brebis des prédateurs (Ac 20.28-31). En outre, vous devez être un exemple de service pieux en montrant au peuple de Dieu comment prendre soin les uns des autres, et en les incitant à faire de même.[1]

Le leadership au service de la communauté

En tant que pasteur pentecôtiste, votre troisième domaine de leadership serviteur est votre communauté. Vous devez donc vous considérer, non seulement comme le berger de votre famille et de l'église que vous dirigez, mais aussi comme le berger du village ou de la communauté dans laquelle vous résidez. Jésus a enseigné que nous devons être le « sel de la terre » et la « lumière du monde » (Mt 5.13-16). Par conséquent, vous devez vous identifier étroitement aux habitants de votre communauté, prier pour eux, les servir et partager fidèlement l'amour du Christ avec eux.[2]

Jésus a établi la norme du leadership serviteur dans l'Église. Il a dit à ses disciples : « Car le Fils de l'homme n'est pas venu pour être servi, mais pour servir et donner sa vie en rançon pour plusieurs » (Mc 10.45). Le pasteur pentecôtiste doit suivre les traces de son Seigneur. Et il doit être toujours attentif à ses paroles : « Si quelqu'un veut être le premier, il sera le dernier de tous et le serviteur de tous » (9.35).

---

[1] Pour en savoir plus sur le fait de paître le peuple de Dieu, voir le chapitre 24 : « Prendre soin des brebis » et le chapitre 27 : « Garder le troupeau ».
[2] Pour en savoir plus sur l'attention portée à sa communauté, voir le chapitre 38 : « Servir la communauté ».

Partie 7 : Le pasteur pentecôtiste comme leader

~ Chapitre 30 ~

Leadership visionnaire

Après de nombreuses prières et d'un examen de conscience, le pasteur Emmanuel a senti que Dieu l'appelait à quitter son église confortable de la capitale et à emmener sa famille dans l'intérieur du pays, dans les forêts denses. Là, il devait lancer un mouvement d'implantation d'églises. Le pasteur se souvient : « C'était la province la moins évangélisée de mon pays, mais c'était là que Dieu voulait que ma famille et moi allions. » Il était certain que Dieu avait placé cette vision dans son cœur.

Le Saint-Esprit a dirigé le pasteur Emmanuel vers un certain village. Bien que l'endroit soit stratégiquement situé, il était connu pour être imprégné de sorcellerie. Dès leur arrivée, le pasteur et sa femme ont reçu des menaces de la part des sorciers locaux. Le couple a néanmoins persévéré, annonçant fidèlement l'Évangile à tous ceux qui voulaient bien l'écouter. Les gens ont été sauvés et remplis de l'Esprit, et l'église a commencé à grandir et à mûrir.

Le pasteur Emmanuel partageait souvent avec ses membres sa vision de lancer un mouvement d'implantation d'églises sous l'impulsion de l'Esprit. Bientôt, d'autres ont commencé à saisir la vision, et avec le temps, des leaders ont commencé à émerger, que le pasteur Emmanuel a formés au ministère. Il emmenait souvent ces leaders émergents avec lui pour évangéliser et établir des églises dans les environs. Au fil des ans, ils ont

Partie 7 : Le pasteur pentecôtiste comme leader

implanté de nombreuses églises. Ils ont même formé des missionnaires et les ont envoyés implanter des églises parmi les tribus non atteintes au nord. Aujourd'hui, l'église du pasteur Emmanuel est florissante. Les gens ont embrassé leur objectif et se sont tellement identifiés à la vision de leur pasteur qu'ils continuent à implanter de nouvelles églises dans la région. Le pasteur Emmanuel incarne vraiment ce que signifie être un leader visionnaire.

Pour conduire une église dans une mission efficace, un pasteur pentecôtiste doit comprendre clairement le but de Dieu pour l'église. Il doit également avoir une vision claire de la manière dont son église doit participer à la réalisation de ce dessein. Lorsque le pasteur présente une vision claire de la direction que doit prendre l'église, les gens sont inspirés à la suivre. Lorsqu'il ou elle n'a pas une telle vision, l'église vacille (cf. Pr 29.18). Ce chapitre traite de la nécessité d'une vision pour diriger un corps local de croyants.

DÉFINITION DU LEADERSHIP VISIONNAIRE

Un leader pastoral visionnaire est un homme ou une femme qui conduit le peuple de Dieu de là où il est à là où Dieu veut qu'il soit. Ces leaders guidés par l'Esprit sont capables de voir au-delà du présent, vers l'avenir. Ils sont capables d'évaluer avec précision la condition actuelle de l'église, en comprenant ses forces et ses faiblesses. Et ils sont capables de voir ce que l'église peut et doit devenir. Ils sont en outre capables de tracer une voie à suivre pour que l'église atteigne ses objectifs inspirés par Dieu. Enfin, le leader pentecôtiste visionnaire est capable d'inspirer l'église à aller audacieusement de l'avant pour atteindre ces objectifs.

CARACTÉRISTIQUES DES LEADERS VISIONNAIRES

Examinons huit caractéristiques des leaders visionnaires telles que révélées dans les Écritures :

Conduit par l'Esprit

Premièrement, un leader véritablement visionnaire est guidé par l'Esprit. Avant qu'un pasteur pentecôtiste puisse conduire son église vers les desseins de Dieu, il doit lui-même être rempli du Saint-Esprit et être capable de suivre sa direction (cf. Ga 5.25). Ils doivent être prêts à abandonner leurs propres plans pour poursuivre avec passion les plans de Dieu.

Rempli de foi

Deuxièmement, les leaders visionnaires sont remplis de foi. Ils possèdent la capacité de croire Dieu et de lui faire confiance face aux difficultés et aux circonstances négatives (Hé 11.1-37).

Authentique

Troisièmement, les leaders visionnaires offrent un modèle authentique que l'église peut suivre (Ph 3.17). Ils ont un passé fidèle de ministère éprouvé, ce qui atteste de leur droit à diriger l'église. Ils personnifient vraiment la manière dont Dieu s'attend à ce que l'église réponde à sa vision donnée par Dieu.

Orienté vers l'avenir

Quatrièmement, les leaders visionnaires sont tournés vers l'avenir. Leur esprit est fixé, non pas sur les réalisations d'hier, mais sur les opportunités de demain. Paul a illustré ce trait de caractère lorsqu'il a déclaré : « Je fais une chose : oubliant ce qui est en arrière et me portant vers ce qui est en avant » (Ph 3.13).

Prophétique et pratique

Cinquièmement, les leaders visionnaires sont, en même temps, à la fois prophétiques et pratiques. Ils sont prophétiques parce qu'ils voient ce qui peut être accompli. Ils sont pratiques parce qu'ils réalisent ce qui doit être fait pour atteindre l'objectif. Tout en envisageant l'avenir, un leader visionnaire doit être capable de conduire l'église de manière pragmatique à travers les défis du présent.

Digne de confiance

Sixièmement, les leaders visionnaires sont dignes de confiance. Ils ont fait preuve de fiabilité dans le passé. Pour cette raison, le peuple de Dieu est prêt à les suivre dans l'avenir.

Partie 7 : Le pasteur pentecôtiste comme leader

Influent

Septièmement, les leaders visionnaires sont influents. Ils ont la capacité, donnée par Dieu, d'inspirer les autres à agir. Ils possèdent les dons et les compétences nécessaires pour influencer positivement les attitudes, les choix et les actions des autres.

Courageux

Enfin, les leaders visionnaires sont courageux. Ils sont assez audacieux pour se lancer dans un avenir incertain. Lorsque le pasteur Emmanuel a quitté la familiarité et le confort de la capitale, il ne savait pas ce qui l'attendait. Cependant, il a courageusement conduit sa famille vers l'inconnu, faisant confiance à Dieu pour répondre à leurs besoins.

EXEMPLES DE LEADERS VISIONNAIRES

À bien des égards, la Bible est l'histoire d'hommes et de femmes que Dieu a suscités et oints comme des leaders visionnaires. Ces leaders sont des exemples des caractéristiques de leadership mentionnées ci-dessus. Les six hommes suivants sont typiques de ces leaders :

Abraham : une vision pleine de foi

Abraham était un leader visionnaire et plein de foi. Par la foi, il a regardé vers l'avenir et a vu « la cité qui a de solides fondements, celle dont Dieu est l'architecte et le constructeur » (Hé 11.10). Puis, par la foi, il a conduit sa famille vers une terre inconnue, croyant que Dieu accomplirait la promesse qu'il lui avait faite (Hé 11.8). Ce faisant, il est devenu le « père de tous ceux qui croient » (Ro 4.11).

Joseph : perspective prophétique

Joseph a dirigé grâce à sa perspicacité prophétique. Dieu lui a permis de comprendre la signification du rêve de Pharaon (Ge 41.15-24). Joseph a ensuite offert au roi des conseils pratiques sur la façon dont il devait répondre à cette vision prophétique (v. 25-36). En conséquence, de nombreuses personnes ont été sauvées de la famine. Pharaon a vu l'Esprit de Dieu en Joseph et l'a promu à un poste de leadership élevé, juste après Pharaon lui-même (v. 37-44).

Chapitre 30 : Leadership visionnaire

Josué et Caleb : une vision courageuse

La vision courageuse de Josué et Caleb leur a permis d'aller de l'avant dans la foi alors que d'autres se retiraient dans la peur (No 14.6-9). Plutôt que de s'abandonner à leurs peurs, Josué et Caleb ont choisi de mettre leur foi en Dieu. Lorsque le peuple a refusé de suivre leur exemple, ils sont restés fidèles à leur engagement et ont maintenu la vision vivante pendant quarante ans, préparant la génération suivante à entrer dans la Terre promise.

Néhémie : l'unicité du but

Néhémie a conduit le peuple de Dieu à reconstruire les murs de Jérusalem avec un objectif unique. Il l'a fait en dépit d'une forte opposition. Il était soutenu par sa vision de ce qui pouvait être accompli si le peuple de Dieu restait concentré sur la tâche qu'il lui avait confiée.

Aggée : attitude désintéressée

L'attitude désintéressée d'Aggée a inspiré le peuple de Dieu à se détourner de ses préoccupations égoïstes et à donner la priorité à l'œuvre de Dieu. Il leur a demandé de cesser d'investir toutes leurs ressources dans la construction de leurs propres maisons. Ils devaient plutôt s'investir dans la construction de la maison de Dieu. Le prophète a dit au peuple de Dieu que, s'ils avançaient ensemble dans un but unifié, l'œuvre serait achevée.

Jésus : notre ultime exemple

Notre Seigneur Jésus-Christ est l'exemple ultime d'un leader visionnaire. Il a clairement compris pourquoi il était venu, où il allait, et ce qu'il devait faire pour y arriver. Il est l'exemple parfait de celui qui a vu le chemin à suivre et qui s'est pleinement engagé à le suivre (cf. Hé 12.2). Il a ensuite enrôlé, formé et inspiré d'autres personnes pour qu'elles se joignent à lui dans cette tâche.

Paul : vision missionnaire

Après Jésus, Paul est le plus grand leader missionnaire de tous les temps. Paul était animé d'une vision céleste, celle de porter l'Évangile aux nations païennes. Il a transmis sa vision aux autres et leur a donné un modèle reproductible pour l'évangélisation, l'implantation d'églises et les missions. Vers la fin de son ministère, Paul a pu témoigner : « Je n'ai pas désobéi à la vision céleste » (Ac 26.19).

Partie 7 : Le pasteur pentecôtiste comme leader

DYNAMIQUE DU LEADERSHIP

Pour devenir un leader véritablement visionnaire, vous devez avoir une compréhension de base de la dynamique du leadership. Et vous devez avoir une idée claire de ce à quoi ressemble le leadership visionnaire dans la pratique.

Mission et vision

Pour commencer, vous devez comprendre la relation entre la mission et la vision. Dans le royaume de Dieu, la vision découle de la mission, et non l'inverse. La mission de l'Église a déjà été décidée par Dieu. La mission de Dieu, parfois appelée *missio Dei,* consiste à racheter et à appeler à lui un peuple de toute tribu, langue et nation sur la terre avant le retour du Christ. Jésus en a parlé dans sa Grande Commission : « Allez, faites de toutes les nations des disciples, baptisez-les au nom du Père, du Fils et du Saint-Esprit, et enseignez-leur à observer tout ce que je vous ai prescrit » (Mt 28.18-20 ; cf. Mc 16.15-18 ; Lu 24.49 ; Jn 20.21 ; Ac 1.8). L'Église existe pour accomplir la mission de Dieu.[1]

Le Christ a chargé chaque pasteur et chaque église pentecôtiste de participer pleinement à sa mission. Il a ordonné que chaque église devienne une église missionnaire. En tant que telle, elle doit s'engager activement dans l'évangélisation, la formation de disciples et l'implantation d'églises. En outre, chaque église pentecôtiste doit cultiver la vision de lever et d'envoyer des missionnaires et d'autres travailleurs chrétiens. Elle doit en outre s'engager à soutenir ces travailleurs par ses prières et ses finances.[2]

La vision est la perception inspirée par l'Esprit qu'une congrégation a de son rôle dans l'accomplissement de la mission de Dieu. Elle est de nature prophétique, se concentrant non seulement sur les tâches d'aujourd'hui mais aussi sur les opportunités de demain. La vision comble le fossé entre ce qu'est une église aujourd'hui et ce que Dieu veut qu'elle devienne demain. Il s'agit d'une image mentale inspirée par l'Esprit de ce que l'église, avec l'aide de Dieu, peut devenir.

---

[1] Pour en savoir plus sur la vision missionnaire, voir le chapitre 31 : « Le leadership missionnaire ».

[2] Pour en savoir plus sur la mobilisation de votre église pour la mission, voir le chapitre 40 : « Développer un programme missionnaire pour l'église locale ».

Chapitre 30 : Leadership visionnaire

Lorsque vous et l'église que vous dirigez commencez à embrasser la mission de Dieu, Dieu vous donnera une vision de ce qu'il veut que vous accomplissiez. Cette vision inspirée par Dieu s'alignera toujours sur la mission de Dieu, comme décrit ci-dessus. C'est pourquoi il est si important que vous ayez une compréhension claire de la mission de Dieu et de la manière dont cette mission est liée à l'objectif missionnaire de l'église locale.[3] De la mission découle la vision, de la vision découlent les objectifs, et des objectifs découle l'action.

Cultiver la vision

Tout comme un champ doit être cultivé pour produire une bonne récolte, la vision doit être cultivée pour produire une récolte de stratégies divinement inspirées. Vous pouvez cultiver la vision dans votre propre cœur et dans l'église que vous dirigez en employant trois stratégies, comme suit :

1. La lecture réfléchie de la Bible. Tout d'abord, vous pouvez cultiver la vision dans votre propre cœur par la lecture réfléchie de la Bible. Vous pouvez lire dans la prière les histoires des grands leaders des Écritures que Dieu a utilisés pour faire avancer son royaume. Pendant votre lecture, posez-vous les questions suivantes :

- Quelle vision Dieu a-t-il placée dans le cœur de ce leader ?
- Comment ce dirigeant a-t-il appris à connaître la vision ?
- Comment a-t-il ou a-t-elle agi pour réaliser la vision ?
- Que me dit Dieu à travers cette histoire ?

Notez vos réponses dans un cahier et méditez-les dans votre cœur. Avec le temps, vous voudrez peut-être élaborer des sermons à partir de ces réflexions et les partager avec votre congrégation. De cette façon, vous et vos fidèles pourrez grandir ensemble dans votre compréhension de la mission de Dieu et du rôle de votre église dans l'accomplissement de cette mission.

2. L'attente de Dieu. Deuxièmement, vous pouvez cultiver la vision dans votre cœur en attendant Dieu dans la prière. Commencez par vous approcher de lui par des actions de grâces et des louanges sincères (Ja 4.8). Une fois que vous sentez la présence de Dieu, vous devriez prier :

« Seigneur, montre-moi ta volonté. Laisse-moi voir ton cœur. » Vous devez ensuite vous attarder dans la présence de Dieu, en priant dans l'Esprit et en écoutant sa voix (Ro 8.26-27 ; Ep 6.18).

Lorsque vous priez de cette manière, vous devriez prendre note des pensées ou des idées récurrentes que le Saint-Esprit place dans votre cœur ou votre esprit. Avec le temps, certaines de ces idées deviendront de plus en plus convaincantes. Elles peuvent finalement se transformer en un fardeau. Avec le fardeau viendra une compréhension profonde que Dieu conduit l'église dans une certaine direction (Es 30.21). Vous voudrez également guider la congrégation dans les moments où elle cherche à être dirigée par Dieu.

3. Observer les besoins. Enfin, vous pouvez cultiver la vision en observant dans la prière les besoins des gens dans votre communauté ou dans un autre lieu choisi (cf. Jn 4.35). Tout en regardant, demandez à Dieu de vous éclairer, en priant : « Seigneur, aide-moi à voir au-delà de la surface, jusqu'aux besoins intérieurs profonds des gens » (cf. 2 Co 4.18). Poursuivez en priant : « Seigneur, à quels besoins veux-tu que notre église réponde ? » Après avoir prié, restez tranquille et écoutez la réponse de Dieu.

Le rôle du Saint-Esprit

Nous vivons dans les derniers jours, lorsque Dieu déverse son Esprit sur tous les peuples (Ac 2.17-18). Dieu nous a donné son Esprit pour nous donner la force et nous guider dans l'œuvre. En tant que véritable leader pentecôtiste, vous devez rester dépendant de la direction de l'Esprit à tout moment. Bien que les techniques contemporaines de leadership et les stratégies de croissance de l'église aient leur place, vous ne devez jamais vous reposer trop lourdement sur ces approches conçues par l'homme. En tant que leader spirituel visionnaire, vous devez toujours rechercher les conseils de l'Esprit et suivre sa direction, en vous souvenant des paroles du prophète : « Ce n'est ni par la force ni par la puissance, mais c'est par mon Esprit, dit le Seigneur tout-puissant » (Za 4.6).

Communiquer la vision

Alors que la vision individuelle est essentielle, il ne suffit pas que vous ayez une vision et que vous la gardiez pour vous. Vous devez être capable de communiquer cette vision à l'église. Et vous devez le faire d'une manière qui inspirera et motivera le peuple de Dieu à la suivre. Une grande partie du

Chapitre 30 : Leadership visionnaire

travail de Jésus avec ses disciples consistait à leur communiquer une vision. Il partageait constamment sa vision avec eux et les mettait au défi de la suivre. De même, il est important que vous communiquiez votre vision à l'église et que vous demandiez aux membres de « suivre [votre] exemple, comme [vous] suivez l'exemple du Christ » (1 Co 11.1).

Pour cela, la vision doit inspirer l'imagination des gens. Elle doit être à la fois stimulante et réalisable. En d'autres termes, la vision ne doit pas être si vaste qu'elle submerge les gens. Elle ne doit pas non plus être si petite qu'elle ne les inspire pas. Si la vision est trop vaste pour que les gens puissent la saisir, le pasteur doit la décomposer en petits morceaux, avec des objectifs réalisables à court et à long terme.

Il est parfois judicieux de déployer la vision par étapes. Tout d'abord, vous pouvez partager la vision avec votre conjoint ou un cercle restreint d'amis et de dirigeants de confiance. Vous pourrez alors en discuter, prier à son sujet et recevoir un témoignage de l'Esprit vous indiquant que vous devez aller de l'avant. Ensuite, vous voudrez partager la vision avec le conseil et le personnel de l'église, afin d'obtenir leur adhésion. Il faut une équipe pour mettre en œuvre une vision. Il est donc essentiel que tous les membres de l'équipe soient à bord.

Lorsque le moment sera venu de partager la vision avec l'église, vous voudrez peut-être planifier un « dimanche de la vision ». Cet événement vous fournira une plateforme pour expliquer clairement la vision aux gens. Vous devez ensuite parler souvent de la vision et prêcher régulièrement à son sujet. Cette approche permettra d'implanter la vision dans le cœur des gens.

En outre, vous devez veiller à ce que l'ensemble de l'église se mobilise pour réaliser la vision. Vous devez encourager tout le monde à donner, aller, travailler, servir et se sacrifier pour que la vision se réalise. En cours de route, vous pouvez demander à certaines personnes de partager des témoignages sur la façon dont la vision se réalise. Ces témoignages aideront à inspirer les gens et à maintenir l'église sur la bonne voie.

Surmonter les obstacles

Vous ne devez pas être surpris lorsque la mise en œuvre de la vision est mise à l'épreuve. Toute église qui cherche à poursuivre la vision de Dieu rencontrera des obstacles et une opposition démoniaque. Paul a écrit aux

Partie 7 : Le pasteur pentecôtiste comme leader

chrétiens de Thessalonique, expliquant : « Aussi voulions-nous aller vers vous... mais Satan nous en a empêchés » (1 Th 2.18).

Une telle opposition ne pourra jamais arrêter définitivement le progrès de l'église. Il sera cependant nécessaire que vous et l'église vous accrochiez fermement à la vision. Si vous restez concentrés sur la vision que Dieu vous a donnée, il la réalisera. Jésus a promis : « Je bâtirai mon Église, et les portes du séjour des morts ne prévaudront point contre elle » (Mt 16.18).

Dans l'histoire racontée au début de ce chapitre, le pasteur Emmanuel a été fidèle à la vision que Dieu lui a donnée. Par son obéissance et sa foi, il a persévéré jusqu'à ce que la vision se réalise. La même chose peut être vraie pour vous. Si vous découvrez la vision de Dieu pour votre église, et si vous persévérez à travers les saisons de difficultés, vous aussi pouvez voir l'accomplissement de votre vision. Vous pouvez revendiquer avec confiance la promesse de Dieu à Habacuc : « Car c'est une prophétie dont le temps est déjà fixé, elle marche vers son terme, et elle ne mentira pas ; Si elle tarde, attends-la, car elle s'accomplira, elle s'accomplira certainement » (Ha 2.3).

~ Chapitre 31 ~

Leadership missionnaire

On jour, Jésus se promenait au bord de la mer de Galilée. Il y rencontra Pierre et André qui jetaient leurs filets dans la mer. Il leur dit : « Suivez-moi, et je vous ferai pêcheurs d'hommes. Aussitôt, ils laissèrent leurs filets, et le suivirent » (Mc 1.16-18). Les gens sont naturellement attirés par les leaders qui ont un sens aigu de la mission. Ils sont instinctivement poussés à les suivre, tout comme Pierre et André ont été poussés à suivre Jésus.

Ce chapitre se concentre sur le rôle du pasteur pentecôtiste en tant que leader missionnaire. Il abordera sa responsabilité de conduire son église à servir la mission de Dieu sur la terre. Nous verrons également comment ils peuvent inspirer les autres à les suivre dans cette grande cause.

LE PASTEUR MISSIONNAIRE

Jésus lui-même était un leader missionnaire, et il appelle le pasteur pentecôtiste à faire de même. Il recherche des hommes et des femmes ayant l'esprit, l'engagement et la foi nécessaires pour conduire son peuple en mission (cf. 2 Ch 16.9).

Qualités essentielles

Les leaders missionnaires savent où ils vont, et ils savent comment ils ont l'intention d'y arriver. Par conséquent, ils sont capables d'inspirer les autres à se joindre à eux dans ce voyage. Les pasteurs missionnaires possèdent trois qualités essentielles :

1. La compréhension. Les pasteurs missionnaires comprennent la mission de Dieu. Ils reconnaissent que Dieu est un Dieu missionnaire et qu'il est en mission pour racheter et appeler à lui un peuple de toutes les nations de la terre (Mt 24.14 ; Ap 5.9 ; 7.9). Ce concept est connu sous le nom de *missio Dei,* qui signifie en latin « mission de Dieu ». Le pasteur missionnaire comprend que l'Église existe pour accomplir la mission de Dieu sur la terre. Il ou elle comprend également que l'un de ses principaux rôles en tant que pasteur est de mobiliser l'église pour accomplir la mission de Dieu.[1]

2. L'engagement. Au-delà de la compréhension de la mission de Dieu, le pasteur pentecôtiste doit s'engager à conduire son église à participer pleinement à l'accomplissement de cette mission dans la puissance du Saint-Esprit. Il ou elle doit être prêt(e) à faire tout ce qui est nécessaire pour mener à bien cette grande responsabilité.

3. La compétence. Enfin, le pasteur pentecôtiste doit s'engager à développer les attitudes et les compétences nécessaires pour mobiliser l'église dans la poursuite de la mission de Dieu. Le véritable pasteur pentecôtiste est conscient qu'en fin de compte, sa compétence dans le ministère vient de Dieu par la puissance du Saint-Esprit (Ac 1.8 ; 2 Co 3.5-6).

L'exemple de Jésus

Jésus était le leader missionnaire par excellence. Il comprenait clairement pourquoi il était venu sur terre. Il a annoncé : « Car le Fils de l'homme est venu chercher et sauver ce qui étaient perdus » (Lu 19.10). A un autre endroit, il a déclaré : « Je suis descendu du ciel, non pour faire ma volonté, mais pour faire la volonté de celui qui m'a envoyé » (Jn 6.38). Jésus a un jour fait référence à sa mission comme étant sa « nourriture » (Jn 4.34). Tout comme la nourriture donne de l'énergie au corps et le nourrit, Jésus a été stimulé et nourri en faisant la volonté de son Père. Cet engagement l'a finalement conduit à la croix (Mt 20.28).

---

[1] Pour en savoir plus sur la mission de Dieu, consultez le manuel de la Série Découverte d'Africa's Hope, *Une théologie biblique des missions,* de Paul York.

Chapitre 31 : Leadership missionnaire

Avant de retourner au ciel, Jésus a transmis sa mission et son ministère à son Église. Il a dit à ses disciples : « Comme le Père m'a envoyé, je vous envoie » (Jn 20.21). Tout comme Jésus a trouvé sa mission dans la volonté de son Père, le pasteur pentecôtiste trouve sa mission dans la volonté du Christ. Et tout comme l'engagement de Jésus à faire la volonté de son Père l'a soutenu dans sa mission, la même volonté soutient le pasteur pentecôtiste dans sa mission (Mt 26.36-44 ; Mt 28.19-20 ; Jn 14.16).

Être avant de faire

En tant que pasteur pentecôtiste, il est essentiel que vous compreniez que le leadership missionnaire consiste davantage à être qu'à faire. Rappelez-vous, Jésus a promis à Pierre et André : « Suivez-moi, et *je ferai de vous* des pêcheurs d'hommes » (Mc 1.17, c'est nous qui soulignons). En suivant Jésus et en étant remplis de son Esprit, l'être même des disciples serait transformé. Ils *deviendront* comme leur Maître (Lu 6.40 ; Ac 4.13).

Non seulement l'Esprit leur permettrait d'exercer leur ministère avec puissance, mais il leur communiquerait la passion du Christ pour la moisson. Le Saint-Esprit les transformerait de telle sorte que toutes leurs ambitions, tous leurs désirs et tous leurs talents soient sous la domination du Christ. Ils rejoindraient le Christ dans l'accomplissement de la mission rédemptrice de Dieu. Une expérience spirituelle puissante, connue sous le nom de baptême du Saint-Esprit, constituerait le fondement de leur futur leadership missionnaire (Lu 3.16 ; Ac 1.4-5).[2]

Il peut en être de même pour nous aujourd'hui. Si nous permettons à l'Esprit de Dieu de nous remplir et de travailler en nous, il nous transformera à l'image du Christ (cf. 2 Co 3.18). Et il nous communiquera la même passion pour la moisson qui était en Jésus.

Devenir missionnaire

Le Seigneur Jésus a appelé des hommes et des femmes à le suivre et à poursuivre l'œuvre qu'il avait commencée. Il a ensuite investi son temps et son énergie pour les former et en faire des leaders missionnaires. Il l'a fait notamment en les envoyant en mission à court terme. Il les instruisait, les

---

[2] Pour en savoir plus sur le baptême du Saint-Esprit, voir les chapitres 10, 11 et 20.

Partie 7 : Le pasteur pentecôtiste comme leader

équipait, puis les envoyait (Lu 9.1-6 ; 10.1-16). À leur retour, ils lui ont fait un compte rendu de leur travail (10.17-20).

Les douze disciples de Jésus ne sont pas nés leaders. Ils n'étaient pas non plus naturellement tournés vers la mission. C'étaient des hommes ordinaires de la classe ouvrière. Cependant, ils étaient prêts à mettre leur vie entre les mains de Jésus pour être façonnés par lui. Par sa vie et son enseignement, Jésus leur a transmis sa vision globale. Il leur a ordonné : « Allez et faites de toutes les nations des disciples » (Mt 28.19). Il a en outre insisté pour qu'ils reçoivent la puissance du Saint-Esprit, comme il l'avait reçue (Lu 4.18-19 ; Ac 1.8).

Lors d'une des premières rencontres de Pierre avec le Seigneur, il s'est exclu lui-même comme chef possible. Il a supplié Jésus : « Éloigne-toi de moi, Seigneur ; je suis un homme pécheur ! » (Lu 5.8). Pierre se sentait disqualifié par la personne qu'il était. Cependant, Jésus connaissait le potentiel de Pierre. Il lui a donc répondu : « N'aie pas peur, désormais tu seras pêcheur d'hommes » (v. 10). En marchant avec Jésus, Pierre s'est transformé en un puissant leader missionnaire dont nous parlons dans le livre des Actes des Apôtres.

La Bible dit : « Jésus a nommé douze apôtres pour être avec lui et pour les envoyer prêcher » (Mc 3.14). En passant du temps avec Jésus, en écoutant ses enseignements et en observant ses actions, les disciples sont devenus semblables à leur Seigneur. Jésus les a façonnés en leaders missionnaires, chacun d'une manière unique pour une tâche unique. C'est parce qu'il a fait cela que l'Église qu'il a fondée perdure jusqu'à aujourd'hui. En tant qu'aspirants pasteurs pentecôtistes, nous ferions bien de passer du temps avec des leaders missionnaires efficaces. En suivant de près Jésus, et en nous associant à d'autres qui font de même, nous serons changés.

Le bâton du leadership nous a été transmis. Nous aussi, nous devons nous efforcer de devenir de véritables leaders missionnaires. Comme Jésus et les apôtres, nous devons travailler à la formation des autres. Paul a écrit à Timothée : « Toi donc, mon enfant, fortifie-toi dans la grâce qui est en Jésus-Christ. Et ce que tu as entendu de moi en présence de beaucoup de témoins, confie-le à des hommes fidèles, qui soient capables de l'enseigner aussi à d'autres » (2 Ti 2.1-2).

Chapitre 31 : Leadership missionnaire

AMBITION MISSIONNAIRE

L'action missionnaire naît de l'ambition missionnaire. Une ambition est un fort désir de réaliser quelque chose de significatif. Le Psalmiste a parlé de l'ambition de Dieu pour son Fils - et pour les nations. « Demande-moi », dit le Père au Fils, « et je ferai des nations ton héritage, des extrémités de la terre ta possession » (Ps 2.8). En tant que fils et filles de Dieu, nous pouvons rejoindre le Fils dans cette prière missionnaire. Cela créera en nous un fort désir de voir nos amis et nos voisins venir à Jésus. En même temps, cela créera en nous l'ambition de voir les nations atteintes par la bonne nouvelle du salut en Christ.

En tant que pasteur pentecôtiste, vous devez faire de l'ambition de Dieu la vôtre. C'est ce qu'a fait Abraham. Bien qu'il soit vieux et sans enfant, Dieu lui dit : « Regarde vers le ciel, et compte les étoiles.... Telle sera ta postérité » (Ge 15.5). Abraham a cru à la promesse de Dieu et a partagé son ambition. Grâce à son obéissance, il est devenu le père de tous ceux qui croient (Ro 4.11). Demandez à Dieu de vous communiquer sa passion pour les nations. Puis laissez cette passion vous pousser à mobiliser votre église pour qu'elle participe à la mission de Dieu.

ACTION MISSIONNAIRE

Si l'ambition missionnaire est essentielle, elle seule ne suffit pas. En tant que pasteur pentecôtiste, vous devez travailler à transformer l'ambition en réalité. Paul est un exemple de cette vérité. Il avait l'ambition de voir les païens se tourner vers le Christ (Ac 22.21 ; Ro 10.1). Cette ambition l'a poussé à travailler sans relâche pour leur salut. Il a témoigné : « J'ai travaillé plus qu'eux tous, non pas moi toutefois, mais la grâce de Dieu qui est avec moi » (1 Co 15.10). De la même manière, vous aussi devez transformer votre ambition missionnaire en action missionnaire. Vous devez vous efforcer de faire de votre église une église véritablement missionnaire.

Instiller la vision missionnaire

L'une des principales responsabilités de tout pasteur pentecôtiste est d'insuffler une passion pour les perdus dans le cœur du peuple de Dieu. Les gens doivent prendre conscience de la perte de ceux qui se trouvent en dehors des murs de leur église. Ils doivent également ressentir la perte de ces peuples non atteints qui vivent dans des endroits non atteints en Afrique et dans le monde entier. Pour que cela se produise, vous devrez prêcher, enseigner et donner l'exemple de la mission devant votre congrégation. Et vous devrez persévérer jusqu'à ce que chaque membre de l'église comprenne sa responsabilité de participer à la *missio Dei*.

La vision missionnaire est instillée dans le cœur du peuple de Dieu de deux manières : par l'Esprit de Dieu et par la Parole de Dieu. Il a fallu un puissant mouvement de l'Esprit et une parole opportune du Seigneur pour changer l'attitude de Pierre concernant les païens (Ac 10.9-16, 19-20). En tant que leader missionnaire, vous devez vous assurer que la même dynamique est présente dans votre église. Vous devez vous assurer que l'Esprit agit puissamment dans vos réunions, et vous devez vous efforcer de voir que chaque membre a été véritablement rempli de l'Esprit. Tout au long du processus, vous devez expliquer aux gens pourquoi l'Esprit de Dieu est à l'œuvre. En tant qu'Esprit missionnaire de Dieu, il les prépare à participer à la mission de Dieu.

En même temps, vous devez enseigner aux gens ce que la Bible dit de la mission de Dieu. Et vous devez leur montrer comment ils doivent répondre à l'Esprit et à la Parole. Ils doivent s'engager à prier avec zèle pour les perdus, à donner généreusement aux missions et à partager fidèlement la bonne nouvelle avec ceux qui les entourent. Enfin, vous devez les mettre au défi de s'engager dans la mission de Dieu.

En tant que véritable leader missionnaire, vous devez amener votre église à passer d'une attitude égocentrique à une attitude centrée sur les autres, à passer d'une attitude centrée sur ses propres désirs et besoins à une attitude centrée sur les besoins du monde perdu qui l'entoure. Ce voyage missionnaire exigera de votre part un sens aigu de l'intentionnalité. Il nécessitera également des ajustements dans les programmes de votre église et des changements dans l'objectif et le contenu de vos réunions.

Partager des histoires de missionnaires

Un moyen éprouvé de développer une église orientée vers la mission est de partager des histoires de missionnaires avec vos membres. Vous pouvez le faire en incorporant ces histoires dans votre prédication et votre enseignement. Beaucoup de ces histoires se trouvent dans la Bible. L'histoire de Jésus est la plus grande histoire missionnaire jamais racontée. Et le livre des Actes des Apôtres est rempli d'histoires missionnaires passionnantes. Vous pouvez également glaner des histoires en lisant des livres missionnaires et en écoutant les missionnaires parler. En outre, vous ne devez pas hésiter à partager vos propres histoires missionnaires avec la congrégation.

Programmer des réunions missionnaires

Vous voudrez également programmer régulièrement des missionnaires pour qu'ils viennent parler à votre église. Vous pouvez les inviter à venir pour une réunion spéciale de mission ou pour un week-end de sensibilisation aux missions. Lorsque les missionnaires viennent, vous ne devez pas oublier de couvrir leurs frais de déplacement. Et vous voudrez donner à la congrégation l'occasion de participer au ministère du missionnaire en recevant une offrande généreuse pour lui. L'église devrait également envisager de soutenir le missionnaire sur une base permanente.[3]

Créer des « cycles de succès »

Un autre moyen efficace d'inculquer une vision de la mission dans le cœur des gens est le recours aux « cycles de succès ». Cette idée vient de l'histoire de David. Avant de devenir roi d'Israël, il a mené un certain nombre de petites campagnes militaires couronnées de succès. Le peuple a honoré David en disant : « C'est toi qui as conduit Israël dans ses campagnes militaires » (2 Sa 5.2). Ou, plus littéralement, « c'était toi qui faisais sortir et qui faisais entrer Israël ». L'expression « conduit et fait entrer » évoque des cycles de succès et suggère l'idée de mener des missions à court terme, réalisables. Chaque succès encouragera le peuple à se fixer des objectifs successivement plus ambitieux.

Par exemple, dans un premier temps, vous pouvez planifier une campagne « priez pour vos voisins ». Obtenez les noms des voisins et laissez l'église prier pour eux. Lorsque les gens commenceront à goûter au succès, ils seront encouragés à sortir des murs de l'église. Les petites réussites ouvriront leur cœur à devenir encore plus missionnaires. Ils seront encouragés à aller au-delà d'eux-mêmes dans des cycles de succès toujours plus grands.

---

[3] Pour en savoir plus sur la mobilisation de votre église pour les missions, consultez le chapitre 40 : « Développer un programme missionnaire pour l'église locale ».

Partie 7 : Le pasteur pentecôtiste comme leader

Ces succès peuvent conduire à une augmentation du financement et de la formation des missions. Avec le temps, l'église peut déployer des équipes de mission à court terme dans d'autres villes et villages pour des campagnes d'évangélisation et d'implantation d'églises. Certains peuvent même être mobilisés pour se rendre dans d'autres pays afin d'aider les missionnaires ou d'y implanter des églises. Lorsque ces équipes feront leur rapport à l'église, les gens seront incités à participer davantage aux missions.

L'ÉQUIPE DES MISSIONS LOCALES

Rappelez-vous le vieil adage africain : « Si vous voulez aller vite, allez-y seul ; si vous voulez aller loin, allez-y ensemble. » Vous voudrez créer un comité de mission local, ou une équipe de mission, pour vous aider dans ce travail. Ces hommes et ces femmes visionnaires vous aideront à mobiliser l'église pour les missions.

Une église missionnaire peut être comparée à une équipe de football. Dans cette analogie, le pasteur n'est pas considéré comme le joueur vedette, mais comme l'entraîneur. Et l'équipe missionnaire est son équipe d'entraîneurs. Les membres de l'église ne sont pas les supporters dans les tribunes, mais les joueurs sur le terrain. Le travail du pasteur et de l'équipe missionnaire est de recruter les joueurs, de les former, de les inspirer et de les envoyer en équipe gagnante.

Avant de choisir les Douze, Jésus a passé la nuit en prière devant Dieu (Lu 6.12). De même, vous voudrez choisir votre équipe de mission dans la prière. Vous devez rechercher des personnes pleines de foi et du Saint-Esprit, des personnes ayant la bonne attitude et les compétences nécessaires pour bénir le travail. Vous voudrez ensuite rencontrer régulièrement l'équipe missionnaire pour prier et planifier. Ensemble, vous développerez les programmes d'évangélisation, d'implantation d'églises et de missions de l'église. Vous établirez des priorités stratégiques et développerez le budget des missions de l'église.

Alors que Jésus était sur le point de retourner au ciel, il a laissé à son Église un dernier ordre et une dernière promesse. Son commandement était le suivant : « Ne pas s'éloigner de Jérusalem, mais d'attendre ce que le Père avait promis, ce que je vous ai annoncé, leur dit-il ; car Jean a baptisé d'eau,

Chapitre 31 : Leadership missionnaire

mais vous, dans peu de jours, vous serez baptisés du Saint-Esprit » (Ac 1.4-5). Sa promesse était la suivante : « Mais vous recevrez une puissance, le Saint-Esprit survenant sur vous, et vous serez mes témoins à Jérusalem, dans toute la Judée, dans la Samarie, et jusqu'aux extrémités de la terre » (v. 8).

Par ces mots, Jésus rappelait à ses disciples que l'expérience qu'ils allaient bientôt vivre le jour de la Pentecôte serait étroitement liée à sa mission de rédemption des nations. Ainsi, par extension, être pentecôtiste signifie être missionnaire. Il s'ensuit que pour être un véritable pasteur pentecôtiste, il faut être un leader missionnaire zélé. En tant que leader missionnaire, le pasteur pentecôtiste a été désigné par le Christ pour conduire son Église dans une mission sous l'impulsion de l'Esprit, chez lui et jusqu'aux extrémités de la terre.

Partie 7 : Le pasteur pentecôtiste comme leader

~ Partie 8 ~

Le pasteur pentecôtiste en tant qu'administrateur

Partie 8 : Le pasteur pentecôtiste en tant qu'administrateur

~ Chapitre 32 ~

Gestion des dossiers, finances et propriétés

Jésus a raconté l'histoire d'un homme riche qui avait découvert que le gérant de ses propriétés dilapidait ses biens. Il fit venir le gérant infidèle et lui demanda de rendre compte de la manière dont il s'était occupé des affaires de son employeur (Lu 16.1-2).

La Bible enseigne que tout disciple du Christ est un gestionnaire des biens de Dieu. En effet, tout ce qu'il possède appartient en fait à Dieu (Ps 24.1 ; Ja 1.17). La Bible enseigne également que Dieu demandera un jour à chaque chrétien de rendre compte de la manière dont il a géré les biens de Dieu. Paul prévient : « Car il nous faut tous comparaître devant le tribunal de Christ, afin que chacun reçoive selon le bien ou le mal qu'il aura fait, étant dans son corps » (2 Co 5.10).

Ce même principe s'applique au pasteur pentecôtiste. Il doit être conscient du fait que l'église qu'il dirige appartient au Christ. Il ne fait que gérer l'église du Christ, et il aura un jour à répondre devant lui de la manière dont il a géré sa propriété.

Partie 8 : Le pasteur pentecôtiste en tant qu'administrateur

LE PASTEUR PENTECÔTISTE EN TANT QUE MANAGER

Paul a écrit aux chrétiens de Corinthe : « Ici, au reste, ce qui est requis dans des administrateurs, c'est qu'un homme soit trouvé fidèle » (1 Co 4.2). En tant que surveillant de l'église désigné par Dieu, le pasteur pentecôtiste doit gérer fidèlement et efficacement la maison de Dieu. Cela inclut les affaires spirituelles et temporelles de l'assemblée. Le pasteur doit veiller soigneusement sur les âmes des gens. En même temps, il ou elle doit gérer fidèlement les affaires de l'église. Cela inclut les registres, les finances et les propriétés de l'église.

En plus des dons d'apôtres, de prophètes, d'enseignants, de miracles et autres, Dieu a donné à l'Église le don de « direction », ou, comme certaines versions le traduisent, le don d'« administration », pour aider à construire le corps du Christ (1 Co 12.28). Paul a écrit qu'un surveillant gère la maison de Dieu « comme économe de Dieu » (Tit 1.7). Il est donc de la responsabilité du pasteur de bien gérer l'église de Dieu. Paul a dit à Tite que, entre autres choses, un surveillant doit être « irréprochable... droit... et discipliné » (v. 8). Chacun de ces traits est une caractéristique d'un bon gestionnaire.

Si les questions administratives abordées dans ce chapitre peuvent sembler banales pour certains, et éloignées de la vocation du pasteur pentecôtiste, elles sont néanmoins très importantes. La façon dont un pasteur gère ces questions peut grandement affecter son ministère pastoral. Les pasteurs pentecôtistes qui ne parviennent pas à bien gérer les affaires temporelles de l'église peuvent se disqualifier pour gérer ses affaires spirituelles. Pierre a averti : « Que chacun mette au service des autres le don qu'il a reçu de la grâce ; vous serez ainsi de bons intendants de la grâce si diverse de Dieu » (1 Pi 4.10).

Si l'église est plus qu'une entreprise, elle n'en est pas moins une entreprise. Dans une large mesure, le succès de toute entreprise dépend de la façon dont elle est organisée et gérée. Certains ont affirmé que puisque l'église est un organisme et non une organisation, elle n'a donc pas besoin de structure organisationnelle. Cette affirmation n'est qu'à moitié vraie. Il est vrai que l'église, en tant que corps du Christ, est un organisme vivant. Cependant, il est faux de dire qu'elle n'a pas besoin d'organisation. En fait, tout organisme vivant est par nature très organisé. Par exemple, dans un

Chapitre 32 : Gestion des dossiers, finances et propriétés

corps humain, la tête a sa place, tout comme le torse, les bras, les jambes, et ainsi de suite.

L'organisation est synonyme d'ordre, et elle implique un effort commun. Un camion plein de meubles peut être un atout précieux, mais il n'a guère d'utilité pratique tant qu'il n'est pas déchargé et les meubles placés dans une maison de manière ordonnée. De la même manière, pour qu'une église atteigne son plein potentiel, elle doit être soigneusement organisée.

Chaque pasteur pentecôtiste doit s'efforcer de développer ses compétences administratives. Et chaque église devrait avoir des systèmes efficaces en place pour guider ses affaires. Au fur et à mesure qu'une église se développe et grandit, sa structure organisationnelle devient plus complexe et ses systèmes d'archivage plus complets. Les trois responsabilités de gestion de chaque pasteur pentecôtiste sont (1) la tenue des registres de l'église, (2) la gestion des finances de l'église, et (3) l'entretien des propriétés de l'église. Le reste de ce chapitre traitera de ces responsabilités pastorales.

TENUE DES REGISTRES DE L'ÉGLISE

Le pasteur pentecôtiste efficace investira le temps et l'énergie nécessaires pour maintenir des registres d'église précis et à jour. Ces archives écrites profiteront au pasteur et à l'église d'au moins quatre façons importantes :

Tout d'abord, un système de tenue des dossiers bien organisé permettra au pasteur de trouver des informations essentielles en cas de besoin. Et comme les registres sont bien tenus, les données seront dignes de confiance.

Deuxièmement, des registres bien tenus peuvent aider le pasteur à gérer et à protéger les biens de l'église. Ils peuvent servir de preuve juridique des avoirs et des transactions financières de l'église. Par exemple, si quelqu'un conteste la propriété d'un terrain par l'église, le pasteur pourra rapidement produire l'acte de propriété et prouver ses dires.

Troisièmement, de bons registres fournissent au pasteur pentecôtiste les informations de base dont il a besoin pour prendre des décisions judicieuses sur l'avenir de l'église. Par exemple, en examinant les données de fréquentation des années passées, le pasteur peut projeter la croissance de l'église dans le futur. Cette information pourrait aider les dirigeants à

Partie 8 : Le pasteur pentecôtiste en tant qu'administrateur

prendre des décisions sur les besoins futurs en matière de bâtiments et de personnel. De la même manière, en examinant le nombre de mariages célébrés au cours des années précédentes, le pasteur peut estimer le nombre de mariages qu'il célébrera au cours de l'année à venir. Il ou elle peut ainsi utiliser les données du passé pour prédire les tendances pour l'avenir.

Quatrièmement, de bons registres permettent au pasteur et à l'église d'avoir un lien avec le passé. Ils aident à informer le pasteur et les membres de ce qui les a précédés. Ces archives historiques les aideront à apprécier leurs prédécesseurs et leur donneront un sentiment d'appartenance et de permanence.

Principes de bonne gestion des documents

Le temps viendra où l'on demandera à chaque pasteur de passer les rênes du leadership à un successeur. Le pasteur pentecôtiste fidèle préparera l'église à cet événement inévitable. L'une des façons d'y parvenir est de tenir des registres précis de l'église. Voici cinq principes de bonne tenue des registres :

1. *Exactitude.* Tous les registres et documents doivent être exacts. Ils doivent constituer un compte rendu fidèle de ce qui s'est passé.
2. *Organisation.* Les archives de l'église doivent être bien organisées. Elles doivent être classées en catégories logiques, permettant ainsi un accès efficace aux informations en cas de besoin.
3. *En temps utile.* Les dossiers doivent être tenus à jour et actualisés. Toutes les transactions financières doivent être enregistrées immédiatement. Les autres événements, tels que les dédicaces de bébés, les baptêmes et les mariages, doivent être enregistrés en temps utile.
4. *Complets.* Les registres de l'église doivent être complets. Tous les faits pertinents concernant un événement ou une transaction doivent être enregistrés.
5. *Sécurité.* Tous les dossiers doivent être conservés dans un endroit sûr, à l'abri des voleurs et des intempéries.

Procès-verbaux exacts

Le pasteur pentecôtiste doit s'assurer que des procès-verbaux précis sont conservés pour toutes les réunions officielles de l'église. Cela inclut les réunions mensuelles du conseil, les réunions annuelles de l'église et les réunions spéciales convoquées. Le procès-verbal de chaque réunion doit être conservé par le secrétaire désigné et présenté à la réunion suivante pour approbation. Une fois approuvé, il doit être signé par le secrétaire et le pasteur et placé dans les dossiers de l'église pour référence ultérieure.

Le registre des événements

Chaque pasteur pentecôtiste devrait tenir un registre des événements à jour. Ce registre comprendra un relevé des membres de l'église, des baptêmes d'eau, des mariages, des dédicaces de bébés et de la fréquentation de l'église, comme suit :

Membres de l'église. Le registre des événements de l'église doit inclure une liste des membres de l'église. Les noms complets de tous les nouveaux membres doivent être ajoutés à la liste lorsqu'ils sont officiellement reçus comme membres. La liste devrait également inclure la date à laquelle ils ont été reçus et tout autre commentaire pertinent concernant leur réception. Lorsqu'un membre décède ou quitte l'église, ces événements doivent être notés. Il est bon de délivrer un certificat ou une carte de membre aux nouveaux membres dans le cadre de leur cérémonie d'accueil. Les doubles doivent être conservés dans les dossiers de l'église.

Baptêmes d'eau. Le registre des événements doit également contenir une liste des personnes qui sont baptisées dans l'eau, avec la date de leur baptême et leur âge au moment du baptême. Un certificat de baptême doit être délivré à chaque candidat.

Mariages. Le registre des événements de l'église doit inclure un enregistrement de tous les mariages célébrés dans l'église. Ce registre doit inclure la date du mariage et les noms complets des mariés. Il doit également inclure le nom du (ou des) ministre(s) officiant la cérémonie, ainsi qu'une liste de toutes les autres personnes ayant officiellement participé à l'événement. Le pasteur peut également vouloir noter la date à laquelle le couple a officiellement annoncé ses fiançailles à la congrégation. Après la cérémonie de mariage, un certificat de mariage doit être présenté au couple. Le pasteur doit se conformer à toutes les lois civiles concernant les mariages.

Dédicaces de bébés. Le pasteur pentecôtiste doit également enregistrer toutes les dédicaces de bébés qui ont lieu dans l'église. Bien que les églises pentecôtistes ne baptisent pas les enfants, elles pratiquent la consécration des bébés. La consécration par Anne de son fils Samuel en est un bon exemple (1 S 1.21-28). Après la cérémonie de consécration, le pasteur doit inscrire le

Partie 8 : Le pasteur pentecôtiste en tant qu'administrateur

nom complet du bébé dans le registre des événements, ainsi que la date de naissance de l'enfant, le lieu de naissance et la date de la cérémonie. L'inscription devrait également inclure les noms du père et de la mère, l'adresse et les numéros de téléphone des parents, ainsi que d'autres observations pertinentes. Le pasteur devrait remettre un certificat de dédicace aux parents.

Fréquentation de l'église. Le pasteur doit également tenir un registre de la fréquentation hebdomadaire de l'église. Ce registre doit inclure la date et le nombre de personnes présentes à chaque cours de l'école du dimanche, au culte du dimanche matin, au culte du dimanche soir, ainsi qu'aux réunions pour enfants, pour jeunes et aux réunions de milieu de semaine. Ces registres doivent être conservés par le pasteur ou le secrétaire de l'église.

Registre des sermons

En plus du registre de l'église, vous voudrez tenir un registre personnel des sermons que vous prononcez. Chaque fois que vous prononcez un sermon, que vous enseignez une leçon ou que vous prenez la parole en public dans un forum quelconque, vous voudrez enregistrer l'événement dans le registre des sermons. Chaque entrée dans ce registre doit inclure la date, l'occasion et le lieu où le message a été prononcé. Elle doit également inclure le texte biblique utilisé, ainsi que le titre du message. Vous pouvez également inclure des observations pertinentes, telles que la réaction des gens au message. Ce registre vous aidera à garder une trace de vos messages et à évaluer votre programme de prédication. Vous voudrez également conserver vos notes de prédication dans un endroit sûr pour vous y référer ultérieurement.

GESTION DES FINANCES DE L'ÉGLISE

Le pasteur pentecôtiste doit en outre s'assurer que des registres précis et opportuns soient tenus pour toutes les transactions financières liées à l'église. Cette pratique permettra de s'assurer que les finances de l'église sont toujours gérées correctement. Elle contribuera également à protéger le pasteur et les dirigeants de l'église contre les accusations de mauvaise gestion des fonds de l'église.

Chapitre 32 : Gestion des dossiers, finances et propriétés

Réception et traitement des offrandes

La plupart des églises pentecôtistes en Afrique sont financées principalement par les dîmes et les offrandes reçues lors des cultes du dimanche matin. Bien que ces offrandes puissent être reçues selon les traditions des églises locales, le pasteur doit s'assurer que chaque offrande est traitée avec la plus grande honnêteté et transparence.

Pour ce faire, il ou elle devra s'assurer que les offrandes sont toujours collectées et comptées par deux ou plusieurs responsables dignes de confiance de l'église. Après avoir compté l'offrande, ces mêmes responsables doivent remplir un formulaire d'offrande. Sur le formulaire d'offrande, il faut indiquer la date du jour, le type (ou les types) d'offrande(s) reçue(s), ainsi que les noms et signatures de ceux qui comptent l'argent. Le formulaire d'offrande doit également comporter des lignes individuelles pour enregistrer chaque type d'offrande reçue. Par exemple, une ligne est intitulée « dîmes », une autre est intitulée « offrandes non désignées », une autre « fonds de construction », une autre « missions », et ainsi de suite. Les compteurs doivent s'assurer que le montant de chaque offrande reçue est placé dans la catégorie appropriée.

Ces formulaires d'offrande doivent être produits en deux exemplaires, l'un étant remis au trésorier de l'église et l'autre au pasteur. Le trésorier recomptera ensuite l'argent et inscrira chaque montant reçu dans le registre de l'église sous la catégorie appropriée. Il ou elle déposera ensuite l'argent à la banque. (Si possible, chaque église devrait avoir un compte bancaire. Lorsque cela n'est pas possible, l'argent doit être conservé dans un coffre-fort ou une armoire fermée à clé.) Le trésorier doit conserver le reçu du dépôt bancaire pour les archives de l'église.

Tenir des registres financiers

Les documents comptables peuvent être conservés sur un registre papier ou sur un ordinateur. Si l'on utilise un ordinateur, il serait sage de produire des rapports papier chaque semaine pour les placer dans le fichier, car les ordinateurs tombent parfois en panne. Chaque fois que de l'argent est reçu ou déboursé, la transaction est enregistrée sur un reçu de caisse. Ce reçu est ensuite remis au trésorier de l'église qui l'enregistre dans le journal de caisse.

Partie 8 : Le pasteur pentecôtiste en tant qu'administrateur

Tout pasteur pentecôtiste doit apprendre à lire et à analyser un journal de caisse. Cette compétence lui permettra de suivre les opérations financières de l'église et de savoir combien d'argent est disponible dans chaque fonds à un moment donné. Cette pratique permettra au pasteur et aux responsables de l'église de prendre des décisions financières judicieuses. Et elle permettra de s'assurer que les dossiers financiers de l'église sont bien gérés.

Débourser les fonds de l'église

Toute offrande donnée à l'église doit être utilisée uniquement dans le but pour lequel elle a été donnée. Il est contraire à l'éthique, par exemple, de prendre l'argent donné pour le fonds de construction et de l'utiliser pour acheter une voiture pour le pasteur. Chaque fois que de l'argent est déboursé ou transféré d'une personne ou d'un programme à un autre, il doit faire l'objet d'un reçu, qui sera remis au trésorier pour une comptabilité correcte. Tous les reçus doivent être conservés dans les dossiers comptables de l'église.

Rapports financiers

À la fin de chaque mois, le trésorier de l'église doit préparer un rapport financier pour le pasteur et le conseil de l'église. Ce rapport fournira aux dirigeants de l'église un relevé précis des revenus et des dépenses du mois précédent. Cela les aidera à prendre des décisions judicieuses concernant les finances de l'église. En plus des rapports financiers mensuels, le trésorier de l'église doit produire un rapport financier annuel et le présenter au pasteur et au conseil de l'église. Le pasteur et le conseil présenteront à leur tour le rapport financier annuel aux membres de l'église lors de la réunion d'affaires annuelle.

Budgétisation

Il est important que le pasteur pentecôtiste sache comment préparer et suivre un budget annuel de l'église. Cette pratique l'aidera à mieux gérer les fonds de l'église. Un budget est un plan financier. C'est une estimation des revenus de l'église pour l'année à venir et un plan de distribution de ces revenus. Un bon budget reflète la mission et les priorités de l'église. Par exemple, si une église donne la priorité aux missions et à l'implantation d'églises, le budget doit refléter cette priorité. De cette manière, le budget peut être considéré comme un document stratégique missionnaire.

Chapitre 32 : Gestion des dossiers, finances et propriétés

Pour préparer un budget d'église, le pasteur et le conseil de l'église doivent examiner les opérations financières de l'église au cours des années précédentes. Ensuite, en utilisant ces informations, ils peuvent prendre des décisions stratégiques concernant la manière dont l'église distribuera ses fonds au cours de l'année à venir. Cette pratique permettra de s'assurer que les fonds de l'église ne sont pas gaspillés sur des éléments insignifiants, alors que des éléments plus importants ne sont pas financés.

Le budget se compose de deux parties principales : les revenus et les dépenses prévus pour l'année à venir. Les recettes prévues comprennent les dîmes, les offrandes spéciales et d'autres sources. Les dépenses prévues comprendront les dépenses fixes (telles que les salaires, les paiements hypothécaires et les services publics) et les dépenses variables (telles que les fournitures de bureau, le matériel de l'école du dimanche, les promotions et l'entretien du bâtiment). L'église doit également budgétiser les dépenses imprévues et d'urgence. Au début, l'élaboration du budget sera difficile. Cependant, après deux ou trois ans de suivi fidèle des revenus et des dépenses de l'église, le processus de budgétisation sera beaucoup plus facile. Il deviendra alors un grand atout pour le fonctionnement efficace de l'église.

ENTRETIEN DES PROPRIÉTÉS DE L'ÉGLISE

En tant qu'intendant des biens de Dieu, le pasteur pentecôtiste doit en outre s'assurer que les biens de l'église soient bien entretenus. Ces biens comprennent les documents importants de l'église ainsi que le bâtiment, le terrain et les autres biens de l'église.

Préservation des documents juridiques

Le pasteur doit s'assurer que les documents juridiques de l'église soient en ordre et conservés dans un endroit sûr. Si possible, ces documents doivent être conservés dans un coffre-fort ou dans une boîte de dépôt de sécurité dans une banque. Une liste des éléments contenus dans le coffre-fort doit être conservée dans les dossiers de l'église.

Prendre soin des propriétés de l'église

Le pasteur pentecôtiste est également chargé de veiller à ce que le bâtiment et le terrain de l'église soient bien entretenus. Il peut vouloir nommer un comité d'entretien et de terrain pour superviser cette responsabilité. Ce comité veillera à ce que les propriétés de l'église soient

Partie 8 : Le pasteur pentecôtiste en tant qu'administrateur

entretenues comme il sied à la maison de Dieu. Les sols et les terrains doivent être balayés et débarrassés des détritus. Les murs doivent être peints et lavés. Les fenêtres doivent être maintenues propres et en bon état. Les fonds destinés à l'entretien des bâtiments et des terrains doivent faire partie des dépenses prévues au budget de l'église.

Il en va de même pour le mobilier et l'équipement de l'église. Le mobilier de l'église, comme la chaire, les chaises, les bureaux, le mobilier de bureau et le système de sonorisation, doit être maintenu propre et en bon état. Lorsque des réparations sont nécessaires, elles doivent être effectuées en temps utile.

~ Chapitre 33 ~

Mobiliser les leaders laïcs

En Afrique, il n'est pas rare de voir des enfants jouer au football dans un champ ouvert. Certains jouent avec un vrai ballon. D'autres, dans un environnement plus rural, jouent avec un ballon fait maison, parfois constitué de sacs en plastique enroulés en boule et attachés avec des ficelles. Quelle joie de les voir courir, rire et donner le meilleur d'eux-mêmes pour leur équipe.

Certains enfants ont la chance de pouvoir jouer dans une équipe communautaire. Ils y apprennent les valeurs du travail d'équipe et du fair-play. Les membres de l'équipe apprennent que chaque joueur est important et a de la valeur pour l'équipe. Pour que l'équipe réussisse, chaque joueur doit donner le meilleur de lui-même. Même dans la défaite, tout le monde se serre les coudes pour s'encourager mutuellement. Les enfants apprennent que le succès de l'équipe est largement déterminé par l'attitude des joueurs. Cela concerne aussi bien ceux qui sont sur le terrain que ceux qui sont sur la touche. L'Église peut apprendre beaucoup d'une équipe de football bien gérée.

Quelqu'un a décrit un jour un match de football professionnel comme étant celui de vingt-deux personnes qui ont désespérément besoin de repos, sous le regard de dix mille autres qui ont désespérément besoin d'exercice. Malheureusement, ce scénario décrit de nombreuses églises pentecôtistes en Afrique aujourd'hui. Alors que quelques membres se lassent de porter la charge du ministère, la plupart des membres de la congrégation contribuent très peu. Ces églises sont devenues un « sport de spectateurs » où quelques joueurs sont encouragés par de nombreux spectateurs. Cette situation irréalisable et non biblique nuit à l'efficacité de l'église dans l'accomplissement de la mission de Dieu. Pour qu'une église prospère, le pasteur doit apprendre à mobiliser les laïcs au service du royaume.

Ce chapitre va mettre en lumière ce défi. Tout d'abord, il posera les fondements bibliques du leadership laïc dans l'Église. Ensuite, il donnera des conseils pratiques sur la manière dont vous, en tant que pasteur pentecôtiste, pouvez mobiliser efficacement les laïcs pour le ministère dans l'église et la communauté.

CE QUE DIT LA BIBLE

Dès le début de l'Église, les apôtres ont vu la nécessité de mobiliser tout le monde pour un ministère animé par l'Esprit. Après tout, Jésus n'avait-il pas promis : « Mais vous recevrez de la puissance quand l'Esprit Saint viendra sur vous, et vous serez mes témoins à Jérusalem, dans toute la Judée et la Samarie, et jusqu'aux extrémités de la terre » (Ac 1.8). Cette promesse n'était pas seulement destinée aux apôtres. Elle était destinée à chaque chrétien, qu'il soit membre du clergé ou laïc. Le projet de Jésus pour l'Église était que chaque membre soit rempli de l'Esprit et que chacun participe à l'accomplissement de la mission de Dieu.

L'Église primitive

Immédiatement après l'effusion de l'Esprit à la Pentecôte, l'Église primitive a commencé à s'organiser pour une évangélisation et une formation de disciples efficaces. La Bible dit : « Ils se persévéraient dans l'enseignement des apôtres et dans la communion fraternelle » (Ac 2.42). Elle ajoute ensuite : « Ils étaient chaque jour tous ensemble assidus au temple… louant Dieu, et trouvant grâce auprès de tout le peuple. Et le Seigneur ajoutait chaque jour à l'Église ceux qui étaient sauvés » (v. 46-47). Des responsables étaient nécessaires pour s'occuper de ces groupes de maison qui se formaient rapidement. Les apôtres ont sans doute commencé à former certains de ces nouveaux croyants au leadership et au service.

Au fur et à mesure que l'église grandissait et prospérait, d'autres personnes ont commencé à rejoindre l'équipe dirigeante. Ces hommes et ces femmes ont servi sous les apôtres et les ont aidés dans leur travail.

Chapitre 33 : Mobiliser les leaders laïcs

Aujourd'hui, nous appelons ces personnes des diacres. Les apôtres ont stipulé que ces dirigeants laïcs devaient être remplis de l'Esprit et de sagesse. Leur tâche consistait à organiser le programme d'alimentation des veuves de langue grecque qui étaient venues au Seigneur (Ac 6.1-7). Il ne fait aucun doute que les responsabilités de ces hommes ont changé au fur et à mesure que d'autres besoins se faisaient sentir. Au moins deux d'entre eux, Étienne et Philippe, sont devenus de puissants proclamateurs de l'Évangile.

Des années plus tard, après que l'organisation de l'église se soit développée, Paul a expliqué aux Éphésiens la structure de leadership de l'église. L'église devait être dirigée par des apôtres, des prophètes, des évangélistes, des pasteurs et des enseignants (Ep 4.11). Cependant, ces dirigeants ne devaient pas exercer leur ministère seuls. Leur tâche était « pour le perfectionnement des saints en vue de l'œuvre du ministère » (v. 12). Ils devaient lever des leaders laïcs pour les aider dans ce travail. S'ils le faisaient, l'église deviendrait forte et efficace (v. 11-16).

Le sacerdoce et la prophétie de tous les croyants

La Bible enseigne le « sacerdoce de tous les croyants ». Cela signifie que chaque disciple du Christ est un prêtre devant Dieu. En tant que prêtre, il ou elle a le droit de lire et d'interpréter les Écritures et de partager la grâce de Dieu avec les autres (1 Pi 2.5, 9). La Bible enseigne en outre la « prophétie de tous les croyants ». Cela signifie qu'en vertu de sa nouvelle naissance et du fait qu'il est rempli du Saint-Esprit, chaque croyant fait partie de la communauté prophétique des derniers jours de Dieu (No 11.29 ; Joë 2.28-29 ; Ac 2.17-18). En leur donnant son Esprit, Dieu les a habilités à devenir les témoins du Christ « à Jérusalem, dans toute la Judée et la Samarie, et jusqu'aux extrémités de la terre » (Ac 1.8).

À la Pentecôte, Pierre a commencé son sermon en déclarant : « Mais c'est ici ce qui a été dit par le prophète Joël : "Dans les derniers jours, dit Dieu, je répandrai de mon Esprit sur toute chair ; vos fils et vos filles prophétiseront" » (Ac 2.16-17). Pierre a terminé son sermon en ordonnant au peuple : « Repentez-vous et soyez baptisés, chacun de vous, au nom de Jésus-Christ, pour le pardon de vos péchés. Et vous recevrez le don du Saint-Esprit. » Pierre fait ensuite une promesse étonnante : « La promesse est pour vous, pour vos enfants et pour tous ceux qui sont au loin, en aussi grand nombre que le Seigneur notre Dieu les appellera » (v. 38-39). Pierre disait

Partie 8 : Le pasteur pentecôtiste en tant qu'administrateur

que le jour était arrivé où tout le peuple de Dieu le servirait en tant que ministres mandatés par l'Esprit.

Le pouvoir de l'Esprit qualifie donc toutes les personnes, aussi humbles ou marginalisées soient-elles, pour parler et exercer un ministère pour le Christ. Le pasteur pentecôtiste doit reconnaître ce fait, et il doit encourager son peuple à être habilité par l'Esprit et à particiber activement au ministère de l'église.

LE BESOIN DE LEADERS LAÏQUES

Pour qu'une église s'épanouisse et grandisse comme Dieu le veut, elle doit avoir un leadership pastoral fort. Elle doit également avoir une forte direction laïque.

Un défi critique auquel sont confrontées de nombreuses églises pentecôtistes en Afrique aujourd'hui est que la plupart des membres ne sont pas suffisamment formés. Cela a considérablement affaibli l'église. Parce que les gens ne sont pas correctement formés, les pasteurs accomplissent des tâches qui devraient être faites par d'autres. En conséquence, les pasteurs sont souvent tellement occupés par les petites tâches qu'ils n'ont ni le temps ni l'énergie pour accomplir efficacement les grandes tâches.

L'histoire de Jéthro et de Moïse illustre ce point (Ex 18.13-26). Moïse avait fait sortir le peuple d'Israël de l'esclavage égyptien. Maintenant, ils venaient le voir pour régler leurs différends. Ils étaient si nombreux que Moïse s'asseyait pour les juger, du matin au soir. Cela durait jour après jour. Avec le temps, Moïse s'est lassé.

Lorsque le beau-père de Moïse, Jéthro, a vu ce qui se passait, il a conseillé à Moïse : « Ce que tu fais n'est pas bien.... En effet, la tâche est trop lourde pour toi, tu ne pourras pas la mener à bien tout seul » (v. 17-18). Jéthro dit alors à Moïse : « Choisis parmi tout le peuple des hommes capables... établis-les sur eux comme chefs.... Ce sont eux qui jugeront le peuple de manière permanente. Ils porteront devant toi toutes les affaires importantes.... Allège ta charge et qu'ils la portent avec toi » (v. 21-22). Moïse a suivi le conseil de Jéthro. En conséquence, le peuple a été mieux servi et Moïse a trouvé le repos.

En tant que pasteur pentecôtiste avisé, vous devez faire de même. Vous devez choisir des hommes et des femmes pieux pour vous aider dans votre

Chapitre 33 : Mobiliser les leaders laïcs

travail. Vous devez ensuite les former et les nommer pour qu'ils accomplissent leurs tâches. Si vous faites cela, vous serez libéré des tâches quotidiennes de l'église. Et vous pourrez vous concentrer sur les tâches que vous seul pouvez accomplir. En conséquence, l'église grandira et prospérera.

Un changement d'orientation

Pour ce faire, il faut changer d'optique. Vous devez cesser de vous considérer comme le joueur vedette de l'équipe pour vous considérer comme l'entraîneur. Votre travail n'est pas tant de marquer des buts, mais d'enseigner aux gens comment marquer des buts. Votre travail n'est pas de conseiller tout le peuple, mais de veiller à ce que tout le peuple reçoive de sages conseils (Ex 18.21-22). Votre travail n'est pas de nourrir vous-même toutes les veuves grecques, mais de veiller à ce que toutes les veuves grecques soient correctement nourries (Ac 6.1-3). En d'autres termes, en tant que pasteur, votre travail consiste au « perfectionnement des saints en vue de l'œuvre du ministère » (Ep 4.11-12). Dès le début de votre ministère dans une église, vous devez commencer à équiper les membres pour le ministère. L'équipe de leadership laïque de l'église émergera de ceux qui sont formés.

Mobiliser les leaders laïcs

En tant que pasteur, vous devez identifier, former et libérer des leaders laïcs pour le ministère. Vous devez considérer les membres de votre église comme une équipe composée de personnes ayant des dons et des compétences différentes qui peuvent être mobilisées pour le ministère du royaume. Pour que l'équipe réussisse, chaque joueur doit faire sa part. Un leader laïc est une personne qui a assumé la direction d'un ministère quelconque dans l'église. Cela inclut les diacres, les anciens laïcs, les administrateurs et les enseignants de l'école du dimanche, les responsables de cellules, les responsables de ministères pour hommes et pour femmes, les responsables de la jeunesse, les directeurs de ministères pour enfants, les directeurs de chorales, les responsables d'équipes de louange, les membres de comités de missions, et autres.

Si chaque membre de l'église est appelé à servir, tous ne se sont pas qualifiés. Pour servir en tant que leader dans l'église, la vie d'une personne doit s'aligner sur la norme établie dans la Parole de Dieu. Paul a dit des

Partie 8 : Le pasteur pentecôtiste en tant qu'administrateur

diacres : « Qu'on les mette d'abord à l'épreuve et qu'ils exercent ensuite leur ministère, s'ils sont sans reproche » (1 Ti 3.10).

Les apôtres des Actes des Apôtres ont établi deux qualifications de base pour les dirigeants laïcs : ils doivent être « remplis d'Esprit et de sagesse » (Ac 6.3). Dans 1 Timothée 3 et Tite 1, Paul énumère les qualifications des responsables d'église. Bien que la plupart de ces qualifications concernent les pasteurs et les anciens, elles sont toujours utiles pour considérer les qualifications de tout rôle de leadership dans l'église.

De ces listes, nous pouvons déduire cinq catégories qui doivent être prises en compte lors de la nomination des dirigeants de l'église. Ces cinq catégories sont (1) le caractère moral des candidats, (2) leur expérience spirituelle, (3) leur tempérament, (4) leur conduite au quotidien et (5) leur témoignage dans la communauté. Le pasteur ne devrait nommer à des postes de direction que ceux qui sont remplis de l'Esprit, pieux, engagés, capables d'enseigner et désireux de servir sous la direction du pasteur en tant que dirigeants laïcs.

LE RECRUTEMENT ET LA FORMATION DE LEADERS LAÏCS

Tout comme un entraîneur de football recherche des hommes ou des femmes qualifiés pour jouer dans son équipe, en tant que leader de l'église désigné par Dieu, vous devez rechercher des individus qualifiés pour diriger les ministères de l'église. Lorsqu'il n'y a pas de leaders qualifiés, vous devez les développer. Jésus a fait cela avec ses disciples, et Paul l'a fait avec Timothée, Tite et d'autres. Examinons ces deux parties de la mobilisation des leaders laïcs dans l'église : le recrutement des travailleurs et le développe-ment des leaders.

Recrutement d'ouvriers

Le processus de recrutement de travailleurs laïcs nécessite de nombreuses discussions entre les dirigeants actuels de l'église. Il nécessite aussi beaucoup de prière, pour demander à Dieu de nous guider. C'est ce que Jésus a fait. Tout au long de son ministère, il a continuellement recherché la direction de son Père (Lu 5.16). Par exemple, avant de choisir ses douze disciples, Jésus « se rendit sur une montagne pour prier, et il passa la nuit à prier Dieu » (6.12).

Chapitre 33 : Mobiliser les leaders laïcs

Une fois que vous avez reçu la direction du Seigneur, vous devez déterminer quels ouvriers seront nécessaires pour accomplir le travail. Vous devez ensuite partager la vision avec la congrégation et commencer à demander des volontaires. Lorsque vous demandez des volontaires, il est important de promettre une formation pour le poste. Cela encouragera davantage de personnes à répondre. Les leaders émergent souvent de ceux qui se portent volontaires pour un service. Vous devez constamment vous demander : « Qui, dans ce groupe, a un potentiel de leader ? » Vous voudrez peut-être approcher personnellement certaines personnes et leur parler de la possibilité de remplir un rôle de leader spécifique.

Former des leaders

Une fois que les leaders laïcs potentiels ont été identifiés, il faut ensuite les développer. C'est la responsabilité de chaque pasteur pentecôtiste. Comme nous l'avons déjà dit, Paul a indiqué que le travail du pasteur était « le perfectionnement des saints en vue de l'œuvre du ministère » (Ep 4.12). Vous pouvez y parvenir de trois manières :

1. La formation sur le tas. Ce type de formation au leadership est également connu sous le nom d'apprentissage ou de stage. Le pasteur assigne le leader émergent à un leader expérimenté. Le leader expérimenté prend alors le nouveau leader sous son aile et lui enseigne comment diriger un ministère particulier.

2. Les séminaires. Vous voudrez organiser occasionnellement des séminaires, des ateliers ou des retraites pour former de nouveaux responsables.

3. Le mentorat. Vous voudrez peut-être encadrer individuellement certains leaders prometteurs. Pour ce faire, vous devrez passer du temps avec ces leaders prometteurs pour leur enseigner le ministère. C'est ce que Jésus a fait avec ses disciples (Jn 3.22). Il a cultivé une relation profonde avec eux, versant sa vie dans la leur. Au fil du temps, ils sont devenus de plus en plus semblables à lui (Ac 4.13). Jésus a expliqué : « Tout disciple bien formé sera comme son maître » (Lu 6.40).

CULTIVER L'ESPRIT D'ÉQUIPE

Pour que l'église fonctionne bien, il doit y avoir un sentiment d'unité et un objectif commun parmi le peuple. Les gens doivent sentir qu'ils font

Partie 8 : Le pasteur pentecôtiste en tant qu'administrateur

partie de quelque chose de plus grand qu'eux. Ils doivent croire que leur église fait partie de la grande mission rédemptrice de Dieu et qu'elle existe pour jouer un rôle important dans l'accomplissement de cette mission.

Cela est particulièrement vrai pour les responsables laïcs. Pour qu'ils fassent de leur mieux, ils doivent sentir qu'ils sont un élément important d'une équipe. Ils doivent sentir qu'ils avancent avec des collègues aux vues similaires pour atteindre un objectif noble. En tant que pasteur, vous devez vous efforcer de cultiver un tel esprit d'équipe parmi les dirigeants.

Créer une vision commune

En tant que pasteur de l'église, vous êtes le gardien et le principal promoteur de la vision de l'église. Il vous appartient d'entretenir une vision commune dans le cœur de l'équipe de direction de l'église. La vision doit être suffisamment convaincante pour que les gens aient envie de la suivre. La vision de Jésus était si convaincante qu'elle a poussé Pierre, André, Jacques et Jean à tout quitter pour le suivre (Mt 4.18-22).

De la même manière, vous devez être capable de communiquer la vision de manière claire et convaincante. Faisant écho à l'ancien prophète, vous devez être en mesure de dire : « Voici le chemin, marchez-y » (cf. Es 30.21). Comme le courant d'un fleuve puissant, cette vision commune fera avancer tout le monde dans la même direction.[1]

Créer un sentiment de camaraderie

En plus de cultiver une vision commune parmi les dirigeants non professionnels, vous devez chercher à créer un sentiment de camaraderie entre eux. Pour que les gens travaillent bien ensemble, ils doivent s'apprécier sincèrement et aimer être en compagnie les uns des autres. La Bible nous dit que l'une des raisons pour lesquelles Jésus a choisi les douze apôtres était « pour être avec lui » (Mc 3.14). Et l'on pourrait ajouter qu'il les a choisis *pour qu'ils soient les uns avec les autres*. Au fur et à mesure que les Douze passaient du temps avec Jésus, et les uns avec les autres, ils ont appris à s'aimer. Ensemble, ils sont devenus une force puissante sur la terre.

---

[1] Pour en savoir plus sur l'élaboration d'une vision, voir le chapitre 30 : « Le leadership visionnaire ».

Chapitre 33 : Mobiliser les leaders laïcs

De même, en tant que pasteur pentecôtiste, vous devez vous efforcer de créer un fort sentiment de camaraderie entre vous, votre personnel et vos dirigeants laïcs. Cela ne peut se faire qu'en passant du temps de qualité ensemble. Le temps peut être passé ensemble de trois manières significatives :

1. Passer du temps ensemble dans la prière. Tout d'abord, vous et votre équipe de responsables laïcs devez passer du temps ensemble dans la prière. Vous voudrez fixer un moment opportun chaque semaine où vous et vos dirigeants laïcs pourrez vous réunir pour prier. Ces temps de prière doivent rester ciblés. Bien que l'on puisse passer du temps à prier pour des besoins personnels, la majeure partie du temps doit être consacrée à prier pour la vision et les ministères de l'église.

2. Du temps ensemble dans le ministère. Ensuite, vous et vos dirigeants laïcs devez passer du temps ensemble dans le ministère. Chaque dimanche matin avant l'église, appelez l'équipe de direction pour la prière et rappelez-leur que vous travaillez ensemble comme une équipe. Une autre façon pour l'équipe de responsables laïcs d'exercer le ministère ensemble est de former le noyau de l'équipe d'implantation d'églises de l'église. Chaque année, ils pourraient aller ensemble implanter une nouvelle église dans un endroit nécessiteux.

3. Du temps en communion. Troisièmement, vous et vos leaders laïcs devez passer du temps ensemble en communion. Vos dirigeants laïcs doivent être encouragés à se rendre visite les uns chez les autres. Un repas mensuel de fraternité pourrait contribuer à cimenter le lien de fraternité entre les familles de votre équipe de direction. Après avoir passé beaucoup de temps avec ses disciples, Jésus leur a dit : « Je ne vous appelle plus serviteurs... mais je vous appelle amis » (Jn 15.15). De la même manière, vous et vos leaders laïcs devriez pouvoir vous appeler amis les uns des autres.

Pour qu'une église prospère, elle doit disposer d'un noyau solide de leaders laïcs qui s'engagent à faire avancer la mission et la vision de l'église. Le pasteur pentecôtiste avisé se fixera donc comme l'un des principaux objectifs de son ministère la constitution d'une solide équipe de responsables laïcs. Il ou elle investira intentionnellement du temps et de l'énergie dans

Partie 8 : Le pasteur pentecôtiste en tant qu'administrateur

l'identification, le recrutement et le développement de leaders laïcs pour servir avec lui ou elle dans l'avancement du royaume de Dieu.

~ Chapitre 34 ~

Diriger les départements de l'église

Quand un bébé se développe dans le ventre de sa mère, son corps devient jour après jour plus complexe. Au moment de la conception, le nouvel être humain est constitué d'une seule cellule fécondée. Et pourtant, étonnamment, son patrimoine génétique est déjà complet. En 24 heures, l'ovule commence à se diviser rapidement en de nombreuses cellules. En trois semaines, les premières cellules nerveuses se sont formées. À la fin des trois premiers mois, bien que le bébé ne mesure qu'environ 10 centimètres de long, tous ses organes et membres sont présents. Cependant, pour que le bébé devienne une personne à part entière, capable de vivre en dehors de l'utérus de sa mère, ses organes doivent se développer. Après six mois supplémentaires, le bébé est prêt à naître. C'est l'enfant précieux que la mère et le père tiendront bientôt dans leurs bras. Il n'est pas étonnant que David ait exulté : « Je suis une créature si merveilleuse ! » (Ps 139.14).

Une nouvelle église peut être comparée à un œuf nouvellement fécondé. Elle est déjà pleinement une église ; cependant, elle doit développer certains systèmes avant de pouvoir devenir un corps de croyants viable et pleinement fonctionnel. Certains de ces systèmes sont connus sous le nom de départements de l'église. Ce chapitre traite du rôle du pasteur pentecôtiste dans la mise en place, le développement et la gestion de ces départements.

Partie 8 : Le pasteur pentecôtiste en tant qu'administrateur

LE BUT ET LA FONCTION DES DÉPARTEMENTS DE L'ÉGLISE

Les départements de l'église sont des ministères d'une assemblée locale conçus pour répondre à des besoins spécifiques au sein du corps. Leur but est de permettre à l'église d'accomplir plus efficacement sa mission d'atteindre les perdus et de former des disciples à l'image de Christ. Les départements de l'église peuvent être considérés comme des piliers soutenant la structure ministérielle en constante expansion de l'église. Au fur et à mesure que de nouveaux départements sont ajoutés, la capacité de l'église à exercer son ministère s'élargit.

L'objectif des départements

Pour bien comprendre le but et la fonction des départements de l'Église, le pasteur pentecôtiste doit d'abord comprendre la mission de l'Église. L'Église existe pour exécuter la Grande Commission et accomplir le Grand Commandement du Christ. La Grande Commission est le commandement du Christ d'« aller et de faire de toutes les nations des disciples » (Mt 28.19). Le Grand Commandement est le mandat du Seigneur d'« aimer le Seigneur ton Dieu de tout ton cœur, de toute ton âme et de toute ta pensée » et d'« aimer ton prochain comme toi-même » (Mt 22.37-39).

Ces lourdes responsabilités ne peuvent être assumées par le pasteur seul, ni même par l'équipe pastorale rémunéré. La tâche exige de nombreuses mains. Les départements de l'Église existent pour permettre à l'Église de remplir plus efficacement son mandat d'établir le royaume de Dieu sur la terre.

Les sept fonctions des départements

Les départements de l'église permettent à l'église de mieux remplir sept fonctions ministérielles clés :

1. Atteindre les perdus. Tout d'abord, les départements existent pour aider l'église à accomplir le commandement du Christ « d'aller dans le monde entier et de prêcher la bonne nouvelle à toute la création » (Mc 16.15). Chaque département de l'église doit faire sa part pour mobiliser l'église pour cette tâche essentielle. Ils doivent encourager les membres à partager personnellement la bonne nouvelle avec les autres et les inciter à participer aux programmes d'évangélisation et de mission de l'église.

Chapitre 34 : Diriger les départements de l'église

2. Faire des disciples. Jésus a en outre demandé à l'Église de « faire de toutes les nations des disciples... leur enseignant à observer tout ce que j'ai prescrit » (Mt 28.19-20). L'enseignement est au cœur de la formation de disciples. L'instruction systématique est essentielle à la croissance spirituelle du peuple de Dieu et au développement de l'église. Les départements aident à servir cet objectif.

3. Encourager la louange. L'Église existe aussi en tant que lieu où le peuple de Dieu peut se rassembler et l'adorer « en Esprit et en vérité » (Jn 4.23). Un département de la louange et de la musique bien organisé peut aider à assurer que cette louange ait lieu.

4. Promouvoir la prière. En outre, l'Église existe pour inspirer et enseigner au peuple de Dieu à prier (Ac 2.42). Jésus a déclaré : « Ma maison sera appelée une maison de prière pour toutes les nations » (Mc 11.17). L'église locale doit être un lieu où les chrétiens élèvent ensemble leur voix et invoquent Dieu, s'attendant à ce qu'il réponde à leurs prières (Mt 18.19-20 ; Ac 4.24). Les ministères aident l'église à remplir cette fonction. Chaque fois qu'un département de l'église se réunit, il devrait mettre l'accent sur la prière.

5. Assurer la communion fraternelle. De plus, l'Église existe pour promouvoir la communion entre les frères et sœurs en Christ. Les départements aident l'église à atteindre cet objectif. Lorsque le peuple de Dieu se réunit dans le cadre des réunions de département, les gens se prennent d'affection les uns pour les autres. Par conséquent, ils veulent naturellement se soutenir et prendre soin les uns des autres. Cette dynamique sert à unifier et à renforcer le corps. Elle permet également d'attirer de nouvelles personnes dans l'église.

6. Se mobiliser pour la mission. L'Église existe en outre pour accomplir la mission de Dieu. Elle existe pour porter la bonne nouvelle du Christ à « toute tribu, toute langue, tout peuple et toute nation » avant qu'il ne revienne du ciel (Mt 24.14 ; Ap 5.9). Les départements aident l'église à se mobiliser pour l'évangélisation, l'implantation d'églises et les missions.

7. Former des leaders. Enfin, Jésus a chargé l'Église de former des leaders. Il a ordonné à ses disciples d'aller faire d'autres disciples (Mt 28.19). Lorsqu'il est monté au ciel, il a donné des dons ministériels à l'Église « le perfectionnement des saints en vue de l'œuvre du ministère et l'édification du corps de Christ » (Ep 4.11). Paul a donné l'instruction

Partie 8 : Le pasteur pentecôtiste en tant qu'administrateur

suivante à Timothée : « Ce que tu as entendu de moi en présence de nombreux témoins, confie-le à des personnes fidèles qui soient capables de l'enseigner aussi à d'autres » (2 Ti 2.2). Les ministères aident l'église à remplir plus efficacement cette fonction.

LES ÉVENTUELS DÉPARTEMENTS DE L'ÉGLISE

Au fur et à mesure que l'église grandit et se développe, vous et votre équipe de direction devrez, dans la prière, départementaliser la structure de son ministère. Vous commencerez par établir un ou deux départements. Puis, selon la direction de l'Esprit, vous organiserez d'autres départements et programmes. Les départements et ministères possibles sont les suivants :

Éducation chrétienne

Le département d'éducation chrétienne est le principal organe de formation de l'église. Ce département existe pour faire des croyants des disciples en leur enseignant la Parole de Dieu et en appliquant ses principes à leur vie. Dans la plupart des églises pentecôtistes, l'école du dimanche est le cœur du département de l'éducation chrétienne et le principal ministère de formation de disciples de l'église. C'est normalement le seul département de l'église qui s'adresse à tous les groupes d'âge, des petits enfants aux adultes âgés.

Le pasteur pentecôtiste doit donc donner la priorité au développement de ce département. Ce doit être l'un des premiers départements qu'une nouvelle église met en place. L'église peut également vouloir organiser des groupes cellulaires à domicile où les gens sont formés et où la Parole de Dieu est enseignée. En outre, chaque département doit être impliqué dans l'éducation chrétienne à un certain niveau.[1]

---

[1] Africa's Hope a développé deux ressources puissantes pour les églises pentecôtistes en Afrique. La première est la série *Vivre la vérité*, un programme d'enseignement qui permet aux élèves de parcourir toute la Bible en sept ans. L'autre est la série *Racines de la foi*. Il s'agit d'un programme thématique qui traite de questions essentielles concernant la vie chrétienne, telles que « Premiers pas: Votre nouvelle vie en Christ », « Les doctrines de la Bible », « La vie dans l'Esprit », etc. Ces séries sont proposées dans plusieurs langues africaines. Pour en savoir plus sur ces ressources, consultez le site https://africaatts.org/fr/resources/.

Chapitre 34 : Diriger les départements de l'église

Ministère des femmes

Le département du ministère des femmes est souvent l'un des départements les plus puissants de l'église pentecôtiste. Son but est d'atteindre les femmes pour le Christ et de leur offrir des opportunités de fraternité et de ministère. Par le biais de ce ministère, les femmes sont encouragées à aller vers les membres de leur famille, leurs amis et leurs voisins et à les gagner à Christ. Les femmes sont également encouragées à s'impliquer dans la formation de disciples, l'implantation d'églises, les missions et d'autres ministères.

Ministère des hommes

Le département du ministère des hommes a pour but d'atteindre les hommes pour le Christ, de leur offrir une communion chrétienne et de les inciter à devenir des leaders dans leurs foyers et leurs communautés. Il a également pour but de mobiliser les hommes pour un ministère soutenu par l'Esprit. Grâce à ce ministère, les hommes sont encouragés à s'impliquer dans l'évangélisation, l'implantation d'églises et d'autres activités missionnaires essentielles de l'église.

Ministère de la jeunesse

L'objectif du département du ministère de la jeunesse est d'atteindre les jeunes pour le Christ et de les faire devenir des adultes chrétiens matures et remplis de l'Esprit. Il existe également pour leur enseigner à mener une vie pieuse, qui honore le Christ, et pour les mobiliser pour un ministère significatif auprès d'autres jeunes.

Ministère des enfants

Le département du ministère des enfants a pour but d'atteindre les enfants pour le Christ, de les conduire à une vie remplie de l'Esprit et de les former dans les voies du Seigneur. Il n'est pas destiné à remplacer les efforts des parents mais à les compléter (Pr 22.6). Le champ d'action de ce ministère comprend l'église des enfants et d'autres ministères de formation des enfants, tels que les clubs de garçons et de filles.

Louange et musique

L'objectif du département de la louange et de la musique est de recruter et de former des musiciens, des responsables de culte et des chorales qui conduiront l'assemblée dans un culte inspiré par l'Esprit (Jn 4.23). Le département travaille également avec le comité des missions pour mener des campagnes d'évangélisation et d'implantation d'églises. Les membres de l'équipe de louange doivent prier souvent ensemble, et on doit leur apprendre à répondre à la présence de l'Esprit et à exercer leur ministère dans sa puissance.[2]

Ministère de la prière

Un département du ministère de la prière bien organisé est une composante essentielle de toute église pentecôtiste. Ce ministère fournit un soutien spirituel à l'église en intercédant pour ses pasteurs et ses membres. Il intercède également pour les personnes non sauvées dans le pays, en Afrique et dans le monde. Ce ministère peut prendre plusieurs formes, telles que des réunions de prière régulières, des retraites de prière, des marches de prière, des équipes de prière et le ministère de guerriers de prière individuels.[3]

Département des missions

Le département des missions a pour mission de veiller à ce que l'église se concentre sur la diffusion de l'Évangile à tous les peuples du monde. Ses responsabilités comprennent la planification et la réalisation d'événements d'évangélisation et de missions d'implantation d'églises. Les événements d'évangélisation peuvent inclure des services de réveil, des réunions en plein air, des campagnes de témoignage de porte à porte, des efforts de distribution de littérature et d'autres méthodes d'évangélisation créatives.[4]

Le département est en outre chargé de développer et de promouvoir le programme de missions de l'église. Grâce à ce programme vital, l'église est mobilisée pour soutenir les missionnaires par ses prières et ses finances. Le ministère fait cela en enseignant aux gens la mission de Dieu et en les exposant aux missionnaires. Certaines églises voudront avoir des

---

[2] Le ministère de la louange de l'église est abordé plus en détail au chapitre 18 : « Diriger l'église dans l'adoration ».
[3] Pour en savoir plus sur le ministère de la prière de l'église, voir le chapitre 8 : « La priorité de la prière ».
[4] Pour en savoir plus sur la mobilisation de l'église pour l'évangélisation, voir le chapitre 37 : « Évangéliser les perdus ».

Chapitre 34 : Diriger les départements de l'église

départements séparés pour l'évangélisation, l'implantation d'églises et les missions.[5]

Ministère de compassion

Jésus s'est soucié des besoins physiques des gens. Une église véritablement pentecôtiste fera de même. Jacques a écrit : « La religion pure et sans tache devant Dieu notre Père consiste à s'occuper des orphelins et des veuves dans leur détresse et à ne pas se laisser souiller par le monde » (Ja 1.27). Grâce à son ministère de compassion, l'église pentecôtiste tend la main du Christ aux personnes dans le besoin et en difficulté.[6]

Ministère des adultes célibataires

Grâce au ministère des adultes célibataires, les célibataires chrétiens sont équipés pour devenir forts dans leur foi et pour jouer un rôle actif dans la vie de l'église. Ce ministère aide l'église à reconnaître la valeur de la participation des adultes célibataires aux activités de l'église. Il cherche à exploiter les immenses ressources de ce groupe souvent ignoré.

Ministère des étudiants

Si votre église est située près d'un campus universitaire ou collégial, vous devriez envisager dans la prière de lancer un ministère auprès des étudiants. L'objectif de ce ministère est d'atteindre le campus de l'université ou du collège, en cherchant à gagner des étudiants à Christ. Ce ministère formera et mobilisera ensuite ces étudiants afin d'atteindre encore plus d'étudiants avec l'évangile. Si votre église nationale a un département de ministère universitaire, vous voudrez travailler en étroite collaboration avec cette organisation.[7]

---

[5] Pour en savoir plus sur le développement du programme de missions de l'église, voir le chapitre 40 : « Développer un programme missionnaire pour l'église locale ».

[6] Pour en savoir plus sur le ministère de la compassion, voir le chapitre 38 : « Servir la communauté ».

[7] Des ressources pour développer un ministère auprès des étudiants peuvent être trouvées sur Internet à l'adresse https://chialpha.com/resources/.

Partie 8 : Le pasteur pentecôtiste en tant qu'administrateur

Médias et technologie

Le département médias et technologie gère toutes les questions technologiques de l'église. Il met en place, fait fonctionner et entretient les équipements de sonorisation et de projection vidéo de l'église. Il publie et entretient également le site Web de l'église et sa présence sur les médias sociaux sur Internet. Ce département est également responsable de la publication des services et des événements de l'église par le biais de médias tels que la radio, la télévision et l'Internet.

Service d'accueil et d'hospitalité

L'objectif du département d'accueil et d'hospitalité est d'accueillir et d'aider les personnes qui participent aux fonctions de l'église. Ce ministère s'efforce de créer un environnement chaleureux et accueillant pour tous. Il accueille les participants, dirige les invités vers leurs sièges, distribue des documents et collecte les offrandes. Il promeut également la sécurité, gère les distractions et maintient l'ordre dans l'église.

Bâtiments et terrains

Le département des bâtiments et terrains est responsable de l'entretien des propriétés de l'église. Il veille à ce que les bâtiments et les terrains restent propres, soignés et en bon état.

LES DÉPARTEMENTS EN DÉVELOPPEMENT

La question qui se pose est la suivante : « Comment un pasteur pentecôtiste peut-il développer de nouveaux départements et ministères dans l'église ? » Bien sûr, il n'est pas possible de commencer tous les départements ci-dessus en même temps. Les nouveaux départements doivent plutôt être lancés dans la prière et de manière stratégique. La création de nouveaux ministères doit être considérée comme un processus continu, étape par étape, qui s'étend sur plusieurs années.

Le lancement d'un nouveau département ou ministère implique souvent un pas de foi audacieux de la part du pasteur et du conseil de l'église. Ils doivent voir le besoin, sentir la direction de l'Esprit, et ensuite agir avec foi pour lancer le nouveau ministère.

Chapitre 34 : Diriger les départements de l'église

Début du processus

Vous et le conseil de votre église devriez commencer le processus en cherchant Dieu. Vous devez lui demander : « Seigneur, quels sont les nouveaux ministères dont l'église a le plus besoin en ce moment ? » Vous pouvez alors créer une courte liste de ces départements et ministères que vous sentez que l'Esprit vous conduit à démarrer. Après avoir créé la liste, vous devriez la classer par ordre de priorité, en décidant quel département sera lancé en premier, lequel sera lancé en second, et ainsi de suite.

Vous devez ensuite porter votre attention sur le département qui se trouve en tête de votre liste de priorités. Vous devez rencontrer votre équipe de direction et discuter des points suivants :

- Quelles mesures devons-nous prendre pour mettre en place ce nouveau département ?
- Quelles ressources seront nécessaires ?
- Qui dirigera le programme et le dotera en personnel ?
- Quand commencera-t-elle ?

Vous devez mettre vos décisions par écrit et continuer à prier à leur sujet. Ensuite, lorsque le moment sera venu, vous pourrez commencer à mettre en œuvre votre stratégie. Il est conseillé de commencer petit, en utilisant les ressources disponibles. Par exemple, si vous voulez créer un nouveau département d'école du dimanche, vous pouvez commencer avec trois classes seulement : adultes, jeunes et enfants. Vous pouvez nommer quelqu'un pour servir comme surintendant de l'école du dimanche, ou vous pouvez vouloir remplir ce rôle vous-même, au moins au début. Au fur et à mesure que le ministère se développe, vous pouvez créer de nouvelles classes et nommer de nouveaux responsables.

Le choix des dirigeants

La clé du succès de tout nouveau ministère départemental réside dans des responsables bien choisis et correctement formés. Lorsque vous choisissez des dirigeants, vous devez rechercher des individus ayant un potentiel de leadership, ceux que vous pouvez développer en dirigeants. Ces personnes doivent être « pleines d'Esprit et de sagesse » (Ac 6.3). En outre, elles doivent être pleines de foi et adhérer pleinement à la vision de l'église.

Formation des travailleurs

Bien souvent, les leaders qualifiés ne sont pas disponibles. Par conséquent, un pasteur efficace développera constamment de nouveaux leaders. C'est ce que Jésus a fait. Il a choisi dans la prière douze hommes qu'il voulait transformer en apôtres (Lu 6.12-13). Bien qu'il s'agisse d'hommes ordinaires, Jésus a vu en eux un potentiel de leadership. Il leur a dit : « Suivez-moi... et je vous ferai pêcheurs d'hommes » (Mt 4.19). Au fur et à mesure qu'ils le suivaient, il en faisait de grands leaders.

Lorsque vous recrutez de nouveaux responsables et employés du ministère, il est important que vous promettiez une formation. Dites aux gens : « Nous marcherons à vos côtés et nous vous apprendrons comment remplir votre ministère. » Cette formation au ministère peut se faire de plusieurs manières : par des séminaires, un mentorat individuel et d'autres moyens créatifs. Si une église veut avoir une réserve régulière de leaders, le pasteur doit être intentionnel quant à la formation des leaders.[8]

Créer un esprit d'équipe

Pour que les ministères départementaux de l'église prospèrent, vous devez créer un sentiment d'utilité et de loyauté parmi les dirigeants et les travailleurs. Cet esprit d'équipe les motivera à travailler ensemble et à donner le meilleur d'eux-mêmes pour bien faire leur travail. Vous pouvez nourrir cet esprit d'équipe en leur rappelant fréquemment la vision de l'église, et en leur montrant le rôle important qu'ils jouent dans la réalisation de cette vision.

Vous devez rencontrer souvent les responsables et les travailleurs du département pour les encourager et partager avec eux les victoires et les objectifs. Vous devriez également reconnaître publiquement les travailleurs fidèles et les honorer pour leurs réalisations (Ro 13.7).

---

[8] Pour en savoir plus sur la formation des travailleurs pour le ministère dans l'église locale, voir le chapitre 33 : « Mobiliser les leaders laïcs ».

Chapitre 34 : Diriger les départements de l'église

Les départements ministériels jouent un rôle essentiel dans la capacité d'une église pentecôtiste à remplir efficacement la Grande Commission du Christ et son Grand Commandement. Le pasteur pentecôtiste efficace s'efforcera donc de développer des départements ministériels forts dans son église.

Partie 8 : Le pasteur pentecôtiste en tant qu'administrateur

~ Chapitre 35 ~

Veiller sur les membres de l'église

Imaginez une école publique qui n'a aucune idée précise de qui est ou n'est pas un élève de l'école. L'école ne fait jamais l'appel et ne tient pas de registre des résultats des élèves. Il est clair qu'une telle école a peu de chances de réussir. On pourrait dire la même chose d'une église. Une église qui n'a pas une idée claire de qui est membre et qui ne l'est pas, et qui ne prend pas note de leurs progrès spirituels, a peu de chance de devenir une église forte.

En tant que pasteur pentecôtiste, vous devez vous assurer que l'église que vous dirigez est bien gérée. Un domaine important de gestion est la liste des membres de l'église. Une liste de membres bien gérée aidera l'église à mieux remplir les responsabilités que Dieu lui a confiées, à savoir prendre soin des brebis et évangéliser les perdus. Ce chapitre traite de votre devoir de superviser les listes de membres de l'église.

LE MANDAT BIBLIQUE POUR DEVENIR MEMBRE

Bien que la Bible ne parle pas directement de l'appartenance formelle à l'église telle qu'elle est connue dans l'église d'aujourd'hui, elle soutient l'idée.

Fondement biblique de l'adhésion

Le concept d'appartenance à une église trouve son origine dans l'Ancien Testament. Dieu y partageait une relation unique avec la nation

Partie 8 : Le pasteur pentecôtiste en tant qu'administrateur

d'Israël. Ils étaient son peuple, et il était son Dieu. Dans le désert, Dieu a lancé un plan pour organiser son peuple. Il a ordonné à Moïse : « Faites le dénombrement de toute l'assemblée des enfants d'Israël, selon leurs familles, selon les maisons de leurs pères, en comptant par tête les noms de tous les mâles » (No 1.2). Moïse et Aaron ont ensuite utilisé ce recensement pour sélectionner ceux qui allaient diriger, servir et défendre le peuple de Dieu.

Dans le Nouveau Testament, Etienne parle d'Israël comme de « l'assemblée [grec : *ekklesia*] dans le désert ». Dans tout le Nouveau Testament, le mot *ekklesia* est traduit par « église ». Il désigne un rassemblement de personnes appelées hors du monde pour suivre le Christ et faire avancer sa mission sur la terre.

Jésus a déclaré : « Je bâtirai mon Église » (Mt 16.18). Il a commencé ce processus en invitant les gens à le suivre (Mt 4.19). Parmi ces disciples, Jésus a nommé des apôtres (Mc 3.13-14). Les apôtres ont à leur tour nommé des diacres pour servir sous leurs ordres. Ils organisaient l'église pour qu'elle réussisse. En conséquence, « le nombre de disciples à Jérusalem augmentait rapidement » (Ac 6.1-7).

Pour qu'une église locale fonctionne comme elle le devrait, il est essentiel que chacun sache qui est, et qui n'est pas, un membre. L'Église primitive l'avait compris. Pour eux, il y avait un « dans » et un « hors » bien défini de l'appartenance à l'église. Par exemple, à une occasion, Paul a ordonné à l'église de Corinthe d'expulser un membre pécheur, en le rayant de la liste des membres de l'église (1 Co 5.5, 13). Une liste de membres bien gérée aidera le pasteur pentecôtiste à renforcer les croyants et à faire avancer la mission de l'église.

Le concept biblique d'appartenance

Il ne faut cependant pas considérer l'appartenance à une église comme l'appartenance à un club ou à une société séculaire. C'est beaucoup plus profond que cela. Paul compare l'Église au corps humain, l'appelant « le corps du Christ » (1 Co 12.27). Chaque membre de l'église fait donc partie du corps du Christ, et « chaque membre appartient à tous les autres » (Ro 12.5). Tout comme le corps humain est organisé, et que chaque membre du corps a une fonction spécifique, il en est de même pour l'Église du Christ.

Chapitre 35 : Veiller sur les membres de l'église

QUALIFICATIONS POUR DEVENIR MEMBRE

Dans l'Ancien Testament, Dieu a établi des normes de vie pour son peuple. Ces normes sont résumées dans les dix commandements (Ex 20.1-17). De la même manière, alors que l'Église primitive grandissait et se dispersait au-delà de Jérusalem, les apôtres ont été guidés par le Saint-Esprit pour établir des qualifications pour l'inclusion des païens dans l'Église (Ac 15.19-20, 28-29). En tant que pasteur d'une église pentecôtiste, vous devez de même vous assurer que toute personne reçue dans l'église en tant que membre répond à certaines qualifications, notamment les suivantes :

La nouvelle naissance

L'église locale doit être le reflet de l'Église universelle. L'Église universelle comprend tous les peuples de toutes les nations qui ont mis leur confiance en Jésus-Christ et ont été sauvés. Elle ne comprend que ceux qui sont vraiment nés du Saint-Esprit (1 Co 12.13). Par conséquent, avant qu'une personne puisse devenir membre d'une église locale, elle doit d'abord être devenue membre de l'Église universelle. Le Seigneur lui-même doit les avoir ajoutés à son Église (Ac 2.47). Il s'ensuit que, pour devenir membre d'une église locale, il faut être véritablement né de nouveau (Jn 3.3-7).

Baptême d'eau

Une deuxième condition pour devenir membre de l'église est le baptême d'eau par immersion. Jésus ordonne à son Église « d'aller faire de toutes les nations des disciples, les baptisant au nom du Père, du Fils et du Saint-Esprit » (Mt 28.19 ; cf. Ac 2.38). Le baptême d'eau est un témoignage public que l'on est passé de la mort à la vie (Ro 6.4).[1]

Conviction partagée

Une dernière qualification pour devenir membre de l'église est le plein accord avec les enseignements et les politiques de l'église (cf. 1 Co 1.10). Cette exigence garantira que l'église reste unifiée et concentrée sur la

---

[1] Pour en savoir plus sur le baptême d'eau, voir le chapitre 42 : « Conduite des sacrements, dédicaces et installations ».

RECEVOIR DE NOUVEAUX MEMBRES

En tant que pasteur, vous devez vous assurer que l'église a une procédure bien définie pour recevoir des membres. Cette procédure doit comprendre trois éléments :

Encourager l'adhésion

Vous devez régulièrement encourager les nouveaux croyants à rejoindre l'église. Pour ce faire, vous devez prendre le temps, lors des services religieux, d'expliquer les avantages de l'appartenance à l'église et d'inviter les nouveaux chrétiens à s'y joindre. Vous pouvez également parler personnellement aux membres potentiels. Ces actions garantiront que des membres s'ajoutent constamment à l'église. (Cela suppose, bien sûr, que de nouvelles personnes viennent à Christ à la suite de l'évangélisation de l'église.[2]) En outre, vous devez vous assurer que les formulaires de demande d'adhésion sont facilement disponibles.

Préparation à l'adhésion

Il est important que votre église ait des moyens de préparer les gens à devenir membres de l'église. Une façon de le faire est d'organiser une classe pour les nouveaux membres. Ce cours doit être permanent. Elle peut être proposée le dimanche matin pendant l'heure de l'école du dimanche ou à tout autre moment approprié. Dans cette classe, les membres potentiels apprendront les avantages et les responsabilités de l'appartenance à l'église. Une grande partie de ce qui est discuté dans ce chapitre peut être enseignée dans cette classe.

Membres destinataires

Une fois approuvés par le conseil de l'église, les nouveaux membres doivent être joyeusement reçus dans l'église lors d'une cérémonie publique un dimanche matin donné. Les candidats doivent être rassemblés devant l'église. Vous pourrez alors les accueillir publiquement comme membres et

---

[2] Pour en savoir plus sur la manière d'atteindre les perdus, voir le chapitre 37 : « Évangéliser les perdus ».

Chapitre 35 : Veiller sur les membres de l'église

prier sur eux. L'église leur tendra alors la « main droite d'association » (Ga 2.9). À ce moment-là, vous devez présenter un certificat d'adhésion à chaque nouveau membre. Vous ajouterez ensuite leur nom à la liste des membres de l'église.

En outre, il serait bon qu'un membre de l'équipe pastorale rende visite à ces nouveaux membres à leur domicile. Cela leur permettra de savoir à quel point l'église apprécie leur décision de se joindre à elle. Enfin, vous devriez mettre les nouveaux membres en contact avec les ministères de l'église, tels que les groupes de cellules, le ministère des femmes, le ministère des hommes, le groupe de jeunes et autres.

RESPONSABILITÉS DES MEMBRES

En tant que pasteur de l'église, vous devez vous assurer que les nouveaux membres sont informés des responsabilités et des privilèges de l'adhésion.

Responsabilités des membres envers l'église

L'adhésion s'accompagne de responsabilités. Ces responsabilités sont les suivantes :

1. La fréquentation régulière de l'église. L'auteur des Hébreux a averti les chrétiens qu'ils ne devaient pas négliger de se réunir. Au contraire, ils devaient se réunir régulièrement pour s'encourager mutuellement. Cela était particulièrement important à la lumière de la venue prochaine de Jésus (Hé 10.25). De la même manière, on attend des membres de l'église d'aujourd'hui qu'ils soient fidèles à l'église. C'est là qu'ils seront encouragés, qu'ils adoreront Dieu, qu'ils prieront ensemble, qu'ils recevront un enseignement, qu'ils donneront à l'œuvre de Dieu et qu'ils développeront des relations durables avec d'autres chrétiens engagés.

2. Une marche remplie de l'Esprit. Chaque membre d'une église pentecôtiste doit être engagé dans une marche remplie de l'Esprit (Ga 5.25). S'ils n'ont pas encore été baptisés du Saint-Esprit, ils doivent rechercher sérieusement cette expérience (Ac 1.4-5 ; Ep 5.18). S'ils ont été remplis de

Partie 8 : Le pasteur pentecôtiste en tant qu'administrateur

l'Esprit, ils doivent s'engager à continuer dans la marche remplie de l'Esprit (Ga 5.16, 25).[3]

3. Un témoignage cohérent. Chaque membre de l'église est censé être un témoin du Christ (Ac 1.8). Ils doivent partager fidèlement le Christ avec leur famille, leurs amis, leurs voisins et leurs collègues de travail. Jésus nous ordonne : « Que votre lumière brille devant les hommes, afin qu'ils voient vos bonnes actions et glorifient votre Père qui est dans les cieux » (Mt 5.16).

4. Une vie sainte. L'une des façons dont le chrétien pentecôtiste témoigne pour le Christ est de mener une vie sainte (1 Pi 1.15 ; 2.9). En faisant cela, ils démontrent leur amour pour Dieu. En même temps, leur vie témoigne à un monde perdu de ce que signifie être un disciple du Christ (Ph 2.15).

5. Le don fidèle. On attend de chaque membre de l'église qu'il soutienne fidèlement l'église sur le plan financier (1 Co 16.2). En donnant leurs dîmes et leurs offrandes, ils renforcent le corps et contribuent à faire avancer le royaume de Dieu sur la terre. En outre, le fait de donner avec joie plaît à Dieu et ouvre la porte à ses bénédictions sur leur vie (2 Co 9.7-8 ; Lu 6.38).

6. Un service actif. En outre, on attend de chaque membre qu'il trouve sa place de service dans l'église. Lorsque chaque membre fait sa part, l'église devient forte. En tant que pasteur, vous devez vous assurer que les membres comprennent leurs dons uniques et qu'ils s'engagent à utiliser ces dons pour servir le Christ et l'église.

7. Une prière fervente. Une des marques d'une église véritablement pentecôtiste est la prière fervente. On peut attendre de chaque membre qu'il prie régulièrement pour le pasteur, l'église, la communauté et les autres membres de l'église. Vous voudrez encourager certains à se joindre à des groupes de prière d'intercession spécialement formés.

8. Une attitude coopérative. Enfin, on attend des membres qu'ils adoptent une attitude coopérative. Une telle attitude contribuera à l'unité de l'église (Ep 4.3). Elle permettra à l'église de ne pas être distraite par des

---

[3] Pour en savoir plus sur la manière de conduire les croyants à marcher selon l'Esprit, voir le chapitre 11 : « Promouvoir l'expérience et la pratique pentecôtistes » et le chapitre 20 : « Guider les croyants dans le baptême de l'Esprit ».

Chapitre 35 : Veiller sur les membres de l'église

querelles inutiles, mais de rester concentrée sur l'accomplissement de la mission que Dieu lui a confiée.

Responsabilités de l'église envers les membres

Non seulement les membres de l'église ont certaines responsabilités envers l'église, mais le pasteur et l'église ont certaines responsabilités envers les membres. Ces responsabilités sont les suivantes :

1. Un accueil chaleureux. Tout d'abord, vous devez vous assurer que les nouveaux membres sont chaleureusement accueillis et pleinement intégrés à la vie de l'église. Certains auront laissé derrière eux des personnes et des choses auxquelles ils étaient habitués. Ils sont peut-être entrés dans un monde nouveau qu'ils connaissent peu. Vous devez veiller à ce que ces nouveaux membres soient aidés à s'adapter à leur nouvel environnement. Et vous devez faire tout votre possible pour qu'ils aient le sentiment d'être vraiment membres de la famille de Dieu.

2. Des cultes de qualité. Deuxièmement, en tant que pasteur, vous êtes responsable envers les membres de l'église, anciens et nouveaux, de leur offrir des expériences de culte réellement édifiantes. En d'autres termes, vous devez vous assurer que les cultes de l'église sont bien planifiés et de la plus haute qualité. Pour ce faire, vous devez vous efforcer de préparer et de prêcher des messages inspirés et solides sur le plan biblique. Vous devez en outre vous assurer que chaque partie du service est exécutée de manière digne et professionnelle. Cela inclut le culte, les dons, les annonces ou toute autre partie du service. En outre, vous et votre équipe de leaders devez baigner les réunions de l'église dans la prière pour vous assurer que le Saint-Esprit est puissamment présent.[4]

3. Les soins pastoraux. En outre, en tant que berger du troupeau, vous avez l'obligation de veiller à ce que chaque membre de l'église soit apprécié et pris en charge. Vous devez imiter Jésus qui s'est qualifié de « bon berger... [qui] donne sa vie pour ses brebis » (Jn 10.11). Vous devez être prêt à servir même le membre le plus humble de l'église (Lu 15.1-7).[5]

---

[4] Pour plus d'informations sur la planification des services de culte, voir le chapitre 18 : « Diriger l'église dans l'adoration ».
[5] Voir le chapitre 24 : « Prendre soin des brebis ».

Partie 8 : Le pasteur pentecôtiste en tant qu'administrateur

4. La prière sincère. Ensuite, en tant que pasteur pentecôtiste, vous devez prier fidèlement pour les membres de votre église. Il serait bon de créer une liste de leurs noms pour servir de guide de prière. Vous pourriez ensuite utiliser cette liste pour prier quotidiennement pour chaque membre. De plus, pendant leurs périodes de crise, vous et votre équipe de direction devriez être prêts à aller vers les membres en difficulté pour les encourager et prier pour eux.[6]

5. L'enseignement biblique. En outre, en tant que pasteur pentecôtiste fidèle, vous devez vous assurer que les membres de votre église reçoivent un enseignement biblique solide. Cet enseignement doit être pratique et pertinent pour leur vie. Il les aidera à grandir et à devenir des chrétiens matures. Vous devez également surveiller l'enseignement dispensé dans les classes de l'école du dimanche et dans les groupes cellulaires pour vous assurer qu'il est bibliquement sain et édifiant.[7]

6. La protection contre les faux prophètes. En tant que pasteur, vous êtes également tenu de veiller sur le troupeau de Dieu et de le protéger des faux prophètes et des faux enseignants (cf. Ac 20.28-29). L'un des moyens d'y parvenir est d'enseigner de manière cohérente les vérités de la Parole de Dieu. Une autre façon est de pointer du doigt certains faux prophètes et enseignants, en soulignant l'erreur de leurs méthodes. De plus, vous pouvez protéger vos membres des faux prophètes et enseignants en ne permettant jamais à ces « loups déguisés en vêtements de brebis » d'accéder à la chaire de votre église (Mt 7.15).[8]

7. Les possibilités de service. Vous devez également offrir aux nouveaux membres des possibilités de service dans l'église. Vous devez les inviter immédiatement à aider d'une manière simple. Cela contribuera à les lier à l'église. Cela les aidera également à comprendre dès le début que servir

---

[6] Pour en savoir plus sur le pasteur pentecôtiste et la prière, voir le chapitre 8 : « La priorité de la prière ».

[7] Pour en savoir plus sur le pasteur pentecôtiste en tant qu'enseignant, voir le chapitre 17 : « Enseignement efficace ». Les programmes *Vivre la vérité* et *Racines de la foi* sont d'excellentes ressources pentecôtistes pour la formation de disciples. Ils sont disponibles auprès du Service Africain de Formation Théologique (SAFT) à l'adresse https://africaatts.org/fr/resources/.

[8] Pour en savoir plus sur la protection de l'église contre les faux prophètes, voir le chapitre 27 : « Garder le troupeau ».

Chapitre 35 : Veiller sur les membres de l'église

Dieu ne se limite pas à assister aux événements de l'église. Cela implique également un service actif.

8. La célébration des mariages et des funérailles. Enfin, en tant que pasteur, vous êtes tenu d'accompagner les membres dans les grands événements de transition de la vie. Vous devez leur fournir des conseils matrimoniaux et célébrer des cérémonies de mariage pour eux. Vous devez également organiser des funérailles et apporter soutien et encouragement aux membres de la famille en deuil.[9]

RÉUNIONS DES MEMBRES

Les réunions des membres sont une partie importante de la vie de l'église pentecôtiste. Lors de ces réunions, les membres se rassemblent pour discuter des affaires de l'église. Le pasteur et les autres responsables y partagent des rapports concernant les progrès, les défis et les besoins de l'église. Les réunions des membres devraient avoir lieu chaque année. En outre, des réunions spécialement convoquées peuvent être programmées si le besoin s'en fait sentir.

Les réunions des membres sont un excellent moment pour discuter des événements à venir et pour partager votre vision avec l'église. Ces réunions donnent également aux membres de l'église l'occasion de discuter de leurs espoirs et de leurs rêves pour l'assemblée. Vous voudrez tirer le meilleur parti de ces réunions. Vous pouvez le faire en vous préparant bien. Vous devez toujours venir à ces réunions avec un ordre du jour soigneusement préparé et des rapports précis.

En plus des réunions des membres, vous voudrez rencontrer votre équipe de leaders (anciens et diacres) au moins une fois par mois pour discuter des questions relatives à l'église. Au cours de ces réunions, vous prierez avec votre équipe de leaders. Ensemble, vous pouvez traiter les affaires de l'église, définir une vision et développer des stratégies pour la croissance de l'église.

De plus, vous voudrez rencontrer souvent les responsables des ministères de l'église, tels que ceux qui dirigent le département de l'école

---

[9] Pour en savoir plus sur la célébration des mariages et des funérailles, voir le chapitre 41 : « Mariages et funérailles ».

du dimanche, les cellules de maison, les ministères des hommes et des femmes, le ministère de la jeunesse, le comité des missions, le comité d'implantation d'églises, le comité d'évangélisation, les groupes de prière d'intercession, et autres.[10]

DISCIPLINE DES MEMBRES REBELLES

Le moment peut venir où il est nécessaire de discipliner un membre récalcitrant de l'église. Une telle discipline est un exercice de l'autorité scripturaire dont l'église est responsable (Mt 18.15-20 ; Lu 17.3 ; Jn 20.23 ; 1 Co 5.1-5 ; Ep 5.11 ; 1 Ti 5.19-20). En tant que pasteur de l'église, vous ne devez pas reculer devant cette responsabilité. Au contraire, lorsque l'occasion se présente, vous devez agir avec courage et compassion, sachant que le but de la discipline est double : purifier l'église (Ac 5.9-11) et restaurer le contrevenant (Ga 6.1).

Lorsque vous et les dirigeants de l'église déterminez que la discipline est nécessaire, vous devez suivre la procédure énoncée par Jésus dans Matthieu 18.15-20. Cette procédure comporte trois étapes. Premièrement, le pasteur ou un responsable désigné de l'église va voir le membre fautif pour discuter des accusations et l'implorer de se repentir. Si cette tentative ne résout pas le problème, le membre est alors appelé à rencontrer le pasteur et le conseil de l'église. Si le membre pécheur refuse toujours de se repentir, l'affaire est portée devant les membres de l'assemblée lors d'une réunion d'affaires spécialement convoquée. Seuls les membres actifs de l'église devraient être autorisés à assister à cette réunion. La décision de l'église est définitive. S'il est reconnu coupable, le membre fautif sera renvoyé de l'église (Mt 18.17). Cependant, dans certains cas, des mesures disciplinaires moins sévères peuvent être plus appropriées.

---

[10] Pour plus d'informations sur le travail avec les responsables du ministère, voir le chapitre 33 : « Mobiliser les leaders laïcs » et le chapitre 34 : « Diriger les départements de l'église ».

~ Partie 9 ~

Le pasteur pentecôtiste en mission

Partie 9 : Le pasteur pentecôtiste en mission

~ Chapitre 36 ~

Comprendre la stratégie du Nouveau Testament

La Bible raconte l'histoire passionnante de la mission permanente de Dieu pour racheter l'humanité perdue. Elle raconte également comment il invite tous ceux qui le suivent à se joindre à lui dans sa mission. Chaque pasteur pentecôtiste doit donc s'engager dans cette tâche de la plus haute importance. Chacun d'entre nous doit se demander : « Comment puis-je au mieux amener mon église à faire sa part dans l'accomplissement de la mission de Dieu chez nous, en Afrique et dans le monde entier ? » La réponse est que nous devons suivre le modèle de mission établi par Jésus et les apôtres.

Par sa vie et son ministère, Jésus a présenté le modèle définitif de la manière dont l'Église doit accomplir la mission de Dieu. Les apôtres l'ont compris et ont imité le modèle de Jésus. En tant que pasteurs pentecôtistes, et héritiers de la mission du Christ, nous devons faire de même. Ce modèle est parfois appelé la « stratégie de l'Esprit dans le Nouveau Testament ». Ce chapitre examinera attentivement cette stratégie. Il fera également des recommandations sur la manière dont vous, en tant que pasteur pentecôtiste en Afrique, pouvez mettre en œuvre cette stratégie dans la vie de votre église.

Partie 9 : Le pasteur pentecôtiste en mission

LE BUT MISSIONNAIRE DES ACTES

Luc a écrit le livre des Actes dans un but missionnaire. Il a écrit pour rappeler à l'Église de son époque - et finalement à l'Église de tous les temps - ses racines pentecôtistes et missionnaires. En racontant à ses lecteurs comment l'Église a commencé et comment, même au milieu de graves persécutions, elle a triomphé dans la puissance de l'Esprit, Luc espérait les encourager à faire de même. Luc a donc écrit les Actes pour présenter une stratégie missionnaire qui fonctionnera dans toutes les cultures et à toutes les époques jusqu'au retour de Jésus.

Le but premier de Luc en écrivant est révélé dans Actes 1.8, où Jésus dit à ses disciples : « Mais vous recevrez une puissance, le Saint-Esprit survenant sur vous ; et vous serez mes témoins à Jérusalem, dans toute la Judée, dans la Samarie, et jusqu'aux extrémités de la terre. » Ces paroles de Jésus sont la clé pour comprendre le modèle de mission présenté dans les Actes. Elles introduisent un modèle qui se répète tout au long du livre :

Le revêtement de la puissance du Saint-Esprit
— produit toujours —
un témoignage animé par l'Esprit.

Ce schéma a été appelé le « motif de revêtement de puissance en vue du témoignage » de Luc. Un motif est un ensemble de mots, de concepts ou d'événements qui se répètent dans un livre. Dans les Actes des Apôtres, ce motif est répété à l'infini. Chaque fois que l'Esprit est déversé, le résultat est un témoignage rempli de la puissance de l'Esprit. Il n'y a pas d'exception.[1]

La promesse des Actes 1.8 s'applique encore à nous aujourd'hui. Comme ces premiers disciples, nous pouvons nous aussi recevoir une puissance lorsque le Saint-Esprit vient sur nous. Et comme eux, nous pouvons être les témoins du Christ, animés par l'Esprit, chez nous et jusqu'aux extrémités de la terre.

---

[1] Pour en savoir plus sur ce sujet, voir le manuel de la Série Découverte d'Africa's Hope, *Les Actes : L'Esprit de Dieu en mission,* de Denzil R. Miller.

Chapitre 36 : Comprendre la stratégie du Nouveau Testament

LA STRATÉGIE DU NOUVEAU TESTAMENT

Voyons comment Paul a mis en œuvre cette stratégie d'Actes 1.8 dans la ville romaine d'Éphèse (Ac 19.1-11). Ce faisant, nous découvrirons que la stratégie de Paul était une copie conforme de la stratégie utilisée par Jésus pour mobiliser son Église. C'est une stratégie que nous, pasteurs pentecôtistes, devons utiliser aujourd'hui pour mobiliser nos églises pour l'évangélisation, l'implantation d'églises et les missions.

Un ministère exemplaire à Éphèse

En racontant l'histoire du ministère de Paul à Éphèse, Luc présente l'exemple le plus complet de la stratégie utilisée par Paul dans son travail missionnaire. Elle est censée être une stratégie durable pour l'implantation d'églises et les missions. Voyons comment Paul a appliqué cette stratégie de l'Esprit pour implanter l'Église, non seulement à Éphèse, mais dans toute l'Asie Mineure.

L'effusion à Éphèse (Ac 19.1-7)

Paul est arrivé à Éphèse avec un objectif bien défini en tête. Son objectif est révélé au verset 10, où Luc nous dit qu'après seulement deux ans, « tous ceux qui habitaient l'Asie, Juifs et Grecs, entendirent la parole du Seigneur ». L'objectif de Paul était d'atteindre Éphèse et toute l'Asie Mineure avec le message du Christ. Paul avait également en tête une stratégie claire pour atteindre son objectif. Cette stratégie devient claire à travers un examen réfléchi de son ministère à Éphèse, trouvé dans Actes 19.1-11. Avec ceci en tête, regardons ce que Paul a fait à Éphèse.

Lorsque Paul est arrivé dans la ville, il a trouvé douze disciples. Ces hommes étaient probablement des leaders de l'église naissante d'Éphèse (Ac 18.24-27). Paul leur a immédiatement demandé : « Avez-vous reçu le Saint-Esprit lorsque vous avez cru ? » (19.2). L'apôtre a posé cette question pour découvrir si ces hommes étaient spirituellement équipés pour participer à la mission d'atteindre Éphèse et l'Asie avec l'Évangile. Il appliquait l'enseignement de Jésus en Actes 1.4-8 (cf. Lu 24.49).

Après une brève conversation, Paul imposa les mains aux douze disciples, et « le Saint-Esprit vint sur eux, et ils parlaient en langues et prophétisaient » (Ac 19.6). L'expression « le Saint-Esprit vint sur eux » nous rappelle la promesse de Jésus en Actes 1.8, où il dit : « Vous recevrez

Partie 9 : Le pasteur pentecôtiste en mission

une puissance, *le Saint-Esprit survenant sur vous* ; et vous serez mes témoins » (c'est nous qui soulignons). Cet éclairage nous aide à comprendre ce qui se passe dans ce passage. Le Saint-Esprit « est venu » sur ces hommes tout comme il était venu sur les disciples à la Pentecôte, pour leur donner la force de témoigner « à Jérusalem, dans toute la Judée et la Samarie, et jusqu'aux extrémités de la terre ».

Dès que le Saint-Esprit est venu sur les douze Éphésiens et les a remplis, « ils parlaient en langues et prophétisaient », indiquant ainsi que le Christ leur avait donné le pouvoir de parler en son nom.

La campagne à Éphèse (Ac 19.8-11)

Une fois que ces douze hommes ont reçu la puissance du Saint-Esprit, Paul a lancé sa campagne d'évangélisation et d'implantation d'églises. Cette campagne s'est poursuivie pendant deux ans et a eu pour résultat que « tous ceux qui habitaient l'Asie, Juifs et Grecs » ont entendu la bonne nouvelle du Christ (v. 10). Quelle réussite extraordinaire ! En deux ans seulement, tous les habitants d'Asie - même ceux de cultures et d'origines ethniques différentes - ont entendu l'Évangile. En outre, de nombreuses églises ont été implantées. Ce nombre inclut probablement les sept églises d'Asie mentionnées dans Apocalypse 2-3.

Stratégie de l'Esprit

Luc a inclus l'histoire du ministère de Paul à Éphèse comme son exemple le plus complet de la stratégie missionnaire de l'apôtre. En fait, il résume la stratégie missionnaire qu'il a démontrée lors de son premier et de son deuxième voyage missionnaire. C'est une stratégie que nous, pasteurs pentecôtistes, devons employer dans nos propres efforts d'évangélisation et d'implantation d'églises aujourd'hui. Examinons de plus près cette stratégie de l'Esprit. La stratégie de Paul comprenait trois « piliers » clés, comme suit :

1. Premier pilier : etre revêtu de puissance. Le premier pilier de la stratégie missionnaire de Paul était le fait d'être revêtu de la puissance du Saint-Esprit. Cette habilitation de l'Esprit était double. Tout d'abord, il s'agissait de donner du pouvoir au *missionnaire* lui-même. Ensuite, il s'agissait de donner du pouvoir à *l'église,* ou aux églises, qui étaient implantées. Examinons chacun de ces éléments essentiels :

Chapitre 36 : Comprendre la stratégie du Nouveau Testament

Paul est entré à Éphèse rempli de l'Esprit Saint. Il a donc exercé son ministère en tant que témoin revêtu de la puissance de l'Esprit, conformément à la prescription de Jésus dans Actes 1.8. Le fait qu'il ait pu imposer les mains aux douze disciples en les encourageant à être remplis du Saint-Esprit montre qu'il était lui-même rempli de l'Esprit. En outre, tout au long des Actes, Luc offre de nombreux exemples du ministère de Paul animé par l'Esprit (par exemple, Ac 9.17-20 ; 13.4-5, 9-11 ; 14.8-10 ; 15.12).

Paul, cependant, a compris qu'il ne suffisait pas que lui seul soit rempli de l'Esprit. Il savait que, pour que l'œuvre prospère, l'église d'Éphèse devait elle aussi recevoir la puissance du Saint-Esprit. C'est pourquoi, dès son arrivée dans la ville, la première tâche de Paul était de s'assurer que les croyants de cette ville avaient été baptisés dans l'Esprit Saint. C'est pourquoi il a demandé aux douze disciples : « Avez-vous reçu le Saint-Esprit lorsque vous avez cru ? » Et c'est pourquoi il a immédiatement prié avec eux pour qu'ils reçoivent l'Esprit. Ainsi, les deux composantes essentielles du premier pilier de la stratégie missionnaire de Paul sont le fait de revêtir de puissance le missionnaire et la nécessité de revêtir également de puissance l'église.

Ainsi habilitée, l'église d'Éphèse pouvait devenir un puissant centre d'activité missionnaire, atteignant tous les recoins de la province. Ces deux mêmes composantes, l'habilitation du pasteur et l'habilitation de l'église, doivent faire partie de notre stratégie missionnaire aujourd'hui. La stratégie de l'Esprit de Paul est présentée à la page suivante.

2. Deuxième pilier : le témoignage. Le deuxième pilier de la stratégie missionnaire de Paul était le témoignage. Il fallait s'y attendre, puisque le témoignage audacieux est le résultat attendu du baptême du Saint-Esprit (Ac 1.8 ; 4.31). A l'instar de la puissance dont on est revêtu, le témoignage a également deux composantes : la proclamation et la démonstration.

Premièrement, Paul a témoigné du Christ par une puissante *proclamation* de l'Évangile. Cette proclamation a commencé lorsque les douze « parlaient en langues *et prophétisaient* ». En utilisant Actes 1.8 comme clé d'interprétation, nous comprenons que leur prophétie était sous la forme d'une proclamation de l'Évangile aux perdus par l'Esprit, comme l'était la proclamation prophétique de Pierre le jour de la Pentecôte (2.14).

LA « STRATÉGIE DE L'ESPRIT » DANS LE NOUVEAU TESTAMENT
(Actes 19.1-11)

Pilier 1 : Revêtir de puissance
- le missionnaire
- l'église

Pilier 2 : Témoignage
- Proclamation
- Démonstration

Pilier 3 : Mobilisation
- Formation
- Envoi

Luc nous dit ensuite que Paul « entra dans la synagogue et y parla avec assurance pendant trois mois, discutant de manière persuasive du royaume de Dieu » (Ac 19.8). Dans les Actes, proclamer le royaume de Dieu équivaut à proclamer la bonne nouvelle du Christ (8.12 ; 28.23, 31). En plus de proclamer le Christ dans les synagogues, Paul « enseignait... publiquement et de maison en maison », et il « déclarait aux Juifs et aux Grecs qu'ils devaient se tourner vers Dieu en se repentant et avoir foi en notre Seigneur Jésus » (20.20-21). Le témoignage oral de Paul à Éphèse a été accompagné de *démonstrations* de la puissance du royaume par les signes qui ont suivi (19.11-20).

Ainsi, comme le premier, ce deuxième pilier de la stratégie de l'Esprit de Paul avait deux composantes, la proclamation audacieuse de l'Évangile et la démonstration de la puissance du royaume par des signes l'accompagnant. Il ne fait aucun doute que le témoignage des collègues de Paul nouvellement remplis de l'Esprit comprenait les deux mêmes composantes, la proclamation et la démonstration. Ces deux composantes devraient caractériser le témoignage de chaque église pentecôtiste en Afrique aujourd'hui.

Chapitre 36 : Comprendre la stratégie du Nouveau Testament

3. Troisième pilier : la mobilisation. Le troisième pilier de la stratégie missionnaire de l'Esprit de Paul était la mobilisation. Une fois que l'église a reçu la puissance de l'Esprit et que l'Évangile a été prêché, Paul a commencé à mobiliser l'église pour des missions régionales. Cette mobilisation est indiquée dans Actes 19.10 : « Cela dura deux ans, de sorte que tous les Juifs et les Grecs qui habitaient la province d'Asie entendirent la parole du Seigneur. » Sans quitter Éphèse, Paul a pu atteindre toute la province d'Asie avec l'Évangile en seulement deux courtes années. Cela n'a pu être accompli qu'en mobilisant efficacement les disciples d'Éphèse.

Le texte indique que Paul a mobilisé l'église éphésienne de deux manières, la formation et l'envoi. Premièrement, Paul a *formé des* ouvriers et des planteurs d'églises dans l'école de Tyrannus (Ac 19.9). La formulation du texte suggère une relation de cause à effet entre la formation au leadership de Paul et le fait qu'en deux ans seulement, tous les habitants de l'Asie ont entendu la parole du Seigneur. Le programme de l'école comportait probablement un fort accent pratique sur l'évangélisation et l'implantation d'églises. En outre, l'atmosphère de l'école devait être saturée de la présence de l'Esprit.

La procédure de formation de Paul semble également avoir inclus le mentorat sur le tas. C'est ce que laisse entendre Actes 19.8-9, où Paul a inclus les disciples nouvellement remplis de l'Esprit dans son ministère d'évangélisation. Cette relation de mentorat est également mise en évidence par la manière dont il est resté en étroite compagnie avec les disciples d'Éphèse (v. 9 ; 20.1, 17-18). Paul a probablement encadré ses étudiants dans ses méthodes missionnaires. Plus tard, il a écrit à Timothée à Éphèse, et lui a donné l'instruction suivante : « Ce que tu as entendu de moi en présence de nombreux témoins, confie-le à des personnes fidèles qui soient capables de l'enseigner aussi à d'autres » (2 Ti 2.2).

Une fois que les disciples ont été remplis de l'Esprit et formés - ou plus probablement, alors qu'ils étaient encore en formation - Paul les a *envoyés* dans tous les coins de la province pour prêcher l'Évangile et implanter des églises missionnaires animées par l'Esprit. Sans aucun doute, ils ont employé la même stratégie missionnaire que leur mentor. L'application de cette stratégie a entraîné une multiplication spontanée des églises dans toute la région (Ac 19.10). Il est également clair que la stratégie de Paul consistait à atteindre des personnes d'origines ethniques et culturelles diverses, car Luc dit que « des Juifs et des Grecs » se sont vu présenter l'Évangile.

Partie 9 : Le pasteur pentecôtiste en mission

L'exemple de Jésus

Il est important de noter que la stratégie de Paul pour Éphèse et l'Asie Mineure n'était pas originale pour lui. Il ne faisait que suivre l'exemple de Jésus lorsqu'il a envoyé son Église dans le monde.

Jésus a mobilisé ses disciples en les *formant* et en les *envoyant* (Mc 3.13-15). En chemin, ils devaient *prêcher* l'Évangile et *démontrer* sa puissance par des signes (Mc 16.15-18). Mais avant de faire tout cela, ils devaient attendre à Jérusalem d'être *habilités* par l'Esprit (Lu 24.49 ; Ac 1.4-8), tout comme Jésus lui-même avait été habilité par l'Esprit (Lu 4.18-19 ; Ac 10.38). Le renforcement du pouvoir des disciples a eu lieu le jour de la Pentecôte et à de nombreuses autres occasions dans les Actes. Paul, dans sa campagne éphésienne, ne faisait que suivre l'exemple de Jésus en envoyant son Église dans le monde.

LEÇONS POUR AUJOURD'HUI

En tant que pasteurs pentecôtistes, nous pouvons tirer d'importantes leçons de notre enquête sur le ministère de Paul à Éphèse, rendu possible par l'Esprit. Examinons trois de ces leçons :

Soyez revêtu de la puissance de l'Esprit

Premièrement, nous apprenons que nous ne devons jamais prétendre accomplir l'œuvre de Dieu avec nos propres forces ou capacités humaines. Au contraire, comme Jésus et Paul, nous devons exercer notre ministère avec la puissance et l'onction du Saint-Esprit. Selon le modèle du livre des Actes des Apôtres, cette habilitation divine survient lorsque nous sommes baptisés et habilités par l'Esprit de Dieu. Elle demeure lorsque nous marchons quotidiennement dans l'Esprit.

Nous apprenons également que, si nos églises doivent devenir des centres d'évangélisation, d'implantation d'églises et de missions efficaces, elles doivent avoir en elles-mêmes la vitalité spirituelle nécessaire pour atteindre ce but. Par conséquent, en tant que pasteurs pentecôtistes, notre première tâche doit être de veiller à ce que nos églises reçoivent la puissance du Saint-Esprit. Nous pouvons atteindre cet objectif en veillant à ce que ceux qui viennent à Christ soient immédiatement conduits au baptême de l'Esprit

Chapitre 36 : Comprendre la stratégie du Nouveau Testament

et qu'on leur enseigne comment vivre la vie remplie de l'Esprit. En outre, nous devons amener ces mêmes personnes à témoigner par l'Esprit.[2]

Employer une stratégie biblique

Deuxièmement, nous apprenons la nécessité d'employer une stratégie basée sur la Bible et guidée par l'Esprit dans le travail d'évangélisation, d'implantation d'églises et de missions. A Éphèse, Paul était guidé par une telle stratégie. C'était une stratégie basée sur un précédent divin plutôt que sur la sagesse humaine. Paul ne faisait que suivre la stratégie que Jésus avait utilisée pour mobiliser son Église pour les missions mondiales.

Paul visait en outre à disperser des congrégations missionnaires animées par l'Esprit dans toute l'Asie Mineure. Chacune de ces congrégations aurait en elle la vision et la puissance spirituelle dont elle avait besoin pour implanter d'autres églises missionnaires animées par l'Esprit. De cette manière, les églises seraient multipliées dans toute l'Asie, et l'Évangile serait proclamé avec puissance à tous ceux qui y vivaient - Juifs et païens.

Aujourd'hui, en tant que pasteurs pentecôtistes, nous devons faire de même. Certes, nous devons nous efforcer de faire en sorte que les gens soient sauvés. Cependant, nous devons réaliser que l'évangélisation, aussi nécessaire qu'elle soit, n'est pas suffisante en soi. Nous devons implanter et développer des églises missionnaires animées par l'Esprit - des églises où les nouveaux croyants sont remplis de l'Esprit, formés à la manière de Christ, entraînés à faire progresser efficacement le royaume de Dieu, puis mobilisés et envoyés pour faire de même dans des endroits proches et lointains.

Agir avec intentionnalité

Enfin, dans tout ce que nous faisons, nous devons agir avec une intentionnalité délibérée. Trop d'activités de l'église sont réalisées sans but précis. Trop de choses sont supposées. Nous ne pouvons pas supposer que les gens viendront dans notre église simplement parce que nous ouvrons les portes chaque dimanche. Nous ne pouvons pas supposer que les gens

---

[2] Pour en savoir plus sur la manière d'encourager l'église à rechercher l'Esprit, voir le chapitre 19 : « Diriger une église vers un réveil pentecôtiste ». Pour en savoir plus sur la manière de conduire les croyants à la puissance de l'Esprit, voir le chapitre 20 : « Guider les croyants dans le baptême de l'Esprit ».

Partie 9 : Le pasteur pentecôtiste en mission

naissent de nouveau simplement parce que nous les guidons dans la « prière du pécheur ». Nous ne pouvons pas supposer que les croyants soient véritablement habilités par l'Esprit simplement parce qu'ils présentent une manifestation physique extérieure. Nous ne pouvons pas supposer que l'église que nous dirigeons est dotée de l'Esprit simplement parce qu'elle appartient à une communauté d'églises pentecôtistes ou charismatiques. Nous ne pouvons pas supposer que notre église développera une vision et un zèle missionnaires simplement parce que sa dénomination croit en ces choses. Au contraire, nous devons avoir une idée claire de ce que nous voulons accomplir, et nous devons savoir comment nous allons nous y prendre pour atteindre notre but.

L'intentionnalité doit marquer chaque décision et chaque geste que nous faisons. Nous devons rechercher personnellement la face de Dieu avec l'intention d'être véritablement remplis (ou remplis à nouveau) du Saint-Esprit. Nous devons prêcher l'Évangile avec l'intention de voir les perdus se repentir et naître véritablement de nouveau. Nous devons prier avec les croyants avec l'intention qu'ils soient véritablement habilités par l'Esprit de Dieu. Nous devons implanter des églises avec l'intention étudiée qu'elles deviennent des églises missionnaires habilitées par l'Esprit.

Et tout au long du processus, nous devons intentionnellement transmettre notre vision et notre stratégie aux leaders que Dieu suscite dans l'église. Nous devons ensuite mobiliser l'église avec l'intention précise d'atteindre notre ville, notre pays, notre région et les nations avec l'Évangile. C'est ce que Jésus a fait, et c'est ainsi que Paul a atteint toute l'Asie avec l'Évangile en l'espace de deux ans seulement. C'est ce que nous devons faire aujourd'hui.

~ Chapitre 37 ~

Évangéliser les perdus

Pourquoi est-il important de conduire une seule personne au Christ ? Bien sûr, pour cette seule personne, c'est éternellement important. Cependant, ce seul acte d'amour chrétien pourrait être éternellement important pour beaucoup d'autres personnes aussi, comme l'illustre l'histoire suivante.

Edward Kimball était un simple employé de magasin à Détroit, Michigan, USA. Il était également enseignant à l'école du dimanche dans son église. En 1854, Kimball a rencontré un garçon de dix-sept ans nommé Dwight et l'a conduit au Christ. Ce garçon est devenu le célèbre évangéliste D. L. Moody. Moody allait devenir l'un des plus grands gagneurs d'âmes de l'histoire. Moody a également influencé F. B. Meyer à se lancer dans l'évangélisation et les missions, qui à son tour a influencé J. Wilbur Chapman, qui a ensuite formé Billy Sunday en tant qu'évangéliste. Quiconque a étudié l'histoire de l'église moderne sait que tous ces hommes étaient de puissants évangélistes. Ensemble, ils ont gagné des millions de personnes au Christ. Mais l'histoire ne s'arrête pas là.

Un prédicateur de campagne nommé Mordecai Ham a été inspiré par le ministère de Billy Sunday. Puis, en 1934, Ham a prêché le message qui a poussé Billy Graham à donner sa vie au Christ. Billy Graham a probablement prêché l'Évangile à plus de personnes que toute autre personne dans l'histoire. Pensez-y, tout cela est le résultat d'un simple enseignant d'école du dimanche qui a gagné un garçon des rues au Christ.

L'histoire d'Edward Kimball montre combien il est important pour le pasteur pentecôtiste de conduire son église à une évangélisation efficace. Ce chapitre examinera comment ils peuvent le faire au mieux.

DÉFINITIONS

En tant que pasteur pentecôtiste, vous devez avoir une compréhension claire de ce qu'est l'évangélisation et de son lien avec l'implantation d'églises et les missions. Bien que ces trois activités découlent de la Grande Commission du Christ (Mt 28.18-20 ; Mc 16.15-16), il existe des différences importantes.

Évangélisation

L'évangélisation est le partage délibéré de l'Évangile avec les personnes perdues dans le but de les gagner au Christ. Elle consiste à parler aux gens de Jésus et de son œuvre salvatrice sur la croix, et à les appeler à la foi en Lui (Ac 16.31). Au cœur de l'évangélisation se trouve l'histoire de la mort et de la résurrection de Jésus (1 Co 15.1-4). L'évangélisation est plus qu'un programme dans l'église, c'est la raison d'être de l'église. Et c'est la responsabilité solennelle de chaque chrétien.

Implantation d'églises

Si l'implantation d'églises comprend l'évangélisation, elle implique bien plus. L'implantation d'églises consiste à organiser ceux qui ont été sauvés en corps de croyants. Ces croyants se réunissent régulièrement pour la communion, la prière et l'étude de la Bible. Des leaders sont choisis pour former ces croyants à l'image du Christ. Les nouveaux croyants apprennent à abandonner leur ancienne vie de péché, à vivre selon la Parole de Dieu et à parler de Jésus aux autres.

Missions

La mission comprend souvent l'évangélisation et l'implantation d'églises. Cependant, il existe des différences importantes. La mission consiste à gagner les perdus au Christ et à implanter des églises dans différentes cultures. Elle exige que les missionnaires quittent leur foyer, se rendent dans de nouveaux endroits, apprennent de nouvelles langues et s'adaptent à la vie dans leur nouvel environnement. Dans ce contexte « étranger », ils gagnent les perdus à Jésus et fondent de nouvelles églises.

Chapitre 37 : Évangéliser les perdus

Paul est un exemple de missionnaire. Il a traversé les frontières et les cultures pour proclamer le Christ aux perdus. Ce faisant, il a établi des églises et a surveillé leurs progrès. Pour s'assurer que les églises prospèrent, Paul a nommé des anciens et des pasteurs pour diriger ces congrégations. Une partie des responsabilités des pasteurs était de conduire leurs églises à évangéliser les perdus et à envoyer eux-mêmes des missionnaires. Ainsi, le travail d'évangélisation, d'implantation d'églises et de missions pouvait se poursuivre (cf. 1 Th 1.8).

RESPONSABILITÉ PASTORALE

Paul a écrit à Timothée, son fils dans la foi et pasteur de l'église d'Éphèse, pour lui dire de « faire le travail d'un évangéliste » (2 Ti 4.5). Le travail d'un évangéliste consiste à gagner les perdus à Christ et à former les autres à faire de même (Ep 4.11-12). En tant que pasteur pentecôtiste, vous portez aussi cette responsabilité. Vous devez élaborer un plan pour mobiliser votre église en vue d'une évangélisation efficace. Ce plan de mobilisation doit comprendre trois stratégies : la motivation, la formation et le déploiement, comme suit :

Motivation

En tant que pasteur pentecôtiste, votre première tâche pour mobiliser votre église pour l'évangélisation est d'instiller dans le cœur du peuple de Dieu une passion pour les perdus. L'une des façons d'y parvenir est de leur enseigner ce que la Bible dit de l'état de perdition de l'humanité. En dehors d'une relation salvatrice avec Jésus-Christ, tous les hommes sont irrémédiablement et éternellement perdus. Leur seul espoir dans cette vie, et dans la vie à venir, est de connaître le Christ. Vous devez imprégner ces vérités impressionnantes dans le cœur et l'esprit de votre peuple. Vous devez également leur rappeler leur obligation de partager l'Évangile avec les personnes perdues.

Pour y parvenir, vous devrez vous appuyer sur l'Esprit missionnaire de Dieu. Vous devez vous assurer que les membres de l'église ont été remplis du Saint-Esprit et qu'ils ont été habilités à devenir des témoins du Christ (Ac 1.8). Vous devez également vous assurer que la présence et la puissance de l'Esprit se manifestent dans les cultes. Si l'occasion lui en est donnée, le Saint-Esprit agira dans le cœur des gens, les façonnant et les orientant vers la moisson.

Formation

Une autre stratégie que vous pouvez utiliser pour mobiliser votre église pour l'évangélisation est la formation. C'est ce que Jésus a fait. Il a dit à ses disciples : « Suivez-moi... et je ferai de vous des pêcheurs d'hommes » (Mc 1.17). Lorsque les disciples de Jésus suivaient leur Maître, écoutaient son enseignement et imitaient ses méthodes, ils devenaient de puissants proclamateurs de l'Évangile.

La même dynamique doit se produire dans nos églises pentecôtistes aujourd'hui. Nous devons enseigner à nos membres comment évangéliser les perdus comme l'ont fait Jésus et les apôtres. Ce faisant, nous devons leur apprendre à marcher dans l'Esprit et à discerner la voix de l'Esprit lorsqu'il les dirige dans leur témoignage (cf. Ac 8.29). En tant que pasteurs pentecôtistes, nous devons également enseigner à nos gens comment se soumettre à l'onction de l'Esprit, en lui faisant confiance pour parler à travers eux lorsqu'ils parlent de Christ aux autres.

En outre, nous devons nous assurer que les saints comprennent l'Évangile et qu'ils sont capables de le communiquer clairement aux autres. Ils doivent en outre comprendre comment conduire les gens à Jésus, en les appelant à la repentance et à la foi. L'un des moyens d'y parvenir est d'organiser des ateliers annuels sur l'évangélisation animée par l'Esprit.

Déploiement

Une fois que le peuple de Dieu a été motivé et formé, il doit être déployé. C'est ce que Jésus a fait. Dans le cadre de son programme de formation, il a envoyé ses disciples prêcher l'Évangile. Ils lui ont ensuite fait un rapport pour qu'il les évalue (cf. Lu 9.6 ; 10.1-20). Plus tard, alors que son ministère sur terre était sur le point de prendre fin, il a déployé ses disciples de manière permanente pour qu'ils témoignent « à Jérusalem, dans toute la Judée et la Samarie, et jusqu'aux extrémités de la terre » (Ac 1.8). En tant que pasteur pentecôtiste, vous devez faire de même. Vous devez donner l'exemple d'une vie d'évangélisation à votre peuple. Vous devez ensuite les former et les déployer dans le ministère.

LES MÉTHODES D'ÉVANGÉLISATION

En tant que pasteur pentecôtiste fidèle, vous ne devez pas être dépourvu de sens au point de rester inactif, en espérant que les gens de la communauté

Chapitre 37 : Évangéliser les perdus

viendront dans votre église. Vous ne devez pas non plus supposer que vos membres vont soudainement devenir des témoins auprès de leurs amis et voisins. En tant que pasteur, vous devez donner l'exemple et conduire les gens à la moisson. Vous devez en outre développer des stratégies et mettre en œuvre des programmes afin de mobiliser l'église pour une évangélisation efficace.

Vous pouvez y parvenir en employant diverses méthodes d'évangélisation. Le choix de la méthode dépendra du contexte communautaire, du public cible et de la direction du Saint-Esprit. Voici quelques méthodes d'évangélisation que vous pouvez utiliser :

Cultes réguliers

L'évangélisation doit être au cœur des réunions régulières du dimanche de l'église. Vous devez à tout moment rester attentif aux personnes perdues de votre congrégation. Et vous devez leur proclamer fidèlement l'Évangile. Comme Paul, vous devez être déterminé à ne prêcher que « Christ et Christ crucifié » (1 Co 2.1-2). Comme il est triste pour un membre d'amener un ami perdu dans une église où l'Évangile n'est pas prêché. Chaque message que vous prêchez devrait inclure une explication du plan de salut et une invitation à venir à Christ.

L'évangélisation personnelle

Outre la proclamation de l'Évangile lors des réunions d'église régulières, vous devez vous assurer que les membres de votre église savent comment partager l'Évangile avec les personnes extérieures à l'église. Ce type d'évangélisation est appelé évangélisation personnelle. En tant que pasteur de l'église, vous voudrez encourager les types suivants d'évangélisation personnelle.

L'évangélisation de porte à porte. Dans une campagne d'évangélisation de porte à porte, les membres de l'église sont formés puis envoyés de maison en maison, se présentant aux gens et leur faisant savoir que l'église se préoccupe d'eux. Ils doivent proposer de prier pour leurs besoins et être prêts à partager l'Évangile avec ceux qui se montrent intéressés.

L'évangélisation par l'amitié. Vous devriez également équiper et encourager les membres de l'église à prier pour le salut de leurs amis. Ils devraient demander à Dieu d'ouvrir le cœur de leurs amis et de leur donner l'occasion de partager l'Évangile avec eux. L'église peut vouloir programmer une « journée des amis » annuelle au cours de laquelle les membres sont encouragés à inviter leurs amis à l'église. Ce jour-là, tous les amis présents seront honorés. Vous prêcherez alors un message d'évangélisation et leur donnerez l'occasion de recevoir le Christ comme Sauveur.

L'évangélisation par le mode de vie. Vous voudrez également enseigner aux gens qu'en réalité, l'évangélisation n'est pas tant un événement ou un programme qu'un style de vie. Vous voudrez les encourager à témoigner par leur vie et leurs témoignages personnels. Ils doivent rester ouverts aux opportunités de partager l'Évangile avec d'autres personnes au milieu des événements quotidiens de la vie.

Campagnes d'évangélisation

Les campagnes d'évangélisation (parfois appelées réunions de réveil) sont un autre excellent moyen de conduire les gens au Christ. Une campagne d'évangélisation peut se dérouler comme suit : vous et les responsables de votre église programmez la campagne et, au moment opportun, commencez à l'annoncer à l'église et à la communauté. À l'approche de l'événement, l'église commence à baigner l'événement dans la prière. Les membres sont encouragés à inviter leur famille, leurs amis et leurs voisins aux réunions. En tant que pasteur, vous devez vous assurer que la personne que vous invitez à exercer son ministère est passionnée par les perdus et a la réputation de prêcher l'Évangile. Vous devez également vous assurer que le prédicateur proclame fidèlement l'Évangile dans chaque réunion et donne aux gens l'occasion d'être sauvés.

Réunions en plein air

Vous voudrez également faire descendre la campagne d'évangélisation dans les rues. Vous voudrez organiser et envoyer des équipes d'évangélisation sur les marchés ou dans d'autres endroits où un grand nombre de personnes se rassemblent. Là, elles organiseront de brefs mais puissants services en plein air. Ces services doivent inclure des chants pour attirer la foule, des témoignages personnels de la grâce de Dieu, et un bref message évangélique suivi d'une invitation à recevoir le Christ.

Chapitre 37 : Évangéliser les perdus

Distribution de la littérature

La distribution de littérature est un autre moyen éprouvé de répandre l'Évangile. Vous pouvez planifier une journée pour envoyer des ouvriers dans un endroit stratégique pour distribuer de la littérature évangélique. La documentation que vous distribuez doit être choisie avec soin. Elle doit être attrayante et bien écrite, et présenter clairement le plan de salut. Elle doit également contenir des informations de contact, notamment le nom, l'emplacement et le numéro de téléphone de l'église, ainsi que son site Web et ses adresses électroniques.

Marches de prière

Les marches de prière peuvent être utilisées pour ouvrir de nouvelles zones au témoignage de l'Évangile. Elles peuvent également être utiles pour créer un fardeau dans le cœur des croyants afin d'atteindre la région pour le Christ. L'église peut organiser des équipes pour marcher, deux par deux, dans des quartiers sélectionnés. Ce faisant, elle demandera au Saint-Esprit d'agir sur les habitants et d'ouvrir leur cœur à l'Évangile. Ils peuvent également vouloir mener un combat spirituel, en défiant et en liant les démons qui retiennent les gens dans un esclavage spirituel et physique.

En marchant dans les quartiers pour prier, les équipes doivent rester ouvertes aux opportunités de prier avec les gens et de leur présenter l'Évangile. Les marches de prière sont un excellent moyen de préparer le terrain pour une nouvelle implantation d'église.

Sensibilisation des médias

Si votre église en a les moyens financiers, vous pouvez envisager d'utiliser les médias de masse pour diffuser l'Évangile. Les médias de masse comprennent les émissions de radio et de télévision. L'Internet et les médias sociaux peuvent également être utilisés de manière créative pour diffuser l'Évangile. En planifiant une telle diffusion, vous devez garder à l'esprit que, si les programmes ne sont pas de la plus haute qualité, ils pourraient détourner les gens au lieu de les attirer vers l'église.

Implantation d'églises

Des recherches ont montré que l'implantation d'églises est, de loin, la méthode d'évangélisation la plus efficace. Plus de personnes viennent à Christ dans les nouvelles églises que dans les vieilles églises établies. Grâce

Partie 9 : Le pasteur pentecôtiste en mission

à l'implantation d'églises, l'église ne croît pas seulement numériquement, elle s'étend géographiquement.[1]

Autres approches créatives

Vous devrez être ouvert à d'autres méthodes créatives d'évangélisation. Plus important encore, en tant que pasteur pentecôtiste, vous devez à tout moment rester ouvert à la direction du Saint-Esprit dans la création et la planification de nouveaux programmes de sensibilisation.

OPPORTUNITÉS D'ÉVANGÉLISATION

Paul a exhorté les chrétiens d'Éphèse à « [tirer] le meilleur parti de toute occasion » (Ep 5.16). Au fur et à mesure que les circonstances changent, de nouvelles opportunités d'évangélisation se présenteront. En tant que pasteur pentecôtiste, vous devez donc être guidé par le Saint-Esprit et être prêt à répondre aux besoins lorsqu'ils se présentent. Prenons par exemple ces quatre opportunités typiques :

Réagir aux crises

Les bouleversements sociétaux, tels que les guerres, les famines, les épidémies, les sécheresses, les cyclones, les infestations d'insectes et autres catastrophes naturelles, offrent à l'Église d'énormes possibilités de partager la bonne nouvelle du Christ. En ces temps de crise, les gens cherchent des réponses. Par conséquent, leurs cœurs sont plus ouverts au Seigneur. Le message chrétien d'amour offre de l'espoir aux personnes blessées et affligées dans de tels contextes. Dans de tels moments, vous et votre église devez être prêts à tendre la main avec amour et compassion. Vous devez chercher des moyens de servir ceux qui sont dans le besoin. Ce faisant, vous devriez profiter au maximum des occasions de partager l'Évangile.

Atteindre la communauté musulmane

La communauté musulmane se développe et s'étend à travers l'Afrique. L'islam radical est en plein essor, et il ravage certaines parties du continent. En conséquence, de nombreux musulmans sont déçus par leur religion.

---

[1] L'implantation d'églises est abordée plus en détail au chapitre 39 : « Implanter de nouvelles églises ».

Chapitre 37 : Évangéliser les perdus

Votre église doit développer des stratégies missionnaires crédibles pour évangéliser ces musulmans désillusionnés.

Utilisation des réseaux de relations

Les réseaux de relations, tels que les membres de la famille, les amis, les voisins et les collègues de travail, peuvent servir de ponts naturels pour l'évangélisation. C'est particulièrement vrai dans les milieux ruraux d'Afrique. Là-bas, les gens vivent en étroite communauté et partagent beaucoup de choses en commun. Dans de tels contextes, la conversion d'un leader d'opinion dans la communauté peut conduire à la conversion d'autres personnes dans son cercle de relations. L'évangélisation par le biais de réseaux de relations présente un énorme potentiel de réussite en Afrique.

Partenariats stratégiques

La formation de partenariats stratégiques avec des églises et des organisations partageant les mêmes idées peut être un autre moyen efficace d'évangéliser les perdus. Cela est particulièrement vrai lorsqu'il s'agit de mener à bien un effort missionnaire convenu d'un commun accord. Votre église pourrait s'associer à d'autres églises et organisations para-ecclésiastiques pour mettre en œuvre des programmes spécialisés visant à atteindre certains segments négligés de la société, tels que les orphelins, les enfants des rues ou les victimes de catastrophes naturelles.

ÉLÉMENTS ESSENTIELS

Bien qu'il puisse y avoir de nombreuses approches de l'évangélisation, pour le pasteur pentecôtiste, trois éléments fondamentaux doivent toujours être présents : la proclamation de l'Évangile, la puissance du Saint-Esprit et la prière sincère.

Proclamation de l'Évangile

Pour évangéliser les perdus, il faut prêcher l'Évangile (Mc 16.15 ; 1 Co 9.16). Paul a déclaré : « Quiconque invoque le nom du Seigneur sera sauvé » (Ro 10.13). Il a ensuite posé une série de questions pointues : « Comment donc invoqueront-ils celui en qui ils n'ont pas cru ? Et comment croiront-ils en celui dont ils n'ont pas entendu parler ? Et comment pourront-ils entendre sans que quelqu'un leur prêche ? » (v. 14). Il n'y a pas de salut sans entendre et sans croire à l'Évangile. En tant que pasteur pentecôtiste, vous devez donc être prêt à tout moment à partager la bonne nouvelle avec les perdus (Ro 1.15-16). Et vous devriez équiper vos membres pour qu'ils fassent de même.

La puissance du Saint-Esprit

Aucune entreprise d'évangélisation ne devrait être entreprise sans la puissance du Saint-Esprit. Jésus a ordonné à ses disciples : « Allez et faites de toutes les nations des disciples » (Mt 28.19). Mais d'abord, ils devaient « rester dans la ville jusqu'à ce qu'ils soient revêtus de la puissance d'en haut » (Lu 24.49 ; cf. Ac 1.4-8). Ce modèle biblique se poursuit jusqu'à aujourd'hui - d'abord être revêtu de la puissance de l'Esprit, puis la proclamation.

Le modèle d'évangélisation du Nouveau Testament implique en outre une prédication ointe accompagnée de signes et de prodiges de confirmation (Mt 10.7-8 ; Mc 16.17). Non seulement l'Évangile doit être proclamé, mais sa puissance doit être démontrée. Cela est particulièrement vrai en Afrique. La plupart des Africains sont issus de l'idolâtrie, de la sorcellerie et de l'occultisme. Ils recherchent une religion qui promet le pouvoir sur les forces des ténèbres.

En tant que pasteur pentecôtiste avisé, vous devez donc mettre l'accent sur le baptême du Saint-Esprit, le ministère de puissance et la manifestation des dons spirituels dans l'évangélisation. Toutefois, vous devez veiller à ce que le message de l'Évangile ne soit pas compromis dans une quête de miracles spectaculaires.

Prière sincère

Enfin, toute activité d'évangélisation de l'église devrait être baignée dans une prière sincère. Une telle prière est la clé du succès de l'évangélisation. Toutes les autres activités d'évangélisation découlent de celle-ci. Dans la prière, nous demandons à Dieu de donner du pouvoir aux saints, de diriger leurs pas, d'oindre leur prédication, d'accomplir des signes et des prodiges, et d'ouvrir les cœurs de ceux qui entendront l'Évangile proclamé (cf. Ac 4.29-30).

Chapitre 37 : *Évangéliser les perdus*

L'évangélisation est au cœur de la raison d'être de l'Église. Aucune église ne peut vraiment se dire pentecôtiste si elle ne parvient pas à atteindre les perdus dans la puissance du Saint-Esprit. Ainsi, en tant que véritable pasteur pentecôtiste, vous devez hardiment conduire votre église à atteindre les perdus pour le Christ.

Partie 9 : Le pasteur pentecôtiste en mission

~ Chapitre 38 ~

Servir la communauté

Le pasteur d'une petite église pentecôtiste d'Afrique de l'Est a été poussé par le Saint-Esprit à ouvrir une école primaire dans la salle de classe de son église. Il a témoigné : « Nous voulions simplement aider les enfants du quartier à avoir une meilleure éducation. Nous voulions faire notre part pour éradiquer l'analphabétisme et l'ignorance dans notre communauté. » Bien qu'il n'ait pas d'argent, ni d'expérience dans la gestion d'une école, le pasteur croyait que Dieu lui avait parlé. C'est donc dans la foi qu'il a mis son projet à exécution.

Réalisant que l'école avait besoin d'armoires pour stocker les fournitures pédagogiques, le pasteur a retiré les armoires de sa propre maison et les a apportées à l'école. Il a vendu d'autres biens personnels pour acheter des pupitres, des livres et des matériaux de construction. Il s'est ensuite mis au travail pour mettre en œuvre sa vision. L'école n'ayant pas les moyens de payer un agent de sécurité, il s'est porté volontaire pour occuper lui-même ce poste. Pendant tout ce temps, il a fait confiance à Dieu pour le soutenir et le guider. Petit à petit, l'école a prospéré et s'est développée.

En regardant le pasteur, les gens de la communauté ont été touchés par sa vision et son souci réel de leur bien-être. Ils ont donc commencé à donner de l'argent pour aider l'école. Avec le temps, Dieu a fait en sorte que l'église puisse construire d'autres salles de classe. Ces nouvelles salles de classe ont

Partie 9 : Le pasteur pentecôtiste en mission

été construites selon les normes du gouvernement pour les écoles. Plus récemment, l'école a acquis un terrain supplémentaire sur lequel elle pourra se développer davantage. Le pasteur a annoncé : « Nous prévoyons de construire d'autres salles de classe et un terrain de jeu pour les enfants. Nous ne sommes pas encore là où Dieu veut que nous soyons, mais Dieu est fidèle et il nous aide à aller de l'avant. Notre école fait désormais partie des meilleures écoles de la région. »

Dans tout ce qu'ils ont fait, le pasteur et le personnel de l'école sont restés fidèles au mandat du Christ de partager l'Évangile avec les perdus. Grâce à cela, de nombreux élèves sont devenus chrétiens. En outre, la bonne volonté générée par l'école a ouvert le cœur de plusieurs parents qui ont donné leur vie à Jésus. Dieu a également utilisé l'école pour ouvrir la porte du témoignage à la communauté musulmane environnante.

Ce n'est qu'un exemple des nombreuses façons dont vous pouvez, en tant que pasteur pentecôtiste, amener votre église à prendre soin de votre communauté. Ce chapitre examinera ce sujet. Il posera les bases bibliques du ministère holistique. Le ministère holistique est un ministère chrétien qui vise à servir la personne dans son ensemble, esprit, âme et corps. Le chapitre offrira également des suggestions pratiques sur la manière dont votre église peut s'impliquer dans le soin de la communauté.

LE MANDAT BIBLIQUE

Dans les discussions sur les missions, on pose parfois la question suivante : « Qu'est-ce qui est le plus important, prêcher l'Évangile aux perdus ou s'occuper des nécessiteux ? » La réponse est la suivante : si rien n'est plus important que de conduire les pécheurs au Christ, l'église doit être impliquée à la fois dans l'évangélisation et dans les soins communautaires. Les deux sont des expressions de la venue du royaume de Dieu. Si l'Église pentecôtiste en Afrique a excellé pour conduire les gens au Christ et implanter de nouvelles églises, elle a été moins efficace pour s'occuper des personnes en difficulté.

En tant que véritable pasteur pentecôtiste, vous devez éviter deux écueils. Premièrement, vous devez éviter de prêcher l'Évangile tout en ignorant la souffrance physique de ceux qui vous entourent. En même temps, vous devez éviter de vous occuper des besoins physiques des gens sans partager l'Évangile avec eux. Quelqu'un a fait remarquer à juste titre :

Chapitre 38 : Servir la communauté

« Nous n'avons pas pleinement prêché l'Évangile tant que nous n'avons pas démontré l'amour du Christ, et nous n'avons pas pleinement démontré l'amour du Christ tant que nous n'avons pas prêché l'Évangile. » Examinons de plus près ce que dit la Bible sur ce sujet vital.

Suivre l'exemple de Jésus

Jésus est notre modèle de ministère. Il s'est occupé de toute la personne, esprit, âme et corps. Alors que Jésus était sur le point de commencer son ministère, il en a énoncé le but : « L'Esprit du Seigneur est sur moi, parce qu'il m'a consacré par onction pour annoncer la bonne nouvelle aux pauvres ; il m'a envoyé [pour guérir ceux qui ont le cœur brisé,] pour proclamer aux prisonniers la délivrance et aux aveugles le recouvrement de la vue, pour renvoyer libres les opprimés, pour proclamer une année de grâce du Seigneur » (Lu 4.18-19). Ainsi, le ministère de Jésus a été marqué par la proclamation de la bonne nouvelle et la prise en charge des besoins des gens.

L'église du livre des Actes a suivi le modèle établi par Jésus. Elle prêchait l'Évangile, guérissait les malades, chassait les démons et prenait soin des nécessiteux. La sollicitude dont ils ont fait preuve à l'égard des veuves grecques de Jérusalem (Ac 6.1) en est un exemple. Un autre exemple est la réponse de l'église d'Antioche aux saints affamés de Jérusalem. Après avoir entendu une exhortation prophétique d'Agabus, « les disciples décidèrent d'envoyer, chacun selon ses moyens, un secours aux frères et sœurs qui habitaient la Judée. C'est ce qu'ils firent en l'envoyant aux anciens par l'intermédiaire de Barnabas et de Saul » (Ac 11.29-30).

Deux grands mandats

Jésus a laissé à son Église deux grands mandats. L'un est appelé la Grande Commission (Mt 28.18-20) ; l'autre est appelé le Grand Commandement (Mt 22.34-40). En tant que pasteur pentecôtiste fidèle, vous devez amener votre église à obéir aux deux. Dans la Grande Commission, Jésus nous a ordonné « d'aller et de faire de toutes les nations des disciples ». Dans le Grand Commandement, il nous a ordonné d'aimer Dieu au plus haut point et d'aimer notre prochain comme nous-mêmes. Dans la parabole du bon Samaritain, Jésus a enseigné que notre prochain peut être toute personne rencontrée qui a besoin de notre aide, quelle que soit sa tribu ou sa religion. Le bon Samaritain a prouvé qu'il était un bon voisin en s'arrêtant et en aidant

Partie 9 : Le pasteur pentecôtiste en mission

l'homme blessé. Jésus nous ordonne : « Allez et faites de même » (Lu 10.37).

Autres points de vue bibliques

À plusieurs autres endroits, la Bible nous dit de prendre soin des personnes dans le besoin. Par exemple, Jacques écrit : « La religion pure et sans tache devant Dieu notre Père consiste à s'occuper des orphelins et des veuves dans leur détresse et à ne pas se laisser souiller par le monde » (Ja 1.27). Jésus a enseigné qu'en servant ceux qui sont dans le besoin (c'est-à-dire ceux qui ont faim, ceux qui ont soif, ceux qui sont nus, les malades, les sans-abris et les prisonniers), nous servons le Christ (Mt 25.31-40). En ne prenant pas soin d'eux, nous négligeons le Christ (v. 41-46). Lorsque vous répondez aux besoins physiques des gens, vous ne devez jamais oublier que chacun a une âme éternelle qui vivra pour toujours au ciel ou en enfer. Vous ne devez pas manquer de partager l'Évangile avec eux et de leur donner l'occasion d'être sauvés.

LA VALEUR DE SERVIR LA COMMUNAUTÉ

Les valeurs de l'église pentecôtiste au service de la communauté sont nombreuses. Examinons-en deux :

Cela plaît à Dieu

Dieu est heureux lorsque ses enfants servent leur communauté et font preuve de compassion envers ceux qui les entourent. Lorsque nous agissons ainsi, nous faisons preuve de la nature aimante de Dieu et nous suivons l'exemple de Jésus, qui guérissait souvent tous ceux qui venaient à lui (Mt 8.16). Dans son Sermon sur la montagne, Jésus a dit : « Vous avez appris qu'il a été dit : "Aime ton prochain et déteste ton ennemi." Mais moi, je vous dis : Aimez vos ennemis et priez pour ceux qui vous persécutent, afin que vous soyez les enfants de votre Père qui est dans les cieux. Il fait lever son soleil sur les méchants et sur les bons, et il fait pleuvoir sur les justes et sur les injustes » (Mt 5.43-45). Jésus dit que nous devons aimer et chercher à bénir tout le monde, même nos ennemis. Si nous faisons cela, nous serons comme notre Père céleste, et nos actions plairont à Dieu.

Cela ouvre des portes

Non seulement l'entraide communautaire plaît à Dieu, mais elle crée de la bonne volonté entre l'église et la communauté. Lorsque le peuple de Dieu agit avec bonté envers les autres, les gens le remarquent et commencent à considérer l'église avec faveur. Un jour, Jésus a guéri un homme sourd et muet. Lorsque les gens ont entendu parler de cet acte de compassion, ils se sont exclamés : « Il fait tout à merveille ; il fait même entendre les sourds et parler les muets » (Mc 7.37). Lorsque les gens ont vu que Jésus se souciait d'eux, leur cœur s'est tourné vers lui. Lorsque votre église commencera à servir et à bénir sa communauté, les gens diront : « Ce sont des gens bien. » Lorsque les personnes extérieures commenceront à regarder votre église avec faveur, des portes s'ouvriront pour l'évangélisation.

IDENTIFIER LES BESOINS

Le service communautaire commence par l'identification d'un besoin, puis par l'action pour répondre à ce besoin. Voici quelques façons dont votre église peut servir sa communauté :

Écoles chrétiennes

Les écoles chrétiennes sont un moyen éprouvé pour l'église de servir la communauté et de faire progresser l'évangile. De nombreuses églises pentecôtistes en Afrique bénissent leurs communautés en gérant des écoles. Certaines les ont créées pour répondre au besoin d'éducation primaire dans une région négligée. D'autres ont créé des écoles pour offrir une alternative chrétienne au modèle d'éducation séculaire ou islamique dominant. Les écoles sont particulièrement efficaces dans les régions où les gens résistent à l'évangile. Une église qui ne voit pas comment créer une école pourrait commencer par recruter des membres compétents de l'église pour donner des cours gratuits aux étudiants qui ont besoin d'aide dans leurs études.

Projets de service communautaire

Certaines églises pentecôtistes bénissent leurs communautés par le biais de projets de service. Elles constatent un besoin dans la communauté et s'organisent ensuite pour y répondre. Par exemple, une église peut se porter volontaire pour donner une nouvelle couche de peinture à une clinique locale. Elle peut aussi vouloir réparer les vitres cassées de l'école primaire locale. Ou encore, elle peut vouloir réparer le toit qui fuit dans la maison

Partie 9 : Le pasteur pentecôtiste en mission

d'une veuve. Dans une église, les hommes ont organisé un groupe qu'ils ont appelé les Samaritains du samedi. Chaque samedi, les membres de l'église allaient aider les veuves et d'autres personnes dans le besoin en accomplissant diverses tâches. Il existe des centaines de façons dont une église peut servir sa communauté avec de tels projets de service.

Soins de santé

De nombreuses communautés en Afrique ne disposent pas de soins de santé adéquats. Pour répondre à ce besoin, une église peut vouloir construire une clinique pour la communauté. Elle peut ensuite user de son influence pour obtenir des travailleurs de la santé pour le personnel de la clinique. À un niveau plus élémentaire, vous pouvez encourager vos membres à être des personnes attentionnées. Ils pourraient parcourir leur quartier à la recherche de personnes ayant des besoins physiques. Ils pourraient ensuite leur offrir une prière de guérison, du réconfort et un soutien financier.

Eau potable

En fonction de sa taille et de sa capacité financière, votre église peut vouloir fournir de l'eau potable à votre communauté en parrainant un puits d'eau. Vous pouvez aussi vouloir réparer ou réhabiliter un vieux puits qui ne fonctionne pas.

Alimentation et garde d'enfants

La malnutrition des enfants est un grand défi dans de nombreuses régions d'Afrique. Elle affecte la croissance physique et mentale de millions d'enfants et de jeunes gens, et ses effets durent toute la vie. Certaines églises pentecôtistes ont mis en place des programmes d'alimentation, où les enfants viennent une fois par jour pour un repas. D'autres ont lancé des programmes de garde d'enfants abordables. Ces programmes permettent aux parents d'aller travailler en sachant que leurs enfants sont correctement pris en charge. Ces programmes d'alimentation et de garde d'enfants offrent à l'église l'occasion de partager l'Évangile avec les enfants et les parents. Ils donnent également à l'église l'occasion d'enseigner aux enfants des valeurs pieuses.

Programmes de bourses d'études

De nombreux enfants et jeunes en Afrique sont intelligents et très motivés ; cependant, leurs parents ne sont pas en mesure de payer leurs frais de scolarité. Votre église peut vouloir répondre à ce besoin en créant un programme de bourses d'études pour parrainer des étudiants méritants en payant leurs frais de scolarité. Cela leur permettra de poursuivre leurs rêves et d'acquérir les compétences dont ils ont besoin pour se développer et développer la communauté dans son ensemble.

Développement de la jeunesse

Les jeunes Africains représentent l'avenir du continent. Mais malheureusement, beaucoup d'entre eux dérivent vers la consommation de drogues et d'autres comportements destructeurs. Votre église pourrait répondre à ce besoin en mettant en place des programmes pour les jeunes afin de leur proposer des activités positives. Ces programmes pourraient inclure des chorales, des équipes sportives et d'autres activités saines. Les travailleurs peuvent utiliser ces activités comme une plate-forme pour enseigner les principes de la virilité et de la féminité pieuses. Ces programmes donneront également aux travailleurs l'occasion de présenter l'Évangile aux jeunes et de les conduire au Christ.

Éducation des adultes

De nombreux adultes en Afrique n'ont pas eu l'occasion de suivre une éducation primaire ou secondaire appropriée. Votre église pourrait répondre à ce besoin en mettant en place des programmes d'éducation pour adultes. Ces programmes pourraient inclure les éléments suivants :

Alphabétisation. L'église pourrait lancer une classe permanente qui apprendrait aux adultes à lire et à écrire. L'apprentissage de ces compétences augmentera leur estime de soi et les aidera à obtenir de meilleurs emplois. Cela améliorera à son tour la vie de toute la communauté. Cela les préparera également à lire la Bible et d'autres ouvrages chrétiens que l'église pourrait leur fournir. L'église peut également vouloir mettre en place une classe pour aider les adultes à apprendre une seconde langue, comme l'anglais, le français ou le portugais.

Enrichissement du mariage. De nombreux mariages en Afrique sont de mauvaise qualité, et le taux de divorce est en hausse. Les couples mariés ont besoin de connaître les principes bibliques du mariage. Cela est vrai tant à l'intérieur qu'à l'extérieur de l'église. Pour répondre à ce besoin, vous pouvez organiser une classe ou un séminaire d'enrichissement du mariage et l'ouvrir au public. Vos membres pourraient alors inviter leurs amis non

Partie 9 : Le pasteur pentecôtiste en mission

sauvés à se joindre à la classe. Cela les aidera à découvrir le dessein de Dieu pour leur vie et pour leur mariage. Pendant le cours, l'Évangile doit être présenté et les couples doivent avoir la possibilité de recevoir le Christ comme leur Sauveur.

Les principes de l'entrepreneuriat. Si cela est possible, votre église peut vouloir créer une classe pour enseigner aux étudiants adultes comment créer et développer leur propre entreprise. La classe pourrait également enseigner les principes bibliques de l'entreprise et de l'intendance, y compris l'importance d'une solide éthique du travail.

Les meilleures pratiques agricoles. En milieu rural, l'église peut vouloir créer une classe ou organiser un séminaire annuel sur les meilleures pratiques agricoles. Un expert dans le domaine de l'agriculture pourrait être recruté pour enseigner le séminaire.

Autres initiatives

Ce ne sont là que quelques-unes des façons dont votre église peut servir sa communauté. Le Saint-Esprit peut vous conduire à lancer d'autres programmes et projets de service non mentionnés ici.

MOBILISATION DE L'ÉGLISE

Vous vous demandez peut-être : « Comment puis-je, en tant que pasteur pentecôtiste, mettre en œuvre ces initiatives communautaires ? » En tant que leader de l'église choisi par Dieu, vous devrez prendre l'initiative. Vous devez initier la vision, développer le plan, et superviser la mise en œuvre du plan. Pour élaborer un plan d'action efficace, considérez les points suivants :

Voir le besoin

Jésus a d'abord vu le besoin. Il a vu les gens qui souffraient autour de lui et « il fut rempli de compassion pour elles, car elles étaient blessées et abattues, comme des brebis qui n'ont pas de berger » (Mt 9.36). Il a ensuite mis en œuvre un plan. Il a exhorté ses disciples : « Demandez donc au maître de la moisson d'envoyer des ouvriers dans la moisson » (v. 38). Une autre fois, Jésus leur a dit : « Ouvrez les yeux et regardez les champs ! Ils sont mûrs pour la moisson » (Jn 4.35).

N'oubliez pas qu'avant de pouvoir mettre en œuvre votre plan d'engagement communautaire, comme Jésus, vous devez d'abord voir le

Chapitre 38 : Servir la communauté

besoin. Une fois que vous l'aurez fait, vous pourrez aider les membres de votre église à faire de même.

Déterminer la volonté de Dieu

Une fois que vous avez constaté les nombreux besoins de votre communauté, vous devez alors demander à Dieu : « Auxquels de ces besoins notre église doit-elle répondre ? » Si vous ouvrez votre cœur au Saint-Esprit, il vous dirigera. Il placera un fardeau croissant sur votre cœur et vous montrera quels sont les besoins auxquels il veut que votre église réponde.

Rester simple

Lorsque vous commencez à élaborer un plan d'action pour votre nouveau programme, il est important que les choses restent simples, du moins au début. Normalement, vous voudrez commencer par un petit projet gérable. Lorsque les membres de l'église verront le succès de ce petit projet, ils seront inspirés pour entreprendre des projets plus ambitieux.

Agir

Lorsque l'Esprit vous indique que le moment est venu, vous devez immédiatement passer à l'action et lancer le programme, en faisant confiance à Dieu pour vous guider pas à pas.

Rester spirituel

Lorsque vous dirigez l'église pour répondre aux besoins physiques des gens, vous devez vous assurer que vous ne négligez pas leurs besoins spirituels. Le Christ doit rester au centre de chaque programme et activité. Vous et vos collaborateurs devez prier souvent, en vous assurant que vous restez remplis du Saint-Esprit.

Encourager la participation de toute l'église

Vous ne devez pas essayer de faire le travail tout seul. Vous devez plutôt mobiliser les membres de votre église pour qu'ils participent. Tout le monde peut s'impliquer d'une manière ou d'une autre. En tant que pasteur, vous devez encourager les gens à donner généreusement à l'initiative, et vous devez les inciter à offrir leur temps et leur énergie. En tant que pasteur pentecôtiste avisé, vous devez identifier les dons que les membres ont reçus de Dieu, puis les encourager à utiliser ces dons pour bénir l'œuvre de Dieu.

Faire confiance à Dieu pour les provisions

Enfin, vous devez faire confiance à Dieu pour répondre à vos besoins. Vous ne devez pas attendre que tout soit en place avant de passer à l'action. Si vous faites cela, vous risquez de ne jamais commencer. Comme l'a fait le pasteur au début de ce chapitre, vous devez faire ce que vous pouvez avec ce que vous avez, puis faire confiance à Dieu pour le reste. Si vous restez obéissant à Dieu, et fidèle à la vision qu'il vous a donnée, il répondra à tous vos besoins (Ph 4.19).

~ Chapitre 39 ~

Implanter de nouvelles églises

Charles était un étudiant en ministère dans une école biblique en Afrique de l'Est. Un jour, il a dit à son professeur : « Avant de mourir, je veux implanter cent églises dans ma tribu. » Ce fardeau pour l'implantation d'églises a germé dans son cœur alors qu'il voyageait avec l'équipe de mission de l'école biblique. L'équipe avait implanté plusieurs nouvelles églises dans des régions reculées et parmi des groupes de personnes non atteintes. Au cours de ces voyages, Charles a appris quelques méthodes pratiques pour implanter de nouvelles églises.

Lorsque les Assemblées de Dieu sont arrivées dans son pays, elles ont commencé leur travail parmi son peuple. Cependant, bien des années plus tard, il n'y avait encore que quelques églises parmi eux. Il a obtenu son diplôme de l'école biblique il y a seize ans. Aujourd'hui, Charles a personnellement implanté plus de trente églises. Grâce à son influence en tant que responsable de dénomination, il en a implanté indirectement une cinquantaine d'autres, pour un total d'environ quatre-vingts nouvelles églises. Aujourd'hui, Charles a révisé son objectif. Il avoue : « J'ai l'intention d'implanter 200 nouvelles églises dans les dix prochaines années ! »

Tout comme les mères en bonne santé ont des bébés, les églises en bonne santé implantent d'autres églises. Chaque église devrait être une église d'implantation d'églises. Ce chapitre examinera la priorité scripturaire de l'implantation d'églises, les modèles d'implantation d'églises, l'église en tant que communauté apostolique, les églises missionnaires mandatées par l'Esprit, les principes de l'église indigène et les moyens pratiques pour un pasteur pentecôtiste d'implanter des églises.

PRIORITÉ SCRIPTURALE

Jésus a dit : « Je bâtirai mon Église » (Mt 16.18). Il a également ordonné : « Allez et faites de toutes les nations des disciples » (28.19). Quelqu'un a dit : « Jésus ne nous a jamais ordonné d'implanter des églises ; il nous a ordonné de faire des disciples. » Cependant, remarquez comment les déclarations de Jésus ci-dessus sont liées les unes aux autres. Comment peut-on faire des disciples sans implanter une église, et comment peut-on implanter une véritable église sans faire des disciples ? Atteindre les perdus sans les ancrer dans une église, c'est comme avoir un bébé et le laisser dans la brousse. L'implantation d'une église est essentielle à la permanence de l'œuvre et au développement des croyants.

Les apôtres, les ministres et les ouvriers d'église du Nouveau Testament étaient sérieux lorsqu'il s'agissait d'établir des églises. Pierre, Jean, Philippe, les hommes de Chypre et de Cyrène, Barnabas, Paul, Jean Marc, Silas, Luc, Timothée, Priscille, Aquila, Gaius, Aristarque, Éraste et Tite, entre autres, étaient tous impliqués dans l'implantation d'églises. Ces hommes et ces femmes suivaient le commandement du Christ de faire des disciples et, ce faisant, ils implantaient des églises. En tant que pasteurs pentecôtistes, nous devons faire de même.

MODÈLES D'IMPLANTATION D'ÉGLISES

Un jeune pasteur a un jour parlé à son responsable de district de l'implantation d'une église dans une certaine ville. Le responsable lui répondit : « Dieu ne m'a pas dit d'implanter une église dans cette ville, mais si vous voulez le faire, allez-y. Si cela réussit, nous saurons que c'est la volonté de Dieu. Si elle échoue, nous saurons que ce n'était pas le cas. » Sentant l'Esprit le guider, le jeune homme s'est rendu à cet endroit et a implanté sa première église. Depuis lors, il a implanté plus de vingt églises.

Dans toute l'Afrique, de nombreux hommes et femmes, sentant un appel de Dieu à implanter une église, ont fait de même. Ils ont réussi à implanter des églises par leurs propres moyens, sans grand soutien extérieur. On pourrait appeler cela la méthode « couler ou nager ». C'est comme un père

Chapitre 39 : Implanter de nouvelles églises

qui apprend à son fils à nager en le jetant dans un étang profond sans aucune instruction ou formation préalable. Bien que de nombreuses églises aient été fondées de cette manière, ce n'est pas la meilleure. L'implanteur d'église atteste de ce fait. « J'ai définitivement appris beaucoup de choses de cette première implantation d'église », témoigne-t-il. « Une chose que j'ai apprise est que je ne veux jamais implanter une autre église sans une équipe de collaborateurs engagés. »

Un modèle d'implantation d'églises par équipe de soutien a de nombreux avantages. Imaginez qu'au lieu d'envoyer une équipe de deux personnes pour implanter une nouvelle église, vous en envoyez dix ou plus. L'équipe pourrait être composée du nouveau pasteur et de son épouse, de responsables de la louange, d'un couple plus âgé pour apporter de la maturité et de personnes pour travailler avec les enfants et les jeunes. Un tel groupe apporterait un soutien émotionnel et financier aux planteurs d'églises. L'approche d'équipe de soutien à l'implantation d'églises peut aider l'église à atteindre la maturité plus rapidement. Elle deviendra plus rapidement une église qui implante elle-même d'autres églises.

Le modèle d'équipe d'implantation d'églises peut se présenter sous différentes formes. Une église mère peut donner naissance à une église fille en envoyant un pasteur associé et certains de ses membres dans une communauté voisine. Elle peut ensuite offrir soins et conseils à la nouvelle église jusqu'à ce qu'elle s'établisse. Paul et sa bande apostolique de missionnaires sont un excellent exemple d'une équipe de soutien qui a voyagé vers des peuples non atteints et implanté des églises là où le Christ n'était pas connu.

Certains ont développé des systèmes pour soutenir les implanteurs d'églises pendant un an ou deux alors qu'ils travaillent à implanter une nouvelle église. Après cela, leur soutien diminue et finit par être supprimé au fur et à mesure que les nouveaux croyants deviennent des disciples engagés qui paieront la dîme pour soutenir le travail. Les modèles d'implantation d'églises sont les suivants :

- *Parentalité :* Une église mère implante une église fille comme décrit ci-dessus.
- *Pionniers :* Les planteurs d'églises pionniers sont envoyés dans de nouvelles régions pour implanter des églises.

Partie 9 : Le pasteur pentecôtiste en mission

- *Détachement :* Un groupe qui fréquente une église dans une région éloignée ou culturellement diverse demande la permission à l'église de « se séparer » et de fonder une nouvelle église.
- *Les cellules :* Les cellules qui se réunissent dans un autre quartier de la ville se transforment en églises.
- *Églises coopérantes :* Les sections, les districts ou les églises nationales coopèrent pour implanter des églises.
- *École biblique.* Les écoles bibliques mobilisent les étudiants pour implanter de nouvelles églises.
- *Autres :* D'autres moyens créatifs peuvent être développés pour implanter des églises.

Quel que soit le modèle utilisé, l'implantation d'une église n'est pas facile. Il faut l'engagement du nouveau pasteur, de sa famille et de son équipe pour établir la nouvelle œuvre. L'ennemi n'aime pas que de nouvelles églises soient implantées car elles empiètent sur son territoire (Mt 12.29). Il se battra pour s'opposer à l'implantation d'une église (Ep 6.12). Le planteur d'église pentecôtiste, cependant, a quelqu'un de plus grand qui vit en lui pour l'aider à remporter la victoire (1 Jn 4.4).

Comme tout autre pasteur pentecôtiste, vous devez prier et planifier la manière dont vous pouvez amener votre église à implanter de nouvelles églises, que ce soit à proximité, dans une région non atteinte de votre propre pays, ou dans d'autres pays d'Afrique et du monde.

COMMUNAUTÉ APOSTOLIQUE

Une église saine est une église qui donne. Une église saine est une église théologiquement saine. Une église saine est une église axée sur la mission. Une église saine est une église qui témoigne. Une église saine donne naissance à d'autres églises saines. Mais comment une église peut-elle donner naissance à une autre ? Comment pouvez-vous, en tant que pasteur pentecôtiste, vous y prendre pour implanter une autre église ?

L'église d'Antioche est un exemple remarquable d'une église saine, axée sur la mission. L'église a été fondée par des laïcs juifs de Jérusalem, de Chypre et de Cyrène qui partageaient hardiment leur foi avec d'autres, y compris des personnes d'autres cultures (Ac 11.19-20). C'était une église animée par l'Esprit (v. 21). Ils avaient un bon leadership (v. 22-26). C'était une église qui donnait (v. 27-30), et elle priait, jeûnait et adorait Dieu (13.2).

Chapitre 39 : Implanter de nouvelles églises

Ainsi, lorsque le Saint-Esprit leur a dit : « Mettez-moi à part Barnabas et Saul pour l'œuvre [missionnaire] à laquelle je les ai appelés », c'est ce qu'ils ont fait (Ac 13.1-2). Ils ont librement donné leurs meilleurs éléments pour quitter leur église et aller faire ce que Dieu les appelait à faire. Ils ont envoyé Barnabas et Saul comme implanteurs d'églises missionnaires (v. 3-4).

En tant que pasteur pentecôtiste, Dieu veut se servir de vous « pour former les saints aux tâches du service » (Ep 4.12). Il veut se servir de vous pour implanter des églises à proximité, dans votre pays et dans le monde entier. Dieu vous a donné les moyens et l'opportunité de créer dans votre église une culture de la mission et de l'implantation d'églises. Vous pouvez le faire en enseignant et en modelant la prière missionnaire, le culte, le leadership, le don, l'évangélisation et le travail d'équipe. Dans une telle atmosphère, Dieu appellera et habilitera son peuple à aller prêcher l'Évangile et à implanter de nouvelles églises.

Vous devez inciter vos membres à donner généreusement à l'œuvre de Dieu, et vous devez permettre à Dieu de faire de même avec vous. Dieu peut vous demander de donner les meilleurs membres de votre église pour devenir des planteurs d'églises. L'un des plus grands cadeaux que vous puissiez faire à Dieu est d'élever les gens dans les dons qu'il leur a donnés et de les envoyer au ministère. Barnabas a aidé à élever Paul (Ac 9.26-27 ; 11.25). Il l'a ensuite libéré pour qu'il exerce son propre ministère et développe sa propre équipe missionnaire (15.36-41).

En tant que pasteur pentecôtiste, la communauté apostolique que vous développez dans votre église fonctionnera comme un aimant. Une communauté apostolique est un groupe de personnes qui se concentrent sur l'accomplissement de la Grande Commission chez elles et dans le monde entier. Lorsque les gens verront l'Esprit de Dieu agir dans votre église, ils voudront faire partie de ce qu'il fait.

Dans Actes 6, un différend s'est élevé au sujet de la nourriture de quelques veuves négligées. Les apôtres ont résolu le conflit en nommant sept hommes remplis de l'Esprit pour s'occuper d'elles. Cette action a plu aux gens, tant à l'intérieur qu'à l'extérieur de l'église. En conséquence, « la parole de Dieu se répandit, [et] le nombre des disciples à Jérusalem augmenta rapidement, et un grand nombre de prêtres devinrent dociles à la foi » (v. 7). Lorsque vous transformez votre église en une communauté

Partie 9 : Le pasteur pentecôtiste en mission

apostolique aimante, les gens seront attirés par le Christ et sa mission. La croissance et l'implantation d'églises découleront naturellement d'une telle atmosphère.

ÉGLISES MISSIONNAIRES HABILITÉES PAR L'ESPRIT

Les Actes des Apôtres racontent l'histoire encourageante de l'habilitation de l'église de Jérusalem. Lorsque le Saint-Esprit est venu sur les 120 disciples et les a remplis, la foule a vu quelque chose de miraculeux. Les disciples se sont mis à parler en langues, sous l'impulsion de l'Esprit (2.1-4). C'était l'accomplissement de la promesse de Jésus en Actes 1.8. Étonnée, la foule s'est approchée des disciples. Pierre a ainsi eu l'occasion de proclamer la bonne nouvelle par la puissance du Saint-Esprit, et 3 000 personnes sont venues au Seigneur.

Dieu utilise souvent des signes et des prodiges pour susciter l'intérêt d'entendre le message de l'Évangile. Il est intéressant de noter que dans les Évangiles et les Actes, plus de miracles se sont produits à l'extérieur du lieu de culte qu'à l'intérieur. Dans les Actes, un miracle a souvent préparé le terrain pour la proclamation de l'Évangile. Cela s'est produit à Jérusalem avec Pierre (Ac 2), à Chypre avec Paul et Barnabas (13.4-12), à Éphèse avec Paul et Silas (16.11-40), et en de nombreuses autres occasions (9.32-35 ; 9.36-43 ; 10.1-11.18 ; 14.1-7 ; 14.8-20 ; 19.1-20.1).

Dieu veut que les personnes extérieures à l'église voient sa puissance miraculeuse et son amour, et se tournent vers lui pour le suivre. Ne gaspillez jamais un miracle. Chaque fois que Dieu accomplit un miracle, utilisez-le comme une occasion de parler de Jésus aux gens.

Jésus a dit à ses disciples : « Comme le Père m'a envoyé, moi aussi je vous envoie « (Jn 20.21). Mais comment le Père a-t-il envoyé Jésus ? Il a envoyé son Fils pour exercer son ministère avec la puissance de l'Esprit. Au début de son ministère, Jésus a annoncé : « L'Esprit du Seigneur est sur moi, car il m'a oint pour annoncer la bonne nouvelle aux pauvres. Il m'a envoyé proclamer aux prisonniers la liberté et aux aveugles le recouvrement de la vue, libérer les opprimés, proclamer une année de grâce du Seigneur » (Lu 4.18-19). Jésus a exercé son ministère par la puissance de l'Esprit (Ac 10.38) et il a envoyé ses disciples faire de même (Lu 24.46-49 ; Ac 1.8).

En tant que pasteur pentecôtiste, vous devez être habilité par le Saint-Esprit, et vous devez délibérément faire de votre église un corps

Chapitre 39 : Implanter de nouvelles églises

missionnaire habilité par l'Esprit. En outre, vous devez intentionnellement implanter des églises missionnaires dotées du pouvoir de l'Esprit. Une église missionnaire dotée de la puissance de l'Esprit est le genre d'église que Jésus a implantée. C'est le genre d'église dont il est question dans le livre des Actes des Apôtres.

Jésus a décrit l'essence de cette église dans Actes 1.8, où il dit : « Mais vous recevrez une puissance, le Saint-Esprit survenant sur vous ; et vous serez mes témoins à Jérusalem, dans toute la Judée, dans la Samarie, et jusqu'aux extrémités de la terre. » Ainsi, l'église missionnaire mandatée par l'Esprit a deux caractéristiques principales : ses membres sont habilités par le Saint-Esprit et ils sont engagés dans la mission de Dieu. C'est une église qui implante d'autres églises missionnaires mandatées par l'Esprit, et c'est une église qui s'engage à atteindre les groupes de personnes non atteintes à travers la nation et le monde. C'est le genre d'église que nous devons développer et c'est le genre d'église que nous devons implanter.

PRINCIPES DE L'ÉGLISE INDIGÈNE

Dans le monde entier, l'Église pentecôtiste s'est développée à un rythme étonnant. L'engagement du mouvement envers ce que l'on appelle les « principes de l'église indigène » a contribué à cette croissance. Il s'agit de la conviction que toute nouvelle église doit rapidement devenir autosuffisante, autonome et se propager elle-même. Lorsque vous et votre église allez implanter des églises, vous devez vous assurer qu'elles se développent pour devenir des églises capables de se soutenir elles-mêmes, de s'occuper de leurs propres affaires, d'atteindre les perdus et d'être rapidement capables d'implanter d'autres églises missionnaires mandatées par l'Esprit.

Lorsqu'un nouveau bébé arrive dans une famille, les parents s'occupent de tous ses besoins. Toutefois, à mesure que l'enfant grandit, les parents lui apprennent à prendre soin de lui-même. L'enfant apprend à vivre et, avec le temps, on lui confie de plus en plus de responsabilités. Lorsque l'enfant devient adulte, ses parents le libèrent et en font un membre autonome et actif de la société.

Il en va de même pour l'implantation d'une nouvelle église. Au début, l'église mère consacre beaucoup de temps et de ressources à prendre soin de la petite église. Elle peut aider la nouvelle église avec la direction, les finances et les ouvriers. On attend cependant de la nouvelle église qu'elle grandisse et mûrisse. L'objectif est que, très bientôt, elle devienne elle aussi un membre autonome contribuant au royaume de Dieu.

ET MAINTENANT ?

Vous pouvez vous demander, « Que puis-je faire pour mettre en œuvre ces principes d'implantation d'églises dans mon propre ministère et dans la vie de mon église ? Comment puis-je développer mon église en un corps efficace d'implantation d'églises ? » Envisagez de prendre les mesures suivantes :

Prier

Commencez par une prière sincère. Demandez sincèrement à Dieu de vous donner une vision de l'implantation d'églises. Demandez à Jésus, le Seigneur de la moisson, « d'ouvrir vos yeux et de regarder les champs [qui] sont mûrs pour la moisson » (Jn 4.35). Intercédez pour les communautés qui vous entourent et qui n'ont pas d'église missionnaire animée par l'Esprit (Mt 9.38). Mais ne vous arrêtez pas là. Regardez plus loin, vers les peuples non atteints et les endroits de votre pays où il y a peu ou pas de témoignage de l'Évangile. Et n'oubliez pas de regarder vers les nations. En priant, demandez à Dieu : « Lesquels de ces peuples et de ces lieux veux-tu que nous atteignions avec la bonne nouvelle du Christ ? »

Engagez-vous

Ensuite, engagez-vous, vous et votre église, envers Dieu et envers sa mission. Décidez une fois pour toutes que votre église deviendra une église d'implantation d'églises efficace.

Investir dans les gens

Une fois que vous vous êtes engagé à implanter des églises, commencez à développer les membres de votre église pour en faire des disciples du Christ pleinement engagés. Prêchez, enseignez et parlez souvent de la mission de Dieu et du mandat du Christ d'implanter des églises. Mettez en place une vision pour l'implantation d'églises dans votre direction d'église et votre congrégation. Ce faisant, donnez aux leaders potentiels des occasions d'exercer leur ministère et de développer les dons qu'ils ont reçus de Dieu.

Chapitre 39 : Implanter de nouvelles églises

Constituer une équipe

Au moment opportun, rassemblez votre équipe d'implantation d'églises. Choisissez qui sera le pasteur de la nouvelle église. Choisissez également ceux qui travailleront avec le pasteur dans l'équipe d'implantation d'églises. Assurez-vous que chaque membre connaît ses responsabilités particulières. Assurez-vous également que les membres de votre équipe ont reçu la puissance du Saint-Esprit. En outre, il est important que vous développiez une équipe de soutien qui restera à la maison pour soutenir la nouvelle église par ses encouragements, ses prières et ses finances.

Élaborer un plan

Maintenant, avec votre équipe, commencez à élaborer un plan d'avance. Dans votre plan, vous voudrez répondre aux questions : « Quand et où allons-nous implanter la nouvelle église ? Qui sera impliqué ? Quelles sont les choses spécifiques que nous ferons ? » Votre plan doit également inclure un budget détaillant combien d'argent et quelles fournitures seront nécessaires et comment elles seront obtenues.

Passer à l'action

Une fois que vous avez prié et élaboré votre plan, passez à l'action pour mettre en œuvre votre stratégie. Agissez par la foi, en croyant que l'Esprit du Seigneur vous donnera la force et l'onction de votre témoignage. Faites confiance à Dieu pour confirmer la parole que vous annoncez par des miracles, des signes et des prodiges. Au fur et à mesure que les gens sont sauvés, assurez-vous qu'ils sont également remplis de l'Esprit et qu'on leur enseigne les bases du service du Christ. Vous voudrez immédiatement les mobiliser pour qu'ils atteignent leurs familles et leurs amis.

Évaluer

Enfin, une fois que vous avez conclu votre effort d'implantation d'églises, réunissez votre équipe pour évaluer le travail. Demandez : « Qu'avons-nous fait de bien ? Qu'aurions-nous pu faire mieux ? » Il y aura toujours des choses qui ne se déroulent pas sans heurts, mais ne vous découragez pas. Utilisez ce que vous avez appris pour renforcer votre prochaine mission d'implantation d'églises.

Partie 9 : Le pasteur pentecôtiste en mission

Développer votre congrégation en un corps d'implantation d'églises ne servira pas seulement à faire avancer la mission du Christ sur terre, mais apportera un renouveau à l'église. Votre congrégation deviendra enthousiaste à l'idée de participer à l'implantation de nouvelles églises et de voir des gens venir à la connaissance de Jésus. Chaque pasteur pentecôtiste devrait s'engager avec joie à implanter de nouvelles églises.

~ Chapitre 40 ~

Développer un programme missionnaire pour l'église locale

Le temps était venu pour Jésus de révéler qui il était et pourquoi il était venu. Si ses douze disciples devaient poursuivre sa mission après son départ, ils devaient comprendre ces vérités. Arrivé dans un endroit isolé, en dehors de la ville de Césarée de Philippe, Jésus s'est assis avec eux. Se tournant vers eux, il leur demande : « Qui dit-on que le Fils de l'homme est ? » Les disciples répondirent l'un après l'autre : « Certains disent que tu es Jean-Baptiste. D'autres disent que tu es Élie. Et d'autres encore prétendent que tu es Jérémie ou l'un des prophètes. »

Jésus leur demande alors directement : « Et vous ? Qui dites-vous que je suis ? » Dans un éclair d'inspiration divine, Pierre s'est écrié : « Tu es le Messie, le Fils du Dieu vivant ! »

Regardant Pierre au fond des yeux, Jésus lui répondit : « Tu es béni, Simon, fils de Jonas, car c'est mon Père qui est aux cieux qui t'a révélé cela. » Puis Jésus ajouta : « Je te le dis, tu es Pierre, et sur cette pierre je bâtirai mon Église, et toutes les puissances de l'enfer ne prévaudront point contre elle » (cf. Mt 16.13-20).

Jésus a ainsi révélé à ses disciples qui il était : Il était le Messie promis, le Fils de Dieu. Il leur a également révélé pourquoi il était venu : Il était venu pour bâtir son Église. Il a en outre révélé que l'Église qu'Il construisait serait

Partie 9 : Le pasteur pentecôtiste en mission

plus qu'une institution humaine ; ce serait un mouvement commandé par Dieu. Elle serait confrontée à une opposition démoniaque féroce, mais elle finirait par l'emporter.

CONNEXION AVEC LA MISSION DE DIEU

Le but premier de notre Seigneur pour son Église est qu'elle proclame la bonne nouvelle du salut en Christ à un monde brisé avant son retour du ciel. Jésus l'a exprimé comme suit : « Cette bonne nouvelle du royaume sera prêchée dans le monde entier, en témoignage à toutes les nations, et alors viendra la fin » (Mt 24.14). Ceci étant vrai, chaque pasteur pentecôtiste est tenu de conduire son église à participer pleinement à la mission de Dieu. Ce chapitre examinera comment vous pouvez accomplir au mieux cette tâche centrale de l'Église.

Préparation personnelle

Avant de tenter de relier votre église à la mission de Dieu, vous devez vous préparer à cette tâche. Vous pouvez le faire de la manière suivante :

1. Comprendre la mission de Dieu. Tout d'abord, vous devez vous fixer comme objectif d'acquérir une compréhension claire de la mission de Dieu. Pour ce faire, vous devez savoir ce qu'est la mission de Dieu et comment elle se rapporte à l'Église. La mission de Dieu, parfois appelée *missio Dei,* est le thème unificateur de l'Écriture. C'est le plan de Dieu de racheter et d'appeler à lui un peuple de toute tribu, langue et nation sur la terre (Ap 5.9 ; 7.9). C'est le projet de Dieu qu'en Christ, la semence d'Abraham, « tous les peuples de la terre soient bénis » (Ge 12.3 ; 22.18 ; Ga 3.16). La Bible est le récit de Dieu agissant dans l'histoire pour accomplir cette mission.

2. Comprendre le rôle de l'Église. En outre, en tant que véritable pasteur pentecôtiste, vous devez comprendre le rôle central de l'Église dans l'accomplissement de la mission de Dieu. Jésus a relié l'Église à la mission de Dieu lorsqu'il a ordonné à ses disciples : « Allez, faites de toutes les nations des disciples, les baptisant au nom du Père, du Fils et du Saint-Esprit, et enseignez-leur à observer tout ce que je vous ai prescrit » (Mt 28.19-20 ; cf. Mc 16.15 ; Lu 24.46-48 ; Jn 20.21 ; Ac 1.8). Ce commandement de Jésus est connu sous le nom de Grande Commission. La mission n'est pas seulement un programme de l'Église, c'est le but de l'Église.

Chapitre 40 : Développer un programme missionnaire pour l'église locale

3. Accepter la responsabilité pastorale. Enfin, en tant que véritable pasteur pentecôtiste, vous devez accepter votre responsabilité de mobiliser l'église pour qu'elle participe à la mission de Dieu. Vous devez être ce « serviteur fidèle et sage » que le maître a chargé de prendre soin de sa maison « pour lui donner sa nourriture au moment voulu » (Mt 24.45). N'oubliez pas qu'un jour vous rendrez compte à Dieu de la manière dont vous avez géré l'église du Christ (Lu 16.2).

Un modèle biblique

La Bible nous donne un exemple clair de ce à quoi devrait ressembler une église véritablement pentecôtiste. Elle doit être une église missionnaire. Une église missionnaire est une église qui s'engage à faire avancer la mission de Dieu sur la terre. L'église d'Antioche, en Syrie, était une telle église (Ac 11.19-20 ; 13.1-4). Luc a inclus l'histoire de cette église dans les Actes des Apôtres comme un modèle durable de la manière dont une église peut se connecter au mieux à la mission de Dieu. C'est un exemple de la manière dont une église pentecôtiste devrait fonctionner aujourd'hui. Un examen de ces deux passages révèle sept caractéristiques d'une église véritablement missionnaire :

1. La présence et la puissance de l'Esprit. Une église véritablement missionnaire appréciera la présence et la puissance du Saint-Esprit. La Bible dit de l'église d'Antioche : « La main du Seigneur était avec eux » (Ac 11.21). C'est une autre façon de dire que le Saint-Esprit était puissamment à l'œuvre au milieu d'eux (cf. 2 R 3.15 ; Ez 3.14). En conséquence de l'action de l'Esprit dans et à travers les croyants d'Antioche, et de leur souci de gagner les perdus, « un grand nombre de personnes crurent et se tournèrent vers le Seigneur ».

2. Un leadership pieux, oint, rempli de foi. Une église véritablement missionnaire est dirigée par des leaders pieux, oints par l'Esprit et remplis de foi, tels que Barnabas et Saul (Ac 11.22-26). La Bible dit que Barnabas était « un homme bon, plein du Saint-Esprit et de foi » (v. 24). Saul, qui a également dirigé l'église d'Antioche, était également rempli du Saint-Esprit et de foi (13.9 ; cf. 9.17-18).

3. Une orientation visionnaire vers l'extérieur. Une église véritablement missionnaire tend intentionnellement la main aux habitants de sa ville ou de son village. C'est ce qu'a fait l'église d'Antioche. De plus, son action était multiethnique, se concentrant à la fois sur les Juifs et les Gentils

Partie 9 : Le pasteur pentecôtiste en mission

(Ac 11.19-21). L'église d'Antioche a également implanté d'autres églises dans la région (15.41). En outre, elle a envoyé des missionnaires dans les nations (13.1-4). Puis elle est restée en contact avec ceux qu'elle avait envoyés (14.27).

4. Une proclamation audacieuse. Une église véritablement missionnaire proclamera avec audace « la bonne nouvelle du Seigneur Jésus-Christ » comme l'a fait l'église d'Antioche (Ac 11.20). La proclamation audacieuse de l'Évangile était une caractéristique des disciples tout au long du livre des Actes (cf. 8.4-5 ; 16.30-32 ; 28.31).

5. Une formation systématique axée sur la mission. L'église véritablement missionnaire enseignera systématiquement à ses membres la mission de Dieu. La Bible dit : « Pendant toute une année, ils participèrent aux réunions de l'Église et ils enseignèrent beaucoup de personnes » (Ac 11.26). Ils ont sûrement enseigné les bases de la vie chrétienne. De plus, en observant le fonctionnement de l'église d'Antioche, il est clair qu'ils enseignaient la mission de Dieu et la manière dont les chrétiens pouvaient participer efficacement à cette mission.

6. Le libre fonctionnement des dons spirituels. Une église véritablement missionnaire encouragera l'exercice des dons spirituels dans ses rassemblements. L'église d'Antioche encourageait de telles manifestations (cf. Ac 11.27-28). Les chrétiens de cette ville dépendaient de l'Esprit de Dieu pour les guider dans la volonté de Dieu. La manifestation d'un don prophétique dans l'église a entraîné l'envoi de Barnabas et de Saul comme missionnaires auprès des païens (13.2).

7. La générosité suscitée par l'Esprit. L'église véritablement missionnaire est une église généreuse. À Antioche, les chrétiens ont donné généreusement pour faire avancer l'œuvre du royaume. Ils ont répondu à la prophétie d'Agabus en donnant pour apporter de l'aide aux frères et sœurs vivant en Judée (Ac 11.29). Cela nous rappelle ce qui s'est passé après l'effusion de l'Esprit le jour de la Pentecôte (2.44-45).

En tant que pasteur pentecôtiste, vous devriez utiliser l'église d'Antioche comme modèle. Vous devez vous assurer que chacun de ces sept traits d'une église missionnaire est cultivé dans l'église que vous dirigez.

Chapitre 40 : Développer un programme missionnaire pour l'église locale

MISE EN ŒUVRE DE LA MISSION DE DIEU

Vous vous demandez peut-être : « Comment puis-je lancer un programme de missions efficace dans mon église ? Quelles mesures pratiques puis-je prendre pour faire passer mon église de là où elle est aujourd'hui à là où Dieu veut qu'elle soit ? »

Pour ce faire, vous devez comprendre qu'une église véritablement missionnaire ne peut être créée en un instant. Ce n'est pas comme si vous pouviez appuyer sur un interrupteur et que la « lumière des missions » s'allumait immédiatement dans l'église. Créer une vision missionnaire dans une congrégation est un processus qui demande du temps et des efforts. Il nécessitera un plan. Et ce plan devra être mis en œuvre.

Voici cinq stratégies efficaces que vous pouvez utiliser pour insuffler une vision missionnaire à votre église. Si vous appliquez ces stratégies de manière cohérente, votre église passera, avec le temps, d'une église centrée sur elle-même à une église missionnaire centrée sur l'extérieur - le genre d'église qui plaît à Dieu.

Prédication passionnée

La première stratégie que vous pouvez utiliser pour insuffler une vision missionnaire dans votre église est la prédication passionnée. Vous devez prêcher souvent sur la mission de Dieu et la responsabilité de l'église de s'engager dans cette mission. Et vous devez laisser transparaître votre passion pour les missions dans la manière dont vous délivrez votre message. Les gens seront touchés autant par votre passion pour le sujet que par vos arguments logiques. À la fin de votre message, veillez à mettre le peuple de Dieu au défi de s'engager dans la mission de Dieu. Appelez ensuite à une réponse spécifique au message.

Prière ciblée

Une deuxième stratégie que vous pouvez utiliser pour instiller une vision de la mission dans votre église est la prière axée sur la mission. Vous devez souvent conduire votre église dans la prière pour la moisson (cf. Mt 9.37-38). Vous devriez allouer un temps dans chaque réunion du dimanche pour la prière missionnaire. Pendant ce temps, vous ou un responsable désigné dirigerez l'église dans la prière pour l'un des missionnaires ou des programmes missionnaires que l'église soutient. Vous devriez également offrir une prière pour les peuples et les lieux non atteints dans votre propre pays et dans le monde.

En outre, vous devez souvent conduire votre peuple dans la prière pour une effusion du Saint-Esprit sur l'église. Au fur et à mesure que de plus en plus de membres reçoivent la puissance de l'Esprit missionnaire de Dieu, leur cœur sera rempli de sa passion pour les perdus. Et l'Esprit les poussera à faire leur part pour atteindre les personnes perdues chez eux et jusqu'aux extrémités de la terre (Ac 1.8).[1]

Enseignement systématique

Troisièmement, vous pouvez insuffler une passion pour les missions dans le cœur du peuple de Dieu par un enseignement systématique de la mission de Dieu. Pour ce faire, vous devrez parcourir les Écritures étape par étape en soulignant comment Dieu a agi tout au long de l'histoire pour accomplir sa mission sur la terre. Cette nouvelle perspective sur la Bible créera dans le cœur des gens une compréhension claire de la nature missionnaire de l'Église. Cette compréhension les incitera à participer plus pleinement à la mission de Dieu.[2]

Organisation à but précis

Une quatrième façon d'inculquer une vision missionnaire à votre personnel est d'organiser (ou de réorganiser) délibérément votre église en vue d'un engagement missionnaire. Pour ce faire, vous devrez évaluer de manière réfléchie chacun des départements et ministères de l'église pour vous assurer que leurs programmes reflètent l'engagement de votre église envers la mission de Dieu. Vous, ainsi que l'équipe de direction de l'église, devriez demander à chaque ministère de l'église : « Comment ce programme aide-t-il notre église à accomplir la mission de Dieu ? » Si le programme n'aide pas l'église à accomplir la mission de Dieu, il doit être supprimé ou réorganisé.

---

[1] Pour en savoir plus sur ces sujets, voir le chapitre 8 : « La priorité de la prière » et le chapitre 11 : « Promouvoir l'expérience et la pratique pentecôtistes ».

[2] Vous pouvez en apprendre davantage sur la mission de Dieu dans le manuel de la Série Découverte d'Africa's Hope, *Une théologie biblique des missions,* de Paul York.

Chapitre 40 : Développer un programme missionnaire pour l'église locale

Partenariat stratégique

Une cinquième stratégie que vous pouvez utiliser pour insuffler une vision missionnaire à votre église consiste à établir des partenariats stratégiques avec des missionnaires et des organisations missionnaires réputés. Aucune église locale n'est capable de mener seule la mission de Dieu. La mission est quelque chose que le corps du Christ tout entier doit faire ensemble. Par conséquent, en plus de ses programmes d'action locale, vous devez amener votre église à coopérer avec le programme missionnaire de votre église nationale et d'autres organisations missionnaires légitimes. Ce faisant, vous devez amener votre église à soutenir fidèlement le programme de missions de son église nationale et les missionnaires qu'elle soutient. Lorsque les membres de votre église verront tout ce qui est accompli grâce à cet effort de coopération, ils seront inspirés par un engagement encore plus grand dans les missions.

Exposition de la congrégation

Enfin, vous pouvez instiller une vision missionnaire dans votre église en exposant vos membres au champ missionnaire. Voici cinq façons efficaces de le faire :

1. Les invités missionnaires. Une façon d'exposer les membres au champ de la mission est d'inviter des missionnaires à venir prêcher devant votre congrégation. Ces missionnaires partageront avec l'église leur vision pour atteindre les perdus, ainsi que la nature de leur travail sur le terrain. Au fur et à mesure que les gens écouteront ces missionnaires, une passion pour les missions naîtra dans leur cœur. Lorsque vous invitez un missionnaire à s'exprimer, vous devez vous assurer que votre église le bénit par une offrande généreuse, un engagement financier mensuel et un soutien continu par la prière.

2. Les dimanches des missions. Un autre moyen efficace d'exposer votre église aux missions est de désigner un dimanche par mois comme « dimanche des missions ». Le dimanche des missions, vous ou un représentant désigné, lirez les rapports des missionnaires et prierez pour eux. Vous prêcherez ensuite un sermon sur les missions et recevrez une offrande pour les missions. Cette stratégie permettra à votre église de maintenir un fonds de missions sain.

Partie 9 : Le pasteur pentecôtiste en mission

3. Conférences sur les missions. Vous voudrez également programmer une conférence annuelle sur les missions pour l'église. Une conférence sur les missions est une série de réunions d'église destinés à exposer l'église aux missions et à accroître sa volonté d'atteindre les perdus. Au cours de la conférence, vous inviterez des missionnaires à prêcher et à partager leurs ministères avec l'église. De plus, au cours de la conférence, vous voudrez souligner les réalisations de l'église en matière de missions ainsi que ses objectifs pour l'année à venir. De plus, vous voudrez mettre les gens au défi de s'engager à faire des dons mensuels au programme de missions de l'église.

4. Tableau des missions. Vous pouvez exposer davantage l'église aux missions en créant un tableau des missions attrayant et en l'affichant dans un endroit bien visible de l'église. Sur ce tableau devraient être affichées des photos de missionnaires avec des descriptions de leurs ministères. Des lettres de missionnaires, des cartes de missions et d'autres informations relatives aux missions peuvent également être affichées.

5. Missions extérieures. Une autre façon d'exposer votre congrégation aux missions est d'encourager vos membres à participer à des missions parrainées par l'église. Par exemple, le département des missions de l'église peut vouloir planifier une action dans une région négligée ou auprès d'un groupe tribal dans votre pays. Ou bien il peut vouloir parrainer un programme visant à implanter une nouvelle église dans une région non évangélisée. Cette exposition directe au travail missionnaire fera avancer le royaume de Dieu, créera une passion pour les missions dans le cœur des gens et aidera les membres à comprendre le travail des missions.

SOUTENIR LES MISSIONNAIRES

Paul a rappelé à l'église de Rome que, pour que les missionnaires puissent aller prêcher l'Évangile aux perdus, quelqu'un doit les envoyer (Ro 10.13-15). Par conséquent, une partie importante du programme missionnaire de toute église consiste à aider à envoyer et à soutenir les missionnaires sur le terrain. Une église peut le faire de trois manières : par un soutien financier fidèle, un soutien constant par la prière et un soutien moral attentionné, comme suit :

Chapitre 40 : Développer un programme missionnaire pour l'église locale

Soutien financier fidèle

Premièrement, votre église doit soutenir financièrement ses missionnaires. Paul parlait d'un tel soutien lorsqu'il a interpellé les croyants de Corinthe en demandant : « Qui donc sert dans une armée à ses propres frais ? » (1 Co 9.7). Il leur a également rappelé que « ceux qui annoncent l'Évangile doivent vivre de l'Évangile » (1 Co 9.14).

Pour que les missionnaires puissent rester sur le terrain, ils doivent recevoir un soutien financier fidèle et durable de leur base d'origine. Ce soutien provient en grande partie de donateurs individuels et d'églises locales. La plupart des églises locales donnent aux missionnaires par le biais du département des missions de leur église nationale. En tant que pasteur, vous devez vous assurer que toutes les offrandes aux missions soient traitées avec intégrité et qu'elles soient utilisées uniquement dans le but pour lequel elles ont été données.

Soutien continu à la prière

Deuxièmement, l'église doit fournir un soutien continu par la prière à ses missionnaires sur le terrain. Paul a souvent rappelé aux églises de prier pour lui. Par exemple, il a supplié les chrétiens de Thessalonique : « Maintenant donc, frères et sœurs, priez pour nous afin que la parole du Seigneur se propage et soit honorée comme elle l'est chez vous » (2 Th 3.1). D'autres exemples de Paul demandant aux chrétiens de prier se trouvent dans Romains 15.30-32, Éphésiens 6.19, Colossiens 4.3-4 et 1 Thessaloniciens 5.25. Par leurs prières, les chrétiens peuvent soutenir les missionnaires sur le terrain et les aider à mener le bon combat de la foi. La prière pour les missionnaires implique parfois un combat spirituel intense (Ep 6.11-18 ; Mt 12.29).

Soutien moral bienveillant

Enfin, l'église pentecôtiste doit fournir à ses missionnaires un soutien moral et émotionnel. Les missionnaires vivent souvent loin de chez eux et de leur base de soutien. Ils se sentent parfois isolés et seuls et ont besoin d'un soutien moral. Les chrétiens du pays peuvent leur apporter ce soutien en écrivant des lettres et des courriels d'encouragement.

Partie 9 : Le pasteur pentecôtiste en mission

CIBLER LES NON ATTEINTS

Le ministère missionnaire de Paul s'est concentré sur les peuples non atteints. Il a écrit : « Je me suis fait un point d'honneur d'annoncer l'Evangile là où Christ n'avait pas été annoncé, afin de ne pas construire sur les fondations posées par un autre » (Ro 15.20).

De la même manière, le programme missionnaire de chaque église pentecôtiste locale doit se concentrer sur les groupes de population non atteints. Un peuple non atteint est une tribu ou un groupe ethnique sans mouvement d'église local et autonome. Les chercheurs affirment qu'il y a plus de sept mille groupes de personnes non atteintes dans le monde aujourd'hui. Ces peuples non atteints représentent plus de trois milliards de personnes qui n'ont pas accès à la bonne nouvelle de Jésus. Beaucoup de ces groupes de personnes non atteintes résident en Afrique. L'Église africaine doit cibler ces peuples perdus pour une action missionnaire.[3]

---

[3] Vous pouvez en savoir plus sur les peuples non atteints sur le site www.JoshuaProject.net.

~ Partie 10 ~

Le pasteur pentecôtiste et les cérémonies et sacrements

Partie 10 : Le pasteur pentecôtiste et les cérémonies et sacrements

~ Chapitre 41 ~

Mariages et funérailles

Rapidement après avoir obtenu son diplôme, Samuel a demandé à Esther de l'épouser, ce qu'elle a accepté. Jeunes gens pieux, ils s'engagent à rester sexuellement purs jusqu'à leur mariage. Malheureusement, avant le mariage, une guerre civile a éclaté dans leur pays. Chacune de leurs familles s'est réfugiée dans un autre pays. Après deux ans de séparation, Samuel et Esther sont retournés dans leur pays d'origine et ont repris contact. Leur mariage était simple, mais l'Esprit de Dieu était clairement présent pendant la cérémonie. Depuis lors, Samuel et Esther ont fidèlement servi le Seigneur et élevé des enfants pieux.

Dans une autre histoire, Christopher et Stephen étaient deux frères très proches. Lorsque Stephen décède soudainement, Christopher a le cœur brisé. Bien qu'il ne soit pas chrétien, son frère l'était. Stephen avait fidèlement servi Dieu en tant que diacre dans son église. Grâce à l'attention que l'église locale a portée à la famille de Stephen, à la dignité du service funéraire et au suivi des pasteurs, Christopher et toute sa famille ont donné leur vie au Christ et sont devenus membres de l'église. Aujourd'hui, Christopher est diacre dans l'église. Il occupe le même poste ministériel que celui qu'occupait autrefois son frère Stephen.

Ce chapitre traite de ce que la Bible dit des mariages et des funérailles et de leur valeur pour les familles, l'église et la communauté dans son ensemble. Il offre également aux pasteurs pentecôtistes un aperçu de la préparation, de la conduite et du suivi des mariages et des funérailles. Bien

Partie 10 : Le pasteur pentecôtiste et les cérémonies et sacrements

que les détails de la manière dont un pasteur doit conduire ces cérémonies sacrées puissent varier d'un pays à l'autre, et d'une culture à l'autre, ce chapitre fournira quelques directives générales pour la conduite de ces cérémonies importantes.

LA CÉRÉMONIE DE MARIAGE

La Bible ne donne nulle part de directives spécifiques concernant les cérémonies de mariage. Elle offre cependant plusieurs exemples de mariages sanctionnés par Dieu. Les principes tirés de ces exemples peuvent guider le pasteur pentecôtiste dans la préparation et la célébration des cérémonies de mariage.

Un exemple est le récit biblique de la manière dont Dieu a réuni Adam et Ève comme mari et femme (Ge 2.18-25). Après les avoir créés, Dieu les a réunis dans ce que l'on peut appeler à juste titre la « première cérémonie de mariage ». À la suite de leur union, la Bible dit qu'ils sont devenus « une seule chair » (v. 24 ; cf. Mt 19.5-6).

Plus loin dans la Genèse, la Bible raconte le mariage d'Isaac et de Rebecca (Ge 24.1-67). Elle décrit comment Dieu a conduit le serviteur d'Abraham vers une belle femme chaldéenne nommée Rébecca. Après lui avoir expliqué la raison de sa venue, la jeune fille a accepté de retourner avec lui à Canaan pour devenir la femme d'Isaac. Lorsqu'elle rencontre Isaac pour la première fois, elle prend respectueusement son voile et se couvre, conformément à la coutume de l'époque. Le serviteur a ensuite expliqué à Isaac comment Dieu l'avait aidé à trouver Rebecca. Isaac emmena ensuite Rebecca dans la tente de sa défunte mère Sarah et l'épousa. Il aimait beaucoup Rebecca et trouvait du réconfort en elle. L'histoire d'Isaac et de Rébecca montre que si l'on prie et que l'on cherche Dieu, il nous conduira vers un conjoint fidèle avec lequel nous pourrons partager les joies et le confort du mariage.

Salomon a déclaré : « Celui qui trouve une femme a trouvé le bonheur ; c'est une faveur qu'il a reçue de l'Éternel » (Pr 18.22). L'inverse est, bien sûr, également vrai : celle qui trouve un mari trouve le bonheur et reçoit la faveur du Seigneur. Salomon développe cette vérité dans le Cantique des Cantiques, où il brosse un magnifique tableau de l'amour romantique dans le mariage. S'engager dans un mariage pieux est une chose bénie.

Chapitre 41 : Mariages et funérailles

Jésus a béni le mariage

Jésus avait beaucoup à dire sur le caractère sacré du mariage (Mt 5.31-32 ; Mc 10.1-12). Il a montré à quel point il appréciait les cérémonies de mariage en assistant à l'une d'elles dans le village de Cana en Galilée. Là, il a béni l'événement en transformant miraculeusement l'eau en vin, sauvant ainsi les hôtes de l'humiliation publique (Jn 2.1-11). Le fait que ce soit le premier signe miraculeux de Jésus dans l'Évangile de Jean souligne encore l'importance qu'il accorde à la cérémonie du mariage.

En outre, la Bible utilise des métaphores de mariage et de noces pour exprimer la relation intime de Dieu avec son peuple. Par exemple, dans l'Ancien Testament, la Bible décrit Israël comme l'épouse ou la femme de Dieu (Es 62.5 ; Jé 3.14). De la même manière, dans le Nouveau Testament, Paul décrit l'Église comme l'épouse du Christ (Ep 5.23-32). En utilisant de telles images, les prophètes et les apôtres déclaraient l'amour et l'engagement de Dieu envers son peuple. Et, implicitement, ils déclaraient à quel point Dieu accorde de l'importance à l'institution du mariage.

La valeur de la cérémonie de mariage

Les mariages religieux renforcent le sentiment d'appartenance du couple à la communauté de foi. Ils renforcent également l'engagement du couple l'un envers l'autre. Dieu a créé Eve pour résoudre la solitude d'Adam. À propos d'Adam, Dieu a déclaré : « Il n'est pas bon que l'homme soit seul » (Ge 2.18). Il en va de même pour les jeunes mariés. Il n'est pas bon pour eux d'être seuls, c'est-à-dire séparés de la communauté des croyants. Tout comme Dieu est un être relationnel composé du Père, du Fils et du Saint-Esprit, il a créé les êtres humains pour qu'ils vivent en communauté.

En Afrique, le mariage d'un homme et d'une femme n'est pas une affaire privée. C'est un événement public qui doit être célébré avec joie par l'ensemble de la communauté. Le mariage démontre que le couple fait partie intégrante de la communauté de foi, l'Église. Si le mari ou la femme vient d'un pays lointain, l'amour et l'attention manifestés par leur nouvelle famille ecclésiale leur donne le sentiment d'être accueillis et acceptés.

Les mariages chrétiens délivrent également un message éthique à la communauté au sens large. Chaque jeune couple qui se marie dans les règles à l'église incite ses pairs à suivre son exemple. Dans le monde contemporain,

Partie 10 : Le pasteur pentecôtiste et les cérémonies et sacrements

il est devenu honteusement normal pour un homme et une femme de vivre ensemble comme partenaires sexuels sans être mariés. Le couple qui se marie selon la Parole de Dieu ajoute une valeur morale à sa communauté et constitue un bon exemple pour ses pairs.

Préparation de la cérémonie de mariage

Le succès de la cérémonie de mariage dépend largement d'une bonne préparation. En tant que pasteur pentecôtiste, vous devez vous préparer, ainsi que les mariés, de quatre manières :

1. La préparation spirituelle. Tout d'abord, vous devez aborder la préparation spirituelle des participants au mariage. Le mariage est plus qu'un simple contrat social, comme le monde voudrait nous le faire croire. Du point de vue de Dieu, il s'agit d'une alliance sacrée entre un homme, une femme et Dieu. Il est donc conçu pour un homme et une femme qui vivent en relation d'alliance avec leur Seigneur. La cérémonie de mariage doit refléter ces vérités sacrées.

En tant que pasteur, vous devez conseiller le couple pour vous assurer qu'il comprend la gravité des vœux qu'il s'apprête à échanger. Vous devez également vous assurer que la mariée et le marié sont tous deux nés de nouveau. Si vous découvrez que l'un ou l'autre n'a pas été véritablement converti, vous devez chercher à les conduire au Christ. S'ils sont sauvés, mais ne mènent pas une vie pleinement engagée, vous devez les amener à s'engager à nouveau pour le Christ.

2. La préparation culturelle. Deuxièmement, en tant que pasteur, vous devez considérer la question de la préparation culturelle. Les différentes cultures africaines ont des coutumes et des traditions différentes concernant les mariages. Par exemple, dans certaines cultures africaines, un mariage digne de ce nom doit être précédé du versement d'une dot. Si vous vous trouvez dans un tel contexte, vous devez vous assurer que les participants se conforment aux exigences coutumières avant le jour du mariage - pour autant que ces exigences ne soient pas contraires aux Écritures ou à la tradition de l'Église. Il peut être embarrassant que des exigences culturelles non résolues soient exigées lors d'un mariage religieux.

3. Préparation juridique. Troisièmement, vous devez vous assurer que vous et les participants au mariage avez pris en charge toutes les questions juridiques requises pour le mariage. Par exemple, vous devez vous assurer

Chapitre 41 : Mariages et funérailles

que la licence de mariage a été obtenue auprès de l'autorité gouvernementale compétente. Vous devez également vous assurer qu'aucun des candidats n'a de conjoint vivant. Dans certains pays, des poursuites judiciaires peuvent être engagées contre tout pasteur qui enfreint les lois sur le mariage.

Un pasteur a négligé cette responsabilité et s'est mis dans l'embarras, ainsi que son église. Au cours d'une cérémonie de mariage, il a déclaré : « Si quelqu'un peut montrer une raison valable pour laquelle cet homme ne peut pas être marié à cette femme, qu'il parle maintenant ou se taise à jamais. » À la stupéfaction de tous, une jeune femme a levé la main. Elle a déclaré : « Je ne veux pas empêcher le mariage, puisque c'est ma sœur qui se marie. Cependant, l'homme qu'elle va épouser est le père de mon enfant. Il a promis de m'épouser avant de changer d'avis et de passer à elle. » Après beaucoup de confusion, le mariage a été annulé. Cette scène humiliante aurait pu être évitée si le pasteur avait fait une enquête de fond appropriée.

4. Préparation de la cérémonie. Enfin, en tant que pasteur, vous devez vous assurer qu'une préparation cérémoniale adéquate a eu lieu avant le mariage. Vous devez rencontrer les participants au mariage pour vous assurer qu'ils comprennent que la cérémonie de mariage chrétienne est un service de culte effectué en présence de Dieu.

La tenue de mariage du pasteur, de la mariée, du marié et de tous les accompagnateurs doit être appropriée à l'occasion. Le marié et les garçons d'honneur doivent être habillés de manière respectueuse. La veste de costume n'est pas obligatoire, mais elle est recommandée. La mariée, les demoiselles d'honneur et les invitées doivent être habillées de manière élégante mais modeste. Si le couple et ses accompagnateurs choisissent de s'habiller de manière culturelle, le pasteur devra peut-être adapter sa tenue en conséquence.

Vous devez vous familiariser avec la cérémonie de mariage que vous allez utiliser.[1] Vous devez également passer en revue la cérémonie avec les mariés, en discutant de chaque partie avec eux. De cette façon, ils comprendront clairement les engagements qu'ils prendront bientôt l'un

---

[1] Les cérémonies de mariage se trouvent dans *Le manuel du pasteur,* compilé par Myer Pearlman. Vous devriez avoir un exemplaire de ce livre ou une autre ressource recommandée par votre dénomination confessionnelle.

Partie 10 : Le pasteur pentecôtiste et les cérémonies et sacrements

envers l'autre. Avant le mariage, le bâtiment et le terrain de l'église doivent être nettoyés et décorés.

Officiant le mariage

La cérémonie de mariage se compose de trois parties importantes : le sermon, l'échange des vœux de mariage et la signature des documents juridiques, comme suit :

1. Le sermon. Le sermon, ou l'exhortation, doit se concentrer sur la dévotion du couple à Dieu, sa fidélité l'un envers l'autre et l'éducation d'enfants pieux. Bien que les mariés soient au centre de la cérémonie, le message s'adresse à tous ceux qui sont présents, mariés ou non. Le message doit être bref, ne prenant pas plus de quinze ou vingt minutes.

2. La cérémonie. La cérémonie de mariage proprement dite, comprenant l'échange des vœux et des alliances, doit être empreinte de dignité et de solennité. Avant le service du mariage, vous devriez répéter l'échange des vœux et des alliances avec le couple. Cela leur permettra d'éviter les erreurs embarrassantes pendant la cérémonie proprement dite.

3. La signature. En tant que ministre ordonné, le rôle du pasteur pentecôtiste dans la cérémonie de mariage est à la fois spirituel et légal. Vous devez remplir ces deux rôles de manière professionnelle. Avant la cérémonie, vous devez confirmer que les documents légaux sont tous en ordre. Les personnes qui sont légalement tenues de signer ces documents doivent être informées à l'avance. Vous devez vous assurer que ces personnes sont présentes et conscientes de leur responsabilité.

Enfin, vous devez diriger la signature du registre. Une fois que toutes les signatures requises sont apposées, vous devez remettre publiquement les documents au marié, qui porte la plus grande responsabilité dans le succès du mariage. Une fois que les documents ont été présentés, vous pouvez déclarer le couple mari et femme. Vous devez ensuite demander au couple de s'agenouiller devant Dieu, de préférence sur des oreillers propres et doux. Vous leur imposerez ensuite les mains et ferez une prière de bénédiction sur eux. La cérémonie se termine par le baiser du marié sur la mariée et la bénédiction.

Chapitre 41 : Mariages et funérailles

LE SERVICE FUNÈBRE

À l'annonce de la mort de Gertrude, toute la ville est ébranlée. Non seulement sa famille est en deuil, mais la communauté entière pleure sa perte. Hommes, femmes, jeunes et enfants ont tous pleuré. Gertrude était diaconesse dans une église des Assemblées de Dieu. En raison de son caractère chrétien et de sa générosité, elle était aimée de tous.

Lors de ses funérailles, le pasteur a délivré un message de réconfort. Il a également partagé le message d'espoir en Christ. À la fin du sermon, le pasteur a invité les gens à s'avancer pour recevoir le Christ comme Sauveur. Plusieurs ont répondu et ont donné leur vie au Christ. Grâce à la vie de Gertrude et à la sagesse de son pasteur dans la conduite du service funèbre, un grand bien est sorti, non seulement de sa vie, mais aussi de sa mort.

La valeur du service funéraire

Les Africains vivent leur vie en communauté. Leurs valeurs individuelles sont définies et renforcées par ceux qui les entourent. Ainsi, lorsqu'un membre de la communauté meurt, le service funéraire rassemble tout le monde. Des personnes de tous horizons, quelle que soit leur appartenance religieuse, se rassemblent pour rendre un dernier hommage au défunt. Ils viennent également manifester leur solidarité avec la famille en deuil.

Le service funéraire en Afrique a plusieurs objectifs. Tout d'abord, il donne à la famille et aux amis l'occasion de se réunir et de faire leur deuil. Ce faisant, leur cœur est réconforté et renforcé. Ensuite, le service funéraire permet aux personnes en deuil de tourner la page. Il leur donne un moment où ils peuvent accepter leur perte et, dans la force de Dieu, continuer leur vie. Enfin, le service funèbre offre une excellente occasion pour le pasteur pentecôtiste de partager le message du Christ avec ceux qui ne le connaissent pas. Beaucoup de personnes qui n'assisteraient jamais à un service religieux régulier viendront à des funérailles. Le pasteur pentecôtiste avisé profitera de cette occasion pour partager avec tact, mais de manière convaincante, le message du salut.

L'aide aux personnes en deuil

En tant que pasteur pentecôtiste, votre ministère auprès des personnes endeuillées commence dès que vous apprenez le décès de la personne. Vous

Partie 10 : Le pasteur pentecôtiste et les cérémonies et sacrements

devez être prêt à interrompre votre emploi du temps et à tendre immédiatement la main aux proches de la personne décédée. Ce sera le premier signe pour la famille que vous vous souciez d'elle. Bien que quelques mots de consolation soient appropriés et utiles, au début, vous voudrez probablement vous en tenir au minimum. Vous voudrez simplement vous asseoir et pleurer avec la famille en deuil. Votre présence, quelques mots de consolation et une prière sont généralement tout ce qui est nécessaire à ce stade.

Plus tard, vous voudrez rendre à nouveau visite à la famille, cette fois avec d'autres responsables d'église. Au cours de cette visite, vous voudrez peut-être diriger un ou deux cantiques, donner une brève exhortation et proposer à nouveau une prière pour la famille. Vous pouvez également lire des textes bibliques appropriés. En outre, vous et votre équipe de leaders pouvez proposer une aide financière au nom de l'église. Cela est particulièrement utile lorsque la famille en deuil ne peut pas assumer le coût des funérailles.

Préparation du service

Vous et votre équipe de leaders devez également prendre le temps de vous asseoir avec la famille en deuil et de planifier le service funèbre. Au cours de cette réunion, vous pouvez attribuer des tâches pour la lecture des Écritures et la lecture de la notice nécrologique (résumé de vie) du défunt. Vous devez respecter les souhaits de la famille quant à l'attribution de ces tâches. Le sermon funèbre est normalement prononcé par le pasteur du défunt. Toutefois, si, pour une raison quelconque, la famille demande qu'un autre ministre chrétien prononce le sermon des funérailles, vous devez faire preuve de souplesse.

Le service funèbre

Le service funèbre lui-même doit comporter plusieurs éléments clés. Premièrement, des hymnes appropriés doivent être choisis pour l'occasion. Ensuite, la cérémonie doit comprendre un sermon funèbre prononcé par un ministre qualifié et respecté. Si le défunt a mené une vie chrétienne exemplaire, le sermon peut être biographique. Sinon, il faut prêcher un message simple mettant l'accent sur le salut et la réalité de la vie après la mort.

Chapitre 41 : Mariages et funérailles

Les membres de l'église et les amis doivent être autorisés à rendre leurs hommages de manière à honorer la mémoire du défunt et à consoler la famille. Ceux qui offrent des hommages doivent être encouragés à être brefs afin que le service funèbre ne se prolonge pas trop longtemps et ne devienne pas un fardeau plutôt qu'une bénédiction pour la famille.

La cérémonie d'inhumation doit également être brève. Cette cérémonie comprend normalement un hymne approprié, une prière et le rite d'inhumation offert par un pasteur ordonné. Vous devez surveiller l'heure pour vous assurer que le corps du défunt est enterré bien avant le crépuscule.

Ministère du suivi

Votre responsabilité de pasteur ne s'arrête pas au service funèbre. Après l'inhumation, vous et les anciens de votre église devez accompagner la famille à son domicile. Là, vous leur offrirez quelques dernières paroles de consolation et prierez pour eux. Au fil des jours, vous devez rendre visite de temps en temps à la famille en deuil. Et vous devriez chercher des occasions de partager l'Évangile avec les membres de la famille qui ne connaissent pas le Seigneur.

Les mariages et les funérailles sont d'excellents moments pour le pasteur et l'église pentecôtiste de montrer leur amour et leur intérêt pour les membres de l'église et les autres membres de la communauté. Il ou elle doit prendre grand soin de planifier et de conduire ces rites avec amour et dignité.

Partie 10 : Le pasteur pentecôtiste et les cérémonies et sacrements

~ Chapitre 42 ~

Conduite des sacrements, dédicaces et installations

Le pasteur pentecôtiste est souvent appelé à administrer les ordonnances de l'église et à conduire d'autres cérémonies sacrés et de célébration. Ces actes doivent être accomplis avec la compétence et la dignité qu'ils méritent. Ce chapitre est destiné à aider le pasteur pentecôtiste dans ce domaine important du ministère.

BAPTÊME D'EAU

Le baptême d'eau est la première des deux ordonnances sacrées instituées par Jésus. Il a lui-même été baptisé dans l'eau, donnant ainsi l'exemple à ceux qui le suivraient (Mt 3.13-17). Il a ensuite ordonné à son Église d'aller faire des disciples de toutes les nations, « les baptisant au nom du Père, du Fils et du Saint-Esprit » (Mt 28.19-20 ; cf. Mc 16.15-16).

L'Église primitive a soigneusement suivi les instructions de Jésus en baptisant les nouveaux croyants dans l'eau peu après leur conversion (Ac 2.37-41 ; 8.12-13, 36-38 ; 9.17-18 ; 10.47-48 ; 16.13-15, 31-33 ; 18.8 ; 19.5). Le baptême d'eau étant un commandement divin, il n'est pas facultatif. Par conséquent, en tant que pasteur pentecôtiste, vous devez vous préparer à accomplir cette ordonnance de manière fidèle et compétente.

Partie 10 : Le pasteur pentecôtiste et les cérémonies et sacrements

La signification

Le baptême d'eau est un acte d'obéissance de la part du ministre et du nouveau croyant. Il s'agit d'une confession publique de la foi du nouveau disciple en Christ et de son engagement à suivre pleinement son Seigneur. Le baptême en lui-même ne sauve pas. Il est plutôt « le gage d'une conscience pure devant Dieu » que l'on a déjà été sauvé (1 Pi 3.21). Le baptême d'eau symbolise la mort, l'ensevelissement et la résurrection de Jésus (Ro 6.3-11). Il symbolise également la mort du nouveau croyant au monde et sa résurrection à une vie nouvelle en Christ (2 Co 5.17). En outre, le baptême d'eau indique l'engagement du nouveau croyant à se joindre au Christ dans l'accomplissement de sa mission (Mt 3.15).

Les participants

Toute personne qui met sincèrement sa foi en Jésus-Christ comme Seigneur et Sauveur peut, et doit, être baptisée dans l'eau. Cette ordonnance doit être administrée peu de temps après la conversion. Cependant, avant de baptiser quelqu'un dans l'eau, vous devez d'abord l'interroger pour vous assurer qu'il est vraiment né de nouveau et qu'il comprend pleinement la signification de l'ordonnance.

La méthode

La méthode scripturale du baptême est l'immersion complète dans l'eau. Le mot « baptiser » signifie littéralement immerger ou submerger. De plus, l'immersion correspond le mieux à la signification symbolique de la mort, de l'enterrement et de la résurrection (Ro 6.2-4).

Vous pouvez utiliser la procédure suivante pour baptiser les nouveaux chrétiens dans l'eau. Vous entrez dans l'eau avec le candidat. Vous pouvez demander au candidat de partager un bref témoignage sur la façon dont il a trouvé le Christ comme Sauveur. Vous pouvez ensuite poser les questions suivantes au candidat :

- « Confessez-vous librement que Jésus-Christ est votre Seigneur et votre Sauveur ? »
- « Renoncez-vous au monde, à la chair et au diable, et vous engagez-vous totalement envers le Christ et sa volonté pour votre vie ? »
- « Vous engagez-vous devant Dieu et son Église à marcher en nouveauté de vie d'une manière digne du Seigneur ? »

- « Allez-vous vous engager pleinement dans le Christ et sa mission, en cherchant à conduire les autres à la foi en Lui ? »

Le candidat doit répondre « oui » à chacune de ces questions.

Vous immergerez ensuite le candidat dans l'eau en disant : « En raison de ta confession de foi en Christ comme Seigneur et Sauveur, et en raison de ton engagement à tout abandonner pour le suivre, je te baptise, (nom complet), au nom du Père, du Fils et du Saint-Esprit. Amen. »

Passages bibliques

Vous pouvez lire une partie ou la totalité des passages bibliques suivants pendant le service de baptême :

- Le baptême de Jésus (Mt 3.13-17 ; Mc 1.9-11)
- La Grande Commission (Mt 28.18-20 ; Mc 16.14-20)
- Le jour de la Pentecôte (Ac 2.36-41)
- L'eunuque éthiopien (Ac 8.36-39)
- L'enseignement de Paul sur le baptême (Ro 6.3-11 ; Ga 3.26-29 ; Co 2.11-15).

SAINTE COMMUNION

La Sainte Communion est la deuxième des deux ordonnances sacrées instituées par le Seigneur Jésus (Mt 26.26-29 ; Lc 22.14-20 ; 1 Co 11.23-26). Elle est également appelée « la fraction du pain » (Ac 2.42) et « le repas du Seigneur » (1 Co 11.20). Le mot « communion » vient du mot latin *cena*, qui signifie « repas du soir ». Jésus a institué cette ordonnance lors de son dernier repas avec ses disciples dans la chambre haute. Alors que le baptême d'eau n'est administré qu'une seule fois et symbolise l'entrée du croyant dans sa nouvelle vie en Christ, la communion est administrée régulièrement et évoque la marche continue du chrétien avec le Seigneur.

Le sens de la communion

La communion rappelle au croyant le sacrifice de Jésus sur la croix. Le pain rompu rappelle son corps brisé, et la coupe son sang versé (Lu 22.19-20). Dans 1 Corinthiens 11, Paul parle de cinq choses que nous devons faire pendant le service de la communion :

Partie 10 : Le pasteur pentecôtiste et les cérémonies et sacrements

1. Nous devons nous souvenir de la mort du Christ sur la croix (v. 24-25).
2. Nous devons contempler la signification de la nouvelle alliance (v. 25 ; cf. Mt 26.28).
3. Nous devons anticiper sa venue prochaine (v. 26 ; cf. Mt 26.29 ; Lu 22.16-18).
4. Nous devons nous rassembler dans l'unité, en nous préférant les uns aux autres (v. 18-21, 33).
5. Nous devons nous engager dans la mission rédemptrice du Christ (v. 26).

Les participants

La plupart des églises pentecôtistes pratiquent la communion ouverte. Cela signifie qu'elles accueillent à la Table du Seigneur tous ceux qui ont vraiment reçu le Christ comme Sauveur et qui le servent fidèlement. Le participant n'est pas tenu d'être membre de cette église ou dénomination particulière. Certaines églises pentecôtistes limitent la communion à ceux qui ont été baptisés dans l'eau. Vous devez être au courant de la politique de votre église nationale sur ces questions et suivre cette tradition. Toute personne qui reçoit la communion doit être invitée à examiner son cœur afin d'éviter le jugement de Dieu (1 Co 11.27-29).

Fréquence

La Bible ne donne aucune instruction spécifique sur la fréquence à laquelle une église doit célébrer la communion. Elle indique cependant que la communion doit être faite régulièrement et souvent. Certaines églises célèbrent la Sainte-Cène tous les dimanches matin, tandis que d'autres le font tous les mois ou tous les trimestres. L'essentiel est de prévoir la Sainte-Cène dans votre église sur une base régulière.

La cérémonie

La Sainte Communion est une cérémonie sacrée. Par conséquent, elle ne doit pas être précipitée, mais doit être réalisée de manière ordonnée et digne. Vous voudrez choisir les hommes et les femmes les plus spirituels de l'église pour vous assister. Il peut s'agir des anciens de l'église, des diacres ou des pasteurs adjoints. Vous devez indiquer à l'avance aux servants comment se déroulera la cérémonie de communion.

Vous commencerez la cérémonie par une courte exhortation ou par la lecture d'un passage biblique approprié. Vous prierez ensuite et distribuerez

Chapitre 42 : Conduite des sacrements, dédicaces et installations

le pain et la coupe aux diacres. Les diacres distribueront ensuite les emblèmes à l'assemblée. Lorsque tout le monde aura reçu le pain et la coupe, vous lirez les versets appropriés (par exemple, 1 Co 11.23-26). L'assemblée mange et boit ensuite ensemble.

En suivant l'exemple de Jésus dans Matthieu 26.26-29, vous voudrez inclure cinq éléments dans la cérémonie : l'action de grâce, la lecture des Écritures, la distribution des éléments, le chant des cantiques et la prière. La cérémonie de communion peut avoir lieu à tout moment approprié du service.

Passages bibliques

Vous pouvez lire les passages bibliques suivants pendant le service de communion :

- Jésus institue la Sainte Communion (Mt 26.17-29 ; Mc 14.12-25 ; Lu 22.7-20)
- La pratique de l'Église primitive (Ac 2.42-46 ; 20.7)
- Paul explique la Sainte Communion (1 Co 10.16 ; 11.18-31).

PRESENTATION DES ENFANTS

La plupart des églises pentecôtistes d'Afrique pratiquent la consécration publique des enfants au Seigneur. Bien qu'il ne s'agisse pas d'une ordonnance de l'église comme le baptême d'eau ou la Sainte Communion, c'est une pratique significative.

Dans l'Ancien Testament, les enfants étaient présentés au Seigneur et circoncis selon la loi de Moïse (cf. Ex 13.2, 12-13, 15 ; 22.29 ; 1 S 1.20, 24-28 ; 3.19). Anne a dédié son fils, Samuel, au Seigneur, en disant : « Maintenant, je le cède au Seigneur. Toute sa vie, il sera prêté au Seigneur » (1 S 1.28). Les parents de Jésus ont suivi cette ancienne coutume en le consacrant au Seigneur (Lu 2.22-38, 40). Jésus lui-même « les prit dans ses bras et les bénit en posant les mains sur eux » (Mc 10.16).

La signification

Au cours de la cérémonie, il est important de souligner que la dédicace des enfants au Seigneur n'est pas la même chose que le baptême des enfants. La consécration des enfants ne sauve pas l'enfant et ne fait pas de lui un chrétien. Il s'agit plutôt d'un acte de consécration de la part des parents par

Partie 10 : Le pasteur pentecôtiste et les cérémonies et sacrements

lequel ils s'engagent à élever l'enfant « dans la correction et l'instruction du Seigneur » (Ep 6.4).

La dédicace d'un bébé est un acte public de gratitude envers Dieu pour le merveilleux cadeau qu'il a fait aux parents. C'est une occasion où toute l'assemblée peut se réjouir avec les parents. Ensemble, ils peuvent s'engager à entourer l'enfant d'amour et à l'encadrer dans la foi.

La cérémonie

La cérémonie de consécration de l'enfant peut varier d'une église à l'autre et d'une culture à l'autre. Elle se déroule normalement dans le cadre d'un service religieux du dimanche matin. Elle peut comporter quatre parties : (1) le pasteur impose les mains à l'enfant et prie pour que Dieu le bénisse ; (2) le pasteur poursuit sa prière en demandant à Dieu d'accorder la sagesse aux parents pour qu'ils élèvent l'enfant au service de Dieu ; (3) le pasteur adresse un message aux parents, les exhortant à élever l'enfant pour qu'il aime et serve le Seigneur ; et (4) le pasteur demande à l'église de soutenir les parents pour qu'ils élèvent l'enfant dans les voies de Dieu.

Passages bibliques

Les passages bibliques suivants peuvent être lus lors de la dédicace d'un enfant :

- La promesse de Dieu à Abraham (Ge 18.19)
- Éduquer un enfant (Pr 22.6)
- Inculquer les commandements de Dieu aux enfants (De 6.6-9)
- Anne consacre Samuel au Seigneur (1 S 1.20-2.26)
- Jésus bénit les enfants (Mt 19.13-15 ; Mc 10.13-16 ; Lu 18.15-16)
- Marie et Joseph présentent Jésus (Lu 2.22-38, 40)
- Élever les enfants (Ep 6.4).

INSTALLATION DES LEADERS

L'Ancien et le Nouveau Testament parlent tous deux de l'installation des dirigeants dans leurs fonctions. Le Seigneur a ordonné à Moïse de consacrer Aaron et ses fils à la prêtrise (Ex 29.1-27 ; Lé 8.1-36 ; No 3.3). Plus tard, il a ordonné à Moïse de faire à peu près la même chose avec les Lévites qui devaient servir dans le temple (No 8.5-22).

Chapitre 42 : Conduite des sacrements, dédicaces et installations

Dans l'Église primitive, les apôtres ont imposé les mains aux premiers diacres pour les installer dans leur fonction (Ac 6.6). De la même manière, l'église d'Antioche a imposé les mains à Barnabas et Saul pour les recommander à l'œuvre du Seigneur (Ac 13.2-3). En outre, Paul a ordonné à Tite de nommer des anciens dans les églises de diverses villes (Tit 1.5). Le verbe grec traduit par « nommer » dans ce passage est *kathistēmi*, qui signifie « ordonner » ou « installer dans une fonction ».

La cérémonie d'installation aidera l'église à savoir qui occupe un poste particulier dans l'église. Elle les aidera également à connaître les responsabilités de cette fonction. Elle renforcera la crédibilité du nouvel officier aux yeux de la congrégation. La cérémonie d'installation est également l'occasion de rappeler au candidat qu'il est un serviteur du Christ et que, de ce fait, son autorité lui a été déléguée. Il n'est donc pas un chef, mais un serviteur du Seigneur qui possède le troupeau (1 Pi 5.1-4).

La cérémonie

En tant que pasteur, vous commencerez la cérémonie d'installation en appelant les leaders nouvellement choisis à l'avant de l'église. Vous lirez ensuite un passage approprié des Écritures et présenterez les nouveaux responsables à l'assemblée. Vous expliquerez brièvement à l'assemblée les responsabilités de chaque poste. Vous imposerez ensuite les mains aux nouveaux responsables, en demandant à Dieu de les remplir de l'Esprit et de les bénir dans l'exercice de leur ministère.

L'imposition des mains dans ce contexte peut être plus que cérémoniale. Dans le Nouveau Testament, les gens étaient souvent remplis de l'Esprit lorsqu'on leur imposait les mains (Ac 8.17 ; 9.17-19 ; 19.6). Paul a rappelé à Timothée « de ranimer le don de Dieu que tu as reçu par l'imposition de mes mains » (2 Ti 1.6). L'apôtre faisait référence au don du Saint-Esprit que Timothée avait reçu à cette occasion. Vous devez donc préparer les candidats à l'avance en leur disant : « Lorsque je t'imposerai les mains, ouvre ton cœur à Dieu pour être rempli (ou rempli à nouveau) du Saint-Esprit. »

Passages bibliques

Vous pouvez lire un ou plusieurs des passages bibliques suivants lors de l'installation des responsables de l'église :

Partie 10 : Le pasteur pentecôtiste et les cérémonies et sacrements

- Le choix des Sept (Ac 6.1-7)
- Les dons ministériels du Christ (1 Co 12.28-31)
- Intendants des dons de Dieu (1 Pi 4.10-11)
- Ne négligez pas votre don (1 Ti 4.9-16)
- Ranimez le don de Dieu (2 Ti 1.1-8).

INAUGURATION DE BÂTIMENTS

La dédicace d'un bâtiment est l'acte sacré qui consiste à réserver une structure à Dieu pour son usage exclusif. La pratique de la dédicace de bâtiments au Seigneur trouve sa signification dans les Écritures. À plusieurs reprises, les Israélites ont dédié des structures au Seigneur. Dans le désert, Moïse et la congrégation ont dédié le tabernacle à l'Éternel (Ex 40.1-38). Ils ont également consacré l'autel au Seigneur (No 7.10-11, 84-88). Des années plus tard, Esdras « célébra avec joie la dédicace de la maison de Dieu » (Esd 6.16).

La dédicace du premier temple de Jérusalem est probablement le meilleur exemple de cérémonie de dédicace dans la Bible. Lorsque Salomon a terminé la construction du temple, il a organisé une grande fête (1 R 8). Au cours de cette fête, le roi a dirigé une cérémonie de dédicace au cours de laquelle il a invité Dieu à venir habiter dans le bâtiment (1 R 8.13-53).

Le but

Aujourd'hui, lorsque nous consacrons des bâtiments d'église au Seigneur, nous les mettons à part pour lui et pour ses objectifs exclusifs, comme l'ont fait Moïse, Esdras et Salomon. Nous disons à Dieu : « Nous te dédions cette structure et nous l'utiliserons pour rendre gloire à ton nom et pour faire avancer ton œuvre sur la terre. »

En tant que chrétiens pentecôtistes, nous comprenons que l'Esprit du Seigneur habite le peuple de Dieu (1 Co 3.16), et qu'il le rend capable de servir (Ac 1.8). Cependant, nous comprenons aussi que la présence de Dieu peut parfois venir remplir des bâtiments. C'est ce qui s'est produit le jour de la Pentecôte lorsque « tout à coup, un bruit semblable au souffle d'un vent violent vint du ciel et remplit toute la maison où ils étaient assis » (Ac 2.2). Le Christ a promis de manifester sa présence lorsque deux ou trois personnes se réunissent en son nom (Mt 18.20).

Chapitre 42 : Conduite des sacrements, dédicaces et installations

L'objectif du service de dédicace est de remercier Dieu pour l'aide qu'il a apportée à l'église en lui permettant d'achever le nouveau bâtiment. Il s'agit également de lui dédier l'utilisation du nouveau bâtiment pour ses objectifs. Au cours du service, l'assemblée invite le Seigneur à descendre et à manifester sa présence comme il l'a fait dans les Écritures. En outre, les membres de l'église s'engagent à nouveau envers Dieu et sa mission rédemptrice.

Le service de dédicace

Le service de dédicace doit être présidé par le pasteur ou un responsable confessionnel invité. Il est bon d'organiser la cérémonie un jour spécial où les invités d'honneur pourront être présents. Le service de dédicace peut inclure une ou plusieurs des fonctions suivantes :

- Coupe du ruban
- Une prière de dédicace
- Reconnaissance des invités spéciaux
- Lecture de l'Écriture
- Témoignages
- Culte de célébration
- Une offrande d'action de grâce
- Un sermon
- Une visite de la nouvelle propriété
- Un repas partagé ou des rafraîchissements.

Passages bibliques

Les passages bibliques suivants peuvent être lus lors d'une cérémonie de dédicace de bâtiment :

- Dédicace du temple (2 Ch 6.1-2, 17-20, 40 ; 7.1-5)
- Les parvis du Seigneur (Ps 84)
- Allons dans la maison du Seigneur (Ps 122).

L'observance des ordonnances, la consécration des enfants, l'installation des responsables de l'église et la dédicace des bâtiments de l'église sont autant d'éléments essentiels de la vie de l'église pentecôtiste. Le pasteur pentecôtiste doit conduire ces cérémonies avec la dignité et la solennité qu'elles méritent.

Partie 10 : Le pasteur pentecôtiste et les cérémonies et sacrements

Annexes

Annexes

~ Annexe 1 ~
Déclaration de foi de la Fraternité mondiale des Assemblées de Dieu

Cette déclaration de foi est simplement destinée à servir de base à la croyance, à la fraternité et à la coopération entre nous. La phraséologie employée dans cette déclaration n'est pas inspirée, mais la vérité énoncée est considérée comme essentielle à un ministère véritablement pentecôtiste. Nous ne prétendons pas qu'elle contient toute la vérité biblique, mais seulement qu'elle couvre notre besoin de ces doctrines essentielles.

1. L'INSPIRATION DES ÉCRITURES

Nous croyons que les Écritures, tant l'Ancien que le Nouveau Testament, sont inspirées verbalement par Dieu et constituent la révélation de Dieu à l'homme, la règle de foi et de conduite infaillible et faisant autorité. L'inspiration divine s'étend également et pleinement à toutes les parties des écrits originaux, assurant leur entière fiabilité (2 Ti 3.15-17 ; 2 Pi 1.21).

2. LA DIVINITÉ ÉTERNELLE

Nous croyons en l'unité du seul Dieu vrai et vivant, qui est l'Éternel, qui existe par lui-même, et qui s'est révélé comme un seul être en trois personnes : le Père, le Fils et le Saint-Esprit (Mt. 3.16-17 ; 28.19).

a. Dieu le Père. Nous croyons en Dieu le Père, la première personne de la divinité trinitaire, qui existe éternellement comme le Créateur du ciel et de la terre, le Donneur de la Loi, à qui toutes choses seront soumises, afin qu'il soit tout en tous (Ge 1.1 ; De 6.4 ; 1 Co 15.28).

b. Le Seigneur Jésus-Christ. Nous croyons au Seigneur Jésus-Christ, la deuxième personne de la divinité trinitaire, qui était et est le Fils éternel de Dieu ; qu'il s'est incarné par le Saint-Esprit et est né de la vierge Marie.

Annexes

Nous croyons en sa vie sans péché, son ministère miraculeux, sa mort expiatoire par substitution, sa résurrection corporelle, son ascension triomphante et son intercession permanente (Es 7.14 ; Hé 7.25-26 ; 1 Pi 2.22 ; Ac 1.9 ; 2.22 ; 10.38 ; 1 Co 15.4 ; 2 Co 5.21).

c. Le Saint-Esprit. Nous croyons au Saint-Esprit, la troisième personne de la divinité trinitaire, qui procède du Père et du Fils, et qui est toujours présent et actif dans l'œuvre de conviction et de régénération du pécheur, et de sanctification du croyant dans toute la vérité (Jn 14.26 ; 16.8-11 ; 1 Pi 1.2 ; Ro 8.14-16).

3. LA CHUTE DE L'HOMME

Nous croyons que l'humanité a été créée bonne et droite. Cependant, la transgression volontaire a entraîné leur éloignement de Dieu, entraînant ainsi non seulement la mort physique mais aussi la mort spirituelle, qui est la séparation d'avec Dieu (Ge 1.16-27 ; 2.17 ; 3.6 ; Ro 5.12-19).

4. LE SALUT DE L'HOMME

Nous croyons au salut par la foi en Christ, qui est mort pour nos péchés, a été enterré et est ressuscité des morts le troisième jour. Par son sang expiatoire, le salut a été assuré à toute l'humanité par le sacrifice du Christ sur la croix. Cette expérience, également connue sous le nom de nouvelle naissance, est une opération instantanée et complète du Saint-Esprit à la suite de laquelle le pécheur croyant est régénéré, justifié et adopté dans la famille de Dieu, devient une nouvelle création dans le Christ Jésus et est héritier de la vie éternelle (Jn 3.5-6 ; Ro 10.8-15 ; Tit 2.11 ; 3.4-7 ; 1 Jn 5.1).

5. LA GUÉRISON DIVINE

Nous croyons que la délivrance de la maladie est prévue dans l'expiation et qu'elle est le privilège de tous les croyants (Es 53.4-5 ; Mt 8.16-17 ; Ja 5.14-16).

Annexe 1 :
Déclaration de foi de la Fraternité mondiale des Assemblées de Dieu

6. L'ÉGLISE ET SA MISSION

Nous croyons que l'Église est le corps du Christ et la demeure de Dieu par l'Esprit, qu'elle témoigne de la présence du royaume de Dieu dans le monde présent et qu'elle inclut universellement tous ceux qui sont nés de nouveau (Ep 1.22-23 ; 2.22 ; Ro 14.17-18 ; 1 Co 4.20).

Nous croyons que la mission de l'église est de (1) proclamer la bonne nouvelle du salut à toute l'humanité, (2) édifier et former les croyants pour le ministère spirituel, (3) louer le Seigneur par le culte, et (4) faire preuve de compassion chrétienne envers tous ceux qui souffrent (Mt 10.42 ; 28.19-20 ; Ep 4.11-13).

7. LES ORDONNANCES DE L'ÉGLISE

Nous croyons que le baptême d'eau par immersion est attendu de tous ceux qui se sont repentis et ont cru. Ce faisant, ils déclarent au monde qu'ils sont morts avec le Christ et qu'ils sont ressuscités avec lui pour marcher en nouveauté de vie (Mt 28.19 ; Ac 10.47-48 ; Ro 6.4).

Nous croyons que la Cène est une proclamation de la souffrance et de la mort de notre Seigneur Jésus-Christ, qui doit être partagée par tous les croyants jusqu'au retour du Seigneur (Lu 22.14-20 ; 1 Co 11.20-34).

8. LA SANCTIFICATION

Nous croyons que la sanctification est un acte de séparation de ce qui est mal, et de consécration à Dieu. Dans l'expérience, elle est à la fois instantanée et progressive. Elle est produite dans la vie du croyant par son appropriation de la puissance du sang et de la vie ressuscitée du Christ par la personne du Saint-Esprit. Il attire l'attention du croyant sur le Christ, l'enseigne par la Parole et produit en lui le caractère du Christ (Ro 6.1-11 ; 8.1-2, 13 ; 12.1-2 ; Ga 2.20 ; Hé 10.10, 14).

9. LE BAPTÊME DU SAINT ESPRIT

Nous croyons que le baptême du Saint-Esprit confère au croyant une puissance de vie et de service pour le Christ. Cette expérience est distincte de la nouvelle naissance et lui est postérieure, elle est reçue par la foi et s'accompagne de la manifestation du parler en langues, l'Esprit donnant ce

Annexes

parler en langue comme preuve initiale (Lu 24.49 ; Ac 1.8 ; 2.1-4 ; 8.15-19 ; 11.14-17 ; 19.1-7).

10. LES DONS DU SAINT ESPRIT

Nous croyons en l'opération actuelle des neuf dons surnaturels du Saint-Esprit (1 Co 12) et des dons ministériels du Christ (Ep 4.11-13) pour l'édification et l'expansion de l'église.

11. LA FIN DU TEMPS

Nous croyons au retour prémillénaire, imminent et personnel de notre Seigneur Jésus-Christ pour rassembler son peuple auprès de lui. Ayant cette espérance bénie et cette attente sérieuse, nous nous purifions, comme Lui est pur, afin d'être prêts à le rencontrer quand Il viendra (Jn 14.1-3 ; Tit 2.13 ; 1 Th 4.15-17 ; 1 Jn 3.2-3 ; Ap 20.1-6).

Nous croyons à la résurrection corporelle de toute l'humanité, à la félicité éternelle et consciente de tous ceux qui croient vraiment en notre Seigneur Jésus-Christ, et au châtiment éternel et conscient de tous ceux dont le nom n'est pas inscrit dans le Livre de Vie (Jn 5.28-29 ; 1 Co 15.22-24 ; Ap 20.10-15).

~ Annexe 2 ~
Les dons de manifestation de 1 Corinthiens 12.8-10

Dons de révélation (Donnés pour connaître la pensée de Dieu)

- *Parole (message) de connaissance :* Une révélation conférée par l'Esprit d'une partie de la connaissance de Dieu.
- *Parole (message) de sagesse :* Une révélation conférée par l'Esprit d'une partie de la sagesse de Dieu.
- *Distinguer les esprits :* Une révélation conférée par l'Esprit de l'esprit qui se manifeste ou qui motive une action.

Dons prophétiques (Donnés pour dire les paroles de Dieu)

- *Le don de prophétie :* L'expression d'un message de Dieu, inspiré par l'Esprit.
- *Différents types de langues :* Une expression inspirée par l'Esprit d'un message de Dieu, ou d'une prière à Dieu, dans une langue inconnue de l'orateur.
- *Interprétation des langues :* Explication, inspirée par l'Esprit, de la signification d'un message ou d'une prière en langues.

Dons de puissance (donnés pour accomplir les œuvres de Dieu)

- *Le don de la foi :* Un élan de foi animé par l'Esprit pour accomplir une tâche ordonnée par Dieu.
- *Les dons de guérison :* Une guérison des maladies et des infirmités, accordée par l'Esprit.
- *Pouvoirs miraculeux :* Une libération de la puissance divine sous l'impulsion de l'Esprit pour accomplir une œuvre spéciale de Dieu. (Note : Ce don pourrait être plus proprement appelé « œuvres de puissance » ou littéralement du grec (*energemata dunameon*) « opérations d'œuvres de puissance ».

Annexes

~ Annexe 3 ~
Abréviations des livres bibliques

ANCIEN TESTAMENT

Genèse	Ge
Exode	Ex
Lévitique	Lé
Nombres	No
Deutéronome	De
Josué	Jos
Juges	Jg
Ruth	Ru
1 Samuel	1 S
2 Samuel	2 S
1 Rois	1 R
2 Rois	2 R
1 Chroniques	1 Ch
2 Chroniques	2 Ch
Esdras	Esd
Néhémie	Né
Esther	Est
Job	Job
Psaumes	Ps
Proverbes	Pr
Ecclésiaste	Ec
Cantique des cantiques	Ca
Ésaïe	Es
Jérémie	Jé
Lamentations de Jérémie	La
Ézéchiel	Ez
Daniel	Da
Osée	Os
Joël	Joë
Amos	Am
Abdias	Ab
Jonas	Jon
Michée	Mi
Nahum	Na
Habacuc	Ha
Sophonie	So
Aggée	Ag
Zacharie	Za
Malachie	Mal

NOUVEAU TESTAMENT

Matthieu	Mt
Marc	Mc
Luc	Lu
Jean	Jn
Actes	Ac
Romains	Ro
1 Corinthiens	1 Co
2 Corinthiens	2 Co
Galates	Ga
Éphésiens	Ep
Philippiens	Ph
Colossiens	Col
1 Thessaloniciens	1 Th
2 Thessaloniciens	2 Th
1 Timothée	1 Ti
2 Timothée	2 Ti
Tite	Tit
Philémon	Phm
Hébreux	Hé
Jacques	Ja
1 Pierre	1 Pi
2 Pierre	2 Pi
1 Jean	1 Jn
2 Jean	2 Jn
3 Jean	3 Jn
Jude	Jud
Apocalypse	Ap

Annexes

Made in the USA
Columbia, SC
12 July 2024

6b5a825f-9c25-4457-9a2f-0776df34de3eR01